Heinrich Drimmel · Gott mit uns

Heinrich Drimmel

Gott mit uns

Das Ende einer Epoche

Amalthea

© 1977 by Amalthea-Verlag,
Wien · München
Alle Rechte vorbehalten
Schutzumschlagmotiv: Brandenburger Tor, Quadriga
(F. Bruckmann, Bildarchiv)
Gesamtherstellung: Druck- und Buchbinderei-
Werkstätten May & Co., Darmstadt
Printed in Germany 1977
ISBN 3-85002-083-5

Inhalt

ERSTES BUCH

1918–1938

Die Rache hat zwei Zwecke: entweder gibt sie
dem Genugtuung, der Unrecht litt, oder sie gewährt Sicherheit für die Zukunft.

Seneca, gestorben 69 nach Christi, an seinen
Schüler, den römischen Kaiser Nero

Der junge Toller war im Sommer 1914 noch nicht einmal zweiund-
zwanzig Jahre alt. Und doch schien ihm sein ganzes Leben sinnlos
und vertan. Dieses Verlieren fing schon während seiner Kindheit in
der westpreußischen Stadt Samotschin an. Für den Toller war Samotschin, das erst 1772 bei der Ersten Teilung des alten Königreichs
Polen an Preußen fiel, eine urdeutsche Stadt. Deutsch, weil dort
Protestanten und Juden sich eins fühlten in der Verachtung der Polen, die katholisch waren. Der Toller schimpfte die Polenjungs Polacken, meistens dreckige Polacken. Wehrten sich bei Bubenstrei-
tigkeiten die Polen, dann bekamen sie es mit der Übermacht aller,
die sich deutsch fühlten, also auch mit den Juden, zu tun. Den Polen
alles mögliche nachzusagen und hinter ihnen herzuschimpfen, war
dem kleinen Toller ein Vergnügen, bei dem er sich nichts weiter
dachte. Die Polen schüttelten zudem die ihnen angetane Schmach
ab wie den Dreck, mit dem sie beworfen wurden. Bekamen aber die
Polen einmal die Juden am Schlafittchen oder waren sie den Deutschen überlegen, dann schlugen sie genau so erbarmungslos auf die
Minderheit los, wie sie es von den vereinigten Protestanten und Juden bekamen. Solche Hiebe taten dem kleinen Toller nicht etwa
weh. Was ihn schmerzte, waren gewisse Worte, die ihm die Polen
und manche Deutsche ins Gesicht warfen:
»Jud', Jud', hepp – hepp!«
Einmal fragte der kleine Toller seine Mutter vor dem Zubettge-
hen:
»Warum sind wir Juden?«
Die Mutter, die ahnte, daß in diesem Moment das Schicksal ihr
Kind berührt hatte, versuchte den Jungen zu begütigen:
»Schlaf', mein Kind, und frag' nicht so töricht.«
Der kleine Toller drehte sich zur Wand und tat, als ob er schliefe.

Aber in Wirklichkeit blieb er wach und suchte selbst die Antwort, die ihm seine gute Mutter offenbar nicht geben konnte, vielleicht nicht geben wollte. Zuletzt nahm er sich nach einigem Grübeln vor, kein Jude zu sein.

Der alte Toller war wohlhabend und Tollers gehörten zu denen, die an Kaisers Geburtstag im Kasino den Tag feierten, deren studierte Söhne Reserveoffiziere bei Preußens wurden. Auch konnte der junge Toller studieren, sich viele Dinge leisten und war darin seinen polnischen Altersgenossen, aber auch den meisten Deutschen, voraus. So wurde er einer der Jungen Herren aus besserem Haus, wie es vor 1914 genug in Deutschland gegeben hat. Er bestand das Abitur und ging an die Hochschule. Das Sommersemester 1914 verbrachte er in Frankreich, wo er nicht gerade viel studierte, sondern lebte wie Gott in Frankreich. Trotzdem fühlte er sich fremd in jenem Land und sein Geist verließ niemals Deutschland, sein Vaterland.

Im katholischen Süden wurde sich der Toller bewußt, was ihm abging, seit er sich aus seiner jüdischen Religion nichts mehr gemacht hatte. In ihm war danach eine Leere entstanden, in der sich allerlei untaugliche Füllsel sammelten. Manchmal packte ihn ein wildes Fernweh. Dann wäre er am liebsten unter einem falschen Namen in die französische Fremdenlegion eingetreten. Nicht etwa, um einer fremden Sache in der Sahara oder in Tonkin zu dienen. Er ertrug bloß nicht mehr den Gedanken, mit einer fixen Alltäglichkeit sein Dasein zu erleben. Dann wieder gab es Tage, an denen es dem jungen Toller recht gewesen wäre, wenn ihm ein Mönch begegnet und ihn mit in ein Kloster genommen hätte. Dort hätte er einen frommen Klosternamen bekommen und, fremd zu seinem bisherigen Dasein, ein anderes Leben anfangen können. Vielleicht.

Aber noch immer war sein Sinn für ein frohes Leben in allerlei Annehmlichkeiten nicht ganz ertötet. Überkam ihn die Lebenslust, dann vergaß er für eine Zeit Fremdenlegion und Kloster, um froh zu sein unter seinen deutschen Studienkollegen. Er glaubte dann, nicht länger außer sich zu sein.

In Frankreich erfuhr der junge Toller, daß in Sarajewo junge Serben den österreichischen Thronfolger umgebracht hätten und es wohl

Krieg geben werde. Da fuhr er heim nach Deutschland, um sich gleich nach der Mobilmachung als Kriegsfreiwilliger zu melden. So taten es damals unzählige Deutsche, Franzosen, Österreicher, Russen und zumal Engländer, die keiner allgemeinen Wehrpflicht unterlagen und nur als Freiwillige an den Feind kommen konnten. Im Sommer des Aufbruchs von 1914 war es nichts Besonderes, in eine Kaserne zu gehen und dort auf einer Schreibstube zu erklären: »Ich möchte dabei sein, bevor der Krieg wieder aus ist.« Viele haben umsonst um die Aufnahme ins Heer gebettelt. Denn es gab oft mehr Freiwillige als Möglichkeiten, diese einzukleiden, zu kasernieren, auszubilden, um aus mut-willigen jungen Männern Soldaten zu machen. Waren die Jungen unter sich, dann redeten sie sich die Köpfe heiß. Aber nur wenige konnten klar erkennen, warum sie wirklich der Guten Stube und Mutters Obsorge entflohen waren, um in den Krieg zu ziehen. Die meisten meinten, es sei eben der Geist von 1914, der gegen eine alte und unausstehlich gewordene Welt rebellierte und dem sie sich vorbehaltslos ergaben.

An der Westfront in Frankreich stand der junge Toller bei der Artillerie. Eines Tages meldete er sich aber bei seinem Batterie-Chef mit einer Bitte:
»Kriegsfreiwilliger Toller bittet um seine Versetzung zur Infanterie.«

In der Schreibstube hinter der Front entstand deswegen ein schlecht unterdrücktes Gekicher. Denn so dicke war der Geist von 1914 nach den anfänglichen stolzen Siegen des deutschen Heeres auch nicht mehr, als daß sich ein Intellektueller ohne weiteres nach vorne meldete. In die dreckigen und verschlammten Gräben der Infanterie, in verlauste Unterstände, für ein Leben am Feind, zusammen mit Ratten und Mäusen. Aber der junge Toller wollte nach vorne und er kam dahin, um eine lange Zeit alldort zu bleiben. Insgesamt leistete er neunzehn Monate Frontdienst. Da ekelte ihm vor den ewig gleichbleibenden Gefahren des Infanteriekampfes, in dem er selbst kein höchstpersönliches Schicksal erfuhr, sondern nur in der Masse deren Schicksal zugeteilt bekam, wie die Warmverpflegung im Kochgeschirr. Es drängte ihn weiter nach vorne, dorthin, wo er sein

Schicksal selbst in seine Hände nehmen konnte. Aber auf Erden gab es weiter vorne nur mehr den Feind, in dessen Infanteriestellungen das nämliche Schicksal hauste wie hüben bei den Deutschen. Also meldete er sich zu den Fliegern. Da schien es doch dem Schicksal genug zu sein mit den ewigen Herausforderungen des jungen Toller und es schlug feste zu. Der Unteroffizier Ernst Toller landete nicht auf einem Feldausbildungsflughafen, sondern im Feldlazarett, bald im Heimatlazarett. Fernab von Samotschin. Was dann folgte, war wieder nichts als bloße Routine. Die Militärärzte stellten fest, daß der junge Toller nicht länger frontverwendungsfähig war. Man gab ihm für einen Studienurlaub frei. Jetzt war der junge Toller genau dort, von wo er im Sommer 1914 davongelaufen war.

Auf Studienurlaub ließ sich der junge Toller einschreiben in die Matrikel der Universität München. Er wollte Germanistik studieren, ein Fach, das damals unruhige Geister gerne belegten, so wie man später Soziologie oder Politologie belegt hat. Der Studiosus in der Uniform eines Infanterieunteroffiziers hing bald an der Persönlichkeit eines Professors, der einiges von dem an sich trug, was auch der junge Toller noch nicht vollends abgestreift hatte: eine Hauptmannsuniform, das Eiserne Kreuz von 1914 und die Krücken eines Kriegsinvaliden. Ging der Professor während seines Vortrags vor den Hörerbänken auf und ab, wie er es in Zeiten vor dem Krieg gewohnt war, dann tat er sich schwer mit seinen Krücken, aber in ihm schien eine ungebrochene Willensstärke zu sein. Neben der Pflichtvorlesung hielt der Invalide ein Privatissimum, zuweilen lud er einige seiner Hörer in seine Wohnung, um sie mit den Lebendigen der deutschen Literaturgeschichte zusammenzubringen.

So kam der hochberühmte Dichter der »Buddenbrooks«, Thomas Mann, in den engeren Gesichtskreis des Toller. Toller ahnte eher als daß er es verstand, welch' ungeheure Sprengwirkung in diesem von allen Schöngeistern gerühmten Buch steckte, das einer zum Untergang bestimmten Welt, die sich unerklärlicherweise noch recht selbstgewiß gab, den Sterbezettel vorhielt. Da war auch Max Halbe, dessen Stück »Mutter Erde« sinnfällig machen wollte, wie das Schicksal des Menschen aus dessen Umgebung auf ihn zu-

14

kommt und sich dann seiner bemächtigt. Und Toller erlebte Frank Wedekind, dessen bohèmienhaftes Dichten ätzend wie Scheidwasser war. Jener Satz, wonach das Heldenideal das dümmste aller Ideale ist, kam dem jungen Toller aber nicht in den Sinn. Was der junge Toller unter den Älteren nicht mitbekam, das erlebte er in einem Kreis von Studenten: Das langsame Anlaufen des inneren Motors eines Revolutionärs.

Was schon im Mittelalter der Rektor Magnificus sowie die Bürger einer Universitätsstadt für gefährlich ansahen, damals hieß es gassatim lafen, genau das fing auch der junge Toller mitten in einem Weltkrieg zu tun an. Durch die nächtliche Stadt zu streifen, bald diesen, bald jenen nach Haus zu begleiten, zuletzt aber doch beisammen zu bleiben, um über Gott und die Welt zu reden und allerlei Gefahrvolles über sich und die Mitmenschen zu beschwören. Tagsüber mühte sich dann der studiosus philosophiae, die Gespräche der Nacht zu Papier zu bringen. Wenn er aber das Geschriebene im hellen Licht des Tages las, dann fand er darin nichts von dem Feuer, das in der Nacht immer aufs neue glühte.

Begegnungen und Auseinandersetzungen. Thomas Mann geriet in heftige Konflikte mit seinem älteren Bruder Heinrich, der längst nicht mehr seinen aufgezwirbelten Kaiser-Wilhelm-Bart trug und schon dort war, wohin sein jüngerer Bruder erst nach erschütternden Erlebnissen gelangen sollte. Thomas schimpfte den Heinrich einen Franzosenknecht, der sich an seinem deutschen Volk versündigte, indem er diesem die westliche Demokratie und den Parlamentarismus aufschwätzte wie eine gängige Importware. Noch schien der furchtbare Krieg dem jüngeren Mann so etwas wie ein reinigendes Stahlgewitter zu sein, das eine unausstehliche Atmosphäre säuberte. Und Deutschland selbst nicht etwa schuld am Krieg, wie das gewisse Denunzianten schon weismachen wollten, sondern die vom Feind verfolgte Unschuld.

Um diese Zeit stieß der Toller auch auf einen anscheinend windelweichen Österreicher namens Rainer Maria Rilke. Bei Kriegsausbruch haben die in Wien den Rilke in eine Militäruniform gesteckt und an die Front in einem Archiv abgestellt. Damals riefen die militärischen Vorgesetzten des Rilke den als Soldaten verkleideten Dichter bei dessen zweiten Vornamen, also Maria. Auf Wienerisch Mitzi. Es war für das Militär und für den Rilke gut, daß man der Mitzi die Uniform bald wieder auszog. Nach München gekommen, lispelte der Rilke, dieser Krieg ließe ihn seit langem keine Verse mehr schreiben. Verse eines anderen Österreichers, der als Militärapotheker im Herbst 1914 die Massaker in Ostgalizien erlebt hat, kamen niemandem zu Gehör. Dieser Dichter hieß Georg Trakl, und der Toller hat wahrscheinlich zeitlebens nie gelesen, wie dieser Österreicher einen furchtbaren Abend des Todes in Versen beschrieben hat.

Weder von den Verstummten noch von den Allzulauten bezog der Toller brauchbaren Gewinn. Aber es gab da einen bekannten Verleger, der führte mitten im Krieg unruhige Geister heraus aus den Städten und hinauf in eine Burg im bezaubernden Thüringer Wald. Da bekamen die Jungen sogenannte gereifte Männer zu Gesicht, Männer, die aus endlosen Dialogen ein geistiges Getränk abzogen, wie der Winzer aus Meische und Most und Sturm den Wein. Der Dichter Richard Demel hatte sich bei Kriegsausbruch, obwohl schon ein Fünfziger, als Kriegsfreiwilliger gemeldet. Da war auch ein in den Dingen der evangelischen Inneren Mission Erfahrener, der noch einmal ausziehen wollte, um den Alldeutschen zuerst einmal die ihrem Deutschsein entsprechende Lebensform beizubringen. Und die Großen, die sparsam mit den Worten über das Zukünftige umgingen: Der Historiker Meinecke zum Beispiel, die Soziologen Sombart und Tönnies, über alle ragend aber Max Weber, der schon einiges vom Geist von anno 1918 in sich trug. Je weiter die Burggespräche gediehen, desto hektischer äußerte sich die Aufbruchstimmung der Jungen und Alten und Greise. Zugleich gerieten sich die Männer wegen ihrer Ansichten über Ziele, Methoden und Typen in die Haare. Nur eines hielt dem allgemeinen Zerreden stand: So wie es dermalen um Deutschland stand, durfte und konnte es nicht bleiben. Als der Toller von den Höhen des Thüringer Waldes talwärts ging, war er sich nicht klar darüber, ob der unausbleibliche Umbruch in Deutschland noch während des Krieges oder erst nach dem Siege stattfinden sollte. Denn daß Deutschland den Krieg verlieren müßte, um einen guten Frieden zu gewinnen, das kam ihm noch nicht in den Sinn.

Was der Toller zu Füßen von Wissenden und Weisen noch immer nicht erfahren hatte, das fiel ihm anscheinend mühelos in einem selbstgewählten Kreis junger Menschen zu. Man nannte sich: Kulturpolitischer Bund der Jugend Deutschlands. Zwar war Deutschlands Jugend größtenteils nicht an Ort in der Heimat, sondern vor dem Feind, indessen sahen die im besagten Bund geeinten jungen Herrn ihren Bund als repräsentativ und typenbildend für Deutschlands Jugend an. Zumal sie keineswegs etwa Kinder der Kindermacher, also der Proletarier, waren, sondern solche aus Kreisen mit Besitz und Bildung. Allerdings schien es ihnen, als wäre es schon zu spät, um in Vaters oder Großvaters Fußstapfen zu treten, um dann obenan die alte Macht auszuüben. Wie in einer Art Torschlußpanik brachen sie also aus bisherigen Geleisen aus, um rasch überholend nach vorne und an die Spitze des künftigen Neuen zu kommen. Es war unvermeidbar, bei diesem Überholmanöver in Zusammenstöße mit Bisherigem zu kommen und zuletzt überzeugt zu sein, man müsse diesen alten Krimskrams überhaupt beiseite schaffen, um an seinerstatt etwas anderes aufzubauen.

Kein Wunder, daß die Behörden derlei Tun unter Kontrolle nahmen und ihnen dabei der frontdienstuntaugliche Unteroffizier Toller auffiel. Und dann stieß der Toller frontal mit der Behördenansicht zusammen, als er hören ließ, man möge gar nicht erst auf das Ende des Krieges warten, um die ganze alte Ordnung umzustürzen. Ganz im Gegenteil. Auch säße der Feind der Deutschen nicht drüben in den Stellungen der Franzosen und Engländer, sondern mitten unter den Deutschen mit ihrem vertrackten Gehaben, ihrem verkehrten Lebenssinn und ihrer Art. Da lag der Gedanke, daß das Heer von 1914 unter keinen Umständen siegreich aus diesem Krieg heimkehren durfte, schon sehr nahe.

Die im letzteren Sinn dachten, nannten sich Sozialisten oder Anarchisten oder Nihilisten. Derlei Unterscheidungen machten dem Toller ebensowenig aus, wie ehedem die Unterscheidung der Deutschen von Samotschin, von denen die einen Protestanten, die ande-

17

ren Juden waren. Auch kümmerte er sich nicht um den Neubau für die Zukunft, vorerst wollte er nur den Bauplatz dafür frei machen vom Gerümpel einer alten Zeit. Wichtiger waren ihm andere Probleme: Ob Krieg sein muß. Wie man Not abschaffen kann. Besser: gar nicht erst entstehen läßt. Und ob man bei der Verwirklichung solcher Ideen evolutionär oder revolutionär vorgehen sollte.

Eine kurze Zeit lang nahmen es der Toller und seine Freunde hin, daß einige der großen und einflußreichen liberalen Tageszeitungen in Deutschland ihre kulturpolitischen Aktivitäten lobten und förderten. Das geschah, als der junge Toller, so wie ehedem der junge Marx, unter dem Schutzmantel des Liberalismus und seiner Presse heranwuchs. Mit der Zeit wurden aber dem Toller die Liberalen, ihre Selbstgewißheit und ihr Winken mit dem Geldbeutel widerlich. Folgerichtig wie ehedem der junge Marx nahm er seinen Weg quer durch den Liberalismus, um auf der Linken, bald auf der äußersten Linken zu stehen zu kommen. Da wurden die bisherigen Förderer aus liberalen Kreisen gewahr, daß es eine Sache ist, die Jungen in ihrem Aufbegehren gegen Konservative und Klerikale zu unterstützen, eine andere aber, unversehens von eben diesen Jungen derbe Anklagen wegen des rechtmäßig erworbenen Besitzes zu bekommen.

An diesem Punkt angelangt, spürte der Toller nicht mehr, daß jenes Band, das ihn nach Anschauung und Herkunft eins machte mit dem Vaterhaus, schon zerrissen war. Und seine gute Mutter weinte, als sie erfuhr, ihr Sohn sei bei den Roten. An dieser Weggablung bekam der junge Toller einen »Aufruf zum Sozialismus« in die Hand. Verfasser war ein gewisser Gustav Landauer. Fast zu gleicher Zeit stieß er auf Kurt Eisner. Jetzt schien es ihm, als wäre er endlich beim richtigen Haufen. Es brauchte nur mehr einen verläßlichen Unterstand. In Schwabing, in dem von Münchener Intellektuellen bevorzugten »Café Stephanie« fand der Toller, was er suchte.

Besagtes Kaffeehaus war schon mehr als das, was man in Wien einmal ein Tschecherl nannte. Es war fast ein richtiges Tschoch. Da gab es ein solides Extrazimmer, in dem sich die stille Welt der Schachspieler ereignete. Eine Welt, die von keiner Behörde observiert wurde. Bestenfalls von Passanten, die eine Weile durch das nur mehr lässig geputzte Fenster schauten, um eine interessante Variante dieses Brettspieles zu beobachten.

Absolut getrennt von diesem fraglichen Extrazimmer gab es einen Raum, der schon eher die Obrigkeit interessierte. Mittelpunkt dieses ungleich geräumigeren Lokals war ein Ofen, dessen Wärmeausstrahlung vor allem die ständig frierenden Typen ausgelabberter Intellektueller wärmte. Diese Typen, ihre Nervosität und kollektive Neurose verbreiteten jene Atmosphäre, deretwegen das Kaffeehaus in gewissen Kreisen »Café Größenwahn« hieß. Wobei bemerkt werden muß, daß damals ein »Café Größenwahn« keine Münchener Spezialität war, sondern überall dort existierte, wo es bald Revolution geben sollte. In Berlin, in Wien, in Prag, in Budapest, in Warschau, in Petrograd, bis unlängst noch Sankt Petersburg.

Zu der angedeuteten Aura eines solchen Kaffeehauses gehört der Gestank von Naphtalin, der längst repaturbedürftigen, schäbigen Sitzgarnituren entströmt. Der Cafétier wußte, daß sein Stammpublikum nicht zuletzt wegen der Pracht des Gewesenen kam. Ohne den Mief eines solchen Tschochs, kein Geist der Revolution von 1918. Denn in diesem trivialen Mief war auch der Geruch einer Morbidität enthalten, den Revolutionäre im Geschmack haben müssen, wenn sie einer nach ihrer Ansicht zum Sterben verurteilten Welt den letzten Tritt geben wollen.

Im »Café Größenwahn« ergatterte der Toller einen Stammsitz inmitten des Generalstabs des Münchener Umsturzes von 1918. Da saßen Kurt Eisner, Erich Mühsam, Gustav Landauer, Felix Fechenbach, Sarah Rabinowitz, ferner gewisse Episodisten der Revolutionsgeschichte wie die Süßheims, die Sontheims und ähnliche Typen. Die Genannten waren der Herkunft und der Anschauung nach Juden. Bisher hoffnungslose Pendler zwischen der Welt ihrer Urväter und einer anderen Welt, die sie nie verstanden haben, weil sie ihnen fremd und unheimlich scheinen mußte. Ihre intellektuelle Redlichkeit hat sie auf einen Weg, quer durch den Liberalismus und seine bürgerliche Welt, in jene Ideenwelt geführt, die im Anschluß an Karl Marx entstanden ist. Nach vielen schlechten Erfahrungen am eigenen Leib waren sie entschlossen, die ihnen so fremde und feindselige Welt bis auf den Grund zu zerstören und eine andere aufzubauen. Eine, die ihrer Lebensvorstellung und ihrer Lebensart entsprach.

Im »Café Größenwahn« war man unter sich. Man konnte das geschulte Denken, das man einem wohlhabenden Vater verdankte, ebenso gebrauchen, wie man zeitlebens nicht die Kinderstube vergaß, um die die Mutter einmal besorgt war. Die angeblich größenwahnsinnigen Stammgäste sprachen ein vorzügliches Deutsch, ohne Dialekteinschlag und ohne dabei zu jüdeln. Eine Welt trennte sie von jener Benehmität, die Kleinbürger in obskuren Vorstadt-Tanzschulen mühsam zu kopieren lernten.

Patriarch und Prophet im »Café Größenwahn« war der neunundvierzigjährige Kurt Eisner. Ein echter Revolutionär, weil Sohn eines Militär-Effekten-Fabrikanten in der Metropole des deutschen Militarismus, in Berlin. Also studierte der junge Eisner Germanistik und fing an, Marxens Vorbild getreu, in liberalen Tageszeitungen zu schreiben. Beim sozialdemokratischen Berliner »Vorwärts« hat man seinerzeit diesen seltsamen Zugang zur alten Arbeiterpartei mit mäßiger Freude begrüßt und über den Eisner gelacht. Eisners Intellekt steckte zuweilen in einer miesen Verpackung. Seine Anzüge saßen meistens nicht gut. Die spärlich werdenden Kopfhaare hinterließen auf den Schultern jene Schuppen, die die Schulterstücke eines Linksintellektuellen bilden. Der Bart an Oberlippe und Kinn war entschieden länger als der eines Sozialdemokraten der ersten Stunde. Und da war noch etwas: Beim Sprechen rutschte sein Pincenez immer tiefer Richtung Nasenspitze, so daß er freien Auges seinen Zuhörern ins Gesicht schauen konnte.

Was den Toller zunächst überraschte, war die Tatsache, daß es dem Eisner im Verlauf seiner inneren Wandlungen auch nicht bei der Sozialdemokratischen Arbeiterpartei Deutschlands hielt. Daß der Eisner vielmehr mit an die Spitze einer unabhängigen Partei radikaler Sozialisten trat. Vielleicht war dieser Gesinnungswandel Folge eines systembedingten Konflikts, in dem sich zwei verschiedene Typen fremd gegenüberstanden:

Hier der Eisner und dort das uneheliche Kind einer Bauerndirn' aus dem Passauischen, ein Mann mit bescheidener Schulbildung namens Erhard Auer. Der Auer hat sich nach seinem Präsenzdienst beim legendären königlich bayerischen Leibregiment, den Leibern, als Funktionär einer Ortskrankenkasse, als bezahlter Mitarbeiter und als Sekretär in der SPD Bayerns emporgedient, bis er an die Spitze dieser Partei kam. Wäre der Eisner nicht schon an die Fünfzig gewesen, der Auer hätte ihn ein windiges Bürscherl genannt, das immer Geldg'schichten hat und dem man in letzterer Hinsicht nie ganz trauen kann. Der Toller traute dem Eisner. Freilich nicht so blindlings wie der Lieblingsjünger des Propheten, der frühere kreuzbrave Kaufmann im württembergischen Mergentheim, Felix Fechenbach. Der Fechenbach hatte eine Schwäche für militärische Äußerlichkeiten. Wäre er nicht auf den Eisner gestoßen, wer weiß, wo er dann politischen Anschluß gefunden hätte. Immerhin gefiel es dem Fechenbach, daß er in der Revolution einen klingenden Kriegsnamen bekam. Man nannte ihn den Roten Korporal.

1916 achtete man in Deutschland weniger auf Typen wie solche im »Café Größenwahn«, als vielmehr auf ein grausiges Geschehen in Frankreich. Frauen und Mütter, die ihre Männer an der Somme oder vor Verdun wußten, zitterten davor, diese Männer nie wieder zu sehen. Aber weder konnten die Engländer die Kriegsentscheidung an besagtem Fluß erzwingen noch die Deutschen vor der ebenfalls erwähnten Festung. Im »Café Größenwahn« war man indessen schon auf eine andre Lösung der Kriegsfrage gestoßen. Immer wieder mahnte der Eisner:
»Wir müssen umdenken und neudenken.«
Nach diesem Aufruf pflegte er eine Pause zu machen, um dann etwa fortzufahren:
»Und wir werden nur dann dazu kommen, wenn wir in Deutschland vor aller Welt laut bekennen, daß es das Deutsche Reich ist, das die Schuld am Krieg trägt. Nur dann wird unsere militärische Niederlage Anlaß einer Selbstbesinnung werden, mit der wir erneut die Achtung der anderen gewinnen können.«
Wenn der Eisner so argumentierte, sah ihn die dreißigjährige Sarah

21

Rabinowitz mißtrauisch an. Sie war die einzige in diesem Kreis, die schon 1905 in Sankt Petersburg am eigenen Leib erlebt hat, wie das ist, wenn man Revolution macht, dabei verliert und in die Hände der Polizei gerät. Einmal hielt sie dem Eisner vor:»Sie, Genosse Eisner, haben doch im Sommer 1914 als politischer Redakteur mit Überzeugung für die Notwendigkeit jener Kriegskredite geschrieben, die Deutschland brauchte, um Krieg zu führen.« Der Eisner blieb unerschüttert:
»Seither ist vieles geschehen und es gibt für einen Revolutionär keine Entscheidung, die nicht widerrufbar wäre. Der Zarismus, gegen den Krieg zu führen mir 1914 notwendig zu sein schien, steht jetzt vor seinem militärischen Zusammenbruch. Wird aber dieser Zusammenbruch erst einmal geschehen sein, dann kann es für uns keinen Grund mehr geben, Deutschland auch einen Sieg über seine anderen Feinde zu wünschen. Im Gegenteil.«
Da hat der Toller eilfertig eingewendet:
»Ja, sollen wir es den anderen überlassen, den Umsturz herbeizuführen, anstatt selbst die Revolution bei uns zu machen?«
Für den einäugigen Pazifismus des Eisner war das eine heikle Frage. Radikalität im Politischen bedeutete für ihn nicht Grausamkeit, Terror und Mord, ganz im Gegenteil. Indem er von Radikalität sprach, dachte er an das lateinische Wort radix, was soviel wie Wurzel bedeutet. Also Probleme bei der Wurzel anzufassen und nicht an der Oberfläche oder am Rand herumzutun, wie es offenbar der junge Toller noch trieb. Andere dachten anders betreffs Gewaltanwendung oder Gewalttätigkeit. So zum Beispiel der Anarchist Mühsam:
»Gewaltlos wollten vor dem Krieg auch die von der SPD an die Macht kommen. Jetzt aber müssen sie erleben, daß ihre eigenen Söhne im Feld für ein System fallen, das ihre Väter nicht rechtzeitig genug ausrotteten. Für mich sind Beschlüsse einer Mehrheit nicht bindend. Wir wollen und werden alle Macht, Gesetzgebung und Vollziehung, den Räten in die Hände geben. Nur ganz unten, in den Räten, wird es dann Demokratie geben. Wenn wir oben an der Macht sein werden, werden wir den Feinden niemals Recht aus einer Demokratie geben.«

Eine Revolution also, in der die Räte unten das Feuer brennend halten, während die an der Spitze die Bewegung steuern. Gustav Landauer war es, der aufzeigte, wie aus einer solchen Schichtung aufs neue Zwistigkeiten zwischen den Kindermachern an der Basis und den Intellektuellen an der Spitze entstehen könnten. Landauer, Sohn eines wohlhabenden und angesehenen Kaufmanns in Karlsruhe, studierte am Gymnasium der badischen Hauptstadt, erwarb aufgrund seiner glänzenden Leistung beim Abitur die von der Frau Großherzogin gestiftete Goldene Gedenkmünze. Nach diesem Ehrentag kehrte allerdings im Hause Landauer unversehens das Verhängnis ein. Der junge Landauer hatte die Bücher russischer Anarchisten nicht nur studiert, er war daran, die Macht solcher Ideen mit der Gewalt der Tatsachen zu bekräftigen. Und so geriet er mit der Goldenen Medaille der Großherzogin in Konflikt mit Behörden. Der Landauer hatte, so wie der Mühsam, noch das Gesicht der Vorväter aus dem Ghetto an sich. Ihre stärkste seelische und geistige Kraft kam aus der unzerstörbaren Substanz des früheren religiösen Glaubens, dessen sie nie ganz ledig wurden. Worin sie sündhaft wurden, das geschah im Verstoß gegen das mosaische Gesetz. Dessen bewußt, ahnten sie besser als andere im »Café Größenwahn«, daß sie mit ihrem revolutionären Tun einem furchtbaren Abgrund entgegengingen.

»Für die Herren Intellektuellen werden wir keine Extrawürste braten lassen«, warf der Landauer ein und fuhr fort: »Diese sollen, so wie alle anderen, unten in den Räten anfangen. Unter Arbeitern, Bauern und Soldaten.«

Es gab Zeiten, in denen schien es dem Toller geradezu verrückt zu sein, ausgerechnet im reaktionären, klerikalen und monarchistischen Bayern mit dem Umsturz in Deutschland anzufangen. Noch dazu in München, wo sich die vom »Café Größenwahn« innerlich so fremd fühlten, daß sie glaubten, sie könnten nur nach totaler Zerstörung des Bestehenden hier leben. Der Landauer belehrte also den Toller, es bedürfe dieser Fremdheit, weil sie Voraussetzung ist, die kleine, runde und heitere Welt der Spießbürger zu vernichten. Auch käme es überhaupt nicht auf einen Massenzustrom zu ihrer Bewegung an. Denn Revolutionen werden fast nie von den Massen gemacht, vielmehr von verhältnismäßig kleinen Gruppen, in denen jeder von der Richtigkeit der verfochtenen Idee überzeugt und willens ist, sich für deren Verwirklichung jederzeit und unter allen Umständen einzusetzen. Also haben die Männer vom »Café Staphanie« die Rückkehr ins gelobte Land ihrer Väter aufgegeben, um geradewegs in ein Paradies auf Erden zu ziehen, in das ihnen die Massen folgen sollten.

Inmitten von so viel Glaubenskraft und Sendungsbewußtsein wurde Sarah Rabinowitz immer trauriger. Man hat sie einmal, so wie die große Rosa Luxemburg, einem Deutschen angetraut, um ihr die Staatsbürgerschaft eines deutschen Bundesstaates zu verschaffen. Während aber die Luxemburg ihre Ehe abstreifte wie einen Handschuh, geschah der Sarah Rabinowitz, die sich jetzt Sonja nannte, das Fürchterlichste, was einer Berufsrevolutionärin zustoßen kann. Sie verliebte sich in ihren deutschen Fadian. Im Jänner 1918 geriet Sonja in den Mahlstrom des Verhängnisses. Ihr Mann, der oft eilfertig und mit einiger Betulichkeit seine Hinneigung zu den revolutionären Ideen der Zeit bekundet hatte, erschrak aufs tiefste, als er wahrnahm, daß seine Frau es ernst nahm mit dem, was für ihn nur intellektuelles Getändel war. Während des Munitionsarbeiterstreiks im Jänner 1918 hielt sich Sonja mit großer Entsagung und Tapferkeit im Untergrund, mied sie ihre Wohnung und die ersehnte Vereinigung mit ihrem Mann. Ihr war aber gewiß, daß sie eines Tages doch in die Hände der Polizei fallen mußte. Vorher aber wollte sie um jeden Preis noch einmal zu ihrem Mann. Der Toller riet ihr ab, wies darauf hin, daß ihre alte Wohnung von der Polizei observiert wurde. Sonja aber bettelte wie ein Kind:
»Ein Mal, nur ein einziges Mal, muß ich ihn noch sehen!«
Sie ging hin und wurde verhaftet. Die Härten der Untersuchungshaft spürte sie nicht in ihrem eigenen Schmerz. Sie hatte ihre Liebe verloren und sie nicht mehr zurückgewinnen können. Da fing sie an zu schreien, daß Häftlinge und Wärter ein Grausen packte. Und dann erhängte sie sich in ihrer Zelle.
In der Schillerstraße Münchens, im Gasthof »Goldener Anker«, trafen sich dann die Oberoffiziere aus dem Kaffeehaus mit den Un-

teroffizieren der Revolution aus diversen Wirtshäusern. Im »Anker« verkehrten mißgestimmte und schon abfallsbereite eingeschriebene Mitglieder der SPD; radikale Sozialisten, auf die der bisherige Raster des Parteienwesens nicht paßte; und Anarchisten, die schon die Petroleumkanne in Griffweite hatten, um alles niederzubrennen und aufs neue anzufangen. Schon war die Spätkrise eines Systems gekommen, in der solche Typen, ziemlich unbehelligt und von der Polizei nur mehr lässig observiert, in aller Öffentlichkeit aufbegehren konnten. Es kamen Lazarettinsassen in den »Anker«, die nicht mehr an die Front wollten; Deserteure, die ihren Feldwebeln längst abgingen und im Untergrund lebten; aber auch jene Typen, die angeblich die unentbehrliche Rechte Hand ihres militärischen Chefs waren, welch' letzterer nicht ahnte, daß die linke Hand seiner Rechten Hand schon die Griffstange eines Waggons des unter Dampf befindlichen Zuges der Roten ergriffen hat. Besagte, angeblich unentbehrliche Schreibstubenhengste waren, wie in alten Tagen, überaus diensteifrig und dem Chef immer zur Hand. Zumal wenn Angehörige ihres Ersatztruppenteils ihr Sterbegewand anziehen mußten, um an die Front abgestellt zu werden. An jene äußere Front, der diese Typen von innen her den Krieg ansagten.

Im »Anker« hat der Fechenbach, wie man heute sagen würde, seine Show abgezogen. Er brachte aus Kasernen, Magazinen und Fahrparks Typen, die man eines Tages auf ein mit einem MG bestückten Lastwagen aufsitzen lassen wird, damit sie während der Fahrt durch die Stadt den Wilden Mann spielen und die Spießbürger erschrecken. Dann aber kam der Tag, an dem wurde dem Fechenbach im wahrsten Sinn die Show gestohlen.

Unter den Ober- und Unteroffizieren der Revolution tauchte nämlich ein Kriegsgefangener der Russen auf, der sich zugute hielt, nach dem Ende des Krieges in Rußland quer durch die von Weißen und Roten errichteten Sperren heim nach Deutschland geflohen zu sein. Keine tschechoslowakische Legion in Rußland und kein intakt befindliches Gefangenenlager konnten ihn angeblich auffangen. Noch wußte man im Jahre 1918 im kaiserlichen Deutschland nicht genau, wie es in Rußland zugegangen war, als dort der berühmte Lenin die Macht an sich gerissen hat. Wieso die Große Oktoberrevolution der Bolschewisten eigentlich im November 1917 stattgefunden hat. Und wie es der Minderheit, die die Bolschewisten doch waren, gelang, der Mehrheit die Macht zu entreißen und sie trotz einer nachfolgenden krassen Wahlniederlage unentwegt zu behaupten. Der fragliche Heimkehrer verschwieg, daß er nicht ein geschickter Flüchtling war, sondern ein von den Bolschewisten geschickter Agitator und Propagandist. Und so war seine Sprache: »Genossen! Wir gingen in der Großen Oktoberrevolution ins Winterpalais des früheren Zaren, um dort, wenn nötig, für die Revolution der Werktätigen zu sterben.« Das hörte sich für die Kader im »Anker« nicht gut an. Warum schon wieder vom Sterben reden? Aber beim Sturm auf das Winterpalais im früheren Sankt Petersburg im Herbst 1917 hat es kein großes Sterben gegeben. Der Geschickte erzählte daher, um den Leuten Mut zu machen: »Hätte es im Herbst 1917 in der Hauptstadt Rußlands nur zwei- oder dreitausend entschlossene Männer gegeben, die uns entgegengetreten wären, wer weiß, wie unsere Revolution und die Sache Lenins gelaufen wäre. Aber diese paar Tausend gab es nicht unter dem feigen Pack der Aristokraten und der Bürger.« Das ließ sich hören. Dreitausend Mann wird man selbst in München aufbringen, um Revolution zu machen. Und wenn die Kapitalisten es so billig gaben, dann hatte ja auch der Eisner recht, der immer von einer unblutigen Revolution redete. Viele Bilder gab es noch in den Lesebuchgeschichten des angeblichen Heimkehrers. Zum Beispiel, wie die Matrosen des Kreuzers »Aurora« ihre Offiziere dahin beförderten, wohin dieses Pack gehörte, nämlich über Bord ins Meerwasser. Und wie nachher der moderne Kreuzer bis dicht an das Winterpalais heranbugsiert wurde. Alsdann haben die liberalen und sozialdemokratischen Minister im Sitzungssaal des Winterpalais ganz verängstigt ihren Kollegen vom Marineressort gefragt, was wohl geschähe, wenn die »Aurora« das Palais unter Feuer nehmen würde. Und wie der alte Marineur mit einigem Stolz die vernichtende Wirkung der Granaten aus den Schiffskanonen beschrieben hat, so daß die Minister kleinlaut wurden und nur mehr auf ihre Arretur warteten.

»Wir drangen ins Winterpalais«, log der bei diesem Ereignis gar nicht beteiligte sogenannte Heimkehrer, »und stießen nur auf einige hysterische Weiber und mutwillige Kadetten, die Widerstand leisten wollten. Mit ihnen wurden wir uns bald einig. So kamen wir in den Ministerratssitzungssaal. Mit einem Blick erfaßten wir, daß der Ministerpräsident, der verfluchte Kerenskij, nicht bei der Schar und schon getürmt war. Ohne ihren Leithammel bestätigten die anderen Schafe ihre Abdankung, ließen sich in den Pferch treiben. Nämlich in die Peter-Pauls-Festung, in der vorher viele unserer Genossen schmachteten und starben.«

Das schmeckte vielen Zuhörern, die selbst einmal aus verschiedenen Gründen eingesessen waren und für die es ein Kitzel war, reaktionäre Minister demnächst dort inhaftiert zu wissen, wo sie einmal Häftlinge gewesen waren. Man wird es den hohen Herren heimzahlen.

Im November 1918, als in Kiel Matrosen der Kaiserlichen deutschen Marine nach dem Beispiel russischer Genossen rote Flaggen setzten, war es höchste Zeit, auch in München mit der Revolution anzufangen. Im meerfernen München tauchten bewaffnete Matrosen auf, Deserteure, die auf ihre Art Revolution machten. Unter ihnen ein gewisser Eglhofer, ein Schlägertyp, den es nach verschiedenen Dienstvergehen in die Reihe der Meuterer getrieben hat. Die bärtigen Matrosen, denen beim nackten Hals die Brusthaare aus Seehemd und Uniform quollen, machten Furore, zogen allerhand Volk an sich und schreckten die Bürger gewaltig, wenn sie den Wilden Mann spielten.

So wie andernorts waren es auch in München Sozialdemokraten und Liberale, die linksradikalen Revolutionären die Tür aufmachten. Am Nachmittag des 6. November 1918 trafen sich in Großhadern, in der Wohnung des Eisner, die politischen Freunde des Hausherren mit den Brüdern Ludwig und Karl Gandorfer. Die Gandorfer waren reiche Großbauern, Führer der antiklerikalen Bauernpartei in Bayern. Tatenentschlossene Männer. Sie waren es, die in dieser Stunde den Eisner drängten, anzufangen. Und obwohl die Anhänger der Gandorfer eine Mini-Minorität unter den Bauern des Landes ausmachten, war es für den Eisner nahezu unentbehrlich, sich der Hilfe der Gandorfer zu versichern. Ihr Mitmachen nahm scheinbar der Revolution den Charakter eines Alleingangs der Roten, das Geld und die Lebensmittel, worauf der Eisner angewiesen war, konnten sie der Revolution liefern. Der Eisner wurde schlüssig, am 7. November loszuschlagen. Die Münchner Sozialdemokraten lieferten die Kader für den historischen Marsch vom 7. November 1918. Sie oganisierten für diesen Tag eine allgemeine Arbeitsniederlegung in München und eine Massenkundgebung auf der Theresienwiese. Die Partei Erhard Auers wollte keine Revolution machen und keineswegs gleich den König stürzen. Letzterer sollte nur eine andere Regierung ernennen, in der die Sozialdemokraten das Sagen haben. An der Front in Frankreich sollten die deutschen Unterhändler rascher weitertun und alle Energie, die noch im Land war, sollte aufgewendet werden, um den Hunger und die Verelendung zu bekämpfen.

Damals gab es keine Großlautsprecher und also mußten auf der Theresienwise gleichzeitig viele Redner eingesetzt werden, um den in Hörweite befindlichen Demonstranten zu sagen, was dieser Tag bringen sollte. Einer dieser Redner war der Eisner. Als es für die meisten in der Masse Zeit wurde, wieder nach Hause zu gehen, und der große Haufen sich aufzulösen begann, war die Stunde des Eisner gekommen. Mit einem Mal reckte einer seiner Soldaten eine rote Fahne hoch und brüllte über die Menge hinweg:
»Alle Soldaten her zum Eisner!«
Nicht alle, die gerufen waren, kamen. Aber es sammelte sich doch ein Haufen Uniformierter und Zivilisten, die für den Rest des Tages hinter dem Eisner hergingen. Unterwegs kam Zustrom. Aus Kasernen. Aus dem Militärgefangenenhaus. Es war die Stunde der allgemeinen Amnestie, die jeder Revolution unterschiedliche Typen zuführt.

Tatsächlich ist das Königtum in Bayern, die uralte Herrschaft des Hauses Wittelsbach, am 7. November 1918 umgefallen wie eine alte Gartenmauer. Aber auch die parlamentarische Demokratie erwarb sich keinen Ruhm. Der Landtag debattierte, während die Revolution ans Ziel kam, über die Lieferung von Erdäpfeln und er kam und kam nicht über die Polemiken der Parteien hinweg. Es war schon am Nachmittag, da traf der liberale Bauernabgeordnete Georg Eisenberger, genannt der Hutzenauer Schorsch, in den Couloirs des Landtagsgebäudes den königlich bayerischen Innenminister, der ja in Sachen Revolution ressortzuständig war.

»Na, wia steht's denn, Exzellenz?« wollte der Schorsch wissen. Und die Exzellenz sagte besorgten Tones: »Es steht schlecht, soviel uns telefonisch berichtet wird.«

Da kommentierte der Schorsch, wobei es für ewig ungeklärt sein wird, ob er sich freute oder ob er besorgt war:

»So, jetzt ham ma' 's!«

Waren es die Klerikalen, die gemeint waren, weil man sie am Kragen hatte, oder war es die für alle Besitzenden kritische Lage, die der Schorsch fürchtete? Wer wußte die Tiefen solch abgrundtiefer staatsmännischer Weisheit auszuloten?

Der Landtag hat sich jedenfalls bald nach diesem historischen Gespräch vertagt. Das Gebäude leerte sich und der Pförtner schickte sich an, eine Runde durch das Haus zu machen. Da hörte er ein Pumpern am Portal und also ging er diesem Lärm nach. Kaum hatte er aufgesperrt, um die Unruhestifter aufmerksam zu machen, daß hier nix mehr los war, da drängte sich schon ein Haufen Leute, die hier nix zu suchen hatten, durch den Zugang zum Hohen Haus und verlangten vom Pförtner die Schlüssel. Solches Begehren stand nun im absoluten Gegensatz zur Dienstesinstruktion des Pförtners und also verweigerte er aufs entschiedenste die Herausgabe seines Schlüsselbunds. Damit leistete die Vollziehung des alten Staates tatsächlich den letzten Widerstand an diesem historischen Tag, wie sich ergeben wird. Aber es trat einer der Wilden Männer ganz nahe an den Pförtner heran und fragte ihn leutselig, ob ihm vielleicht ein paar Watschen lieber wären als der Besitz des Schlüsselbundes. Nein, für Watschen hatte der Pförtner nix übrig, zumal er von den regulären Besuchern des Hauses keine Ohrfeigen bekam, sondern zuweilen ein Trinkgeld. Und so händigte er die Schlüssel zum Hohen Haus der Revolution aus.

Dem Eisner seine Leut' gingen voraus, sperrten den Sitzungssaal auf und er, der Eisner, ging spornstreichs dorthin, wo er seinen historischen Marsch vom 7. November beschließen wollte. Er war schon hundsmüd von der ganzen Latscherei und sank mit einem Seufzer der Erleichterung in den Stuhl des Landtagsvorsitzenden. Wäre der Eisner ein Bayer gewesen, er hätte jetzt etwa gesagt: »So! Do san ma und do bleib'n ma.« Weil er aber ein Intellektueller und ein gewandter Redner war, hub er etwa so zu sprechen an: »Die Bayerische Revolution hat gesiegt. Sie hat den alten Plunder der Wittelsbacher hinweggefegt. Wir haben unsere Republik. Jetzt werden Wahlen veranstaltet. Der Mann, der im Moment zu Ihnen spricht, setzt Ihr Einverständnis voraus, daß er als Provisorischer Ministerpräsident fungiert.«

Niemand versagte das Einverständnis, nicht einmal der wegen des Inventars besorgte Pförtner, der heimlich den neuen Hausherren gefolgt ist. Aber es wurde nix ruiniert und der Eisner sagte witzig, er werde sich jetzt alldort zur Ruhe begeben, wo schon so viele Männer in diesem Saal lange und gut geschlafen haben. Auf einer Abgeordnetenbank. Nein, nein, sagte man ihm, er müßte noch eine Weil' aufbleiben, denn es müsse vor dem Schlafengehen noch die Proklamation an die Volksgenossen hinaus, damit diese überhaupt erfahren, daß sie mit ihren eigenen Händen die Macht in Bayern ergriffen haben. Da ließ der Eisner einen bekannt guten Texter die Proklamation schreiben.

Es gab auch sonst keine Ruhe. Denn was den Volksgenossen erst schwarz auf weiß bekannt gemacht werden mußte, dessen waren sich selbst die Eigentümer, Herausgeber und Chefredakteure der nicht-sozialistischen Zeitungen Münchens bereits bewußt. Dem Eisner seine Leut' sind nämlich in die Druckereien eingedrungen und haben die Durckereiarbeiter, lauter eingeschriebene Genossen, an der Arbeit dieser Nacht gehindert. Da haben sich die Zeitungsleut', die nicht mit Dingen wie Monarchismus, Klerikalismus oder Reaktion befleckt waren, aufgemacht zum Eisner. Der hörte sich an, was diese Fachleute in Sachen öffentliche Meinung vorbrachten, und war nachher überzeugt, daß seine Proklamation an die Volksgenossen für die Katz sein könnte, stünde nicht morgen etwas darüber in den Zeitungen. Also sagte er, man möge die Druckereiarbeiter gewähren lassen, soferne sich die anwesenden Herren verpflichteten, mit der Proklamation der Revolution aufzumachen. Und das versprachen die Kneter der öffentlichen Meinung.

Die Herren waren kaum gegangen, da tauchte eine Frage auf, die einer jener Besserwisser, die jede Revolution stören, stellte:
»Na und was is' 's nachher mit der Kriegspressezensur?«
Da wurde es still im Hohen Haus, bis eine fröhliche Stimme dazwischenrief:
»Die Zensur, dös sein nacha mia!«
Sehr richtig. Jetzt kam auch der fertige Text der Proklamation an die Volksgenossen. Das schlafende Volk der Stadt erfuhr so am nächsten Morgen, daß es der Herr den Seinen wieder einmal im Schlaf gegeben hat, daß es nämlich schlafenderweise die Regierung selbst in die Hand genommen hat. Daß die Dynastie Wittelsbach abgesetzt sei und oberste Behörde fortan der Arbeiter-, Bauern- und Soldatenrat sei. Angeblich vom Volk selbst gewählt. Ja richtig: Die ganze Garnison und das Generalkommando der Polizei stünden schon unter dem Befehl der unsrigen. Für die unsrigen zeichnete mit einem Hoch auf die Republik ein Kurt Eisner, dessen Namen den meisten im Volk so bekannt oder unbekannt war, wie die Namen vieler neuer Politiker, die noch kommen sollten.

Nachher wollte der Eisner in sein Bett, das man ihm im besten Hotel der Stadt bereitet hatte. Aber er wurde aufgehalten, weil das Personal der Post- und Telegrafenverwaltung, das so, wie allgemein verfügt, seit dem Morgen des 7. November die Arbeit niedergelegt hatte, nicht das Telegramm der neuen Regierung befördern wollte. Da wußte ein Mitglied besagten Arbeiter- und Soldatenrats, ein gewisser Krautwurst, Rat. Er setzte sich hin und richtete unter Bezugnahme auf seine Funktion in jenem besagten Rat eine Anweisung:
»Das Personal der königlichen Post- und Telegrafenämter wird aufgefordert, unverzüglich seinen Dienst wieder zu tun.«
Aus war es mit der freiwilligen Arbeitsniederlegung. Und Recht hat der Krautwurst gehabt, denn erst die vollendete Publizierung der

31

Proklamation an die Volksgenossen, schaffte das neue Recht; Recht ohne den Hinweis auf den König.

Der König von Bayern hat den 7. November 1918 in dem Zustand verbracht, den landfremde blöde Witzemacher die königlich bayerische Ruah zu nennen pflegten. Wie immer ging er auch an diesem Tag nach dem Essen im Englischen Garten spazieren. Er achtete gar nicht darauf, daß an diesem Tag die üblichen Respekterweisungen spärlicher waren als sonst. Wer weiß aber, wie es gekommen wäre, hätte nicht einer der leutseligen Untertanen der Majestät einen guten Rat gegeben:

»Majestät, schaug'n 's, daß hoamkimma, sunst is' 's gefehlt a.«

Kein Wort über die Revolution. Aber der König wußte auch so, was die Stunde geschlagen hatte. Er ging heim und erreichte durch das Apothekentor seine Appartements. Viel Hilfe hat der König an diesem Tag nicht mehr gehabt. Er sprach mit seinem Ministerpräsidenten und mit besagtem Innenminister, der auch dem Hutzenauer Schorsch ein klares Bild der Lage gegeben hat, und zuletzt erwies es sich, daß die staatsmännische Kunst seiner Minister nicht über das hinausging, was der König schon im Englischen Garten erfahren hatte. Also: Verschwinden.

Das war leichter beschlossen als getan. Es erwies sich nämlich, daß der absolut verläßliche Leibchauffeur des Königs schon drüben bei den Roten war. Da war es ein Glück, daß dessen bisher mäßig geschätzter Vertreter seine kranke Frau im Stich ließ, um seinem König noch einen letzten Dienst zu erweisen. Dann dauerte es noch eine Weile, denn die kränkelnde Königin wurde schon für die Nacht abfrisiert und so vom Fleck weg war die ganze Familie auch nicht reisefertig. Bis es so weit war, ließ der König alles liegen und stehen, klemmte grad' nur eine Kiste Zigarren unter den Arm und auf ging es. Hinaus ins finstere Land, durch nachtschlafende Bauerndörfer, und auf einmal blieb das Auto in einem Kartoffelacker stecken. Da war es gut, daß eine bespannte Einheit der königlich bayerischen Armee in der Nähe bequartiert war, bestimmt, an die Grenze gegen Tirol abzugehen, um die Italiener zu wehren. Ein Gespann der Einheit half dem königlichen Fahrzeug aus dem Dreck. Gerade das und nicht mehr verlangte der letzte König von Bayern von seiner Armee, die, hätte man sie geführt, weiß Gott was für den König und Bayern zu tun bereit gewesen wäre.

Derweil ist es in München spätabends geworden. Die Theater gingen zu Ende und das mehr gebildete Theaterpublikum wollte auch seinen Anteil am Neuen haben. Wie es sich für Intellektuelle inmitten des allgemeinen Fortschritts gehört. So zogen die Damen und Herren, keine Typen wie jene vom »Café Stephanie«, vor die Residenz und riefen in Sprechchören hinauf zu den Fenstern, die sonst Zeugen der Ovationen für den König waren:
»Heraus mit dem König!«
Es war aber weit und breit kein König mehr da und also wandte sich der Zorn der Progressiven gegen die Büttel des Königs. Gegen die hochberühmten Hatschiere. Man kannte sich aus in der Revolutionsgeschichte und man erinnerte sich, daß sich am 10. August 1792. Sie sind nämlich an diesem historischen Tag schon um siebene nigs in die Gesetzgebende Körperschaft an der Schweizergarde des Königs den Mut gekühlt hat. Die Hatschiere waren auch königliche Garden, aber von anderer Art als jene in den Tuillerien im August 1792. Sie sind nämlich an diesem historischen Tag schon um siebene nach Haus' gegangen, vor dem Nachtmahl, und nie mehr gekommen. Und also geschah nix und garnix vor der Residenz, deren Architektur zu beschädigen gegen die Gesetze der Ästhetik verstoßen hätte.

Schon in der alten Arbeiterpartei, die der Eisner 1917 verlassen hat, wurde dem Eisner nachgesagt, er schösse zuviele Hirsche in seiner Politik. Nun, in seiner Proklamation vom 7. November 1918 schoß er den größten, indem er allgemeine Wahlen versprach, die er schließlich auch bekam. Hätte er doch in Berlin bei den Genossen Rosa Luxemburg und Karl Liebknecht nachgefragt. Sie hätten ihn belehrt, daß selbst der große Lenin kläglich Schiffbruch erlitt, als er nach seinem Sieg in der Großen Oktoberrevolution 1917 ein einziges Mal freie Wahlen in dem von ihm beherrschten Rußland abhalten ließ. Mit dem Effekt, daß sich die Partei des Lenin mit der Rolle

33

einer Minorität im neugewählten Parlament bescheiden mußte. Anders hielten es die Kommunisten im Reich. Sie riefen zuerst zu einem Boykott der Wahl in die Verfassunggebende Nationalversammlung der Republik auf. Als das nichts fruchtete, ließen es die Luxemburg und der Liebknecht gewähren, daß ihre bewaffneten Parteigänger putschten, um statt zu wählen die Macht zu ergreifen. Alles schlug fehl, und die Luxemburg sowie der Liebknecht erlitten ein schauriges Ende. Nachher haben die Marschierer darüber folgendes Lied gewußt: »Rosa Luxemburg schwimmt im Kanal. / Heil dir im Siegeskranz. / Karl Liebknecht hängt am Laternenpfahl. / Heil Dir im Siegeskranz.« Bezeichnenderweise wurde dieser schauerliche Sing-Sang nach der Melodie eines Volksliedes gesungen, das damals die Kinder in der Schule lernten und das daher in aller Ohren war. »Nun ade du mein lieb' Heimatland / Lieb Heimatland ade«. Es war ein Abschied und ein grausamer Neubeginn.

Am 21. Februar 1919 geschahen zwei Dinge mit weitreichender Bedeutung. In Berlin wurde des Sozialdemokrat Gustav Noske Wehrbeauftragter der Regierung. Man wird viel von ihm hören und ihm noch mehr nachsagen. Und in München trat der Eisner, nach seiner Wahlniederlage, den schweren Gang zur Eröffnung des neugewählten Landtags an, um sein am 7. November 1918 angetretenes Amt niederzulegen. Noch einmal gab das Schicksal der Demokratie eine Chance, aber ein Narr und ein Verbrecher verquerten diesen Weg.

Der Narr hatte, so wie der Eisner, eine jüdische Mutter. Weil er aber einen gräflichen Vater hatte, gebärdete er sich viel mehr antisemitisch und antimarxistisch als der Gefreite Hitler, der noch immer in München Sold und Verpflegung von der Armee bezog. Besagter Narr schoß den Eisner auf offener Straße tot.

Die radikale Linke hatte nach ihrer vernichtenden Niederlage bei der Landtagswahl ihre Schützen im Landtagsgebäude plaziert. Kaum wurde im Saal die Nachricht vom Attentat auf den Eisner bekannt, da feuerte ein gewisser Alois Lindner auf die Regierungs-

34

bank. Der Lois saß im Arbeiter- und Soldatenrat, er war gelernter Fleischhacker, ein bewährter Schläger. Den Vorsitzenden der SPD Bayerns, Erhard Auer, verletzte er schwer, dessen klerikalen Kollegen traf er besser. Letzteren, sowie einen Offizier, der das Gemetzel verhindern wollte, schoß er über den Haufen. Während aber diese Opfer des Linksterrors rasch von der Bühne des Politischen gezerrt und beerdigt wurden, erhob die radikale Linke, vor allem auch die Kommunistische Partei, den toten Eisner, den sie zu Lebzeiten längst nicht mochte, auf die Würde ihrer politischen Altäre. Jetzt hatte die kommende Rätediktatur, der Eisner nur mit halbem Herzen anhing, endlich ihren Märtyrer, dessen Opfer Rache verlangte.

So wie am 7. November 1918 verließen am 21. Februar die zu Tode erschreckten Parlamentarier die Stätte der Terroranschläge und überließen die Bühne der Politik der radikalen Linken und den außerparlamentarischen Terrororganisationen. Noch hatten die Bolschewisten in München nicht das Heft in der Hand. Aber die Übriggebliebenen vom »Café Größenwahn« und mit ihnen eine zweite Garnitur, rekrutiert aus Bayern, glaubten die Zeit für gekommen, um am Rand des Kommunismus eine nichtkommunistische Rätediktatur steuern zu können. In dem von anderen Exponenten in der Politik evakuierten München riefen sie anfangs April 1919 aus, was sie ihre Räterepublik nannten. In den Augen der Kommunisten eine Spottgeburt. Auch die Münchner hätten über die angehende Don-Quichotterie lachen können, wäre ihnen nicht das Lachen inzwischen vergangen.

Der Mühsam drängte sich zur Leitung des Außenressorts im neuen Regime.

Einen besseren Kandidaten konnte auch der Landauer nicht nennen. Es schien, als wäre überhaupt kein Geeigneter zur Stelle. Da griff der Toller ein:

»Da man sonst niemand weiß, den man wählen könnte, schlage ich den Doktor Franz Lipp vor.«

Niemand kannte den Lipp. Niemand wußte im Moment, daß dieser Opfer einer unheilbaren Geisteskrankheit war und mehrmals in klinischer Behandlung. Es ging das Gerücht, er sei erfahren im diplomatischen Dienst. Und also wurde der Lipp in München Leiter des Außenressorts der Ersten Rätediktatur. In der Person des Lipp betrat ein weiterer Narr die Bühne. Er verlautete in Berlin, der dort amtierende Leiter des Außenressorts müsse weg. Anders war seine Einstellung zum Papst, den er wissen ließ, er stünde gar nicht so schlecht zu ihm. Lenin erfuhr vom Doktor Lipp mancherlei, was ihn aufhorchen ließ; so zum Beispiel die Klage des Doktor Lipp, sein Amtsvorgänger hätte bei seinem Weggang den Abortschlüssel mitgenommen. Für Lenin waren die krankhaften Zustände in München nach mancherlei Anzeichen so weit gediehen, daß er sich entschloß, mit der Rätediktatur derer aus dem »Café Größenwahn« Schluß zu machen.

Und so ließ der Lenin die seinigen von der Leine. Einen gewissen Eugen Leviné, geboren im zaristischen Rußland als Sohn eines wohlhabenden Kaufmannes in St. Petersburg; Student an erstklassigen Schulen Deutschlands, nunmehr Berufsrevolutionär. Und den Max Levien, seinerzeit nach Deutschland eingeschleust, Kriegsfreiwilliger, zuletzt Mitbegründer der KPD in München. Große Schwierigkeiten machte indessen die Aktivierung des Towia Axelrod. Er hatte überhaupt nichts mit den Dingen in München zu tun, und die Regierung des Lenin hatte große Mühe, für ihn in Bayern den diplomatischen Status durchzusetzen.

Mit großem Mißvergnügen und wissend, was im Kommen war, nahm der Verband jüdischer Staatsbürger diese Entwicklung wahr. Auch die drei Männer des Lenin waren jüdischer Herkunft, und besagter Verband wollte festgestellt wissen, es sei unrichtig zu behaupten, die Juden seien die eigentlichen Drahtzieher der Revolution in Deutschland. Niemand kümmerte sich um solche Vorbehalte, denn die Revolution mußte rasch weitergehen.

Leviné und Levien waren keine Pfuscher. Sie waren geschulte Berufsrevolutionäre. Sie holten sich für ihre Diktatur die Weisungen direkt von Lenin, der ihnen also auftrug:

In allen Stadtbezirken Arbeiter- und Hausangestelltenräte zu schaffen. Allen Bourgeois die Waffen wegzunehmen und sie sofort zur Bewaffnung der Arbeiterschaft zu verwenden. Lager, insbesonders Kleiderlager, zu beschlagnahmen, ebenso Fabriken und die Reichtümer derer in Stadt und Land. Die Löhne der ungelernten Arbeiter und der Landarbeiter zu verdoppeln, am besten zu verdreifachen. Alles Papier und zugleich alle Druckereien unter Kontrolle zu nehmen. In den Wohnungen der Bourgeois Arbeiter zu bequartieren. Die rote Propaganda bis ins letzte Dorf zu tragen. Die Arbeiter, Mann für Mann, für die Verteidigung der Räterepublik zu mobilisieren: Und: Aus der Bourgeoisie Geiseln zu nehmen. Leviné und Levien blieben um die Erfüllung solcher und anderer Aufträge eifrig bemüht. Sie sowie der Diplomat Axelrod konnten kein Blut fließen sehen und sie glichen darin dem Robespierre und dem Danton der Großen Französischen Revolution. Aber so wie jene Vorbilder in Frankreich gehörten sie zu den Typen, die wilde Reden führen, eigene Untaten beschönigen und jene gewähren lassen, für die eine Revolution Gelegenheit für Plünderung und Mord ist, eine brutale Aktion. Der Matrose Eglhofer nahm es ihnen gerne ab, in der Nacht zum 19. April 1919 Geiseln, die, Lenin getreu, genommen wurden, umzubringen. Diesen Eglhofer haben Leviné und Levien zum Stadtkommandanten, zuletzt zum Kommandanten der Roten Armee gemacht.

Der Sozialdemokrat Gustav Noske, nun nicht mehr Wehrbeauftragter einer revolutionären Regierung in Berlin, sondern Reichsminister, gab am 20. April 1919 folgenden Auftrag an die ihm zur Verfügung stehenden Streitkräfte: München zu erobern. Die Ordnung in Bayern wieder herzustellen. Die – dermalen geflüchtete – rechtmäßige Regierung des Sozialdemokraten Johannes Hoffmann in ihre Rechte einzusetzen. So folgte dem Roten Terror der Gegenterror. Die Sucht nach Rache und Sicherheit kam zu ihrem Recht.

Kurt Eisner wurde am 21. Februar 1919 in München auf offener Straße niedergeschossen. Bei den Kämpfen gegen die Rote Armee des Eglhofer wurde Gustav Landauer getötet. Nach dem Ende der bolschewistischen Rätediktatur ist Eugen Leviné zum Tode verurteilt und hingerichtet worden. Max Levien entkam. Auch Towia Axelrod kam glimpflich davon, denn er wurde zwar später verur-

37

teilt, jedoch auf Wunsch der Sowjetregierung an diese ausgeliefert und so in Freiheit gesetzt. Viele entkamen damals, um nachher dem Hitler in die Hände zu laufen: Erich Mühsam ist 1934 im KZ Oranienburg umgekommen. Felix Fechenbach wurde schon 1933 ermordet. Ernst Toller konnte gleichzeitig in die USA flüchten, wo er 1939 in New York Selbstmord begangen hat. Selbstmord hat, im März 1918, auch die unglückliche Sarah Rabinowitz begangen. Einige, die dem Hitler entgingen, kamen in die Liquidierungsmaschinerie des Stalin. Die selbst dieses Sieb nicht zu fassen bekam, kehrten zum Teil im Gefechtstroß der Roten Armee nach 1945 heim nach Deutschland, um in der sowjetischen Besatzungszone ihre Revolution von 1919 vollenden zu helfen.

Wiederum andere überlebten, anders als der Toller, die Emigration in den USA. Sie kehrten nach den Base-Units der US-Army zurück in das, was zuerst Western Germany hieß. In der späteren Bundesrepublik Deutschland lehrten sie Studenten, die unerfahren und leicht zu verführen sind, den Ungehorsam gegen Staat und Gesellschaft. Zeigten diesen die in den USA entwickelten Modelle einer sexuellen, moralischen, intellektuellen und politischen Revolution. Hetzten diese Jungen gegen ihre nach 1918 mißratene Vätergeneration auf; gegen Väter, die einmal die Revolution von 1918 unterdrückt haben. Und also geschah es, daß vergreiste Revolutionäre ex 1918 zusammen mit Angehörigen der Revolution ihrer Enkelgeneration noch einmal anfangen konnten, als Anarchisten, Nihilisten und radikale Sozialisten Zerstörung und Unheil anzurichten. Und alles, was in dieser Hinsicht geschah, war in Moskau genehm, denn also wurde die Hausordnung einer Welt, die sich noch eine freie Welt nannte, umgestoßen.

Viele Tote des Jahres 1919 bekamen ihre Rache, andere mußten noch warten.

Die Franzosen nannten, so wie die Preußen, die Niederlage, welche die Österreicher am 3. Juli 1866 erlitten, nicht nach der Stadt und Festung Königgrätz, sondern nach dem böhmischen Dorf Sadowa. Nachher wollten die Franzosen Revanche für Sadowa haben. Nicht etwa aus irgendeiner Sympathie für die geschlagenen Österreicher, denen sie diesen neuerlichen Machtverlust herzlich gerne gönnten. Sondern wegen des ihnen versagt gebliebenen Machtzuwachses, den sie als ihren Anteil an dieser Machtverschiebung in Europa verlangten und um den Otto von Bismarck sie geprellt hat.

Revanchismus als treibendes Motiv der französischen Außenpolitik geriet erst recht, als Frankreich nach seiner Kriegserklärung an Preußen im Sommer 1871 zuerst bei Sedan die Kapitulation einer Armee, dann den Verlust des ganzen Krieges hinnehmen mußte. Und dieser Revanchismus wuchs, je länger in Elsaß und Lothringen nicht die Trikolore, sondern die schwarz-weiß-rote Fahne des 1871 in Versailles gegründeten Zweiten Reiches der Deutschen wehte, in ganz Deutschland aber Jahr für Jahr der Tag von Sedan als der eigentliche Nationalfeiertag eindrucksvoll begangen wurde. So blieb den Franzosen nicht nur die Wunde, sie fing an zu schwären.

Nach 1945 haben die Sowjets den Revanchismus der geschlagenen Deutschen zur größten Gefahr für Europa und den Frieden erklärt. Eine Gefahr, die nur dadurch zu dämpfen war, daß den Deutschen weite Gebietsteile abgenommen, andere unter sowjetische Kontrolle genommen wurde.

Der 7. Mai 1919 ist der Tag, an dem aus dem Gebein der Toten Frankreichs der beiden letzten verlorenen Kriegen der Rächer entstand. Ort des Vollzugs dieser Revanche wurde das Trianon-Palast-Hotel zu Versailles. Als personifizierte Rache amtierte der Ministerpräsident Frankreichs Georges Clemenceau. Vollzogen wurde der förmliche Teil des Rachebeginnens an einer Delegation der Regierung jenes Reiches, das am 18. Jänner 1871 hier in Versailles ausgerufen wurde und jetzt besiegt am Boden lag. Man wird den Boches ein dickes Buch aushändigen, in dem alles verzeichnet ist, was diese in den beiden nächsten Generationen, vielleicht bis um das Jahr 2000, zu tun haben werden, um Frieden zu bekommen. Damit beschäftigt, werden die verdammten Boches vergessen, Kriege anzuzetteln.

Clemenceau selbst hat für diesen denkwürdigen Tag ein Stück geschrieben, Ort und Personen der Handlung ausgewählt, das Stück in Szene gesetzt, um nachher die Aufführung mit einigem Genuß zu erleben. Die Szene war ein Saal, in dessen Mitte ein hufeisenförmiger Konferenztisch stand, an dem die Sieger von 1918 Platz nehmen sollten. Abgeschichtet davon sollte die deutsche Delegation an einem Katzentischerl sitzen.

Diese Szenerie war ein köstlicher Regieeinfall. Es ging in Versailles nicht etwa so zu, wie 1815 auf dem Wiener Kongreß. Wo die Franzosen, nachdem sie ein Vierteljahrhundert lang den Rest Europas mit Krieg überzogen hatten, selbstverständlich dieselbe Höflichkeit verlangten, wie sie den damaligen Siegern zustand. Und sie auch, nebst anderem, erzwingen konnten. Vergessen war die Haltung, die nach Sedan der von Bismarck französischen Unterhändlern jeweils erwies, die Bereitschaft des Reichskanzlers, bei den Friedensverhandlungen in Frankfurt am Main mit sich reden zu lassen und Erleichterungen zu gewähren. 1919 ging es in Versailles eher so zu, wie in den großen Zeiten des Osmanischen Reiches. Wenn der Sultan einem fortan nur mehr zum Teil freien Volk einen der Hohen Pforte zusagenden Frieden gnädig schenkte. Freilich, die Boches waren Hunnen. Viereinhalb Jahre hat die Propaganda der Entente den Rest der Welt von dieser Tatsache überzeugen können. Und also konnte man sie nicht zum Schluß wie zivilisierte Menschen behandeln. Selbst der als ungemein human und verständnisvoll gerühmte liberale Premierminister Großbritanniens, der große David Lloyd George, verlangte, man müsse den Deutschen Kaiser, Vetter seiner Britischen Majestät, aufhängen. So wie die britische Marine

gewohnt war, Piraten an einer Rahe eines Kriegsschiffes aufzu-
knüpfen.

Es war gute Stimmung im Haus, als der Clemenceau den Vorhang
hochgehen ließ und man die Boches in den Saal führte. Mochten es
die anderen am Konferenztisch als eine Frechheit der Deutschen
empfinden, wenn diese an einem solchen Tag ihre Delegation ausgerechnet von einem Adeligen anführen ließen, einem aus der ver-
ruchten Kaste, die auf den Kehrrichthaufen der Weltgeschichte zu
fegen nicht das letzte Ziel des eben beendeten Krieges gewesen ist.
Dem Clemenceau paßte in einer Stunde wie dieser der kommende
Zusammenprall mit dem deutschen Grafen. Es hätte ihn arg ent-
täuscht, wäre auch nach Versailles so ein klerikaler Kriecher gekommen wie jener, den die Boches im November 1918 durch die
Front in Frankreich schlüpfen ließen, um dem Generalissimus der
alliierten Streitkräfte einen Waffenstillstand für das deutsche West-
heer abzubetteln. Derlei Figuranten, servil wie schlecht erzogene
Kellner, niederzudonnern, wäre dem Clemenceau nicht dafür gestanden. Diesen arroganten Grafen fertigzumachen, das entsprach
schon eher der historischen Größe jener Revanche, die lange genug
angestanden hat. Wäre der Clemenceau kein Atheist, sondern ein
gläubiger Christ gewesen, er hätte jetzt Gott dafür gedankt, daß er
ihm, Georges Clemenceau, im hohen Alter von siebenundsiebzig
Jahren die Gnade geschenkt hat, die Stunde der Abrechnung zu erleben.

Der greise französische Ministerpräsident war noch immer jedem
Schauspieler im Sprechen eines langen Monologs überlegen, ohne
daß ihm die Verve und der Atem ausgegangen wären. Heute wollte er
nicht des langen und breiten sprechen. Er wird den Boches einige
Brocken hinwerfen, so wie man Hunde mit Steinen bewirft. Es
hätte ja eine arge Disharmonie in die noch immer rasselnde Feind-
propaganda der Ententemächte gebracht, hätte er sich eine gewisse
Sachlichkeit geleistet. Nein, das Tagesgericht vom 7. Mai 1919 war
die Revanche, ein Gericht, das kalt genossen am besten schmeckt.
Also hub der Clemenceau zu reden an:
»Die Stunde der Abrechnung ist da!«
Dann aber quoll aus ungeheurer Gefühlsstärke in ihm etwas empor,

dessen er nicht Herr wurde. Die Kleinen am großen Konferenztisch, also die Tschechen, Slowaken, Polen, Rumänen, Serben, Kroaten und Slowenen – von den Kubanern, Griechen, Nikaraguanern, Panamesen, Portugiesen und Siamesen gar nicht zu reden – duckten sich unter dem unablässigen Donnergrollen und den Blitzschlägen, die vom Präsidium der sogenannten Konferenz ausgingen. Immerhin: Wer konnte wissen, ob der Blitz des Clemenceau nicht etwa auch einen der zum Konferenztisch zugelassenen Delegierten traf. Etwa wenn der große Georges einem dieser in letzter Stunde ins Lager der Sieger übergegangenen Staaten zurief: »Habe ich nicht auch dich einmal im Lager der Boches gesehen?«

Aber der Greis sank nach seinem Ausbruch erschöpft in seinen Stuhl zurück, hieß einen Beamten des Protokolls das fragliche dicke Buch auf das Katzentischerl der Deutschen legen, um dann scheinbar beiläufig hinzuwerfen:

»Wenn jemand Bemerkungen zu machen hat, so wird ihm dazu das Wort gegeben werden.«

An dieser Stelle der Stückaufführung angelangt, stand im Regiebuch, daß anitzo alle am Tisch Sitzenden zu schweigen hatten. Denn nach gehörigem zeitlichen Abstand sollte der Deutsche reden. Dieser, Ulrich Graf Brockdorff-Rantzau, hatte quasi ein Heimgehrecht an diesem fatalen Ort, denn ein Rantzau ist einmal Marschall von Frankreich gewesen. Und wenn man dem Tratsch am früheren Hof des Königs von Frankreich glauben durfte, waren Frankreichs Könige ab dieser Zeit Bastarde der Rantzaus. Über derlei sprach man nicht, zumal den Clemenceau die alten Geschichten von Pfaffen und Königen und Marschällen nicht interessierten. Mit diesem Gelichter hat Frankreich in drei Revolutionen Schluß gemacht. Aber halt, der Deutsche redete schon und dem Clemenceau standen noch nicht die Filter zur Verfügung, die diese Sprache ausstehlich machen. Also fiel er ins Wort und schrie in den Saal: »Die Übersetzer, die Übersetzer!«

Eilfertig nahmen die Diener des Wortes ihre Arbeit auf, und so ließ sich das Wort des Grafen eher anhören und verstehen:

»Wir sind bereit, getanes Unrecht einzugestehen. Verbrechen im Krieg mögen nicht entschuldbar sein. Sie geschehen im Kampf. Die

Hunderttausende aber, die nach dem Krieg an der noch immer gegen Deutschland verhängten Hungerblockade zugrunde gehen, sie wurden mit kalter Überlegung getötet.«
Gut. Die Blockade erfüllte also die in sie gesetzte Erwartung des Clemenceau. Die Boches werden weniger Kinder bekommen, sie, von denen ohnedies einige Millionen zuviel auf dieser Erde lebten. Der Clemenceau zwang, um jede etwaige Gefühlsregung vorweg zu unterdrücken, Bilder vor sein geistiges Auge: Paris, im Winter auf 1871, während der Belagerung durch die Deutschen. Franzosen, die sich von Hunde- und Rattenfleisch nähren. Unermeßlicher Hunger. Hunger, aus dem ein Geist der Rache kam und sich auch des jungen Clemenceau bemächtigte, der nachher mit den Kommunarden in Paris gemeinsame Sache machte. Denn für Clemenceau galt die strikte politische Regel:
»Il n'y pas d'ennemie à gauche.«
Nein, links standen keine Feinde des Clemenceau. Nur Bewunderer seines Sieges über die Deutschen. Aber da fegte ein Satz des deutschen Grafen Erinnerungen an vergangene Schmach hinweg:
»Es wird von uns verlangt, daß wir die alleinige Schuld am Kriege bekennen. Solche Worte wären in unserem Mund eine Lüge!«
So der Graf. Aber gewiß doch, erwiderte der Clemenceau bei sich. Ihr werdet das, was dieser Graf eine Lüge nennt, als historische Wahrheit mit den Unterschriften der deutschen Unterhändler bestätigen. Denn diese Selbstbezichtigung wird notwendig sein, um im Namen der Moral und des geschändeten Rechts alle Schuldigkeiten abzuverlangen, die in dem fraglichen Buch säuberlich aufgezählt sind. Viele Jahre lang.
Jetzt konnte der Clemenceau mit seinem Tigerblick, man nannte ihn den Tiger, den Blick des deutschen Grafen nicht mehr bannen. Denn letzterer sprach von den Wohltaten der gerühmten 14 Punkte im Friedensprogramm des anwesenden US-Präsidenten Woodrow Wilson. Für den Tiger blieb es eine Selbstverständlichkeit, daß Wilsons sogenanntes Selbstbestimmungsrecht der Völker nur zum Vorteil der Sieger und zum Nachteil der Boches, nie aber zum Vorteil der letzteren zur Anwendung kommen wird. Gerechtigkeit für

die Deutschen? Man wird sie zwingen, alles, was in dem dicken Buch aufgezeichnet ist, buchstabengetreu bis zum Tezett zu erfüllen. Es wird ihnen dabei Hören und Sehen vergehen und sie werden aufhören mit ihrem Besserwissen und mit der gewissen Arroganz.

Nach dem glänzenden Erfolg des am 7. Mai 1919 aufgeführten Stückes hatte der Clemenceau einfach keine Lust, auch diesen Österreichern aus dem jetzigen Krähwinkel Europas eine Szene zu machen. Man wird ihnen erst einmal gehörig verbieten, sich Deutsch-Österreicher zu nennen. So als wären die anderen Nationen in den jetzigen Nachfolgestaaten der früheren Monarchie so etwas wie nicht-deutsche Österreicher. Gedächtnisstark, wie der Clemenceau und alle Franzosen blieben, ließ er die Österreicher, les autres chiens, in den Saal jenes Schlosses von Saint-Germain führen, das einmal Sitz Ludwigs XIV., des Großen, war; wo dieser seine grandiosen Pläne zum Kriegführen gegen das Haus Österreich und das Reich der Deutschen entwarf. Kriege, die er, indem er die Österreicher mit Hilfe der Türken fest in die Zange nahm, mit großen Erfolgen beendete. So daß Frankreichs Einfluß sich weit über Europa zu erstrecken begann. Und gab es anitzo auch keine Türken mehr, mit denen man die Mitte Europas in den Zangengriff nehmen konnte; die Nachfolgestaaten der endgültig zerstörten Monarchie werden viel bereitwilliger eine Entente mit Frankreich eingehen und nichts mehr mit Wien zu tun haben wollen.

Da waren sie also, les autrichiens. Angeführt von einer recht gemütlichen Type, die ganz gut als Bürgermeister einer der berühmten französischen Weinorte, nicht eben eines der ersten Provinienz, gepaßt hätte. Nur gut, daß wohl keiner am Konferenztisch wußte, daß sich der Tiger tatsächlich einmal mit dem kaiserlichen Österreich einlassen wollte, um den verfluchten Deutschen mit Hilfe der Autrichiens beizukommen. Er dachte nach. Tatsächlich, es war schon mehr als drei Jahrzehnte her, seit sich der Clemenceau durch die Vermittlung des ihm verschwägerten Redakteurs des »Neuen Wiener Tagblattes« auf ein Entrevue mit dem österreichischen Kronprinzen Rudolf eingelassen hat.

44

Nach den in Zeitungen gesehenen Abbildungen kam ihm der Kronprinz bei diesem Anlaß fast fremd vor. Rudolf hatte sich offenbar wieder einmal seine Haar- und Barttracht bis zur Unkenntlichkeit ändern lassen. Sein Gesicht war fahl, der Blick unstet und nur die selbstzerstörerische Unzufriedenheit, die weit über das bekannte Raunzen der Wiener hinausging, tobte im Sohn Franz-Josephs. Und der Haß gegen die Pfaffen, der dem Clemenceau so zusagte, die tiefe Abneigung gegenüber Preußen, insbesonders gegen den künftigen Thronerben, den später Clemenceau besonders verhaßten Kaiser Wilhelm II. Kein Zweifel, daß in Rudolf nichts, aber auch gar nichts von der Bündnistreue vorhanden war, die seinen Vater Franz Joseph zeitlebens mit Berlin verband. Für die Pariser aber wurde es ein Tag voll neuer Hoffnungen, als sie um diese Zeit in den Journalen lesen konnten, wie es um den österreichischen Thronerben und dessen Einstellung zu Berlin stand:
»Les deux futurs empereurs sont nés pour se haïr.«
Kaiser geworden, sollte also Rudolf jenen Wilhelm hassen, mit dem es der Clemenceau im Weltrieg zu tun bekommen hat und den er mit Hilfe der USA tatsächlich vom Thron stoßen konnte. Das war 1918. Da war es schon gleichgültig, daß jener Kronprinz Rudolf längst in der Wiener Kapuzinergruft der Habsburger in seinem Sarkophag neben dem seines 1916 verstorbenen Vaters lag. Und längst waren die Blumen verdorrt, die einmal nach der Tragödie von Mayerling, mit einer Aufsehen erregenden Schleife an der Bahre des durch Selbstmord geendeten Thronerben Franz-Josephs lag:
»A l'archiduc Rodolphe. La France, La Presse française.«
Kein Hauch von alldem war in Saint Germain zu spüren, als die Vertreter der kleingewordenen Alpenrepublik Österreich Platz nahmen. Keine Umstände mit diesem »ce qui reste«.
Diesem Überbleibsel dessen, was einmal Frankreichs beharrlichster Gegner auf dem Kontinent war. Diese Autrichiens von 1919 werden ihr dickes Buch ausgehändigt bekommen und dann heimgeschickt werden, um Ja und Amen zu ihrem aufdiktierten Frieden zu sagen.
Also nur mehr die Abschnitzel des alten Österreich verblieben. Das Fleisch und die Knochen des geschlachteten und tranchierten Staa-

tes wird man man den Tschechen, Serben, Kraoten, Slowenen, vor allem aber den Italienern nach deren Bedarf ablassen. Auch für les autres chiens wird das Selbstbestimmungsrecht der Völker nicht gelten. Diese wären ja imstande, ihren lebensunfähigen Staat an das Deutsche Reich anzuschließen, und also stünden die Boches noch weiter ausgebreitet da als 1914.

Die Österreicher haben keinen Grafen nach Saint-Germain geschickt. Denn bevor sich ihr Staatskanzler, Doktor Karl Renner, als Führer der österreichischen Delegation dorthin begab, blieb er erfolgreich besorgt, daß den Aristokraten in der Republik Deutsch-Österreich nur ja alle Teile ihrer Namen genommen wurden, die sie als Angehörige der Elite von gestern ausgewiesen hätten. So inkonsequent die Österreicher zuweilen sind, so konsequent waren sie in diesem Punkt, in dem es die Deutschen im Reich und selbst die Republikaner in Frankreich bei einem Gewährenlassen beließen. Im übrigen war der Verhandlungsstil des Doktor Renner so klug und beweglich wie der Ausdruck seines Blickes. Natürlich war auch der Doktor Renner, so wie jene, die 1914 das Sagen in Wien hatten, kein gebürtiger Wiener. Er stammte nicht einmal aus den österreichischen Erblanden an der Donau, sondern war das, was man schon da und dort einen Sudetendeutschen nannte. Allerdings einer aus Südmähren und also nicht von der Entschiedenheit und Härte, die die anderen Deutschen in den ehemaligen Kronländern Böhmen, Mähren und Schlesien auszeichnet.
In seiner Jugend ist Doktor Renner mit jenen russischen Sozialdemokraten bekannt geworden, die sich nunmehr Bolschewisten nannten und von Demokratie, im Gegensatz zu Renner, absolut nichts mehr wissen wollten. Als Nichtwiener beherrschte der Staatskanzler der Republik natürlich viel besser die Umgangsformen der Wiener. Von denen eine sich für die Politik und die Diplomatie besonders gut eignet:
»Beim Reden kommen die Leut' z'samm.«
So sehr Doktor Renner davon überzeugt war, daß die Zukunft der Welt in der Verwirklichung des Sozialismus liegt, so sehr lehnte er Gewaltanwendung im Politischen und also auch die Schießlehre des

Klassenkampfes ab. Im Moment, also in Saint-Germain, hatte er überhaupt nicht derlei parteipolitische Einflüsterungen im Ohr als vielmehr jenen Ausdruck der Hoffnungen seiner Landsleute, die ihm bei der Abfahrt von Wien mitgegeben wurden. »Bringen Sie uns einen guten Frieden«, schrieen einige der auf den Westbahnhof gekommene Wiener. Und andre hinwider: »Wir sind Deutsche und wir wollen Deutsche bleiben. Bringen Sie uns den Anschluß an Deutschland!« Der Doktor Renner hätte gerne allen recht getan. Er selbst war für den Anschluß und er verhehlte nie, daß er sich als Deutscher fühlte und danach handeln wollte. Zudem war er ein moderner Mensch. Ein Mensch ohne sogenannte Vorurteile. Ihm schienen die Sieger von 1918 keine anderen Menschen zu sein als die Verlierer. Er war daher schon ein wenig überrascht, als er bei der Ankunft der österreichischen Delegation auf der Bahnstation Saint-Germain-en-Laye einige jener Vorurteile bestätigt sah. Es war nämlich zum Empfang des österreichischen Regierungschefs und dessen Gefolge kein Staatsmann und kein Politiker gekommen. Vielmehr überließ man es dem Bezirkshauptmann, also dem für Saint-Germain zuständigen Präfekten, den Österreichern eine leere Artigkeit zu sagen: »Frankreich wird diese Friedensdelegation mit der traditionellen Gastfreundschaft des Landes behandeln.«

Dies gesagt, sperrte man auch Les Autrichiens, genauso wie die Boches, von der Außenwelt ab. Damals gab es in der Umgebung von Paris einige solcher Goldenen Käfige, in denen die Verlierer von 1918 interniert blieben: In Versailles die Deutschen, in Saint-Germain die Österreicher, in Trianon die Ungarn, in Neuilly die Bulgaren, in Sèvres die Türken. Letztere kümmerten sich aber nicht viel um den ihnen in Sèvres zudiktierten Friedensvertrag. Sie führten die 1908 begonnene Revolution der atheistischen Jungtürken gegen den Sultan zu Ende und waren bald wieder Herr im eigenen Land.

Wie gesagt, der alte Clemenceau war vom Aussehen der autrichiens Modell 1919 überrascht. Zumal nach seiner Erinnerung an den Kronprinzen Rudolf. Überrascht waren auch die Zeitungsleute und Fotografen, die noch einmal auf die Station Saint Germain-en-Laye gekommen waren und die sich erst daran gewöhnen mußten, anstelle der bisher in der Großen Welt figurierenden Österreicher die Repräsentanten eines demokratischen Österreich zu sehen. Da war nichts Besonderes dran.

Der Doktor Renner ist immer ein fleißiger und pünktlicher Arbeiter gewesen. Er machte sich also vom Fleck weg über das ihm überreichte dicke Buch her, um sofort einige weitere, ihm wenig geläufige Vorurteile gegen das Neue System bestätigt zu bekommen: Österreich, also ein Feindstaat, durfte nicht mit der Aufnahme in den Völkerbund des US-Präsidenten Woodrow Wilson rechnen. Es wird in sehr enggezogenen Grenzen leben müssen. Die Deutschen in Österreich und die Deutschen im Reich werden auf den vom Doktor Renner programmierten Anschluß der Republik Österreich an das Deutsche Reich verzichten müssen. Der neue Staat wird, anders als die Österreicher es wünschten, nicht Deutsch-Österreich, sondern République Autriche heißen. Nix deitsch. Und genau so wie die Boches werden auch les autrichiens erhebliche Lasten in politischer, militärischer, wirtschaftlicher und sonstiger Hinsicht auf sich nehmen müssen. Dazu natürlich die Selbstbezichtigung, sie trügen mit die Alleinschuld am Krieg.

Ganze 14 Tage hat man der österreichischen Delegation gewährt, um das dicke Buch zu studieren und allfällige observations anzumerken. Eine mündliche Verhandlung mit den Österreichern war nicht vorgesehen. Da mußte der Doktor Renner dem Vorurteil eines der ihm beigegebenen Berufsdiplomaten zustimmen, wonach noch nie in der Neuzeit einem Verlierer ein derartig zerstörendes Diktat aufgezwungen worden ist. Es nutzte der Sache Österreichs gar nicht, daß jene, die 1914 in Wien die großen Akteure des Geschehens waren, sich jetzt nicht als Österreicher auswiesen, sondern als tschechoslowakische Staatsbürger, als ungarische, als polnische und als Angehörige des Königreiches SHS, also Jugoslawiens, wie es nachher heißen wird.

Nicht einmal hinhören wollten der Kramař und der Beneš und andere Politiker, mit denen sich der Doktor Renner doch so gut gestanden hat vor 1914, wenn jetzt der österreichische Staatskanzler derlei Peinlichkeiten aufzeigte. Aufgeregt strich sich der serbische

Ministerspräsident ex 1914 und jetzige Ministerspräsident des Königsreiches der Serben, Kraoten und Slowenen (SHS) Nikola Pasič seinen langen Hängebart. Nicht auszudenken, wenn die auf ihr Katzentischerl verbannten Neuösterreicher etwa vorbringen dürften, es existiere ein handschriftlicher Vermerk des Pasič aus den Tagen knapp vor dem Mord in Sarajewo, in dem Seine Exzellenz, der königlich serbische Ministerpräsident, höchstpersönlich und mit eigener Hand geschrieben, die Weisung gibt, man möge den künftigen Attentätern von Sarajewo Waffen aus staatlichen Beständen Serbiens ausfolgen. Wie gut war es, daß dem damaligen russischen Gedandten in Belgrad, Nikolaus Henriković Hartwig, wieder ein Deutscher, aber ein guter Hasser der Deutschen und der Österreicher, glatt der Schlag getroffen hat, als er erfuhr, man vermute bei ihm keine große Trauer wegen des beseitigten österreichischen Thronfolgers. Und wo mochte jener russische Militärattaché Viktor Alexejević Artamanov sein, der im Sommer 1914 nach dem gelungenen Attentat in Sarajewo eilends die serbische Hauptstadt verließ, um nie wieder dort gesehen zu werden. Ihn könnten die Bolschewisten ruhig mundtot machen. Sonst hätte der Pasič wegen des Wissens und möglicher Austratschereien dieses Obersten Unannehmlichkeiten zu befürchten. Etwa, daß die Behauptung von der Alleinschuld der Österreicher am Krieg in Wahrheit unhaltbar war. Weil ohne Krieg dieser Habsburgerstaat nicht zu zerstören war. Aber der Doktor Renner vermied es, schlafende Hunde zu wecken. Und irgendwie kam es ihm zupaß, daß jetzt die früheren adeligen und bürgerlichen Machthaber in Österreich total abgewirtschaftet haben; daß sie vor aller Welt als Kriegstreiber bloßgestellt waren; und daß sie nie mehr imstande sein werden, das Renommee der Republik mit ihren angeblichen geschichtlichen Verdiensten zu schmälern.
Angetrieben vom Clemenceau machte man kurzen Prozeß mit den Österreichern, Ungarn und Konsorten. Am 20. Juli überließ man ihnen die Bürstenabzüge des endgültigen Textes jenes dicken Buches. Schon am 2. September bekamen sie das fix und fertige Exemplar in die Hand. Fünf Tage sollten sie Zeit dazu haben, sich in Wien die Ermächtigung zum Unterschreiben des sogenannten Vertrags zu beschaffen. Oder nicht zu unterschreiben und dann halt das Los

49

eines im Kriegszustande befindlichen Staates und die endlose Verschlechterung der Lage ihres Staates auf sich zu nehmen.

Gewiß, dem Geschick des Doktor Renner ist es gelungen, so unter der Hand, da und dort, Unebenheiten und Härten des Vertragsentwurfs zu beseitigen. Aber in der Endfassung war das dicke Buch weit davon entfernt, das zu sein, was man in Wien gerne gehabt hätte: Ein Staatsvertrag und nicht so ein Friedensvertrag, wie er mit Feindstaaten abgeschlossen wird. Genau betrachtet, war es Obduktionsbefund eines früher bestandenen Reiches, von dem man einige Organe in den neuen Staatskörper transplantiert hat.

Also fünf Tage Bedenkzeit. Immerhin um zwei Tage mehr als jene Frist, die einmal der Tyrann Dionysos dem getreuen Bürgen seines ungeschickten Attentäters gewährte, damit der Attentäter seiner Schwester einen Gatten freien konnte. Aber die Zeiten, in denen die Österreicher angeblich heiraten konnten, während sich der Rest Europas mit Kriegen herumbalgen mußte, waren vorbei. Jetzt war Österreich auf der Scherbank, um geschoren zu werden. Man erstreckte dem Doktor Renner die gestellte Frist und dieser hastete heim nach Wien, um nur ja rechtzeitig wieder in Saint Germain zurück zu sein. In Wien gab es keine Zurufe auf dem Westbahnhof. Die sozialdemokratisch organisierten Eisenbahner aller Rangklassen sahen unmutig drein und den Wienern ging es so hundsmiserabel, daß es wurscht war, was mit dem Futzerl Neuösterreich geschah.

Schon während der Rückreise aus Frankreich hat der Doktor Renner in Linz den Journalisten gesagt, seine Landsleute müßten sich in Hinkunft auf eine völlige Änderung ihres Schicksals gefaßt machen. Ohne die Unterstützung durch den Völkerbund sei der neue Staat wohl kaum lebensfähig. Das Signet des lebensunfähigen Staates war geschaffen. Einsichtigeren war übrigens längst klar, daß die Dinge in Wirklichkeit noch viel ärger waren. Es schien fraglich, ob Wien und Österreich den zweiten Friedenswinter, den auf 1920, überleben werden können. Einmal hat man geschätzt, daß um 1930 die Bevölkerungszahl Wiens etwa drei Millionen ausmachen könnte. Um

1914 waren es immerhin bereits 2,1 Millionen. Von den letzteren sind nach 1918 vierhunderttausend aus Wien fortgezogen. Ein Aderlaß der alten Metropole, der an Qualität und Quantität alle anderen Auswanderungswellen der dreißiger Jahre bei weitem übertraf. Österreich-Ungarn, 1914 nach Rußland der Staat mit der größten Flächenausdehnung in Europa, schrumpfte zu einer Alpenrepublik zusammen. Zu jener östlichen Schweiz, als die serbische Aggressoren vor dem Krieg sich das künftige Österreich gedacht haben.

Am 6. September 1919 vertrat der Doktor Renner in der österreichischen Nationalversammlung den Antrag, ihn zur Unterfertigung des fraglichen dicken Buches zu ermächtigen. Er sprach von dem Gefühl der Vereinsamung, in die das Land geraten sei, das jetzt als Bruchteil einer früheren großen Einheit zu existieren gezwungen war. Und von dem anderen Gefühl, wonach sich Österreich in nationaler und kultureller Hinsicht eins empfindet mit den Deutschen im Reich. Zweimal, so unterstrich der Doktor Renner, hat die Nationalversammlung in feierlicher Form den Anschluß Österreichs an das Reich beschlossen. Jetzt aber sei es schmerzliche Pflicht geworden, darauf zu verzichten. Noch war nicht die Hoffnung begraben, daß einmal vielleicht der Völkerbund dennoch den Österreichern den Weg ins Reich freigeben wird. Ob es bei diesen Worten nicht dem Doktor Renner in den Ohren gellte? Denn nie hat sich der Völkerbund zu derlei verstanden. Ganz im Gegenteil. Er hat Österreich nachher immer nur dann aus materiellen Nöten geholfen, wenn sich dieses aufs neue dem Anschlußverbot unterwarf und dies ausdrücklich auf sich nahm.

Und da waren Gebietsverstümmelungen, die Österreich in Saint Germain hinnehmen mußte; obwohl solche Willkürlichkeiten der Sieger im Widerspruch zu dem eben erst verkündeten Recht der Selbstbestimmung der Völker standen. Südtirol fiel an Italien, weil letzteres Grenzen in den Alpen, aufgrund strategischer Notwendigkeiten, verlangte und bekam; die ČSR hinwider bekam die historischen Grenzen der Länder Böhmen, Mähren und Schlesien zugestanden, obwohl damit dreieinhalb Millionen Deutsche – gegen ihren Willen – von Österreich getrennt wurden. Andere Grenzen wurden je nach verkehrstechnischen Notwendigkeiten der Nachfolgestaaten gezogen. Um die Deutschen in Südkärnten und Südsteiermark kümmerte man sich erst gar nicht. So wurden jenseits der Grenzen des neuen Österreich jene Volksdeutschen typisch für eine Zeit im Nachkriegseuropa, in der Volkstumsrechte von Minderheiten gering geschätzt wurden. Bis man nach 1945 dieses anstehende Problem einfach durch die Vertreibung besagter Volksdeutscher in einer grausamen Weise löste. Bei diesen unausweichlichen Notwendigkeiten als Folgen von Saint Germain war es ein Glück, am 6. September 1919 auf den Bänken der Opposition zu sitzen und den beiden Regierungsparteien Lässigkeit, wenn nicht mehr, in nationalen Belangen vorzuwerfen. Diese Rolle der Großdeutschen Volkspartei hat ein grausames Geschick ins gerade Gegenteil verkehrt, als dieselbe Partei 1922, bei der Ratifizierung der Genfer Völkerbundanleihe, sich mit dem neuerdings auferlegten Anschlußverbot – weil nunmehr Regierungspartei – abfinden mußte. So bekamen junge Menschen den Verdacht, es würde mit heiligen nationalen Belangen zuweilen Schindluder getrieben, je nachdem, ob man in der Regierung mitmachte oder in der Opposition der Regierung Verrat vorwarf. Endlich fanden sich aber doch alle Parteien auf dem Boden der Tatsachen. Als sie sich mit einer Resolution an die Welt wandten. Und dabei auf den Zwang verwiesen, in dem ein Land sich befindet, das keine Nahrungsmittel, keine Kohlen, keine Rohstoffe und keine Kredite besitzt. Und dessen Söhne und Väter noch in großer Zahl in Gefangenenlagern gehalten werden.

Den Deutschen hätte man in Versailles kein dickes Buch anzuhängen brauchen. Einfacher wäre es gewesen, den Inhalt dieses Buches mit einem einzigen Satz auszudrücken:
»Le Boche payera tout.«
Ganz energisch haben sich Frankreich und England jenen billigen Trick der Deutschen verboten, wonach diese den Wiederaufbau der kriegszerstörten Gebiete sowie die reichlichst geforderten Sachleistungen voll und ganz durch deutsche Firmen sowie deutsche Arbeitskräfte besorgen lassen wollten. Das war infam, denn die Bo-

ches hätten damit ihre Arbeitsbeschaffungsprobleme und die aufkommende Arbeitslosigkeit auf die Sieger abgewälzt. Die Deutschen mußten zahlen, weil Frankreich und England sowie andere Siegerstaaten den USA 40 Milliarden Goldmark schuldeten. Und zwar für die Lieferung von Kriegsmaterial während der Zeit der sogenannten Neutralität der USA sowie für solche nach dem Kriegseintritt der USA. Letzthin wäre es nach dem von den Deutschen versuchten Trick also dahin gekommen, daß das deutsche Volk einen Teil der Arbeitsleistungen des amerikanischen übernommen hätte, diesem dafür quasi eine Rente blieb. Und damit kam Wilson nicht bei seinen finanzkräftigen Hintermännern an. Also mußte es bei der deutschen Alleinschuld am Krieg bleiben und bei den daraus erfließenden Verpflichtungen zu hohen Geld- und Sachleistungen an die Sieger, deren Nachkriegswirtschaft und Produktionssteigerung. 1922 fing der deutsche Esel – streck – dich zu tuckern an. Mit anderen Worten: Die Franzosen vermuteten als erste, die Boches könnten zwar, wollten aber nicht zahlen und liefern. Man schlug ihnen quasi zuerst einmal das dicke Buch über den Dickschädel. Aber die deutsche Reichsregierung antwortete darauf mit der Bitte um eine Stundung der Reparationsleistungen in den Jahren 1923 und 1924. Später, nach 1945, werden deutsche Historiker nachweisen, die Deutschen hätten schon ihren Verpflichtungen nachkommen können, wären sie nicht damals einer sogenannten psychopathischen Reaktion zum Opfer gefallen. Wie jener legendäre Esel, dem sein Herr fast schon das Fressen für alle Zukunft abgewöhnt hatte, als das störrische Vieh aus lauter Obstinanz krepierte.
Die Sieger von 1918 hatten nun aber gar nichts für Märchen übrig, mochten sie noch so sinnfällig sein und alte Volksweisheiten bestätigen. Sie schickten den Deutschen eine Kommission von Wirtschafts- und Finanzfachleuten ins Haus, um nachher zu wissen, wie es wirklich um die Zahlungsfähigkeit des Reiches stand. Diese Herren erkannten in der Tat, daß Deutschland nicht wirtschaftlich krepieren müßte, wenn man die im dicken Buch auferlegten Bestimmungen nur um ein wenig moderieren würde. Es verstand sich, daß diese Einsicht den Fachleuten auch deswegen genehm war, weil sie realisierten, daß Deutschland kein sterbender Esel war, sondern

eine Fundgrube für großartige und gewinnbringende Geschäfte.

Und während besagte Fachleute zusammen mit deutschen Interessenten im Berliner Hotel Adlon, aber auch andernorts, über derlei günstige Aussichten so ziemlich das Gleiche dachten, geschah das Irreparable.

In Paris, aber auch in London, und erst recht in den Hauptstädten der auf deutsche Reparationslieferungen angewiesenen Kleinstaaten schien jede Idee an eine Retusche des Versailler Vertrags einfach absurd. Derlei Herumfummeln an der 1919 geschaffenen Ordnung im Nachkriegseuropa konnte dieses eben erst bezugsfertige Gebäude zum Einsturz bringen. Nein, die Boches werden erst einmal zahlen müssen. Wenn sie das nicht taten, dann lag nicht etwa ein psychopatologischer Grund bei den Boches vor, wie gewisse Historiker nach 1945 selbst zugegeben haben. Die Deutschen waren, wie das schon der Große Napoleon bei der Eintreibung seiner Kriegskontributionen festgestellt hat, störrisch. Man wird ihnen das austreiben. Bei dieser Voreingenommenheit übersah man, zumal in Paris, daß anitzo in Berlin eine Regierung amtierte, der man jetzt klugerweise ein Winziges von dem hätte geben sollen, was sich nachher der Hitler haufenweise selbst nehmen wird. Und ohne erst viel zu fragen. Reichskanzler war nämlich kein Reaktionär oder Nationalist, sondern ein gewisser Joseph Wirth. Als Klerikaler war er den Liberalen denkbar unsympathisch. Sein Spitzname, der Rote Wirth, machte ihn bei den Nationalen verdächtig, ohne daß er deswegen auf der Linken besonders genehm gewesen wäre. Diesem, wie man neuerdings sagt, aufgeschlossenen Reichskanzler stand ein Reichsaußenminister zur Seite, wie für die momentanen Probleme des Reiches kein besserer zur Hand war. Sohn des Gründers der berühmten AEG, ein Mann mit weltweitem Horizont, ein Wirtschaftsfachmann von hohem Rang, Walter Rathenau. Er war Jude und daher gewähr dafür, daß er weder dem deutschen Revanchismus, noch dem Bolschewismus eine Gasse bahnen würde.

Und also holte man die Deutschen zu gemeinsamen Beratungen nach Genua. Nicht um ihnen etwa Avancen zu machen, sondern um ihnen allen Ernstes bewußt zu machen, daß es jetzt in den Reparationsleistungen keine Verzögerungen geben dürfe.

Es war ein Fehler der Sieger, auch das besiegte, inzwischen bolschewistisch gewordene Rußland nach Genua einzuladen. Ihnen winkte offenbar ein Anteil an den deutschen Reparationsleistungen und damit die Möglichkeit, den Franzosen endlich die Gelder zu erstatten, die letztere einmal dem zaristischen Rußland geliehen haben, um die strategischen Rüstungen im Interesse Frankreichs zu betreiben. So wenig man im Westen vorläufig noch den Bolschewisten vertraute, so gewährbietend war andererseits der amtierende sowjetische Außenkommissar: Georgij Valisievič Čičerin entstammte einer aus Italien nach Rußland gekommenen Adelsfamilie, hatte alle guten Eigenschaften seiner alten Kaste an sich und war zudem seit 1904 eingeschriebenes Mitglied der Sozialdemokratischen Arbeiterpartei Rußlands, also der jetzigen bolschewistischen Partei.

Am 16. April 1922 trafen sich außerhalb Genuas, in Rappallo, der Rathenau und der Čičerin. Sie schlossen einen Vertrag, mit dem beide Reiche zum ersten Mal nach ihren verlorenen Kriegen aus der daher datierenden Isolierung traten. Die Sowjets verzichteten auf alle ihnen etwa aus dem Versailler Vertrag zustehenden Ansprüche an Deutschland, letzteres verzichtete auf alles deutsche Eigentum, das inzwischen die Bolschewisten in Rußland verstaatlicht, also enteignet hatten.

Frankreich war damit um die Hoffnung auf deutsches Geld via Moskau geprellt. Der große Lloyd George zerdrückte eine Träne, weil sich die Deutschen in ihrer völligen Verlassenheit und Unsicherheit lieber den Bolschewisten als ihm eröffnet haben. Und also schien es in London und Paris klar zu sein, daß die Deutschen ein undurchsichtiges Spiel trieben und ihre Öffnung nach dem Westen nur eine Fassade war, hinter der sich für eine Weile die gewohnte Störrischheit und Zahlungsunwilligkeit verbergen sollte. Nun, man wird den Deutschen bald anders kommen. Daß Walther Rathenau, als geschmähter Erfüllungspolitiker und gottverdammte Judensau, die von ihm gegen Ost und West versuchten Öffnungen mit eigenem Leben bezahlen mußte, stärkte in Paris nicht ein Vertrauen in die Berliner Regierung, sondern das ohnedies starke Mißtrauen in den aufs neue keimenden Nationalismus der Boches.

Man hat im Geschichtsunterricht bis unlängst nie genügend klar herausgestellt, daß der 24. Juni 1922 der dies ater der Deutschen ist. Als an jenem Tag die Nachricht von der Ermordung Rathenaus dem eben tagenden Deutschen Reichstag bekannt wurde, nahm der Rote Wirth, also der amtierende Reichskanzler, das Wort. Er fand angemessene Worte für den Toten. Dann aber entglitt ihm das Pathos seiner Rede und er rief ein Wort in den Saal, das bis zum Ende der Deutschen Republik von Weimar nachhallte: »Der Feind steht diesmal rechts!« Tageszeitungen und Boulevardblätter unterdrückten in ihren Sensationsreportagen das Umstandswort der Zeit »diesmal«. Und so wurde aus einer Feststellung für den Augenblick ein Prinzip für alle Zukunft. So wie in Frankreich die Liberalen seit der Aera Clemenceau sagen: Il n'y pas d'ennemie à gauche, wurde es auch in der deutschen Staatsräson stehendes Prinzip, daß rechts nur der Feind stehen kann. So entstand jene Erstarrung des Schemas der deutschen Innenpolitik, nach der aus der Perspektive eines Freund-Feind-Verhältnisses rechts nichts als Parteigänger und Hintermänner der Rathenaumörder stehen können, Vorläufer und Partisanen des aufkommenden Hitlerismus und zuletzt nur dieser selbst.

Dem nunmehrigen französischen Ministerpräsidenten Raymond Poincaré war dieses Imago Germaniae nur recht. Es kam jetzt die Zeit, da hüben und drüben die Denkmäler für die im Weltkrieg Gefallenen enthüllt oder geweiht wurden. Und man sich aufs neue der Untaten der Feinde und des Ruhmes der eigenen erinnerte. Wobei wieder einmal mit dem Wort Revanche arg Schindluder getrieben wurde, wenn Politiker an Sonntagen landauf und landab reisten, um nationale Belange herauszustreichen. Von der Nation redeten, während es oft ums nackte Geld ging.

Inmitten dieser Turbulenz war das langsam zugrunde gehende Österreich nur ein kleines Problem am Rande der internationalen Politik. Unlängst hatten Österreicher in Paris angeklopft, weil die vom Doktor Renner ins Auge gefaßte Hilfe des Völkerbundes dringend notwendig wurde. Aber man hat abgewunken und den Österreichern nur den Rat gegeben: »Ne restaurez pas les Habsbourgs.«

Aber die Österreicher wollten gar nicht die Habsburger ins Land holen, sie wollten nur Geld, nicht sehr viel angesichts der Summen, von denen im Zusammenhang mit den Reparationsleistungen der Deutschen die Rede war. Nach dem Zerfall der Großen Koalition der Sozialdemokraten und der Christlichsozialen, wie sie unter dem Doktor Renner bestanden hat, befanden sich nunmehr die Sozialdemokraten in Opposition zu bürgerlichen Regierungen. Und die Linke beobachtete mit Argusaugen jeden Versuch der Bourgeoisie zur Sanierung der Verhältnisse in Österreich, weil jeder Erfolg in letzterer Richtung die Position der Bourgeoisie kräftigen, die Hoffnung der Linken auf den Zusammenbruch des Kapitalismus schmälern mußte. Es war die Zeit vor dem Kommen Ignaz Seipels. Ein Interregnum, in dem die bürokratischen Experten für gescheiterte Projekte der Vergangenheit nachweisen konnten, daß überhaupt keines der Sanierungsprojekte, wie sie von Politikern aufs Tapet gebracht wurden, gelingen konnte. Weil es unzählige Vorakten gäbe, die beweisen, daß solche Projekte allesamt schon versucht und jedesmal gescheitert sind. Und wenn damals der große Theoretiker und Praktiker des Austromarxismus Otto Bauer vorschlug, man möge anstatt des verbotenen staatlichen Anschlusses Österreichs an das Reich eine deutsch-österreichische Währungsunion versuchen, war das schon so etwas wie schwarzer Humor. Bei der beginnenden rasanten Markinflation und der langsameren in Österreich nahm sich das Ganze aus, als würde man sich statt der schwachen Lungen der österreichischen Währung lieber eine offene Tuberkulose einwirtschaften wollen. Die unerwartete Wendung brachten die Großdeutschen. Sie, die 1919 die Christlichsozialen wegen ihrer Zustimmung zum Unterschreiben des Vertrags von Saint-Germain als Verräter nationaler Belange arg verteufelt hatten, sahen jetzt ein, daß ihnen das österreichische Hemd näher war als der ohnedies nicht greifbare deutsche Rock. Auf ihrem Parteitag 1922 machten sie eine Ziehung in Richtung Klerikale, ein Manöver, während dem sich die Antiklerikalen der Ära Schönerer wahrscheinlich im Grab umdrehten. Sie wollten mit jenen, die man vulgär ausgedrückt Kerzlschlicker, Sakristeiwanzen und Weihbrunnenten nannte, in

Regierungskoalition gehen. Weil der offenbar von links drohende soziale und wirtschaftliche Zersetzungsprozeß unter Kontrolle genommen werden mußte; sollte nicht der Anschluß wegen des drohenden Untergangs Österreichs überhaupt gegenstandslos werden. So wurde in Umrissen die Ära des Bundeskanzlers Ignaz Seipel in Österreich sichtbar. Seipel, katholischer Priester, Professor für Moraltheologie, ehedem k.k. Minister für Soziale Fürsorge, jetzt Römischer Prälat und Obmann der Christlichsozialen Volkspartei. Seipel dachte puncto Deutschland nicht das Gleiche wie die Großdeutschen. Aber man verstand sich, wenn Seipel formulierte: Keine Lösung ohne Deutschland, jede Lösung mit Deutschland.

Am frühen Vormittag des 31. Mai 1922 wurde in der neugotischen Votivkirche in Wien ein Gedenkgottesdienst für den verstorbenen christlichsozialen Altbundeskanzler Michael Mayr gelesen. Ob das kirchliche Memento unter den damaligen Umständen genügt hätte, auch die Antiklerikalen der österreichischen Politikerprominenz zu einem Kirchenbesuch zu veranlassen, ist nicht mehr feststellbar. Wahrscheinlich sind viele der in der Kirche Anwesenden nur wegen des Zelebranten, also des Meßlesers, gekommen. Bei diesem handelte es sich um den oben erwähnten Prälaten und Obmann der Christlichsozialen Partei Ignaz Seipel. Letzteres wog und zog. Aber ein Prälat war auch nicht ohne. Ehe dieser letzte Maitag zu Ende sein wird, werden schon die Christlichsozialen und die Großdeutschen eine Koalitionsregierung unter dem Mann gebildet haben, der eben daran war, völlig weltabgewandt, im schwarzen Ornat, die lateinischen Formeln des Requiems geheimnisvoll zu murmeln. Wandte sich der Zelebrant mit jenem »Dominus vobiscum« dem Volk zu, dann wurden Gesicht und Profil des Prälaten sichtbar. Der Schädel kahl, alle Haarreste geschoren. Auf der Hakennase die metallene, goldblinkende Brille mit schmalen ovalen Gläsern, deren Dicke auf starke Kurzsichtigkeit der Augen schließen ließ. Dahinter der Blick eines Gelehrten. Ausdruck einer im Priesterseminar, im Theologiestudium, im Dienst am Altar, als Universitätsprofessor von Format, als Exzellenzherr im alten Österreich, nun als Führer einer politischen Gesinnungsgemeinschaft anerzogenen geistigen und moralischen Disziplin. Haltepunkt der Hoffnungen jener Österreicher, die sich unter keinen Umständen auf ein Experimentieren der Linken mit der Gesellschaft und der Wirtschaft einlassen wollten. Längst Zielpunkt des erklärten Hasses aller jener auf der Linken, die schon vor der Ära Seipel also argumentiert haben: »Kein Sozialdemokrat kann Kirchgänger sein. Heraus aus der katholischen Kirche. Werdet konfessionslos.« Konfessionslos nicht einfach wegen des Prälaten. Im Grund deswegen, weil sich keine im Anschluß an Karl Marx entwickelte Philosophie in irgendeiner Weise mit Werten der Metaphysik vereinbaren läßt. Der Weg von der Votivkiriche zum Parlamentsgebäude am Franzensring, neuerdings Ring des 12. November, ist nicht weit. Seipel ist meistens solche Strecken zu Fuß gegangen, und von seiner Zweizimmerwohnung in einem Kloster auf der Landstraße fuhr er mit der Tramway in die Stadt. Ins Parlament, in die nächste Nähe des Ballhausplatzes. Im Gehen zu zweit kann man am besten, weil ohne Zuhörer, subtile politische Fragen erörtern. An sich gab es nur mehr wenige Details in den Beziehungen der künftigen beiden Regierungsparteien zu klären. Und so verlief die routinemäßige Prozedur des Parlamentarismus an diesem Tag, die Polemik der Linken abgerechnet, reibungslos. Am Nachmittag wurde Seipel vom Hauptausschuß des Nationalrats für das Amt des Bundeskanzlers vorgeschlagen, nachher im Haus, immer gegen die Stimmen der Sozialdemokraten, gewählt. Nachher erfolgte die Angelobung durch den Bundespräsidenten. Noch am selben Tag gab Seipel im Nationalrat die Regierungserklärung ab.

An sich war das Auftreten eines Geistlichen in der für zivile Anlässe vorgesehenen klerikalen Tracht keine Sensation im Hohen Haus. Seit das alte Österreich den Weg aus dem patriarchalischen in das demokratische Zeitalter ging, gab es genug Priester in den Gesetzgebenden Körperschaften. Erst die spätere Säkularisierung des Priesterstandes durch die Kirche hat die in der Demokratie unangebrachte Hürde zwischen Religion und Politik, Existenz des Priesters und des Politikers aufgerichtet. Trotzdem hat Seipel zu seiner

Zeit wie eine ungeheuerliche Herausforderung auf die politische Linke gewirkt. Vielleicht geschah das deswegen, weil er unter keinen Umständen bereit war, seine priesterliche Existenz gewissen Usancen des Politischen zu opfern. Jedenfalls war der Prälat nicht willens, etwa in der Garderobe des christlichsozialen Parlamentsklubs seine klerikale Tracht, geschweige denn seine Präsenz als Priester abzutun. Im Gegenteil. Er wollte den religiösen Glauben, nicht etwa bloß eine bestimmte konfessionelle Note, zu einem der Kriterien der Entscheidungen in der Öffentlichkeit machen. Niemand widersprach, als Seipel sagte, er hätte sich nicht in sein nunmehriges Amt gedrängt. Epigonen unter seinen Freunden werden ihm nach seinem Tod kalten Ehrgeiz und unchristliche Methoden der Machtausübung zuschreiben. Nie hat der Prälat derlei Polemiken der Gegner ernst genommen, wenngleich er täglich sein Gewissen hinsichtlich der Hauptsünden eines Politikers, Hoffahrt, Neid, Trägheit und Zorn, gründlich prüfte.

Es wurde unruhig im Hohen Haus, als der gewesene Exzellenzherr ruhigen Tones seine Meinung sagte:

»Nicht darauf kommt es an, wer beim Hoch auf die Republik am lautesten schreit, sondern wer in der Republik mehr arbeitet.«

Trotz bitterster Not, wie sie vor den Toren des Parlaments lauerte, wurde an diesem Tage nicht ein wirtschaftliches, sondern ein nationales Problem – der Anschluß – geradezu das Verdun der Gegner. Bekannt war, daß der Bundeskanzler in diesem Punkt mit dem großdeutschen Koalitionspartner nicht konform ging. Gegen diese undichte Nahtstelle des Koalitionssystems richteten sich daher auch die unablässigen Angriffe der Linken, die damit rechnete, daß nichts der Wählergunst der Großdeutschen mehr abträglich war, als der Vorwurf der Unverläßlichkeit bei der Wahrung nationaler Belange. Seipel kannte diese gefährliche Stelle in der Front seiner Koalitionsregierung. Er selbst lieferte eine Entlastungsoffensive, um den Stoß in die Flanke der Großdeutschen abzufangen:

»Muß es – nämlich Österreich – an Deutschland angeschlossen werden? Darüber sind die Regierungsparteien verschiedener Ansicht. Entscheidender für den Augenblick ist die Feststellung: Weiterleben muß das deutsche Volk in Österreich.«

Mitten in Polemiken der Tagespolitik blitzte auf, was Seipel schon während des Krieges in seinem Werk »Nation und Staat« aufgezeigt hat. Nämlich der Hinweis auf jenes Lebensrecht des Volkes, das über das hinausgeht, was die Revolution von 1789 als Rechte des Einzelmenschen bloß gebündelt hat. Dem durchaus materialistisch gefaßten Begriff des Volkes im Anschluß an Marx setzte Seipel einen metaphysisch fundierten Volkstumsbegriff entgegen, mit dem er seinen Begriff der Kulturnation abstützte.

Im übrigen verzichtete Seipel auf die Pathetik, die damals in Festtagsreden üblich war, wenn von Volk und Nation gesprochen wurde. Indem er das eigenständige Lebensrecht des Volkes feststellte und hierin das Lebensrecht des einzelnen überhöhte, trug er dem momentanen Zustand der Deutschen Frage Rechnung, bezog er sich auf die Notwendigkeit einer Kunst des Möglichen in der Politik.

Seipel versprach nicht, wie üblich, Leib und Leben für die Erfüllung seines Auftrags im Politischen hinzugeben. Wie rasch kam indessen dieses Risiko an ihn heran. Der Tag war nicht mehr fern, an dem ihn der Pistolenschuß eines sozialdemokratischen Parteigängers traf, welch' letzterer vermeinte, nach allem, was er von dem Prälaten gehört hatte, verdiente dieser die Kugel. Die Kugel schoß zwar nicht den Lebensfaden entzwei, sie lädierte diesen jedoch, um das Leben des Opfers um ein Erhebliches zu verkürzen.

Nach der Warnung aus dem Westen betreffs der Restauration der Habsburger folgte um diese Zeit eine, die sich gegen die Möglichkeit des Anschlusses wandte. Selbstbestimmungsrecht hin und her, demokratische Willensbildung hin und her – die großen Demokratien des Westens, die Mutterländer der Demokratien, verlangten von der österreichischen Regierung allen Ernstes, sie möge dem Wählervolk des Landes von Staats wegen verbieten, sich spontan für den Anschluß zu entscheiden. Ministerpräsident Poincaré wollte mit allen Mitteln verhindern, daß die deutsche und die Anschlußfrage unter einem hochkamen. Aber gerade das gelang nicht.

Im Sommer 1922 trat in London eine Konferenz zusammen, um

über die Bitte der deutschen Regierung um Stundung fälliger Reparationsleistungen zu befinden. Die Sieger von 1918 brauchten und wollten Geld, ihnen war das ständige Betteln der Österreicher um Kredit einfach lästig. Unter solchen Umständen war es schon ein Erfolg der österreichischen Außenpolitik, daß das Anliegen Österreichs überhaupt auf die Tagesordnung der Londoner Konferenz kam. Wenngleich als letzter Punkt der Tagesordnung und damit ohne rechte Aussicht auf meritorische Behandlung. Immerhin: Die Frage Österreich war zum ersten Mal seit Saint-Germain in einem gewissen Umfang internationalisiert.

Gegen die angebliche psychopathologische Reaktion der Deutschen auf unbegrenzte Reparationsforderungen versuchte man es in London mit einer Kaltwasserkur: Lloyd George stimmte nach tumultiösen Verhandlungen zu, der deutschen Regierung ein Ultimatum zu stellen. Ehe aber dieses noch in Berlin übergeben wurde, gab die Regierung in Berlin nach. Sie wollte, nach Abzug aller anderen Leistungen, 132 Milliarden Goldmark in Jahresraten, beginnend in Höhe von zwei Milliarden, zahlen; als Sicherstellung verpfändete sie alle Ein- und Ausfuhrzölle, die Erträgnisse ganzer Kategorien von Steuern und sie räumte einem in Berlin amtierenden Garantiekomitee die Überwachung dieses Tilgungsplanes ein. Einmal ist man in Europa so mit dem Kranken Mann am Bosporus umgesprungen. Jetzt widerfuhr das den Deutschen. In der Nacht zum 11. Mai 1921 nahm der deutsche Reichstag mit 202 gegen 172 Stimmen die Erfüllung des Ultimatums an.

So wie man in späteren Epochen unlösbare Probleme der UNO, den Vereinten Nationen in New York, aufbürden wird, schob man um 1921 derlei Probleme an den Genfer Völkerbund ab. Hier ist von der Frage die Rede, wie wohl die Österreicher überhaupt zu Krediten kommen sollten, um neu zu wirtschaften.

Ehe Seipel überhaupt nach Genf kam, mußte er trachten, eventuelle Hürden, die Österreichs Nachbarn einer Genfer Sanierung Österreichs entgegenstellen könnten, vorher beiseitezuschaffen. In Berlin, beim Roten Wirth, ließ man die Formel: Völkerbundanleihe gegen Unterstreichung des Anschlußverbots von Saint-Germain 1919, hingehen. Nie ist man in Berlin, ehe der Hitler kam, geradezu scharf auf den Zugang der Österreicher gewesen. Momentan hatte der Rote Wirth genug Schwierigkeiten anstehen, deren Vermehrung um die Anschlußfrage ihm nicht genehm sein konnte. Die nächste Reise führte Seipel nach Prag. Außenminister Beneš war quasi der Gewährsmann des Westens in mittel- und ostmitteleuropäischen Fragen. Beneš Unterstützung für das österreichische Kreditprojekt war von entscheidender Bedeutung. Zumal es das Interesse Italiens, das am Vorabend von Mussolinis Marsch auf Rom stand, für die Österreichische Frage weckte. So kam dem selbständigen Vorgehen Seipels Richtung Genf das wache Mißtrauen, das sich die ČSR und Italien gegenseitig lieferten, zugute: Es ermöglichte den gefährlichen Balanceakt zwischen dem demnächst faschistischen Italien und der nach westlichen Vorbildern eifernden Regierung in Prag.

Es waren trübe Zeiten für Österreich, als Seipel im August 1922 zum ersten Mal nach Genf fuhr, um den Völkerbund für die Österreich-Anleihe zu gewinnen. Der Völkerbund, Areopag der Sieger von 1918, war nicht eben eine Claque für einen Österreicher, zumal für einen Prälaten und am allerwenigsten für einen Kreditwerber. In Genf stand das nach den Pariser Vororteverträgen von 1919 erbaute Haus für eine neue Ordnungsmacht. Man stand unter Zugzwang: Entweder tatenlos dem Untergang Österreichs zuzusehen oder dessen Anschluß an das Deutsche Reich hinzunehmen. Seipel schien es, als würde er vor geschlossenen Fenstern und Türen sprechen müssen. Indessen öffnet sich so manches Fenster und man erwies dem Redner mehr als Respekt, wenn er ausführte: »Ehe das Volk Österreich in seiner Absperrung zugrunde geht, wird es alles tun, um die Schranken und Ketten, die es beengen und drücken, zu sprengen. Daß dies ohne Erschütterung des Friedens und ohne die Beziehungen der Nachbarn Österreichs untereinander zu trüben geschehe, dafür möge der Völkerbund sorgen.« Keine Bettelei, keiner der schon routinemäßig gewordenen SOS-Rufe vom Wiener Ballhausplatz.
Seipel stand es nicht zu, das Reich in seiner beginnenden Not in Genf für österreichischche Interessen zu mißbrauchen; das Halte-

seil zu Deutschland ließ er auch in einer Stunde wie dieser nicht los:

»So sehr den Österreichern verständlich ist, daß sich seine Kreditgeber Kontrollen vorbehalten, so sehr wird es für das Volk von Österreich demütigend und politisch schwerer zu ertragen sein, trotz nomineller Unabhängigkeit unfrei gemacht zu werden, als lieber gleich auf die Unabhängigkeit zu verzichten, um dafür wenigstens den Eintritt in ein großes Wirtschaftsgebiet und damit einen Anteil an der Souveränität eines großen Staates einzutauschen.« Die Genfer Claque applaudierte. Und die Claque ging daran, ein handfestes Ding zustandezubringen, ein politisch gesteuertes Vehikel, das den Österreichern Geld – unter Bedeckung – ins Land bringen sollte. Es erwies sich, daß es in Übersee Staatsmänner gab, die Austria nicht mit Australien verwechselten und sich nur wunderten, wieso das vielgepriesene Wien plötzlich in eine solche Misere geraten war.

Ein Altösterreicher wie Seipel, der noch ein Europa kannte, in dem man quer durch den ganzen Kontinent, bis an die russische Grenze, in alle Richtung ohne einen Paß reisen konnte; der die Zeit erlebte, in der die österreichische Goldkrone mit dem Profil Kaiser Franz-Josephs überall in Europa gerne in Zahlung genommen wurde; ein solcher Österreicher spürte 1922 beim Passieren der schweizerischen Grenze zu Österreich einen tiefen Schmerz. Nicht etwa deswegen, weil dem Prälaten die köstlichen Fleischtöpfe der Schweiz abgingen, sondern wegen des niederschmetternden Erlebnisses eines Wiedersehens mit der alten Heimat. Der gewesene Exzellenzherr suchte also keinen Schlaf, und zudem benötigte er die Nachtfahrt zugunsten seiner priesterlichen Existenz.

»Fehlt 'was, Exzellenz?«

fragte der Schlafwagenkondukteur, als er bemerkte, daß im Abteil des Bundeskanzlers die Leselampe nicht ausging.

»Vielleicht ein Schlafpulver, Ex'lenz?«

Der Kondukteur war nicht nur auf Trinkgeld aus. Und um derlei wußte Seipel, Sohn eines Wiener Fiakers, Bescheid. Vielleicht witterte der Kondukteur irgendeine Malaise, für deren Behebung er geschult war. Der Bundeskanzler wollte auf so viel Freundlichkeit nicht unfreundlich sein. Aber, um die Wahrheit zu sagen, hätte er dem Kondukteur erklären müssen, daß er während seiner Verhandlungen in Genf mit seinem priesterlichen täglichen Breviergebet in Rückstand geraten war. Und daß es angesichts dessen, was dem Priester wohl in Wien bevorstand, rätlich war, einiges von den morgigen Gebeten vorwegzunehmen. Nie duldete der Prälat, daß seine priesterliche Existenz mit all' ihren Auflagen wegen des Offiziums des Staatsmannes zu kurz kam. Also sagte er zu dem Kondukteur:

»Danke schön« und überzeugte diesen, daß er es mit einem der Seltsamen zu tun hatte, die die Einsamkeit der Nacht nicht dem Luxus des Fahrens in einem Schlafwagenabteil zum Opfer bringen. Der Kondukteur zog die Abteiltür leise zu, der Prälat ließ das Rouleau vor dem Fenster hochschnellen, um – wenn er den Blick aus dem kleinen Lichtkegel der Leselampe hob – hinauszuschauen in die Nacht. Er war kein Romantiker, wie dies vielleicht einige Fahrdienstleiter jener Stationen vermeinten, an denen der D-Zug vorbeibrauste und denen das einzige erleuchtete Fenster in der Reihe der Schlafwagenfenster auffiel.

»So habt ihr nicht eine Stunde mit mir wachen können?«
kam dem Priester eingedenk der Worte Christi am Ölberg in den Sinn.
Und:
»Wachet und betet, daß ihr nicht in Anfechtung fallet.«
Anfechtung. Die Hybris des Gebildeten. Die Ungeduld des Politikers, die leicht in Unduldsamkeit umschlägt. Die geheime Angst um den Erfolg, die Staatsmänner zuweilen mit Mitteln der Schauspielkunst verdecken. Wachen und beten galt es in dieser langen Nacht.
So verging im Gebet denn auch die Nacht. Als der Zug durchs Alpenvorland an der Donau hastete, kam schon Tageslicht in das Abteil. Und pünktlich um 8 Uhr dreißig, mit geradezu vorkriegsmäßiger Pünktlichkeit, hielt der Zug in der Halle des Westbahnhofs. Aus den Waggons quoll viel Volk, zumal Neureiche, die, anspruchsvoll und genußfreudig wie sie waren, dem grauen österreichischen All-

tag in die Schweiz entwischt waren. Diese neue Haute Volee schien Seipel bei weitem anspruchsvoller zu sein als die Elite von gestern, die man wegen eben dieser Allüren verjagt hat, die man den neuen Herren gerne nachsah.

Niemand jubelte Seipel etwa so zu, wie einmal dem Doktor Renner als dieser nach Saint-Germain abfuhr. Saint-Germain, das ereignete sich jetzt in Österreich im Alltag, und es war ein mieses Erlebnis. Die Eisenbahner sahen den Prälaten mit den scheelen Blicken an, die sie sich nach dem, was sie in ihren Parteiversammlungen über diesen Mann gehört hatten, schuldig zu sein schienen. Wo der Seipel in ein gutes Gesicht sah, grüßte er, weil er wußte, daß es nur eines ehrlichen Wortes bedarf, um – wenn schon keine Sympathie zu erwerben – so doch Haß abzubauen.

Jetzt war Seipel von politischen Freunden umringt. Die Gesichter, in die er sah, waren sorgenvoll. Die Setzer hatten einen wohl eher politisch motivierten Streik ausgerufen, und das Land stand – am Vorabend der Ära des Radios – ohne Zeitungen da. Dagegen lief die politische Agitation und Propaganda gegen den Prälaten bereits auf vollen Touren.

»In Wien geht das Gerücht, Ex'lenz würden überhaupt nicht mehr heimkommen, weil man Ex'lenz im Ausland umgebracht hat«, wußte der eine. Ein anderer wußte:

»Die Tschechen wollen angeblich in Österreich einmarschieren, um endlich Ordnung zu machen.«

»Nein, nicht die Tschechen, die Italiener«, verbesserte ein Dritter. Und zuletzt wußte ein Vierter:

»Die Ungarn werden wieder ins Burgenland einrücken und das Land sich zurückholen.«

Solchen den Tatsachen erstaunlich nahekommenden Gerüchten und anderen halben Wahrheiten wollte der Bundeskanzler vor dem einzigen Forum, das ihm zustand, vom Fleck weg entgegentreten. Im Nationalrat.

Der Bundeskanzler sah sich um im Hohen Haus. Er stieß auf die starr abweisenden Blicke seiner unversöhnlichen Feinde auf der

Linken. Da war der Ausdruck spröder Sachlichkeit in den Gesichtern der koalierten Großdeutschen, denen die wirtschaftlichen Interessen ihrer Geldgeber ebenso zusetzten wie Vorwürfe aus nationalen und völkischen Kreisen. Und da waren die Parteifreunde, gutwillig, aber schon ein bißl müde wegen der endlosen politischen Strapazen, die ihnen der unermüdliche Prälat, der selbst keine Familie und kein Geschäft hatte, zumutete. Was immer er – der Seipel – jetzt sagen wird, es wird ihm mehr Feinde als neue Freunde eintragen. Denn er wird die Erwartung vieler seiner Landsleute, er werde einen Geldstrom und die Wiederkehr der guten alten Zeit in Gang setzen, arg enttäuschen müssen. Daß die Sanierung des Landes den Völkerbund Geld, die Österreicher erhebliche Opfer kosten würde, das haben seine Landsleute, selbst viele Politiker, nie realisiert. Aber dann kam Leben ins Hohe Haus.

Etwa als der Bundeskanzler klar und eindeutig herausstrich, die Geldgeber würden die Anleihe nur einem nicht-marxistischen Staat geben, nicht aber einem, der etwa daran ist, Geld und Gut an sich zu nehmen. Diese Formel paßte genau auf den Verdacht, den Otto Bauer längst hegte, Bauer, der Seipel in puncto Herkunft überlegen war und ihm intellektuell ebenbürtig blieb. Das mit dem nicht-marxistischen Land schien doch nur zu beweisen, daß die Anleihe nicht zur Sanierung Österreichs gegeben wurde, sondern zur Stützung der Reste des kapitalistischen Systems in diesem Land. Und obwohl Bauer klar war, daß nicht einmal eine Arbeiterbank Geld ohne die Gewähr von Sicherheiten verlieh, griff er die internationale Kontrolle, die sich die Geldgeber ausbedingten, vehement an.

Vor dem Hohen Haus warf er dem Bundeskanzler so etwas wie Landesverrat vor, weil er das Land der Fremdherrschaft des Völkerbundes auslieferte. Und darauf gäbe es nur eine Antwort: »Gegen offenen Landesverrat polemisiert man nicht. Man gibt ihn der Verachtung preis, solange er ungefährlich ist, und man schlägt ihn nieder, wenn er gefährlich wird.«

Brausender Beifall auf der Linken. Natürlich war nicht die Person des Bundeskanzlers von der Strafe für Landesverrat bedroht. Oder doch? Ist es überhaupt möglich, den Verrat von der Person des Verräters zu trennen?

Es nutzte nichts mehr, daß der Doktor Renner einen Ausweg suchte, der die Prozedur in die ausweglose Gasse des Anschlusses geführt und die Anleihe zunichte gemacht hätte. Viele redeten. Manche ehrbare Gesinnung kam hüben und drüben zutage. Eine Alternative zu Genf konnte keiner aufzeigen.

So näherte sich die parlamentarische Prozedur jener Hürde, an der es der sozialdemokratischen Partei ohne weiteres möglich gewesen wäre, das Experiment des Prälaten endgültig zum Scheitern zu bringen. Zur Durchführung der Sanierungsmaßnahmen war ein Außerordentlicher Kabinettsrat vorgesehen, dessen Schaffung eines mit Zweidrittelmehrheit zu beschließenden Gesetzes bedurfte. Ohne die Stimmen der sozialdemokratischen Opposition wäre besagtes Gesetz und also die unabweisbar notwendige Tätigkeit des fraglichen Kabinettsrats nicht zustande gekommen. Aber die Linke wollte das Geld ins Land bekommen und also wollte sie der Schaffung des Kabinettsrats zustimmen. Während der diesbezüglichen Abstimmung hielten die Abgeordneten der beiden Regierungsparteien zuweilen den Atem an. War es nicht denkbar, daß genug sozialdemokratische Abgeordnete sich vom Klubzwang lösten, um gegen das Gesetz zu stimmen? Vor allem aber den Seipel ein für allemal zu stürzen. Nichts dergleichen geschah. Die Opposition überließ der Regierung das Odium, nationale Belange verhökert und neue drückende Belastungen ins Land gebracht zu haben, während die Opposition mit ihrer uferlosen Polemik einmal mehr ihre Funktion als *die* Arbeiterpartei im Kampf mit dem Kapitalismus herausstellen konnte. Renner gab nicht auf. Er fuhr nach Prag, um den Genossen Vlastimil Tusař zu gewinnen und ihn einzusetzen, Eduard Beneš abspenstig zu machen von der Idee der Seipel-Sanierung. Aber der Tusař war lieber Minister unter dem Beneš als Genosse im Kampf des Genossen Renner.

Bei Philippi sehen wir uns wieder, hat einer dem Seipel nach Ende der stürmischen Beratungen in der Säulenhalle des Parlaments nachgerufen. Bei Philippi, im Jahr 42 vor Christi, schlug der Rächer des Julius Cäsar – wie es William Shakespeare sieht – die Mörder des Cäsars aufs Haupt. Nach Niederlagen, wie jener bei Philippi, blieb den übriggebliebenen Feinden des Cäsars, Cassius und Brutus, nur mehr der Selbstmord. Und da 1922 ganz offen von der Niederschlagung des Landesverrats und vom kommenden Philippi gesprochen wurde, hing fortan eine Frage im Raum: Wer ist Verräter und wer Verratener? Wen wird es bei Philippi erwischen? Und wen wird das Los des Selbstmords treffen?

Schon im nächsten Jahr werden politische Parteien in Österreich damit beginnen, für jenes Philippi ihre paramilitärischen Wehrverbände straffer zu organisieren. Ein neuer Abschnitt im Leben des gewesenen Obersten im k. u. k. Generalstab und verabschiedeten Generals der Republik, Theodor Körner, nun kein Edler von Siegringen mehr, wird anfangen.

Die Franzosen aber haben, um es hier vorwegzunehmen, nie mehr die gelungene Rache für Sadowa bekommen. Wo immer sie nach Versailles oder Saint-Germain darauf losgingen, gerieten die letzten Dinge schlechter als die ersten. Für Europa.

1945, als die meisten Häftlinge der Konzentrationslager, die überlebten, schon befreit waren, starb im KZ Buchenwald bei Weimar
der Häftling Karl Mayr. Der Tote hatte ein seltsames Lebensschick-
sal. Im kaiserlichen Deutschland wurde er Offizier. Während des
Weltkriegs bewährte er sich als Generalstäbler. 1919, nach dem
Ende der kommunistischen Rätediktatur in Bayern, organisierte er
in München eine militärische Presse- und Propagandaabteilung,
vornehmlich zur Abwehr des Kommunismus. Nachher verließ er
die Reichswehr, trat der Sozialdemokratischen Partei Deutschlands
bei und wurde Stabschef in deren Wehrverband »Reichsbanner«.
Ohne den Mayr kein Hitler.

1919 setzte nämlich Hauptmann Mayr den Gefreiten Adolf Hitler
als V-Mann, als Verbindungsmann eines Aufklärungskommandos,
ein. Der Hauptmann ging dabei ein gewisses Risiko ein. Denn der
politische Ruf des Hitler war um diese Zeit nicht unumstritten.
Nach seiner Entlassung aus dem Reservelazarett Pasewalk verharrte
der spätere Führer und Reichskanzler in einer unerklärlichen Unentschlossenheit. Er diente als Soldat in München zuerst unter dem
Regime des Eisner, dann unter der Rätediktatur der Sozialisten und
Anarchisten, zuletzt auch noch unter dem Kommunistenregime. In
all dieser Zeit bezog er als Soldat Löhnung, Verpflegung und Quartier vom Staat. Es ist ziemlich sicher, daß der Hitler als Angehöriger
der Roten Armee auch die rote Armbinde, wie alle anderen, trug. Jedenfalls schloß er sich keinem der Verbände an, die unter dem Befehl
des sozialdemokratischen Reichswehrministers Gustav Noske zum
Kampf gegen die Bolschewisten in München antraten.

Nachher, als in München Terror mit Gegenterror bekämpft wurde,
hat man den Hitler, damals Gefreiter im fünften Dienstjahr, vor
die Untersuchungskommission seiner Einheit befohlen. Seine Feinde

werden sagen, zwecks Überprüfung seines Verhaltens während der Rätezeit; seine Anhänger aber betonen, er wäre Auskunftsperson bei der Verfolgung der Linksradikalen und Kommunisten geworden. Der Mayr befreite, wie gesagt, den Hitler von allen Verdächtigungen, setzte ihn für seine Zwecke ein und war mit der Dienstleistung des Hitler sehr zufrieden. Hitler hatte damals die Veranstaltungen der verschiedenen politischen Parteien und Organisationen zu observieren und darüber dem Mayr zu berichten.

Nun war der Hitler aber schon immer dazu aufgelegt, nicht nur anderen beim Reden zuzuhören, sondern vom Fleck weg selbst als Redner in Auseinandersetzungen einzugreifen. Von dieser Zeit liegen Berichte von Konfidenten der Münchner Polizei vor, aus denen hervorgeht, daß, wann immer der Hitler das Wort nahm, alsbald ein Mordsradau entstand und das bajuwarische Element an der Gosch'n des Hitler eine Gaudi hatte.

Am 12. September 1919 ist es dann geschehen. Der Hitler hatte für den Abend dieses Tages Auftrag, eine Veranstaltung der DAP, der Deutschen Arbeiterpartei, zu beschatten. Es war keine Massenversammlung, eher eine Diskussionsrunde, und dafür reichte das Leiberzimmer im Sterneckerbräu. Der Vortrag des Diplom-Ingenieurs Gottfried Feder ging die Frage an, wie und mit welchen Mitteln man den Kapitalismus bekämpfen sollte. Feder, Redakteur des späteren Programms der NSDAP, war kein Redner, eher ein Vortragender, der auf typische Versammlungsbesucher fad wirkte. Der am Vorstandstisch sitzende Schriftführer der DAP, ein Lokomotivführer, konnte aus den Darlegungen des Herrn Ingenieurs beim besten Willen nicht entnehmen, wie man die heruntergewirtschaftete und von der Entente ausgeplünderte Reichsbahn wieder zu Geld bringen hätte können. Auch der Erste Vorsitzende der DAP, der Werkzeugschlosser Anton Drexler, leitete die lustlos geführte Diskussion über die Darlegungen des Herrn Ingenieurs mit wenig Aufmerksamkeit. Und so konnte es geschehen, daß die Wechselrede vom Thema abkam. Ein Professor namens Baumann konnte seine Ansicht darlegen: Bayern täte gut, sich von Berlin zu lösen und mit Österreich, das eben in Saint-Germain seinen Vertrag zudiktiert bekommen hatte, einen unabhängigen Südstaat zu bilden. Kaum stand dieser Vorschlag im Raum, da schnellte schon die Hand des Hitler zur Wortmeldung hoch. Einmal am Wort, macht der Hitler den Professor, wie man beim Kommiß sagt, kurz fertig. Er donnerte mit seinen Ausführungen den Professor mit den reichsfeindlichen Ansichten nieder wie einen geistig minderwertigen Rekruten. Eilends verließ der Professor das Lokal. Nie wird er dem Hitler auf dem Weg ins Dritte Reich mehr öffentlich entgegentreten. Der Parteivorsitzende, besagter Werkzeugschlosser, wandte sich aber zu seinem Nachbarn, dem Lokomotivführer, und sagte hinter vorgehaltener Hand: »Mei, der hot a Gosch'n, den kunnt' ma brauch'n.« In der DAP waren die Männer der ersten Stunde meistens Arbeiter der Faust, weniger solche der Stirn. In diesem Kreis imponierte die Gelehrsamkeit des Diplom-Ingenieur Feder, der ein Programm der DAP schon fast fertig redigiert hatte, nicht, und die Art des Professors, des Baumann, überhaupt nicht. Den Hitler wollte man anwerben. Und ehe sich dieser versah, hatte er schon eine Mitgliedskarte der mickrigen DAP und gleich eine Einladung in den Vorstand. Letzterer tagte am 16. September 1919 im Gasthof »Altes Rosenbad« und alldort feierte der Hitler sein Entree in die DAP. Es war noch jene legendäre Zeit, in der sich das Vereinsleben und das Parteiwesen, sozusagen von der Basis her organisiert, in den Extrazimmern der Gasthöfe ereignete. Die Wirte begrüßten diese Zusammenkünfte, ohne sich um die jeweilige Richtung allzusehr zu kümmern. Denn also kamen manchmal mehr Konsumenten ins Lokal.

Senkrechtstarter in der Politik gab es damals keine. Fast alle mußten mit der trivialen Arbeit in einem Extrazimmer, mit dem Austragen von Werbematerial und Kouvertieren von Einladungen anfangen.

In der DAP bekam der Hitler später, als es Mitgliedskarten gab, die Mitgliedsnummer 555. Diese Nummer deutet an, daß die DAP ihre Mitglieder nicht ab der Nummer 1 numerierte. Mit einem Wort, der Hitler war in Wirklichkeit der Fünfundfünfzigste in der Reihe der nicht eben drängelnden Neuhinzukommenden. Die legendäre Nummer 7, von der später in Lesebuchgeschichten die Rede sein wird, bezog sich 1919 wohl eher auf die Reihung der Männer des Arbeitsausschusses der DAP, und in dieser Reihe war der Hitler anfangs der letzte. Vor ihm rangierten der mehrfach erwähnte Werkzeugschlosser, der Lokomotivführer, ein Schriftsteller, ein Heimkehrer, der studieren wollte, ein Feilenhauer, einer, der lieber keinen Beruf angab. Der Hitler trug sich ins Vorstandsprotokoll nicht mit seinem Erwerbsberuf, also Soldat, ein, sondern unter der Bezeichnung Maler. Vielleicht datiert daher das spätere falsche Gerücht, der Hitler hätte als Zimmermaler oder Tapezierer angefangen. Um es hier gleich zu sagen: Der Gefreite Hitler bezog bis zum Ende März 1920 als Reichswehrangehöriger Quartier, Sold und Verpflegung. Wenngleich er zuweilen in einer seltsamen, zivilen Adjustierung im Auftrag des Hauptmann Mayr tätig wurde: In einem Schwalbenschwanzfrack, wie man in Wien sagte, mit einer absolut nicht dazu passenden Hose und in gelben Schuhen, zuweilen mit einem Rucksack auf dem Rücken.

Dem später im Dritten Reich so arg zu Schaden gekommenen Hauptmann Mayr war damals, im neunzehner- und zwanziger Jahr der Hitler aufrichtig ergeben. Der Hauptmann sprach in Briefen den Gefreiten nicht mit dem Dienstgrad an, sondern: Sehr geehrter Herr Hitler. Und der Hitler wieder pflegte zum Beispiel beim Mayr Rückfrage, ob er bei einem bestimmten Anlaß über das Siedlungswesen sprechen sollte oder über die Judenfrage – noch war die Judenfrage nicht Thema 1 des Hitler.

In der DAP tat der Hitler das, was man umrühren nennt. Er brachte Schwung in den Laden. So verleitete er zum Beispiel den eher vorsichtig mit Geld hantierenden Vorstand zu ausschweifenden Aufwendungen. Eine gebrauchte Schreibmaschine wurde gekauft. Einmal in Fahrt, kam der Hitler mit einem Vorschlag von der Art, die den Männern des Werkzeugschlossers nie in den Sinn gekommen wäre. Die DAP sollte eine Großversammlung im großen Saal des Hofbräuhauses anberaumen. In einem Saal, der Platz für 2000 Besucher hat. Damit noch nicht genug, erzwang der Werbeobmann Hitler den Druck eines Werbeplakats für diese Veranstaltung in der Farbe der Roten, also rot.

Am 24. Februar 1920, noch immer hielt der Mayr seine schirmende Hand über den Hitler, stieg die also vorbereitete Versammlung. Es erwies sich, daß die mit der roten Plakatfarbe bezweckte Provokation zog: Die Roten kamen in Scharen ins Hofbräuhaus und nahmen sich vor, der DAP nicht nur den Mißbrauch der roten Farbe, sondern überhaupt die ganze Existenz abzugewöhnen. Also, den Haufen Bourgois auseinanderzujagen.

Der Hitler tat anfangs bescheiden. Als Versammlungsvorsitzender begrüßte er die zahlreich erschienenen Zuhörer, um dann sogleich dem Redner das Wort zu erteilen. Als Redner war auf dem Werbeplakat nicht der Hitler, sondern ein Arzt, ein gewisser Doktor Dinfelder, angekündigt. Die im Saal anwesenden Roten ließen die Ausführungen dieses Vortragenden, der kein Redner war, über sich ergehen und murrten bloß leise, als der Herr Doktor einige seiner alten Kalauer betreffs der Juden vorbrachte. Wäre es nach dem Antisemitismus dieses Arztes gegangen, es wäre für die Juden in aller Welt nie ein Anlaß entstanden, der DAP oder einer NSDAP mehr als Hohn zu spenden. Mit derlei Vorträgen kam man damals nicht auf die erste Seite der Tageszeitungen; verursachte man keine Saalschlacht; machte man das Kraut überhaupt nicht fett. Bestenfalls wurde in der Spalte: Aus dem Vereinsleben, kurz Erwähnung getan. Basta.

Der Hitler wäre an besagtem Abend zu nix und garnix gekommen, hätte er nicht, nachdem der Herr Doktor seine Ausführungen über das, was uns not täte, beschlossen hatte, einfach dem Redner gedankt und die Zuhörer entlassen. Die Roten sahen sich um im Saal, aber es war beim besten Willen nicht möglich, die Versammlung zu sprengen. Da tat den Roten der Hitler einen Gefallen. Er ergriff selbst das Wort. Wie Hahnenschreie gellten einige seiner Sätze durch den Saal. Die zum Gehen gewandten Zuhörer blieben und die Roten machten sich fertig zur Saalschlacht.

Über den Schandvertrag von Versailles sprach der Hitler. Von den Offizieren der Ententetruppen, die durchs Land gingen, als wäre um sie Luft, und die ihre Nase in alles steckten. Es fing im Saal zu brodeln an, da war der Hitler schon bei der Bestechlichkeit der neuen Beamten des neuen Staates. Nicht was der Hitler sagte, faszinierte, sondern wie er es brachte; mit einer Stimme, die nicht nur unter die Haut ging, sondern durch Mark und Bein. Die Lärmer und die Zwischenrufer überschrie der Hitler glatt. Immer wieder dämpfte er den aufkommenden Beifall, um am Wort zu bleiben. Aber jetzt fingen die Roten an, die Versammlung zu sprengen. Der Hitler hatte noch nicht seine SA bei der Hand und überhaupt gab es eine Sturm-Abteilung niemals in der DAP. Aber es halfen ihm die Fleisch gewordenen Figuren des genius loci. Seit urdenklichen Zeiten ist es Aufgabe der Bräuhausburschen, der Schankburschen, Unruhestifter, die das Inventar des Lokals gefährden, hinauszuschmeißen. Und so hielten es an besagtem Tag auch die Schankburschen vom Hofbräuhaus. Ohne jede parteiische Voreingenommenheit und ohne Parteinahme für den Hitler warfen sie die an jenem Tag gefährlich erscheinenden Besucher aus dem Saal und auf die Straße, wo letztere etwas verdattert auf dem vertrauten Platzl landeten. Der Hitler aber bekam einige Ruhe im Lokal und die Gelegenheit, mit einer einmaligen Improvisation das noch unfertige Programm der DAP zu verkünden.

Als drei Stunden nach Beginn der Versammlung die Besucher wieder unter dem kalten Nachthimmel ihrer Stadt standen, brummte vielen der Schädel. Die meisten hätten nicht sagen können, was der Hitler eigentlich Neues gebracht hatte, Neues, das sie nicht schon andernorts gehört und gelesen hätte. Es ging ihnen wie anfangs dem Vorsitzenden der DAP:
»Mei, hat der a Gosch'n!«
1945, als wieder alles vorbei war, werden die Deutschen aus dem Mund eines der Hauptankläger beim Internationalen Gerichtshof in Nürnberg hören, einige Ziele besagten Programms könnten auch »anderen« Staatsbürgern einleuchten. Zum Beispiel: Der Zusammenschluß aller Deutschen aufgrund des Selbstbestimmungsrechts der Völker. Das schien um 1945 noch ein Ziel gewesen zu sein, das rechtlich unantastbar war, solange es nicht mit einem Angriffskrieg erzwungen wurde.
Aber da war die Sache mit den Juden. Sie sollten in Zukunft nur mehr Gäste in Deutschland sein. Denn deutscher Staatsbürger war

nach Ansicht der DAP und des Hitler nur, wer deutschen Blutes ist. Lange nach dem Tod des Hitler hat der Staatsrechtslehrer aus Österreich, Hans Kelsen, nach 1933 selbst als deutscher Staatsbürger von den Nürnberger Rassengesetzen 1935 betroffen, festgestellt, diese Gesetze seien durchaus rechtens. Wenn, ja wenn der Hitler rechtens an die Macht gekommen wäre – oder ist. Denn Recht ist, was eine Mehrheit dazu macht. Und diese Mehrheit im Parlament bekam der Hitler im Jahre 1933 tatsächlich hinter sich.

Im Hochwinter 1920 dachte niemand in München an derlei Rassengesetze, dachte kein noch so antisemitischer Politiker an KZ und Dinge, wie sie in zwanzig Jahren nachher in Auschwitz geschahen. Die Gebildeten unter jenen, die am 24. Februar 1920 im großen Saal des Hofbräuhauses den Hitler hörten, waren überzeugt, daß Reden eine Sache, Taten setzen aber eine weitab liegende ist. Der damals anwesende Rat am Obersten Landgericht tätige, sehr angesehene Theodor von der Pfordten, er wird am 9. November 1923 bei der Feldherrnhalle fallen, war ein Jurist, der Ansehen in allen Kreisen besaß; er war zu sehr Jurist, Herausgeber zweier angesehener Juristenzeitungen im Reich, und so etwas wie die Nürnberger Rassengesetze 1935 lagen in einem Horizont, der dem von der Pfordten unbekannt blieb.

Der Aufhänger des Hitler und des Neuen Programms »Brechung der Zinsknechtschaft« sowie »Gemeinnutz geht vor Eigennutz« schien eher das liberale Besitzbürgertum anzugehen, und diesem traute man in nationalen Kreisen nach dem schmählichen Verhalten der Besitzenden anläßlich der Machtergreifung des Eisner im Achtzehnerjahr längst nicht mehr. Manches, was der Hitler sagte, sagte einem Bayern nicht zu: So die Forderung nach einer starken Reichsgewalt in Berlin. Schon dem letzten König von Bayern hat man die Nachgiebigkeit gegen Berlin arg verübelt. Und was der Hitler mit dem Bekenntnis zu einem positiven Christentum meinte, war den Klerikalen zu wenig, den Antiklerikalen viel zu viel. Letztere erwarteten vom Hitler, er würde mit den Pfaffen und dem ganzen Pfaffentrug endlich Schluß machen.

Die nach der fraglichen Versammlung etwas dasig heimgehenden Roten hatten einen schlechten Geschmack auf der Zunge. Dieser

Hitler war offenbar zu allem fähig. Die biederen Bürger aber freuten sich, daß es der Hitler den Roten ordentlich gegeben hat und ihnen nicht um den Bart gestrichen ist, wie das der Vorsitzende der Bayerischen Volkspartei, der Doktor Heim, tat. Der Heim, dem man nachsagte, er hätte es zu Zeiten gar mit dem Eisner gehalten.

Nachher hat es noch ein Jahr gedauert, bis sich die mickrige DAP zur NSDAP mauserte. 1920 schon durfte der Hitler auf einer Tagung von Nationalsozialisten aus Bayern, Österreich und der ČSR in Salzburg namens der Partei in München sprechen. Inzwischen hatte auch der Hitler erfaßt, was seinerzeit für den Eisner der Weisheit letzter Schluß war: Wer die Massen haben will, darf sich nicht zuerst an die Massen wenden; muß vorher den kleinen Haufen der Unbedingten sammeln; Menschen, die von der absoluten Richtigkeit eines Parteiprogamms vorbehaltlos überzeugt und willens sind, für die Verwirklichung des Programms selbst das eigene Leben zu opfern.

Indessen hat es nachher der Hitler sehr bedauert, daß er sich in Salzburg bereden ließ, anläßlich der Wahlwerbung für die bevorstehende Wahl des österreichischen Nationalrats da und dort in Österreich auf Versammlungen der Völkischen und der Nationalsozialisten aufzutreten. Man hat ihm gesagt, die Nationalen würden es den Roten und den Schwarzen bei der Wahl heimzahlen, daß sich diese beiden Parteien im Parlament für die Unterschreibung des Schandvertrags von Saint-Germain eingesetzt haben.
Und also sprach der Hitler in Innsbruck, wo die vom Bund Oberland die Veranstaltung aus dem Feuer rissen. In Tirol wehte überhaupt ein anderer Wind als in der Umgebung des Roten Wien. Das bekam der Hitler zu spüren, als er nach Versammlungen in Hallein und Salzburg auch in der gewesenen k.k. Reichshaupt- und Residenzstadt sprach. Dort schien alles beim alten zu sein. Die Parole des schon vom nahen Tod gezeichneten Georg von Schönerer:
»Durch Reinheit zu Einheit«,
schien sich konträr ausgewirkt haben. Wohl kamen die Unentwegten wie überall zum Hitler, aber diese existierten als politische Gruppe mehr nach der fatalen Folge:

»Durch Reinheit zur Kleinheit.« Der Hitler hat den Mann, den man als seinen Vorgänger bezeichnen wird, den Georg von Schönerer, nicht besucht, obwohl der gar nicht weit von den Angehörigen des Hitler im Waldviertel wohnte. Vielmehr fuhr er von Wien nach St. Pölten, um dort in einer Wahlversammlung zu reden. Die Roten aus den Industriebetrieben hatten dem Hitler einen rauhen Empfang vorbereitet. Sie wollten die Versammlung in St. Pölten sprengen und das brachten sie auch zuwege. Es war kein Wunder und keine große Tat. Denn St. Pölten war, so der Hitler, tiefste Provinz. Nur eine Schnellzugstunde von Wien entfernt und mitten im unterderennsischen Kongo der Schwarzen eine Rote Insel. Prompt sah der Hitler die typischen Sumper und Launler im Saal, auf die er als ein Oberderennsischer mit Verachtung herabsah wie ehedem. Es schien ihm, als wäre über dieses so oft von der Geschichte arg heimgesuchte Land so viel hinweggegangen, daß die nunmehrige Generation keine Zähne und keine Klauen mehr hatte.

Mit einem Blick erfaßte der Hitler die Typen der Großdeutschen, immer noch stramm antiklerikal, bei deren Anwesenheit der Hitler nicht mit einem Wort die Sache mit dem Positiven Christentum verlauten durfte. Einige mißgestimmte Schwarze, die er einmal kassieren wird, wie der Schinder sträunende Hunde, waren auch da. Nur die Turner, die den Saalschutz stellten, waren in Ordnung. Aber die vom Deutschen Turnerbund waren hinwieder andere Typen, als sie der Hitler in der in Bildung begriffenen SA wollte.

Am meisten enttäuschte den Hitler, daß die wenigen Getreuen, die ihn nach der Sprengung der Versammlung zum Bahnhof brachten, entsetzt schienen wegen des Skandals, der in einer so ruhigen und anständigen Stadt wie St. Pölten entstanden war. Immer wieder jammerten sie:

»So ein Skandal, so ein Skandal, so etwas hat es bei uns noch nie gegeben und was werden die anständigen Leute zu uns sagen?«

Eine Zeit lang versuchte der Hitler diesen biederen Bürgern begreiflich zu machen, sie sollten doch den Roten wegen des Skandals dankbar sein. Keine noch so gelungene Veranstaltung hätte die Sache und den Namen des Hitler mehr in der Stadt bekannt gemacht, als die Schlägereien bei der Sprengung durch die Roten. Er sah schon, die Leute hier würden bei der kommenden Wahl keinen Stich machen und den Rahm werden die Klerikalen des Prälaten Seipel abschöpfen, der offenbar besser Bürgerehre und Besitz zu schützen verstand, als der noch winzige Haufen nationalsozialistischer Unruhestifter. Als der sogenannte Beschleunigte Personenzug Richtung Linz aus dem Bahnhof von St. Pölten fuhr, gaben keine Heilrufe dem Hitler ein Geleite. Aber ein Lampist, also ein Staatsbediensteter, brachte jenen gellenden Pfiff hervor, dessen Wortbedeutung der Hitler aus früher in Wien verbrachten Tagen kannte:

»Ziag o'!«

Was hieß, der Hitler solle sich verziehen. Da schloß der Prophet, der es einmal mehr erfuhr, daß es kein Prophet in seinem eigenen Land zu etwas bringt, das Coupéfenster und versprach bei sich:

»Die seh'n mi' lang nimmer.«

Nicht aus Angst vor Skandalen wollte er diese Umgebung meiden. Hier, unter diesen Launlern und Sumpern vertrat er offensichtlich nur jene Zeit, die ihm daheim, in München, abging und die er in Bayern sehr zum Nutzen der Partei, die nicht länger DAP, sondern NSDAP hieß, besser verwenden wollte. Oh, wie kannte der Hitler diese Bauerndörfer, die vor dem Fenster des mäßig beschleunigten Beschleunigten Personenzugs vorbeizugleiten schienen. Schon vor einem Dutzend Jahre hat ihn deren endlose Bedeutungslosigkeit auf den Fahrten zwischen Linz und Wien deprimiert. Er kannte ihre Namen und die Reihenfolge ihrer Namen auswendig. Erst die in der Nähe von Enns auftauchenden mächtigen Vierkantner ließen ihn etwas von der Heimeligkeit spüren, die er in den Bauernortschaften im Bayerischen spürte. Diese nach unzähligen Zerstörungen in Kriegen und Aufständen immer wieder aufgebauten unterderennsischen Bauernhäuser standen da, als wären sie unter dem Baugesetz:

»Na, bis zum nächsten Einmarsch irgendwelcher fremder Soldaten wird es schon halten«,

gebaut worden.

In St. Valentin hielt der Zug, dann in Enns, und in Linz mußte der Hitler wieder in einen solchen sogenannten Beschleunigten umsteigen, um bis an die Landesgrenze im Salzburgischen zu kommen. Im Abteil des Waggons, in das er als einziger zugestiegen war, angekommen, ließ der Hitler zuerst einmal das Fenster herunter, damit der Mief entströmen konnte. Die bisherigen Mitpassagiere gingen über die Gleise, auf denen sie offenbar überhaupt kein Kommen eines Zuges erwarteten, zum Ausgang und gaben dem Beamten am Sperrschalter die ohnedies schon mehrmals revidierte Fahrkarte zwecks neuerlicher Kontrolle ab. Dieser letztere Kontrolleur schien einer der Launler zu sein, dem ohnedies jede Arbeit und jeder Dienst stagelgrün auflagen; einer der organisierten Roten, dem die Genossen hier diesen Posten verschafften, beim dem er nix zu denken und auch nix zu tun hatte, was ihn störte. Schon verließ der Würstelverkäufer mit den im ganzen Fahrbereich der österreichischen Eisenbahnen berühmten Linzer Frankfurter Würsteln die Waggonreihe. Der Fahrdienstleiter vollzog sein Rituale und der Zug glitt aus der Station.

Jetzt war vor dem Fenster schon ein finsterer Nachthimmel. Schaute der Hitler durch das Waggonfenster des erleuchteten Abteils, dann sah er sein Spiegelbild. Dahinter kaum mehr die vorbeihuschenden Telegrafenmaste und nur dann und wann den Lichtpunkt einer Petroleumlampe, wie sie in diesem Land, in das der elektrische Strom noch nicht gedrungen war, leuchteten. Viele solche Punkte gab es nicht. Wer morgens mit den Hähnen aufsteht, tut gut, abends mit den Hühnern aufzusitzen und nicht das immer teurer werdende Petroleum zu vergeuden.

Draußen senkte sich der Hang des Nürnberger Waldes herab. Der Hitler sah es nicht, er wußte es. Zu Füßen dieses Waldes der Ort Leonding. Und der Friedhof des Ortes. Der Hitler stellte sich die altväterische noble Beschriftung des hoch aufragenden Grabsteines vor, der erinnert, daß hier die Eltern des Hitler begraben sind. Aber dieser hatte im Moment nur eine Textstelle des Leichensteins in Erinnerung:

»Klara Hitler, geboren am 12. August 1860, gestorben am 21. Dezember 1907.«

1907. Da war noch nicht alles entschieden und aus für den Hitler in Wien. Im Jahr darauf, nach dem Tod der Mutter, hat er sich noch einmal einen Anrannt genommen und sich zur Aufnahmeprüfung in der Akademie der Bildenden Künste gemeldet. Und wieder ist er durchgefallen. Nachher hat das Herumziehen in Wien angefangen. Bis ihn nichts mehr an Wien und Österreich hielt und er auf und davon ist nach München. So, als würde er vor der Zukunft in Österreich sowie vor Österreich überhaupt flüchten. Nach München, ins Reich. Morgen, in München, wird sich der Hitler wieder in die Parteiarbeit stürzen. Und das hier, von St. Pölten gar nicht zu reden, einfach vergessen angesichts unübersehbarer Erfolge im Reich. Noch war die Bewegung, die NSDAP, nicht offiziell die Hitlerbewegung und noch war er nicht der Führer dieser Partei. Immer noch lächelten die Roten und die Schwarzen, die Juden und die Klerikalen über die Hakenkreuzlerbuben und über ihn, den Hitler, über seine oft sonderbare Aufmachung. Oh, das wird sich ändern und dann werden die anderen nichts zu lachen haben.

Ihm war bewußt, wie er die Partei führen wird: Er allein wird bestimmen, wer in der Partei 'was wird, wer 'was zu reden hat und was geredet wird; und er allein wird die Geldquellen kontrollieren und im Fluß halten; mit dem Geld einen erstklassigen Parteiapparat aufbauen, den nur er, der Hitler, steuern und in Gang halten wird. Und er, der Hitler, wird einmal seine eigene Zeitung bekommen.

Die Gnädige Frau verhielt einen Moment und sah sinnend auf den herrlichen Konzertflügel, der im Salon stand. Nach kurzem Zögern ging sie beherzt die letzten Schritte auf das Instrument zu und zog vom Klavierdeckel die rotseidene spanische Flügeldecke mit kostbaren Goldstickereien. Sie faltete die Decke und legte sie über den Arm, an dem schon eine ebenso wertvolle venezianische Reliefspitze hing, Erinnerung an alte, unnennbare Tage.
Der Hitler war längst in den Salons Münchens heimisch. Nicht in jedem, aber in so manchem, in dem nach 1918 die Linksintellektuellen den Damen, denen es kalt über die Schultern rieselte, in Freiheit dressiert vorgeführt wurden. Und die Damen sahen nur die faszinierenden Augen des Hitler. Keine hätte seinen Aufzug, die steife, altfränkische Benehmität und alles übrige bei sich beanstandet, wie

das anderen Zugängern dieser Kaste unweigerlich zu geschehen pflegte. Er, der Hitler, war ein Exot in diesen Kreisen. Wie einer dieser Jazzbandneger oder Preisboxer oder dergleichen, von denen man hörte, daß sie in Berlin in Salons bei Damen Furore machten. Der Hitler hatte das gewisse Etwas, das Frauen ihren Ehemännern nicht deuten konnten, weil diese zu dumm sind, um zu verstehen, warum Damen dem Hitler feurige Blicke zuwarfen, wenn er und seine Bewegung marschierten. Einige weinten dann und hielten sich mit der linken Hand das Taschentuch vor die Augen, während sie die rechte Hand zum Deutschen Gruß erhoben.

Die oben erwähnte Dame wollte mehr als die beiden beschriebenen Textilien bei der Hand haben, um dem Hitler bei den Sorgen, jetzt bei der Finanzierung seiner Zeitung, zu helfen. Um Geld loszueisen, brauchte der Hitler Sicherstellungen. Und für eben diesen Zweck lieh besagte Dame noch folgende Kostbarkeiten zur Sicherstellung:

Einen Smaragdanhänger in Platin mit Brillanten und mit Platinkettchen. Einen Rubinring mit Platin und Brillanten. Einen Saphirring, Platin mit Brillanten. Sowie einen Solitär, Brillanten, einen Ring 14 Karat Gold. Dieser Schmuck kam zu den erwähnten Textilien und alles zusammen zur Verwertung durch den Hitler.

Nicht nur der Parteiapparat kostete viel Geld. Sehr bald merkte auch der Hitler, daß eine Parteizeitung die eigene Partei unter Umständen viel eher zugrunde richten kann als die erfolgreiche Gegnerschaft ihrer Feinde. Seit 1920 verfügte die NSDAP über eine Zeitung, über den längst bestehenden VB, den »Völkischen Beobachter«. So wie diese Zeitung in Griffnähe des Hitler kam, hörte sie auf, ein völkisches Käseblatt zu sein, dem das schwere Los oblag, über die nicht eben aufregenden Tätigkeiten nationaler und völkischer Vereine, Geselligkeitsveranstaltungen, Vorträge und abgestandene politische Tendenzen mit großer Fadesse zu berichten. Der Hitler wollte mehr als eine Parteizeitung, er riß sich den VB unter den Nagel, machte ihn zum Kampfblatt der nationalsozialistischen Bewegung Großdeutschlands.

Freilich, die Finanzierung des VB hätte den Hitler beinahe finanziell ruiniert. Also mußte er vor Leuten die Hand ausstrecken und nach Erhalt eines größeren Geldbetrags auch noch Dankeschön sagen. Und das Typen, die mit einer sozialistischen Arbeiterpartei für Deutschland, im nationalen Sinn gedacht, einfach nichts zu tun hatten. Und die ihrerseits nur deswegen an den Hitlerismus anstreiften, weil ihnen die Angst vor den Roten und die Wiederkehr einer Rätediktatur in den Knochen war. Menschen, die den ewig gleich bleibenden Preis für den Schutz vor Ängsten leisteten: Geld, Geld, Geld.

Es gab genug Hitlerleute, die einige Achtung vor der Art hatten, in der der Lenin seine Bewegung an die Macht in Rußland gebracht hat. Auch die Bewegung des Lenin hatte ohne einen Genierer Geld von russischen Kapitalisten und Erbschaften aus diesem Kreis angenommen. Noch mehr: Ein Meisterschüler Lenins, in der Revolution Stalin genannt, nahm vorweg, was später Söhne und Töchter aus besseren Häusern zur Finanzierung einer radikalen Neuen Linken tun werden: er beraubte Banken um ihr Geld, um das Geld nachher zum Teil für Parteizwecke zu verwenden.

Es gab schon Hellsichtige, die vermeinten, man würde, indem man also dem Hitler und seinen Leuten half und sie auf die Bolschewisten losließ, sehr wahrscheinlich den Teufel mit dem Beelzebub, angeblich der Oberste der Teufel, austreiben. Sei es, daß schon viele in der betreffenden Stelle des Matthäusevangeliums nicht mehr Bescheid wußten oder überhaupt nichts mehr von alten Geschichten aus der Bibel hören wollten; sei es, daß vielen ein derartiger Vergleich überhaupt unzulässig und überholt zu sein schien. Mußte nicht auch die nationale Revolution des Hitler genau dieselben Jugendsünden an sich haben wie *jede* Revolution?

Das Jahr 1922 trieb dem Hitler jedenfalls immer mehr Anhänger aus Kreisen zu, die mit jenen Typen, die dem Hitler halfen, seine Saalschlachten zu gewinnen und die Straße den braunen Bataillonen frei zu machen, nichts zu tun hatten. Während der rasanten Inflation, in welche um diese Zeit die deutsche Währung geriet, kamen unzählige Menschen von den Federn aufs blanke Stroh. Die neuen Reichen – aber nicht nur diese – lachten über die in Kabaretts vielverspottete Vorkriegsanständigkeit der in der Inflation zugrundegerichteten Familien. Niemand kümmerte sich groß um diese Typen von gestern. Der Hitler kümmerte sich um sie und er wußte, warum er es tat. So kamen viele Menschen mit Gesinnungstreue, mit einer anständigen Gesinnung, Deutsche, denen der Hohn des Zeitgeistes über das Deutschsein weh tat, zum Hitler.

Wie schon erwähnt, das Sarajewo in der deutschen Innenpolitik zwischen den beiden Weltkriegen wurde der Mord an Walther Rathenau. Der Staat, das Reich, schien in Gefahr, unter dem Terror der Extremisten zu fallen. Die Demokraten im Reich und in den Ländern des Reiches glaubten sich gezwungen, die demokratischen Methoden in den Talon zu geben und mit jenen Stechern das politische Kartenspiel zu betreiben, deren Beseitigung um 1918 eines der erklärten Ziele der damaligen Revolution war. Sie vergaßen, was in der amerikanischen Revolution der Patriarch der westlichen Demokratie, Benjamin Franklin, sagte:

»Wer bereit ist, wesentliche Freiheitsrechte aufzugeben, um sich so auf Zeit ein bißchen Sicherheit zu erkaufen, verdient weder Freiheit noch Sicherheit.«

Nach dem Fanfarenstoß, den der Rote Wirth auf die Nachricht vom Tode Rathenaus im Reichsrat ausgestoßen hat:
»Der Feind steht diesmal rechts«,
war die Republik von Weimar durchaus geneigt, Freiheitsrechte für eine Zeit lang aufzugeben, um so für dieselbe Zeit Sicherheit zu erlangen. Der Reichspräsident erließ am Tage der Ermordung des Reichsaußenministers seine Verordnung »Zum Schutz der Republik«. Ein außerordentlicher Staatsgerichtshof zur Aburteilung verfassungsfeindlicher Straftaten wurde eingesetzt. Und der Reichstag beschloß ein Reichsgesetz, ebenfalls zum Schutz der Republik. Diese Serie außerordentlicher Maßnahmen wird sich als jener Sprung in der Tiefe des Gefüges des Reiches erweisen, aus dem einmal die Ereignisse vom 9. November 1923 hervorkommen werden. Denn der Freistaat Bayern sah in den außerordentlichen Maßnahmen des Reiches Eingriffe in die Hoheitsrechte der Länder des Reiches. Er kontrierte die fraglichen Maßnahmen des Reiches mit einer Notverordnung zum Schutz der Verfassung. Die Zufluchtnahme zu außergewöhnlichen Maßnahmen zum Schutz vor ande-

ren außergewöhnlichen Maßnahmen und Vorfällen wurde immer mehr anstatt Ausnahme stehende Praxis. Es wurde wieder geschossen. Und es war nicht immer der Staat, der Schießbefehle geben ließ, um Ordnung zu machen. Überhaupt wurde in radikalen Kreisen immer stärker das Recht des Staates auf gewaltsame Durchsetzung seiner Aufgaben bestritten. Warum nur der Staat? Der vielen unwürdig zu sein schien? Warum nicht der in seinen ursprünglichen Rechten gekränkte Untertan der Neuen Ordnung? Hatten nicht erst gestern die jetzigen Herren der Neuen Ordnung ihrerseits gegen das Gewaltmonopol des 1918 zugrundegegangenen Staates Gewalt angewendet? Gewalt gegen den alten Staat für legitim angesehen? Na, also.

Ehe es November wurde in jenem schicksalsschweren Jahr 1923, kam aus der Büchse der Pandora so ziemlich alles, was ein Land wie das 1918 besiegte Deutschland in einen Abgrund stürzen konnte. Zu Jahresbeginn war die Mark bereits so entwertet, daß 10000 Mark für einen US-Dollar gezahlt werden mußten. Litauische Freischaren holten das deutsche Memelland heim nach Litauen, wie man später sagte. Am 11. Jänner aber geschah es, daß kriegsmäßig ausgerüstete französische und belgische Truppen ins Ruhrgebiet einrückten. Dies unter dem formalen Vorwand, die deutsche Regierung hätte im angelaufenen Jahr versäumt, die fällige Reparationslieferung von 100000 Festmeter Stangenholz für Telegrafenmaste abzuliefern.
Daraufhin verkündeten in Berlin der Reichspräsident und die Reichsregierung den sogenannten passiven Widerstand gegen die Ruhrbesetzung, also Sabotage in diesem besetzten Gebiet von amtswegen. In Bayern geschah auch etwas Außergewöhnliches: Die dortige Regierung verhängte den Ausnahmezustand, um zu verhindern, daß in München gegen Ende Jänner die Hitlerleute und die Sozialdemokraten mit großen Demonstrationsaufmärschen gleichzeitig auf die Straße gehen. Schon munkelte man von einem bewaffneten Putsch des Hitler, zumal bekannt wurde, daß dessen Leute Waffen aus staatlichen Beständen bezogen hätten. Da aber die Reichswehr für einen solchen Putsch nicht zu haben war und die

Waffen zurückverlangte, geriet der Hitler in eine üble Lage. Da war es der Reichswehrhauptmann Ernst Röhm, der es verstand, den Hitlerleuten die Waffen abzunehmen und den Zusammenstoß mit der Reichswehr zu verhindern. Es blieb bei dem unvermeidbaren Aufmarsch von etwa 6000 Angehörigen der nationalen Wehrverbände in München und der Hitler konnte dabei die ersten vier Standarten seiner SA weihen. Der Aufmarsch der Linken fiel freilich unter das formell noch bestehende Aufmarschverbot.

»Hitlers Fahnenweihe ist vorüber, seine Drohungen gegen das Parlament, die Regierung und die Juden hat er nicht zur Tat werden lassen«, schrieb damals die Centralvereinszeitung der deutschen Staatsbürger jüdischen Glaubens. Die politische Linke sah die Dinge anders. Bedroht von den langsam aufkommenden Kommunisten und den Hitlerleuten, schlossen sich die seit dem Krieg getrennte SPD und die Unabhängige SPD auf einem Parteitag in Nürnberg wieder zusammen. Otto Wels zeigte den Kampfauftrag der also Vereinigten demokratischen Linken auf: »Die Republik ist uns Kampfboden für die Vorbereitung der sozialistischen Gesellschaft.«

Den Mißbrauch des Staates für einen revolutionären Umsturz der Gesellschaft lehnte aber die große Mehrzahl der Deutschen vieler Parteirichtungen ab. Und die Radikalen in dieser Mehrheit fanden aufs neue einen Weg in die Hitlerbewegung, die sicherster Schutz vor diesem Umsturz sein wollte.

Im Sommer 1923 erwies es sich, daß die Ruhrbesetzung doch mehr war als ein Mittel zur Beitreibung fälliger Reparationsleistungen der Deutschen. In der französischen Besatzungszone machte die Besatzungsmacht deutschen Separatisten in Aachen und in der Pfalz die Mauer, damit diese ihre sogenannte Rheinische Republik und einen autonomen Pfalzstaat errichten konnten. Trotz der Hilfen des Besatzungsregimes bereiteten die Deutschen diesen Loslösungstendenzen vom Reich bald ein Ende. Indessen gab fast gleichzeitig die Reichsregierung den sogenannten passiven Widerstand auf. So wollte es vor allem die Wirtschaft im Ruhrgebiet. Die im nationalen Widerstand im Ruhrkampf aufkommende Solidarität zerbrach, jeder gab jedem die Schuld am Zusammenbruch des Widerstands. Die

Stunde der Radikalen war da: In Sachsen für die Roten, in München für den Hitler.

Im September 1923 schien es maßgebenden politischen Kreisen Bayerns besser zu sein, das Vertrauen für eine Weile in die Person eines mit außergewöhnlichen Vollmachten ausgestatteten Generalstaatskommissars zu setzen. Die Demokratie wurde der Gefahr der Lage offenbar nicht Herr. Die Person des Generalstaatskommissars, des Herrn von Kahr, sollte für eine gewisse Vorkriegsanständigkeit in der Politik Gewähr bieten. Allerdings war Herr von Kahr für antiklerikale Liberale und Sozialisten in Bayern ein Rotes Tuch. Ein Reaktionär, ein Monarchist, ein heimlicher Packler mit dem Hitler. Einmal, im Jahr 1934, werden SS-Männer den längst im Ruhestand befindlichen Herrn von Kahr aus seiner Wohnung holen, ihn ins Dachauer Moor schleppen und ihm mit Spaten und Spitzhacken den Schädel einschlagen. Warum? Es wird jetzt erzählt.

In Berlin geriet Herr von Kahr in den Verdacht, dessen außergewöhnliche Vollmachten und Maßnahmen könnten sich letzten Endes nicht gegen Zustände in Bayern, sondern gegen die Reichsgewalt richten. Ein neuer Reichskanzler, Gustav Stresemann, erwirkte, daß außergewöhnliche Maßnahmen in Bayern mit solchen in Berlin kontriert wurden. Die Vorgänge in Sachsen beruhigten für den Moment noch ein deswegen aufkommendes Mißtrauen der Nationalen; dort mußte nämlich die Reichswehr gegen die Linksradikalen einschreiten. Das aber hieß nicht, daß man dem mit der Reichsexekutive Beauftragten, dem aus Bayern stammenden liberalen Reichswehrminister Otto Geßler unter allen Umständen traute. Auch nicht dessen Chef der Heeresleitung, Hans von Seeckt. Konservative wunderten sich sehr darüber, daß jetzt in der Republik etwas geschah, was in der Monarchie seit 1849 nie mehr der Brauch war. Daß nämlich der politische Ressortleiter für die Angelegenheiten der bewaffneten Macht die höchste vollziehende Gewalt im Staat bekam und daß dieser seine Macht, gestützt auf die Bajonette der Wehrmacht, ausübte. Aber die Ereignisse kamen rasch in Fluß und es blieb allen Beteiligten nicht viel Zeit, Vergleiche anzustellen oder Verdachtsmomente gründlicher zu überdenken. In windigen Zeiten sind es oft Journalisten, die das Schneebrett einer politischen Lawine abtreten. In jenem Krisenjahr 1923 unternahm es der VB, den Deutschen eindeutig klar zu machen, was es mit Herrn Stresemann und Herrn von Seeckt auf sich habe, und mit dem roten Reichspräsidenten Friedrich Ebert, einem der Novemberverbrecher vom Jahr 1918 und Mitanstifter des verhängnisvollen Munitionsarbeiterstreiks im selben Jahr. Weder Ebert noch Geßler waren aber momentan der Geßlerhut für den VB. Vielmehr schoß sich dieser auf den Reichskanzler Stresemann und den Chef des Heeresamts, General von Seeckt, ein:

Es sei unglaublich, daß Offiziere und nationaldenkende Menschen noch immer vermeinten, von Seeckt sei ein national denkender Mann. Die Wahrheit sei, so der VB, daß Seeckt zur Clique des »Berliner Tagesblatts« zähle und von dort her, ebenso wie Reichskanzler Stresemann, eine Claque für sein politisches Tun beziehe. Auch sei die Frau des Reichskanzlers, ebenso wie jene des Herrn von Seeckt, Jüdin. Und so beherrsche eine jüdisch-freimaurerische Clique den starken Arm der gegenwärtigen Reichsregierung, der man jeden Anschlag gegen Nationale zutrauen müßte. Der Reichskanzler versuchte, auf solche Ausfälle zu repostieren. Er meinte, man wolle in Deutschland einen Konflikt zwischen nationaler sowie christlicher Weltanschauung einerseits und marxistisch-kosmopolitischer andererseits anstiften. Derlei Kurzfassungen für komplexe politische Probleme haben die nämlichen Folgen wie jene der berüchtigten sogenannten »Fürchterlichen Vereinfacher«. Sie können zündend wirken. Die Hitlerleute wußten jedenfalls, wen sie in Berlin vor sich hatten, auch wenn sie selbst sich mit einer christlichen Weltanschauung, allein der Pfaffen wegen, nicht identifizierten.

Nachdem der Reichskanzler die fraglichen Auslassungen getan hatte, tat Heer von Seeckt ein übriges. Er erging sich in dieser Zeit in düsteren Prognosen: In Deutschland stünden Zeiten wie einmal im Dreißigjährigen Krieg bevor. Religionskrieg. Krieg zwischen Süd und Nord. Und dergleichen mehr, was durchaus zum Schema paßte, das der VB entworfen hatte. Marsch auf Berlin. Warum nicht? Für Herrn von Seeckt, den starken Arm der Exekutive des Reichs, stand die verfassungsmäßige Möglichkeit offen, nach Bayern hineinzuregieren. So befahl er denn auch den in München befehlhabenden General von Lossow, den VB zu verbieten. Herr von Lossow ließ aber diesen heißen Erdapfel fallen, vermeinend, derlei Polizeiaktionen gehörten in Bayern jetzt in die Kompetenz des Generalstaatskommissars. Herr von Kahr tat, wie man in Wien sagte, g'schwind a bißl warten. Denn im Moment konnte ein Verbot des VB die Unruhe unter den Hitlerleuten nur schüren. Den Hitler selbst irritierte der Konflikt mit Herrn von Seeckt, der sich zu einem Konflikt mit der Reichswehr weiten konnte. Er bot Herrn von Seeckt Genugtuung für das an, was der VB im Falle des Chefs des Heeresamtes angerichtet hatte. Andere mischten sich ein, den drohenden fatalen Zusammenstoß zu verhindern. Frau von Seeckt traf sich in Augsburg mit Offizieren, hoffend, diesen müsse es gelingen, den Konflikt zwischen Herrn von Lossow und ihrem Mann zu verhindern. Aber die Kugel war schon aus dem Lauf. Niemand war imstande, den Chef der Heeresleitung dazu zu bringen, den Konflikt mit Herrn von Lossow quasi kavaliersmäßig aus der Welt zu schaffen. Für Herrn von Seeckt war das Nicht-tun des Herrn von Lossow glatte Befehlsverweigerung. Er löste Herrn von Lossow ab, schickte ihm so etwas wie den Blauen Bogen und hielt dafür, Herr von Lossow sollte in Zukunft besser unterm Zylinder gehen.

Noch immer versuchte Herr von Kahr den Konflikt wegen des VB als bloße Polizeiangelegenheit hinzustellen, von der die Reichswehr nicht betroffen sei. Indessen ließ es Herr von Seeckt bei der Außerdienststellung des Generals von Lossow.

Da wurde es dem Herrn von Kahr zu dumm. Er bestätigte in Ansehung alter Privilegien der Bayerischen Armee zur Zeit der Monarchie General von Lossow im Amt. Und er nahm die dem General unterstehenden Truppen für Bayern in Pflicht. Derlei tat er halben Herzens, denn an sich wäre er lieber mit diesen Truppen – zusammen mit denen des Herrn von Seeckt – in Sachsen und Thüringen gegen die Kommunisten losgegangen. Auch das Schema des Reichskanzlers stimmte nicht: denn die seiner Regierung angehörenden Sozialdemokraten verließen das Kabinett, als es sich erwies, daß in Sachsen die Reichsexekutive gegen die sozialdemokratisch-kommunistische Regierungskoalition mit Gewalt vorging. Das war Wasser auf die Mühle jener, die keine letzten Endes absolut haltbare

Demarkationslinie zwischen der Sozialdemokratie und den im Anschluß an Marx entstandenen Richtungen der radikalen Linken anerkennen.

Alle Linken waren Novemberverbrecher und mit ihnen die Klerikalen von der Bayerischen Volkspartei, deren Macher, Georg Heim, einmal seltsame Verbindung mit dem Eisner unterhalten hat.

Herr von Kahr geriet in eine gefährliche Lichtung seiner politischen Verbindungen. Nicht nur Liberale und Sozialdemokraten lehnten sein Regieren ab, es erhoben sich gegen ihn auch bäuerliche und genossenschaftlich ausgerichtete Kreise der Klerikalen. Dem Hitler und den nationalen Kreisen quasi ausgeliefert, mußte er sich entscheiden. Freiwillig wollte sich Herr von Kahr nicht mit dem Hitler einlassen. Und da war noch ein anderes aktuelles Problem für den Generalstaatskommissar:

Sollte sich Herr von Kahr gegen das Regime in Berlin wenden und alle anderen Probleme vorderhand anstehen lassen, wie es der Hitler wollte? Oder sollte er mit den von ihm in Pflicht genommenen Truppen den in Sachsen gegen die Kommunisten kämpfenden Truppen des Herrn von Seeckt zu Hilfe kommen und erst einmal dem Kommunismus im Reich wehren? Oder sollte, vor allem anderen, Bayern unter Herrn von Kahr die Zelle einer nationalen Ordnung in Deutschland werden? Ohne sich dabei mit dem Hitler zuviel einzulassen. Herr von Kahr war und blieb bis zuletzt königlich bayerischer Beamter. Er nahm sich vor, am Vorabend des fünften Jahrestags jenes 9. November 1918, der deutschen Kapitulation vor dem Westen, im Bürgerbräu seine Landsleute an ihre historische Aufgabe der Stunde zu erinnern.

Die Ausgabe des VB vom 8. November 1923 kostete 5 Milliarden Mark. Und noch immer war die sogenannte Talsohle der Markinflation nicht erreicht. Am historischen 9. November 1923 wird sich den Deutschen ein Bild der Lage zeigen, wie es Hitler zum allgemeinen Antrieb seiner Aktivitäten brauchte: Inflation, Kommunistenaufstände, die Franzosen an der Ruhr. Dazu eine Diktatur der Stresemanns und Seeckts in Berlin, gegen deren abwertende Kennzeichnung im VB er nichts mehr einzuwenden hatte. Der von Seeckt mußte weg. Und das zu erwirken war nur einer imstand: General-oberst Erich Ludendorff, der legendäre Heerführer im Welt-krieg.

Inserate brachte der VB fast nie auf Seite 1 des Blattes. Wer Augen hatte, um politisch klar zu sehen, dem mußte in der Ausgabe des VB vom 8. November ein Inserat auf Seite 1 auffallen. Demnach veran-staltete die Vereinigung »Reichskriegsflagge« am nämlichen Abend einen Kameradschaftsabend im Löwenbräu. Weiter hieß es im VB: Unser Führer wird im Verlauf des Abends einige Worte reden. Also Herr von Kahr im Bürgerbräu, der Hitler im Löwenbräu. Und wer wird wirklich an diesem Abend das Sagen haben?

Herr von Kahr redete jedenfalls im Bürgerbräu. Er machte seine Zuhörer nicht rebellisch. Denn genau das Gegenteil wollte er ja. Nur jetzt keinen Putsch des Hitler. Indessen konnte es Herr von Kahr in seiner Rede nicht unterlassen, den Teufel an die Wand zu malen, indem er seinen Zuhörern erklärte:

»In nationalen Kreisen glaubt man, es genüge die Wiederherstellung einer starken Staatsautorität. Aber: auch der mit stärkster und mit größter Macht ausgestattete Mann kann das Volk nicht retten, ohne die tatkräftige und von nationalem Geist getriebene Hilfe aus dem Volk...«

Das walte Gott, dachte bei sich der vor der Saaltüre stehende Hitler. Er stieß die Saaltür auf, seine Männer schrieen:

»Heil Hitler!«

und der Hitler betrat leibhaftig den Saal. Er wird dem Herrn von Kahr zeigen, daß ein starker Mann in der Politik zu allem fähig ist. Um sich erst einmal Gehör zu verschaffen, tat der Hitler, was man in einem Western Saloon tut, um Ruhe zu machen. Er schoß aus seiner Pistole gegen die Saaldecke. Und dann rief er:

»Die nationale Republik ist proklamiert!«

Zur Bekräftigung dessen wurde hinter dem Hitler ein MG in den Saal geschoben. Ein starkes Argument für den Hitler, zumal das MG nicht nur unter Bedeckung der Hitlerleute stand, sondern offenbar auch von Polizeibeamten flankiert war. Der Hitler ließ das MG hinter sich und stürmte zum Rednerpult. Herr von Kahr un-terbrach seine Rede. Er und Herr von Lossow folgten offenbar der

vom Hitler, der noch immer die Pistole in der Hand hatte, ausge-
sprochenen Einladung, in einen Nebenraum des Saales zu gehen.

Da wenig später die als Ehrengäste anwesenden Mitglieder der bayerischen Staatsregierung von Hitlerleuten arretiert wurden, konnte
für die Versammlungsteilnehmer kein Zweifel mehr bestehen: Jetzt
hatte der Hitler das Sagen und man wird hören, was die Herren von
Kahr und von Lossow noch zu sagen haben.

Auf dem leergewordenen Rednerpodium produzierte sich der frühere Fliegerhauptmann und Ritter des Ordens Pour le Mérite Hermann Göring als eine Art von Conférencier bis zum nächsten Auftritt des Hitler. Ihm gelang es, die braven Bürger zu beschwichtigen, indem er mit klingender Stimme sprach:
»Nichts gegen Herrn von Kahr, nichts gegen die Reichswehr, nichts
gegen die Polizei!«
O, gewiß doch, diese drei brauchte ja der Hitler momentan. Und
dann schloß der Göring:
»Alles gegen die Judenregierung in Berlin! Die neue Reichsregierung Hitler, Ludendorff und Kahr, sie lebe hoch!«
Da löste sich im Hals vieler Besucher der Knödel, der beim Anblick des MG entstanden war, wie durch Zauberschlag. Die Stimme
wurde frei, man rief, je nach Herkunft, entweder Hoch! oder Heil!
und stimmte das Deutschlandlied an.
Aber da war schon der nächste Auftritt des Hitler. Offenbar hatte er
inzwischen im Nebenraum überzeugend auf die Herren von Kahr
und von Lossow eingewirkt. Der Hitler nahm das Wort:
»Die Regierung der Novemberverbrecher in Berlin wird für abge-
setzt erklärt. Der Ebert (also das Staatsoberhaupt) wird für abge-
setzt erklärt!«
Wie man sieht, folgte der Hitler der Proklamation des Eisner vom 7.
November 1918. Ja, er ergriff die Macht mit einer Phrase, die bei-
nahe aufs Wort der damaligen Erklärung des Eisner glich:
»Ich schlage vor... übernehme ich die Leitung der provisorischen
Regierung!«
Nicht die Regierung Bayerns allerdings, sondern die des Reiches.
Und, das hat der Eisner natürlich nicht gesagt:
»Exzellenz Ludendorff übernimmt die Leitung der nationalen deut-

schen Armee, General von Lossow wird deutscher Reichswehrminister!«

Für Typen wie jener des Matrosen Eglhofer war die Zeit also vorbei.

Und in dieses Horn des Hitler stießen dann Herr von Kahr, Exzellenz Ludendorff, Herr von Lossow sowie andere. Zuletzt noch einmal der Hitler selbst, der ja das letzte Wort behalten wollte und mußte. Niemand der Herren, die vorher auf dem Rednerpodium eigentlich andere Absichten verlauten wollten, konnte sich den von einem MG, einer Pistole sowie weiterer Infanteriewaffen vorgetragenen Argumente entziehen. In jeder Revolution hat halt die Waffe das letzte Wort.

Freilich: Außerhalb der Schußweite der Pistole des Hitler nahmen die Herren von Kahr und von Lossow sowie andere die Rechtswohltat in Anspruch, wonach ein mit Gewalt abgepreßtes Versprechen nicht gilt. Zunächst sorgte Herr von Kahr für die Freilassung der arretierten Minister. Die Herren von Kahr, von Lossow und andere entledigten sich der ihnen vom Hitler verliehenen hohen Ämter im Reich und kehrten zu den ihnen in Bayern zustehenden Kompetenzen und Machtinstrumenten zurück. Diese werden genügen, damit am 8. November und wohl auch morgen, am 9. November, der Hitler nicht das letzte Wort haben wird. Die stärkeren Bataillone werden nämlich für Herrn von Kahr sein. Morgen, am Freitag, an dem für alle Zukunft von den Nationalsozialisten verfluchten Kahr-Freitag.

Noch in der Nacht hob Herr von Kahr alle dem Hitler im Speckkammerl des Hofbräus gegebenen Zusagen vor aller Öffentlichkeit auf. Er verhängte das Standrecht, sprach ein Versammlungsverbot aus, ließ Straßen und Brücken in München sperren. Herr von Lossow beorderte Infanterie und Artillerie der Reichswehr nach München.

Der Mann vom 9. November 1923 war nicht der Hitler, sondern Exzellenz Ludendorff. Als er von den Maßnahmen des Herrn von Kahr und des Herrn von Lossow erfuhr, knurrte er kurz: »Nie mehr werde ich dem Wort eines deutschen Offiziers glauben!«

Inzwischen strömten die Anhänger des Hitler in die Stadt. Als dieser aber erfuhr, er könnte es mit der Reichswehr zu tun bekommen, wurde ihm klar, daß der Putsch schon gescheitert war. Er schlug Exzellenz Ludendorff vor, erst einmal nach Rosenheim auszuweichen. Aber der Generaloberst sah auf den Hitler herab und erwiderte:

»Wir marschieren!«

Und sie marschierten. Mehrere tausend, viel mehr als am 7. November 1918. Hinter einem, der die Hakenkreuzfahne trug, die SA und die mit dem Hitler verbündeten Wehrverbände. Anders als am 7. November 1918 war fast ganz München unterwegs, um den Aufmarsch zu erleben. Auf dem Marienplatz, wo der sogenannte Frankenführer der NSDAP, Julius Streicher, die Stimmung von einem Lastwagen herab anheizte, bekamen die Marschierer stürmischen Beifall. Es schien, als würde der Hitler, so wie weiland der Eisner, ohne Blutvergießen an die Macht marschieren.

Aber die Polizei vom 9. November 1923 war aus einem anderen Holz als jene vom 7. November 1918. Der auf dem Odeonsplatz aufgestellte Polizeikordon wird keine Wiederholung des 7. November 1918 gestatten.

Der Oberwachtmeister der Landespolizei trug außer dem Eisernen Kreuz von 1914 die höchste Tapferkeitsauszeichnung für Unteroffiziere der bestandenen königlich bayerischen Armee: das Militärverdienstkreuz. Er sah die dichte Kolonne kommen. Sah, wie der Polizeihauptmann Schraut aus der Kordonreihe trat, auf die bewaffneten Demonstranten zuging und rief:

»Bitte nicht schießen!«

Da fiel der Schuß. Der Geller prallte am Residenzgebäude ab, traf den Hauptmann. Der genannte ausgezeichnete Oberwachtmeister, er hieß Friedrich Fink, sah noch den hinsinkenden Hauptmann, dann traf ihn der tödliche Schuß. Ein Herr von Adel, Freiherr von Godin, Polizeioffizier, rettete die Situation für Herrn von Kahr. Es wurde auf die Hitlerleute geschossen.

Ja, das ging diesmal ganz anders zu als am 7. November 1918, angesichts der damaligen Polizei der königlichen Residenzstadt München. Das Gewehrfeuer der Exekutive schlug in die ersten Reihen der Marschierer ein. Eingehakt neben dem Hitler ging der gewesene Oberleutnant im bestandenen 7. Bayerischen Chevauleger-Regiment Dr. Scheubner-Richter. Er fiel getroffen und riß den Hitler mit zu Boden. Viele sind an diesem Tag in dem kurzen Schußwechsel von etwa drei Minuten getroffen worden. Die Marschkolonne hinter der Hakenkreuzfahne löste sich auf. Nur einer marschierte, gefolgt von einem anderen Zivilisten, weiter. Die Hände in den Taschen seiner Joppe vergraben, ging Erich Ludendorff ins Feuer. Kam an den Kordon, schob die Gewehrläufe beiseite, fragte nach dem hier diensthabenden Offizier, ergab sich diesem und wurde aufs Polizeipräsidium gebracht.

Hinter dem Hitler ist ein junger Aristokrat aus Österreich mitmarschiert. Er studierte an der Universität München, war Angehöriger des Bundes Oberland und also unter denen von Oberland, die am 9. November 1923 zusammen mit der SA und Freikorpsmännern marschierten. Er sah nach der Schießerei die Toten und Verwundeten auf der Straße liegen. Sah, wie der Hitler ein kleines Auto bestieg und davonfuhr. Als die Polizei anfing, willkürlich zu verhaften, besann sich der junge Mann, daß er als Ausländer im Falle der Festnahme über die Grenze nach Oberösterreich abgeschoben würde. Er ging in seinen Club und dann in seine Wohnung. Der junge Mann wird einmal als Ernst Rüdiger, siebenter Fürst von Starhemberg, Geschichte machen.
Später, von den Nationalsozialisten in Österreich verachtet, wird dennoch sein ganzes Leben mit dem Schicksal des Hitler verhaftet bleiben. Obwohl er diesem und seiner Bewegung einmal mit der Waffe entgegentreten wird. Im München von 1923 war der junge Herr überzeugt, daß das Verhalten der Herren von Kahr und von Lossow sowie das der angesichts der Putschabsichten des Hitler lässig gebliebenen Regierung keiner Achtung und Beachtung wert war. Als nach dem 9. November 1923 der Kultusminister besagter Regierung sich für den Besuch der fälligen Inauguration des Universitätsrektors das Studienjahr 1923/24 ansagte, war der junge Österreicher schon wieder dabei, den von den Hochschülern mäßig ge-

schätzten Kultusminister mit einer Protestaktion zu begrüßen. Aber nun war Ordnung in Bayern und der Rektor der Universität dachte daran, diesen lästigen Österreicher zu relegieren. Das geschah nun nicht, aber der junge Mann geriet dafür in Polizeihaft. Auch dann noch nicht eines besseren belehrt, bezog er bei weiteren Demonstrationen die Prügel der Polizei.

Aber was bedeutet das alles für einen Studenten, der noch nicht vierundzwanzig Jahre alt ist, nicht ans Studium denkt, sondern an allerlei illegales Tun: Waffen zu transportieren, sie zu verstecken, Flugzettel zu verteilen, die Polizei zu provozieren, und, nach der Verhaftung des Hitler, den Widerstand gegen die Staatsgewalt derer von Kahr und Lossow immer aufs neue wachzurufen und zu schüren.

So ging für den jungen Österreicher dieses vom Studium wenig beeinträchtigte Studienjahr 1923/24 in München zu Ende. Was er im Moment fürchtete, waren die geordneten Verhältnisse im Elternhaus, die ihm bedrückend und modrig vorkamen. Also meldete er sich, im Reich noch immer Reichsfürst, als Zeitfreiwilliger zur Reichswehr. Der österreichische, mehrfach ausgezeichnete Kriegsfähnrich diente seine Zeit als Schütze ab. Nur schweren Herzens nahm er nach erfüllter Dienstzeit von seiner Kompanie Abschied. Er wird sich nach seiner Heimkehr verheiraten und er wird versuchen, ein adeliges Landleben zu führen. Dann aber wird er wieder die Windjacke anziehen, nicht jene der SA von 1923. Und innerhalb von nur zehn Jahren wird er den steilsten Aufstieg und den tiefsten Fall im politischen Leben mitmachen, sein Vermögen in der Politik verspielen, während nicht wenige in den besser werdenden Zeiten ihr Vermögen gewinnen oder noch einmal komplettieren werden.

In der Zeit des auf den 9. November folgenden Verbots der NSDAP und ihrer Gliederungen sangen die SA-Männer trotz Verbot: »Die am neunten November Gefallenen / Mit dem Hakenkreuz zu München als Held / Ja wir schwören den Juden die Rache / Unterm Hakenkreuz im schneeweißen Feld.«
Nach der Machtergreifung des Hitler im Reich, 1933, ließ der Führer und nunmehrige Reichskanzler zwischen dem Führerbau und

dem Verwaltungsgebäude der NSDAP in München nach Plänen von Paul Ludwig Troost einen Ehrentempel für die Gefallenen vom 9. November 1923 bauen. Zwölf Jahre nach diesem fatalen Datum, am 9. November 1935, ehrte der Hitler die Opfer seiner Bewegung, die am Odeonsplatz seinetwegen fielen. Wieder, wie 1923, sprach der Hitler im Bürgerbräu. Dann aber fuhr er, hoch aufgereckt in seiner Limousine stehend, durch das Siegestor in den Feuerschein, der von den Pylonen in der Ludwigstraße kam, zum Odeonsplatz. Diesmal ordnete die Polizei das Spalier der dichtgedrängten Zuschauer und begeisterten Heil-Rufer. Kein General von Lossow war mehr da, um etwa die Reichswehr gegen den Hitler rebellisch zu machen. Und den längst quieszierten Herrn von Kahr hat die SS im Jahr zuvor im Dachauer Moor erschlagen.

Knapp vor dem Odeonsplatz verließ der Hitler das Auto, schritt über den zur Feier ausgelegten roten Läufer über die Stelle, wo 1923 das rote Blut in den Straßen floß. Den Helden der Geschichte Bayerns, zumal der Statue des Tilly, der sich von den Habsburgern zum Generalissimus machen ließ, wandte er den Rücken. Er ging zu den Sarkophagen mit den Überresten derer vom 9. November, hob vor jedem Sarkophag die Hand zum Gruß. So wie ehedem beim militärischen Appell wurden die Namen derer vom 9. November aufgerufen. Und nach jedem Namensaufruf gellte, nach dem alten Reglement, der Ruf der Massen: »Zur Stelle«.

So zogen die vom 9. November als Tote zur Ewigen Wache auf. Der Hitler ging vorbei an den Särgen eines gewesenen Vizekonsuls und Oberleutnants der leichten Reiter, eines Rates am Obersten Landesgericht, eines Ingenieurs, eines Kaufmanns, eines Hutmachers, eines Bankbeamten, eines Schlossers, eines Kriegsleutnants, noch eines Kaufmanns und zweier, die es offenbar gar nicht zu einem deklarierten Beruf im Deutschland nach dem Krieg gebracht hatten. Auch stand da der Sarkophag des Oberkellners des Weinhauses Odeon, eines gewissen Karl Kuhn, der bloßer Zuschauer war, als ihn der Schuß traf. Und hinter dem Führer ging der nunmehrige General Hermann Göring, am 9. November als unter den Farben schwarz-weiß-rot Gefallener ausgewiesen, indessen längst von der damaligen Verwundung ausgeheilt; nicht wissend, daß man ihn in elf Jahren in der deutschen Stadt Nürnberg als Hauptkriegsverbrecher zum Tod durch den Strang verurteilen wird. Und er, der Göring, sich der Rache der Alliierten durch Selbstmord entziehen wird.

Ganz unbehelligt von der 1933 im Reich eingetretenen politischen Veränderung und der sich sehr gewandelten Form einer Bestattung blieb der Leichnam des Oberwachtmeisters der bayerischen Landespolizei Friedrich Fink. Ihm und den anderen gefallenen Polizisten blieb die Ruhe auf dem Münchener Westfriedhof. Sie wurden selbstverständlich nicht zur Ewigen Wache einberufen.

Und wie immer hatte der Hitler recht, als er denen vom 9. November, die auf der anderen Seite Gefallenen abgerechnet, zurief:

»Und ihr habt doch gesiegt!«

Nach 1945 wird die Ewige Wache außer Evidenz gebracht werden.

Der Ministerpräsident sah über die große Menge, die zur Feier in seine Stadt gekommen war. Es war im Frühling 1922 und Politiker sowie Staatsmänner der am letzten Krieg beteiligten Länder mußten viel unterwegs sein. Weil die Überlebenden dieses Krieges ihren Gefallenen Denkmäler weihten oder um in Denkmäler, die früherer Gefallener wegen schon bestanden, die Namen der jüngsten Kriegsopfer einzumeißeln. Manche Menschen erinnerten sich bei solchen Anläsen eines Gesichtes, das in der Erinnerung nie altern wird; andere dachten mehr an die Lücke, die der frühe Tod eines Mannes in der Familie hinterlassen hat; und ganz wenige hatten den eigenen Tod vor Augen und die Frage in sich, ob ihr Name wohl auch einmal auf einem solchen Denkmal zu stehen kommen wird.

Die Redner mit großen Namen glitten über derlei Erinnerungen gekonnt und mit einigem Pathos hinweg, um dann aus den Opfern der um ihrer Tapferkeit und ihrer Opfer geehrten Toten einige saftige Anforderungen an die Lebendigen zu stellen.

Die Stadt des Ministerpräsidenten heißt Bar-Le-Duc. Einmal hat sie zum Reich gehört. Erst 1766 fiel sie endgültig an die Krone Frankreichs. Seit der Großen Französischen Revolution ist sie Hauptstadt des Departements Meuse. In Bar-le-Duc wurde der fragliche Ministerpräsident vor zweiundsechzig Jahren geboren. In seiner Kindheit lebten noch einige Alte, die erzählten, wie sie im Frühjahr 1814 auf den Gefechtslärm gehört haben, der vom Westen kam. Dort kämpfte der Große Napoleon einen seiner letzten, vielleicht den ruhmvollsten Feldzug gegen die in Frankreich eingedrungenen Preußen und Russen. Und in Bar-le-Duc hoffte man, dem Kaiser würde es gelingen, über St. Dezier hinaus nach Osten zu stoßen und die Feinde über den Rhein zurückzuwerfen. Daß dies nicht geschah, wurde der große Schmerz dieser Alten. Zumal ihnen das Schicksal

noch einmal einen ähnlichen Schlag versetzte. 1870, der jetzige Staatspräsident war zehn Jahre alt, waren die Preußen schon wieder in Bar-le-Duc. Von hier aus schwenkten sie jäh nach Norden, um – anstatt gleich auf Paris zu ziehen – den Kleinen Napoleon und einen Großteil seiner Armee bei Sedan gefangen zu nehmen. Und dann 1914: Damals war der jetzige Ministerpräsident Staatsoberhaupt der Republik. Mit einem weitausholenden Sensenhieb eroberten die Boches ganz Nordfrankreich, standen sie nachher vor Paris. Während sich an der Marne das damalige Wunder ereignete, das den Deutschen den Sieg und den Krieg kostete, hörte der Staatspräsident immer wieder hin, ob auch diesmal die Boches nach Bar-le-Duc kamen. Aber obwohl der Kanonendonner im Norden der Stadt sehr nahe heranzukommen schien, die Stadt selbst fiel dem Feind diesmal nicht in die Hände. Und dann kam der große Sieg und die großartige Formel für die Revanche an den Deutschen:
»Le Boche payera tout.«

Jawohl, alles was sie diesmal in Frankreich angerichtet haben, und alles, worum sie Frankreich durch diesen Krieg geprellt haben, werden die Deutschen diesmal auf Heller und Pfennig bezahlen müssen. So steht es in jenem dicken Buch, das der große Konkurrent des Poincaré in der Innenpolitik seines Landes, George Clemenceau, den Deutschen angehängt hat. Poincaré, Raymond Poincaré, hieß der Ministerpräsident, der jetzt von den Veranstaltern der Feier aufgerufen und in Ehren zur Rednertribüne geleitet wurde. Der Poincaré empfand in diesem Moment, nicht mit Schmerz, sondern mit Unwillen, daß die Entente cordiale, die im letzten Krieg Frankreich und England verband, jetzt nicht mehr war, was sie gewesen ist. Also werden die Franzosen selbst bemüht sein, ihr Geld von den Boches zu kriegen.

»Es ist unser Wunsch, die Eintracht unter den Verbündeten zu erhalten. Aber«, fuhr Poincaré fort, »wir werden die Rechte Frankreichs auch in voller Unabhängigkeit zu verteidigen wissen!«
Beifall. Der Poincaré wird also nicht lange fackeln, sondern die Boches zwingen, mit ihren Reparationsleistungen an Frankreich nicht zu zögern, sondern zu zahlen und zu liefern. Als sich der Beifall der Menge legte, stieß der Poincaré nach:

»Wir werden nicht eine einzige Waffe vernachlässigen, die uns der Versailler Vertrag bietet.«

Jetzt wurde der Beifall überschwenglich, und der Redner wartete eine Stille ab, um seiner Rede den lange vorbereiteten Akzent zu verleihen:

»Wir werden nicht dulden, daß unser unglückliches Land unter der Last des Wiederaufbaues zusammenbricht, während sein Nachbar sich weigert, die nötigen Anstrengungen zur Bezahlung seiner Schulden zu unternehmen...«

Der Beifall wurde tumultuös. Die Landsleute des Poincaré, die guten Bürger von Bar-le-Duc und Umgebung wußten, worum es sich bei diesen Schulden handelte. Schulden, die das am letzten Krieg alleinschuldige Deutschland wegen dieser Schuld aus moralischen Gründen und darauf basierenden Gründen des internationalen Rechtes den Franzosen auf viele Jahre hinaus abzuzahlen haben werden.

Der Frühlingstag von Bar-le-Duc ging mit großer Feierlichkeit und Würde zu Ende. Der Poincaré fuhr nach Paris zurück, um sich an die Arbeit zu machen, für die ihn die Republik bezahlte und die er auch ohne Lohn bis zuletzt auf sich genommen hätte.

Der Poincaré war ein Politiker, der die Gefühlsstärke seiner Landsleute kannte, der aber bei seiner Arbeit als Staatsmann sich nicht den Sinn durch Gefühlsbewegungen verwirren ließ. Klaren Blicks sah er die Uneinigkeit, die unter der in Bar-le-Duc nicht beim Namen genannten Deutschen eben aufkam. So uneinig, wie sie schon lange nicht waren, wann immer sie von allen guten Geistern verlassen schienen und Frankreich dadurch in die Lage kam, seine Ostgrenze von der Maas bis an den Oberrhein zu verschieben. Von der Vorherrschaft des Großen Napoleon, die bis an die Grenze Rußlands ging, gar nicht zu reden. Mochte der englische liberale Premierminister, Lloyd George, längst nicht mehr sein, was er im Krieg war, als er rief:

»Hang the Kaiser.«

Frankreich und er, der Poincaré, werden nicht in einen törichten Sinneswandel gegenüber den Deutschen fallen.

Nicht nur in der Innenpolitik waren die Deutschen uneinig, wie selten zuvor. Die von den Nationalen im Reich als Erfüllungspolitiker herabgewürdigten liberalen und sozialdemokratischen Politiker wurden mit der Zeit geradezu eine Last für die in der Demokratie auf die Gunst des Wählervolkes angewiesenen staatstragenden Parteien. Das Nein der Oppositionspolitiker, leicht hingeworfen wie es oft war, nahm sich in den Schlagzeilen der Tageszeitungen viel eindrucksvoller und viel geradliniger aus, verglichen mit den unvermeidbaren Rösselsprüngen der Staatspolitiker, die oft aus guten Gründen zögerten, den britischen Löwen oder den gallischen Hahn am Schwanz zu ziehen.

Vielen schien es auf der Hand zu liegen, daß jede Art von Erfüllungspolitik nicht nur eine materielle Bestätigung der den Deutschen in Versailles aufgebürdeten Alleinschuld am Krieg war. Gäbe es nicht dieses fatale Alleinverschulden, gäbe es auch nicht die unersättlichen Forderungen der Sieger und vielleicht doch eine Aussicht, der ins Bodenlose abgleitenden Geldentwertung und dem wirtschaftlichen Zusammenbruch, der Arbeitslosigkeit und der nackten Not zu entgehen. Nie werden die Deutschen aufhören mit ihrer damaligen Polemik. Werden die einen sagen: »Wegen der Starrheit und der Phantasielosigkeit der Deutschen wurden die in gewisser Hinsicht erträglichen Reparationskosten zum momentanen Strick der deutschen Nachkriegswirtschaft«, dann werden die anderen immer bei der Behauptung bleiben: »Es waren die Sieger und die ihnen gefügigen deutschen Erfüllungspolitiker, die das Verhängnis von Verdailles ins Unermeßliche steigerten und so letzten Endes dem Hitler in den Sattel halfen.« Nur wenige wollten in dem beginnenden Chaos auf die Stimmen der Fachmänner hören. Vielen Deutschen imponierte bei aller Feindschaft zum Poincaré die Entschiedenheit, mit der dieser die Interessen Frankreichs wahrnahm und sich den Teufel um andere Staaten und Nationen kümmerte. Hätte doch Deutschland auch so einen Unentwegten; es stünde nicht so schlecht mit dem Reich. Wenn aber einer wie der Hitler aufdrehte, las man gleich in den Boulevardblättern der großen liberalen Verlagshäuser: »Freunde, nicht diese Töne.«

Aber solche Mahnung zur Mäßigung und Einsicht kam zu spät. Die Gewalt der Tatsachen siegte fürs Erste.

Es geschah um diese Zeit zum Beispiel, daß in einer bayerischen Stadt französische Offiziere von der Bevölkerung mit Steinen beworfen wurden. Nicht etwa deswegen, weil diese Offiziere als Gäste mäßig willkommen waren. Vielmehr regte sich der bajuwarische Urgrimm, weil besagte Offiziere durchs Land gingen und stöberten und aufpaßten, als wäre alles um sie Luft und völlig unmaßgeblich. Nun darf man sich die Resistance der Deutschen im Jahre 1922 nicht so vorstellen wie jene nach dem Waffenstillstand von 1940 in Frankreich oder 1941 nach der Kapitulation der jugoslawischen Armee entstandene. Die Deutschen warfen mit Steinen, und die Franzosen nahmen – noch – keine Geiseln und sie zerstörten auch nicht die Stätten des gewaltsamen Widerstands der Boches. Also kam besagte Stadt in Bayern damit weg, daß den Deutschen insgesamt eine Strafe für die der französischen Uniform angetane Schmach in der Höhe von einer halben Milliarde Goldmark – zusätzlich zu laufenden Leistungen – auferlegt wurde. Außerdem mußte eine Kompanie der Reichswehr aufziehen und am Ort der fraglichen Schmach bei der Hissung der Trikolore die Ehrenbezeigung erweisen. Derlei stellte hohe Anforderungen an die Empfindungskraft der Deutschen, die sich nicht nur ausgesackt, sondern auch gedemütigt fühlten. Der Chef der Heeresleitung, General von Seeckt, verlangte von der Reichswehr, derlei gewollte Demütigungen diszipliniert und in guter Haltung hinzunehmen. Weil von Seeckt nichts von zivilistischen Exzessen hielt. Auch nicht von den paramilitärischen Wehrverbänden: Dem Reichsbanner der Sozialdemokraten, dem Stahlhelm der Nationalen – an dessen Spitze der Enkel eines Rabbiners stand – und der SA, die bedingungslos dem Hitler gehorchte.

Damals saß der Gläubiger aller im Westen existierenden Schuldnerstaaten längst nicht mehr in London, sondern jenseits des Atlantiks, in den USA. Diesen Gläubiger der Gläubiger begann es zu interessieren, warum wohl die Deutschen den Franzosen und den Engländern, die den USA eine Menge Geld schuldig waren, nicht ihre

Schuldigkeiten entrichteten; und also auch die USA von Frankreich und England nicht zu dem Geld kamen, mit dem sie der Entente einmal halfen, den Krieg gegen die Deutschen zu gewinnen.

Die Beitreibung der 1919 den Deutschen in Versailles aufgebürdeten Schuldigkeiten hielt eine sogenannte Reparationskommission der Sieger unter ständiger Kontrolle. In diesem Kreis tauchte 1922 John Pierpont Morgan der Jüngere auf. Er war zweifellos Kenner der Materie, soweit es um Geld und wirtschaftliche Vorteile ging, und seine Informiertheit bezog sich nicht nur auf die Neue Welt, vielmehr auch auf die Alte Welt, die over there, also in Europa ständig kränkelte und nicht zur Ruhe kam. Mr. Morgan war kein Staatsmann. Seine Bank hatte im letzten Krieg besonders viel Geld im Glauben an die Niederlage der Deutschen investiert. Ihm waren die Deutschen nicht sympathisch, er haßte sie aber auch nicht etwa so wie der Poincaré oder Lloyd George, der jetzt schon seltener daran dachte, daß der deutsche Kaiser eigentlich aufgeknüpft werden sollte. Es ging Mr. Morgan ums nackte Geld. Und darum ging es vielen Amerikanern.

Zuerst hielt er mit dem Poincaré Rücksprache. Der Mann aus den USA wollte wissen, ob der französische Ministerpräsident an dem vorliegenden Zahlungsplan für die Deutschen unter allen Umständen festhielt oder ob es Modifikationen gäbe, die in finanzieller Hinsicht Frankreich von Nutzen werden könnten. Aber der Poincaré hatte inzwischen die in Bar-le-Duc bezogene Stellung noch weiter verfestigt und er war entschlossen, sich aus dieser Stellung weder herauslocken noch hinausdrängen zu lassen. Er verlangte, Mr. Morgan und andere Bänker mögen doch hinübergehen zu den Deutschen und diesen heimleuchten. Es würde sich sehr bald herausstellen, daß die Deutschen sehr wohl fähig wären zu zahlen und zu leisten, daß sie aber wieder ihren verdammten Dickschädel hätten und also nichts zu tun willens waren.

Mr. Morgan und seine Crew fanden leicht heraus, was des Pudels Kern war: So wie es jetzt in wirtschaftlicher Hinsicht mit Deutschland stand, würden die Deutschen nie Kredite für ihre Wirtschaft bekommen. Denn welcher Kreditgeber ist bereit, einem auf zwei Generationen hinaus überschuldeten Kreditwerber Geld zu geben;

zumal wenn dieser verpflichtet war, das Geld in erster Linie für fällige Geldzahlungen auszugeben, ohne es erst in der Wirtschaft erträgnisreich zu machen. Dem Poincaré wurde leider nicht gewahr, daß derlei Gutachten nicht länger ein bloßes Untersuchungsergebnis des geschwächten Patienten bleiben konnten, sondern schon so etwas wie ein Obduktionsbefund einer zugrundegerichteten Währung und Wirtschaft waren.

Bon, sagte der Poincaré. Geht es nicht im Guten, dann wird sich Frankreich allein auf den Weg machen, um zu dem zu kommen, was ihm seit Versailles zustand. Die Tour des Ministerpräsidenten, auf der er bei nationalen Gedenkfeiern den Revanchismus seiner Landsleute anfeuerte, ging weiter, und immer mehr Franzosen wurden überzeugt davon, daß die Boches sehr wohl zahlen konnten, aber nicht zahlen wollten. In dem gleichen Maße, in dem in Frankreich die Politik des Poincaré in der Reparationsfrage populärer wurde, ging der politische Kredit seines eher gutwilligen deutschen Kollegen zurück. Langsam dämmerte nämlich den Deutschen, was es für sie hieß, wenn der Poincaré von sogenannten produktiven Pfändern sprach, die er den Deutschen ohne viel Federlesen abzunehmen gewillt war. Es nutzte besagtem Reichskanzler gar nichts, daß er sich in der Politik trotz seiner Herkunft aus den Reihen der Klerikalen mit der Zeit den Ruf eines »Roten Wirth« erworben hatte; und für ihn der Feind rechts stand, also dort, wo auch die Ankläger jener Art Erfüllungspolitik standen. Die vermeinten, man müsse sich endlich energisch der ständigen und unabsehbaren Forderungen, zumal jener der Franzosen, verschließen, sollte Deutschland nicht ganz vor die Hunde gehen.

Der Balancierakt des Roten Wirth über den Abstützungen durch die Sozialdemokraten einerseits, die Wirtschaftsliberalen andererseits war zu Ende, als sich der Wirth um der kränkelnden Wirtschaft willen auf das einließ, was ihm der sogenannte Kapitalismus einblies. Eilends verließen die Sozialdemokraten seine Regierung, glücklich, bei dem unvermeidlichen Untergang der Regierung des Roten Wirth aus gutem Grund nicht mehr dabei zu sein und Verantwortung tragen zu müssen.

Jetzt, da der Rote Wirth nicht länger politische Brückenbauer, wie auch er einer war, um sich sah, sondern ein Meer wilder Polemiker, ging er auch von Bord. Er war nicht einer jener in der Tradition der Seefahrt erzogenen Charaktere, die, wenn der Kahn gegen eine steile See reitet, die Armen bemitleiden, die an Land sein müssen. Er ging lieber an Land.

So wenig Glück besagter deutscher Reichskanzler um diese Zeit hatte, um so mehr schien dem Poincaré zuzufallen. Sein englischer Kollege, der liberale Lloyd George, dessen Deutschlandpolitik längst nicht mehr Zähne und Klauen hatte, verlor um diese Zeit die Parlamentswahl, und es kamen jenseits des Kanals die Männer der Konservativen Partei ans Ruder. Männer, die im Wahlkampf gesagt hatten, man müsse den zahlungsunwilligen Deutschen eben mit dem Stock das Geld aus der Tasche prügeln.

Ein Wintergewitter schien gegen Ende des Jahres 1922 im Westen aufzuziehen, ohne daß die Deutschen ahnen wollten, daß gleich nach Neujahr der Blitz bei ihnen einschlagen würde. Tatsächlich erstrahlte am Heiligen Abend 1922 der Stern von Bethlehem über ein Europa, in dem alle Menschen um Frieden entweder beteten oder darauf hofften.

Niemand achtete in der politischen Öffentlichkeit groß darauf, daß sich just am Zweiten Weihnachtsfeiertag etwas tat in der Reparationskommission.

Der Zweite Feiertag ist ein Restbestand aus der Zeit, in der die Deutschen eines religiösen Glaubens waren und in ein und derselben Kirche lebten. Der zweite Feiertag galt im Westen des Kontinents längst nicht mehr. Und also trat die erwähnte Reparationskommission am Zweiten Feiertag zusammen, und der französische Vertreter warf, wie man in Wien sagt, ein kleines Bomberl in die Verhandlungen. Er stellte fest, die deutsche Regierung hätte in dem zu Ende gehenden Jahr 1922 zu wenig Holz für Telegrafenstangen geliefert. Der Franzose blickte kurz in seine Papiere und nannte die genaue Menge der geschuldeten Festmeter Holz. Er ließ auch nicht des langen und breiten darüber reden, sondern verlangte einen Beschluß der Kommission, wonach wegen dieser unterbliebenen Lieferung die Deutschen wissentlich gegen eine im Anhang zum Versailler Vertrag, Paragraph sowieso, enthaltenen unaufschiebbaren Verpflichtung verstießen hätten.

Der Engländer, offenbar keiner aus jener Crew, die den Deutschen das Geld mit dem Stock herausprügeln wollte, schien den Braten zu riechen und er meinte daher:

»Mir kommt vor, als stehe hinter dieser lumpigen Anklage etwas, das die Kommission noch nicht erfahren darf.«

Aber jene, die wußten, was dahinter war, sahen zu Boden oder mit treuem Blick dem Engländer ins Gesicht, so daß diesem die Galle überging, er auf den Tisch hieb und mit erhobener Stimme einwarf:

»Niemals seit dem Trojanischen Krieg hat das Holz im Schicksal der Völker eine so furchtbare Rolle gespielt wie hier und jetzt.«

Man bedeutete ihn, es ginge hier nicht um gelehrsame Ausführungen im Anschluß an den Trojanischen Krieg und die Zerstörung Trojas. Überhaupt nicht um Krieg. Sondern um einen notorischen Schuldner, der sich auf Kosten der Sieger und ihrer im Krieg erlittenen Zerstörungen sein Leben erleichtern möchte. Auch brauchten die Franzosen kein Trojanisches Pferd, um dahin zu kommen mit ihrer Macht, wohin zu kommen sie schon entschlossen waren.

Die Prozedur war in Gang gesetzt und sie lief mit furchtbarer Präzision weiter. Die Reparationskommission berichtete den Siegermächten, es läge für das Jahr 1922 ein vorsätzliches Versäumnis der deutschen Regierung vor. In Paris hörte man erst gar nicht auf die eilfertige Beteuerung aus Berlin, wonach man dort entschlossen war, die fraglichen Kubikmeter Holz vom Fleck weg nachzuliefern. Und Poincaré blieb unnachgiebig, als die Engländer und die Italiener eilends nach Paris kamen und versuchten, das politische Vehikel des Franzosen auf eine Bremsspur zu bringen. Eine Notbremsung war jetzt überhaupt nicht mehr möglich. Hätte der Poincaré etwa zurückgezogen und gesagt, das mit den Produktiven Pfändern ginge nicht, die französische Kammer hätte ihn zum Teufel gejagt. Und das erst recht, nachdem das Gerücht umging, die Engländer und Franzosen wären nach Paris gekommen, um den harten Kurs gegen die Boches zu mäßigen.

Kaum waren diese fragwürdigen Verbündeten wieder über den Kanal und die Alpen hinweg verschwunden, da schritt der Poincaré zur Tat. Er legte den Plan betreffs der Produktiven Pfänder seinem Kabinett vor; und er fand Zustimmung. Ein schon angejahrtes Kabinettsmitglied verwendete die alte Formel: Le Boche payera tout, wurde aber belehrt, das stimme zwar in der Sache, in sprachlicher Hinsicht seien derlei Formeln überholt. Denn jetzt regiere das Recht und nicht derlei brutale Sprüche aus der Kriegszeit. Nachher blieb in Paris nichts anderes mehr zu tun, als der Regierung in Berlin zu notifizieren, es würden sich demnächst französische Fachleute ins Ruhrgebiet begeben. Weil die Säumigkeit der deutschen Regierung bei der Leistung der Reparationslieferungen Feststellungen an Ort und Stelle verlange. So nebenbei wurde bemerkt, es würde einiges französisches und belgisches Militär ins Ruhrgebiet mitkommen, um besagten Fachleuten irgendwelche Behelligungen zu ersparen.

Wieviel Militär? Es wurde den Deutschen nicht gesagt. Sie werden ja erleben, wie kostspielig ihre Praxis geraten wird, nach der sie Frankreich die Reparationsleistungen schuldig bleiben möchten. Die Deutschen hätten erwidern können, es würde schwer halten, im hochindustrialisierten Ruhrgebiet erfolgreich nach Holz zu suchen. Aber sie wollten nicht als naiv oder dreist angesehen werden, denn schon pfiffen es die Spatzen von den Dächern, daß die fragliche Menge Holz eine Sache, das französische Prinzip der Produktiven Pfänder aber eine ganz andere war. Eines, das man nicht mit der Nachlieferung von soundso viel Festmeter aus der Welt schaffen kann. Im System von 1919 waren die Deutschen Unterprivilegierte. Sie konnten sich nicht dagegen wehren, daß ihnen fortlaufende Zahlungen und dergleichen auferlegt wurden, die bis in die Nähe des Jahres 2000 laufen sollten. Wo es Schwache gibt, tun andere Schwache oder weniger Starke immer gut daran, auf der Seite der Starken zu sein. Und also unterblieb im Jahre 1922 das später übliche Verstehen der Mitwelt für die Schwachen und die sogenannten Unterprivilegierten.

Der mehrmals erwähnte Reichskanzler mit dem nach links gerichteten Silberblick brauchte das alles nicht mehr von Amts wegen zu erleben. Sein Nachfolger tat, was Deutschland seit 1918 zu oft getan hat, um rebus sic stantibus Verständnis oder Hilfe zu bekommen. Er wandte sich nämlich mit einem Protest an die sogenannte Weltöffentlichkeit, um zu beteuern, Deutschland geschähe hic et nunc schweres Unrecht. Und daher werde Deutschland, solange die Ruhrbesetzung dauern wird, weder Sach- noch Geldleistungen gemäß den in Verdailles auferlegten Belastungen erbringen. Hatte im Krieg noch der berühmte Dichter Thomas Mann vergebens versucht, die Deutschen als die in jenem Krieg geschwächte Unschuld hinzustellen, dann gelang es einem Reichskanzler der Nachkriegszeit erst recht nicht, das Bild vom bösen Deutschen zu zerstören und Gerechtigkeit für die Deutschen zu bekommen.

In den Tageszeitungen und Illustrierten Blättern der zivilisierten Welt tauchten noch einmal Bilder auf, wie man sie in der Zeit zwischen 1914 und 1918 unaufhörlich zu sehen gewohnt war. Endlose Kolonnen französischer, zuweilen auch belgischer Infanterie, Kavallerie, Kolonialtruppen, Panzerwagen und Tanks. Flieger in der Luft. Und wieder einmal sollte sich die Welt klar werden, welch gewaltiger Militärmacht es bedürfe, um den Starrsinn der Deutschen, ihre Bösartigkeit, ihre Zahlungsunwilligkeit zu brechen.
In Afrika und Asien war man stolz darauf, daß die Söhne des Landes in Deutschland einmarschierten. Nicht etwa, weil man noch viel auf die französische Zivilisation gab; eher deswegen, weil man lernte, wie man mit Weißen umspringen kann und muß. Man wird denjenigen, die einmal den Franzosen halfen, die Deutschen kirre zu kriegen, dankbar sein, wenn diese ihre farbigen Landsleute heranbilden werden, zum Kampf gegen die Kolonialherrschaft der Franzosen und der Weißen überhaupt.

Die Deutschen schossen nicht aus dem Hinterhalt. Der passive Widerstand der Deutschen fiel noch nicht ins Gewicht.
Dafür mußten die unter dem Schutz der Waffen ins Land gekommenen Fachleute zur Kenntnis nehmen, daß es nichts Schwierigeres gibt, als ein überorganisiertes und überdifferenziertes Industriegebiet mit militärischen Methoden zur Ausbeutung zu bringen. Erst die Sowjets werden nach 1945 den Rest der Welt lehren, wie das ge-

schehen muß, um anstatt unsicherer Geldzahlungen des Besiegten sich schadlos zu halten an dessen Sachgütern.

1923 versäumten es die Franzosen und Belgier, sich der notwendigen Kollaborateure im besetzten Gebiet zu versichern, die viel besser als Soldaten in der Lage gewesen wären, dem Ausbeuter zu seiner Beute zu verhelfen. Indessen muß gesagt werden, daß 1923 die Besatzungsbehörden im Reich wenigstens versuchten, was die Sowjets nach 1945 im vollen und hinreichenden Ausmaß taten.

Auch damals kamen jene Geschickten, die aus Karteien und verläßlichen Informationen wußten, an welche Tür sie klopfen durften, wo sie hereingebeten wurden in die Gute Stube, so diese vorhanden war. Wo sich der Mann anhören mußte, daß man bei der Besatzungsbehörde sehr wohl informiert war über seinen Kampf in der Roten Armee der Nachkriegsjahre. Und man ihm die Frage stellte, ob er nicht willens sei, noch einmal gegen die Ruhrbarone und ihren ausbeuterischen Kapitalismus aufzubegehren.

So, ja genau so sind sie ihm gekommen. Wem? Dem Schlosser, der in einem der werkseigenen Gebäude wohnte, in einem jener Backsteinbauten, in denen damals schon die dritte Generation geboren wurde und die zweite wegstarb. Zwei Treppen hoch wohnte besagter Schlosser. Seit 1911. Er, seine Frau und die Kinder. Die Kinder hat die Mutter beim Kommen der seltsamen Besucher aus der Stube zu sich in die Küche geholt. Kein lautes Wort, keinen Streit hörte die Frau aus der Stube. Diesmal gingen die neuen Herren also nicht so barsch und roh um mit dem ihrigen wie damals. Es dauerte eine gewisse Zeit, dann gingen die Fremden mit knappem Gruß fort. Gut gekleidete Herrn. Keine Offiziere im Räuberzivil. Oder Geheime, denen man das Geheimnis ansah, bevor sie unsereinen bemerkt haben.

Die Frau trocknete sich die Hände an der Schürze und ging in die Stube. Sie sah ihrem Mann ins Gesicht. Der zuckte die Achseln und blieb stumm. Es war schon die Zeit, in der zwei Menschen gut tun, ein Geheimnis nicht zu teilen. Weil es schwer ist, ein Geheimnis, das zwei schon wissen, vor jedem Dritten unter allen Umständen zu wahren.

»Gehst du mit oder sollst du wo hinkommen«, fragte die Frau.

Der Mann sagte:
»Nein. Sie wollen mich nicht holen und ich brauche auch nirgendwohin zu gehen.«
»Dann ist es ja gut«,
sagte die Frau, ohne eine Spur jener Erleichterung zu zeigen, die in ihr, mit Freude vermischt, hochkam. Er wird bei ihr bleiben.

Da die Frau wieder in ihrer Küche war, ging der Mann zur Kommode, kramte unter allerlei und holte zuletzt jenes Zigarrenkistchen hervor, in dem er seine Papiere und dergleichen verwahrte. Nichts fehlte, trotz der zwei Haussuchungen. Auch nicht die Militärpapiere, die jetzt wohl nicht viel taugten, die aber damals einem von den Weißen mächtig imponiert haben. Zuunterst lagen alte Fotografien. Und eine, die er, als schon alles vorbei war, zu den Familienbildern gelegt hat. Darauf war die Kantine des Betriebs zu sehen. Vor dem Haus war ein Zug Infanterie zum Gewehrappell angetreten. Infanterie der Roten Armee von damals. 1920. Das Jahr zuvor haben die anderen und die unsrigen noch genug Kommißklamotten gehabt, dachte der Mann. Auf dem Bild war nur da und dort, außer den Waffen, etwas aus den Beständen der Kriegszeit zu sehen. Die Männer und er, der Schlosser, der als Zugführer beim Appell vor der Front stand, trugen als Egalisierung die Rote Armbinde. Diese Farbe band sie, ein unzerstörbares Symbol ihrer Idee.
Er kannte alle, die auf dem Bild waren, und er erinnerte sich genau an das Schicksal dieser Männer. Der, im ersten Glied am rechten Flügel mit der Melone auf dem Kopf, sauber gekleidet, das Gewehr tadellos bei Fuß, lebt nicht mehr. Die anderen hatten Hüte, keine Melone, und die Jungs hatten sich Mützen zurechtgemacht, die aussahen wie die Ballonmützen ihrer aufrührerischen Großväter. Einer trug eine Schirmmütze, an der noch die Stellen zu erkennen waren, wo einmal die Abzeichen eines Deckoffiziers hafteten. Auch dieser stand als Schütze im Glied.
Der Schlosser kontrollierte seine eigene Figur auf dem Bild. Wie er, gelernt ist nun 'mal gelernt, durch den Lauf des Gewehrs schaut, das der Schütze in der Einteilung vorschriftsmäßig über seine rechte Schulter hochhält; den Verschluß in der Hand. Gewehrappell.

111

Kein Kommiß war das. Denn schon am nächsten Tag ist es losgegangen gegen die Weißen. Gegen Männer, die mit den Truppen der Reichswehr zusammen angriffen und die selbst nicht besser beisammen waren als der Schlosser und seine Männer. Nichts, nichts kann der Mann den Männern seines Zugs vorwerfen, und die Überlebenden konnten ihm, der auch überlebte, keine Feigheit, keine Unentschlossenheit, einfach nichts vorwerfen. Die überlegene Waffengewalt entscheidet in der Revolution.

Der Mann legte die Fotografie zu den anderen in das alte Zigarrenkistchen aus der Vorkriegszeit. Vor seinem geistigen Auge war jetzt ein anderes Bild. Es gab kein Foto davon. Vielleicht eines in irgendwelchen Akten der Reichswehr oder der Polizei. Da war der Rest des Zuges, jener, die überlebten. Sie kamen, Hände hoch, daher. Der lange junge Lulatsch vom linken Flügel des hinteren Glieds ging neben dem gewesenen Deckoffizier, dem man es schwer übel genommen hat, daß er, mit dem E. K. I, bei den Roten mitgemacht hat. Und die anderen: Noch ein wenig von gestern an sich, im übrigen Freikorpsmänner. Schnürschuhe, Wickelgamaschen, Hosen und Feldblusen aus alten Beständen, umgeschnallt, Stielhandgranaten am Koppel, den Karabiner 98 k geschultert. Alles proper, kein Grabendreck an den Ausrüstungs- und Bekleidungsstücken. Vorbei. Trotzdem: Die Herren, die eben noch da waren, wußten offenbar um die alte Wunde des Schlossers. Sie redeten ein ordentliches Deutsch, keines mit französischem Akzent und auch kein Elsässisch. Weiß Gott, wie die zu dem traurigen Geschäft gekommen sind. Er hat mit ihnen nur einen kurzen Wortwechsel gehabt. Höflich, aber mit Entschiedenheit:
»Ich mache nicht mit.«
»Warum denn nicht?«
haben sie ihn gedrängt.
»Eben nicht.«
Aus.

So kam eins zum anderen, und es entstand die von Franzosen und Belgiern verfluchte Résistance der Boches an der Ruhr. Den ausländischen Fachmännern und den Soldaten ihrer Begleitung kam vor, als wären sie in ein Land gekommen, in dem ein ununterbrochenes

Feiern anhält. Auch die Läden schienen für sie geschlossen zu sein, an einigen Ladentüren hing ein Zettel:

»An Franzosen und Belgier wird hier nichts verkauft.«

Solche Provokationen erlaubte sich die Frau hinter der Theke meistens kein zweites Mal, nachdem einige Typen in Räuberzivil gekommen waren, um ihr Bescheid zu stoßen. Viele Frauen wickelten dann eben ihren Verkauf in anderer Manier ab; etwa, indem sie dem unerwünschten Fremden sehr höflich ins Gesicht sagten: »Leider. Ist nicht da. Kommt auch nicht wieder.« Die Fremden aber wollten es nicht darauf anlegen, mit Weibern Krach zu bekommen. Denn solche Vorfälle in den Läden waren kleine Fische. Schon waren offensichtlich einige Hechte im Teich, hinter denen her zu sein es sich mehr lohnte. Die Dinge gerieten nämlich übel: Unter den Kesseln wurde das Feuer gelöscht. Die Bahnhöfe leerten sich. Die Zugsgarnituren standen auf Abstellgeleisen. Der Postverkehr lahmte. Und wo die Fremden ihre Hände hinlegten, schien das gewohnte Leben abzusterben. Da kam es, wie es immer kommen muß, wenn fremdes Militär es einfach nicht schafft, daß das Volk in einem besetzten Land mitmacht, sondern Widerstand, Résistance, leistet. Die Besatzungsbehörden nahmen Geiseln. Zuerst kamen Bürgermeister daran, die sich an die Order der Reichsregierung, passiven Widerstand zu leisten, in durchaus legaler Weise hielten. Nach den gewählten Funktionären kamen die Beamten unter die Räder. Beamte, von denen es hieß, sie würden vor jedem Vorgesetzten strammstehen oder katzbuckeln, wurden widerspenstig, wenn derlei die Fremden von ihnen verlangten. Die vorhandenen Gefängnisse waren bald überfüllt. Es mußten Notgefängnisse in Schulen und stillgelegten Fabriken eingerichtet werden; Haftanstalten, in denen die Unterkunft eher bescheiden, die Verpflegung unzureichend war, die Disziplin aber stramm gehandhabt wurde. Dann schwoll die Zahl der Inhaftierten dermaßen an, daß die Besatzungsbehörden zu einem sehr modernen Mittel griffen: Sie trieben die Widerspenstigen aus ihrer Heimat an der Ruhr fort und über die Grenze weg ins noch nicht besetzte Deutschland. Einhundertundfünfundvierzigtausend Menschen mußten, mitten im vertraglich geregelten Frieden, Haus und Hof

113

verlassen; unter militärischem Zwang außer Landes gehen. Irgend-
wohin, in ein Deutschland, in dem Not und Elend und Inflation genug waren, um jede Hilfsaktion für die Heimatvertriebenen noch
mehr zu erschweren.

Und dann fielen Schüsse. Nicht aus Waffen in den Händen von
Deutschen. Die Besatzer schossen.
Am letzten Märztag des Jahres 1923 wollte eine französische Patrouille im Kruppwerk in Essen eine Beschlagnahme durchführen.
Ein Offizier, elf Mann, Soldaten, die nicht im Krieg waren und
nicht wußten, wie das ist, wenn man auf andere schießt. Als die
Fremden kamen, heulten die Sirenen, die Arbeiter und Angestellten
kamen aus Hallen und Büros und stellten sich in gehörigem Abstand rund um die Patrouille auf, die sich eben an Lastwagen des Betriebs zu schaffen machte. Während die Infanteristen versuchten,
die Motoren anzuwerfen, sah der junge Leutnant um sich. Und der
Schlosser, von dem die Rede war, sah, daß der junge Franzose
Angst hatte.
Vielleicht wäre es gut gewesen, wenn der Leutnant auf die Leute zugegangen wäre. Ihnen gesagt hätte, das hier müsse geschehen und
wenn es nicht geschähe, würden andere, viel mehr kommen, denen
andere Mittel zur Verfügung stehen. Das hätten die meisten verstanden, denn gegen Militär ist, wenn es in der Übermacht, in keinem Aufruhr etwas auszurichten. Aber der Junge wurde seiner
Angst und Erregung nicht Herr. Er sah die Masse und das Verhängnis, das unaufhaltsam auf ihn zukam. Er ließ feuern.
Dreizehn Deutsche fielen an diesem Tag, viele wurden verwundet.
Für diesen Zwischenfall, noch war es ja ein incident und kein acci-
dent, ein bloßer Zwischenfall und kein Unglücksfall, bekamen die
Herren der Werksleitung Zuchthausstrafen bis zu fünfzehn Jahren.
Also bis zum Jahr 1938, dem Jahr, in dem Hitler bereits mit einem
französischen Ministerpräsidenten und anderen Herren Europas in
München die Aufteilung eines treuen Bundesgenossen Frankreichs,
der ČSR, aushandelte.
Und zu den schuldigen Reparationsleistungen, deretwegen die Be-
satzer ins Ruhrgebiet gekommen waren, um sich an Produktiven

Pfändern schadlos zu halten, kamen 1923 weitere Beträge in Höhe einer Million Goldmark.

Denn: Bürgen muß man würgen, um zu Geld zu kommen.

Die Zeit verging, und der Poincaré hatte aus dem Ruhrgebiet nicht mehr als einige Waggons Kohlen nach Frankreich geschafft. Nun, gab es keine Fracht, dann holte man sich eben die Leergarnituren. Man hielt sich so an der Deutschen Reichsbahn für das schadlos, was Gruben und Zechen schuldig blieben. Von den Polizeimannschaften der Deutschen drohte keine Gefahr mehr im Ruhrkampf. Sie wurden entwaffnet, viele Angehörige außer Dienst gestellt. So stand auch ausgesprochen kriminellen Aktionen nichts mehr im Wege. Bei einer sogenannten Konfiskation wurden aus einem D-Zug der Strecke Berlin-Köln von den Besatzungsmächten dreizehn Millionen Papiermark geholt. Dazu auch gleich die Druckplatten, um selbst bei einem Fortdruck des Papiergeldes mit der Inflation Schritt halten zu können. Banken wurden von den Besatzern ausgeräumt. Nicht einmal die kleinen Sparkassen auf dem flachen Land waren mehr vor derlei Überfällen sicher. Sparer verloren ihr Geld, bevor es die Inflation, Beiwerk dieses Höllenzaubers, ganz zunichte machte. Was heute Kinder am TV-Schirm verfolgen, sahen ihre Großeltern unter solchen Umständen life, wie man sagt.

Anstatt der Zehntausende, die das Ruhrgebiet verlassen mußten, kamen einige wenige aus dem unbesetzten Deutschland ins Land. Diese Männer hinterließen Spuren, die den Besatzungsbehörden viel Kummer und Ärger bereiteten und sie zum Äußersten trieben.

Jede Résistance ist so stark wie ihre eigene Abwehr gegen Verräter in den eigenen Reihen. Auch im Ruhrgebiet lebten 1923 Deutsche davon, daß sie andere Deutsche bei den Besatzungsbehörden denunzierten. Nicht das war es, was die Résistance zermürbte, sondern die dümmliche Mithilfe, mit der deutsche Behörden den Fremden auf gewisse Spuren halfen.

Unterm 5. April 1923 erschien fernab vom Ruhrgebiet, in Berlin, eine offizielle Fahndungsanzeige. Laufende Nummer 27, I.R. 1663. Als Gegenstand wurde aufgezeigt: Eisenbahnsprengung bei Calkum. Calkum, nahe dem Rhein bei Duisburg, war ein neuralgischer Punkt in dem ohnedies zerrütteten Verkehrssystem des besetzten Gebiets. Um so mißlicher war es, daß am 15. März 1923, abends um 8 Uhr, die Eisenbahnbrücke über den Haarbach in der Gemeinde Calkum gesprengt wurde. Quasi unter den Augen des französischen Brückenpostens, der nur mehr den Tätern nachschießen konnte. Tätern, die er nicht ausnahm.

Trotzdem wußte das in Berlin erscheinende Fahndungsblatt mit erstaunlicher Gewißheit aufzuzeigen, wie die Täter aussahen. Wie alt sie sein mochten. Welche bemerkenswerten Kleidungsstücke sie an sich hatten. Und wie sie hießen. Oh gewiß, man nannte die Verfolgten nicht beim Namen, man verballhornte die Namen so, daß es schien, als wüßte man etwas vom Klang der betreffenden Namen. Merkwürdig war, daß betreffs eines gewissen Schlageter nur der Nachname verstümmelt war, während die beiden Taufnamen, Albert Leo, exakt im Fahndungsblatt aufschienen. Statt Schlageter hieß es Schlagstein, vielleicht Schapeter. Einen wies man als einen gewissen Krause aus. Wer im Ruhrgebiet über den Kampf im Untergrund informiert war, ob Freund oder Feind, wußte, um wen es ging.

Von sich aus wäre die Besatzungsbehörde in diesem Fall nicht so rasch weitergekommen, hätte sie nicht deswegen Geiseln genommen. Sogenannte Spießbürger, wie man jetzt sagt, die in Haft bleiben sollten, bis man die Täter von Calkum gegriffen hatte. Zugleich setzte das Service de Sûreté in Essen einige Deutschen auf die Fährten an. Einer hieß Berg, er verbarg sich unter dem Namen Litellier.

Besagter Albert Leo Schlagstein oder Schapeter hieß Schlageter und war seiner bisherigen Beschäftigung nach Soldat, Offizier. Kein Berufsoffizier und kein berufsmäßiger Terrorist und als solcher in gewissen Listen auch nicht aufscheinend. Mr. Litellier hatte keine Mühe, den Mann mit den Taufnamen Albert Leo ausfindig zu machen. Es hatten nicht viele in einem Hotelgästebuch eingetragene Gäste gerade diese beiden Vornamen. In Essen, im »Union-Hotel«, konnte Mr. Litellier seinen berühmten Fang machen. Schlageter schlug bei der Verhaftung nicht zu, er wurde festgenommen und in ein unter französischer Kontrolle stehendes Gefängnis eingeliefert. Zusammen mit anderen Angehörigen der Résistance der Boches, um vor ein französisches Kriegsgericht gestellt zu werden.

Und also landete der Schlageter zuletzt im Zuchthaus. Nicht ganz neunundzwanzig Jahre alt ist er geworden, er war unverheiratet und ohne Aussicht, noch einen Geburtstag feiern zu können. Er sah, wie in Büchern zu lesen ist, dem Tod kaltblütig entgegen. Indessen hätte es ihn gefreut, dem Feind noch einmal ein Schnippchen zu schlagen. In einem hinausgeschmuggelten Brief schrieb er Kameraden:

»Keine Haaresbreite fehlte und ich hätte schon Sonntags die Ehre gehabt, bei Petrus zu speisen.«

Daheim, Wiesenthal hieß der Geburtsort des Schlageter, immer noch Wohnort seiner Familie, erfuhr seine Mutter vom Geschehen, das ihren Sohn bedrohte. Auf der Kommode stand die Fotografie des Kanoniers Schlageter, so wie dieser 1914 als Kriegsfreiwilliger ins Feld ging. Proper war der immer, nicht nur auf der Fotografie. Ein etwas klein geratener Abiturient, auf dem Überzug der Pickelhaube die Nummer 76, der Waffenrock straff gezogen, die Falten gegen den Rücken hin verstrichen, Seitengewehr mit Troddel in den Farben seiner Batterie, tadellose Bügelfalte, gewichste Knobelbecher, Hosen in denselben, die Pfeife im linken Stiefelschaft. Dahinter eine liebliche Wolkenlandschaft, Standardkulisse von annodazumal. Neben der Figur ein Stuhl im ländlichen Stil, auf den der Kanonier auf Empfehlung des Fotografen eine Hand legte. Quasi als letzte Berührung mit einer friedvollen Vergangenheit.

In allen am Krieg beteiligten Ländern haben damals Fotografen mit solchen Fotografien glänzende Geschäfte gemacht. Manchmal etwa so: Ein Bild, aufgenommen in Manchester. Mutter und die Schwester sitzend, dahinter der Junge. Und dann, vielleicht nach der Sommeschlacht, eine Schrift:

»That's us with him just before he went to France. The last time wie saw him, poor fellow.«

O ja, diese poor fellows haben sich nichts erspart – gegenseitig. Denen daheim hatte der Leo immer Sorgen bereitet. Nicht, weil er gammelte oder bummelte. Er kam einfach nicht weg vom Erlebnis 1914. Nach 1918 hat er versucht, in Freiburg Nationalökonomie zu studieren. Die Mutter besaß auch ein Bild, auf dem Leo im Kreis seiner Bundesbrüder in der katholischen Verbindung »Falkenstein« zu sehen ist. Es hielt den Leo nichts in Freiburg. Er kämpfte im Baltikum, solange die Engländer diese Front gegen die Bolschewisten nach 1918 gestatteten. Dann in Oberschlesien. Er traf den Hitler, der gar nichts von derlei Taten der Freikorps hielt und den Schlageter gerne für seine SA gehabt hätte. Aber dieser hielt nicht viel von der SA, und es fügte sich in diesem entscheidenden Moment, daß der Schlageter seinen letzten Einsatz im Ruhrgebiet fand. Der Kampf im Untergrund war ihm fremd. Er sagte ihm nicht zu. Aber – es mußte getan und ausgestanden werden.

Wer dem Schlageter gesagt hat, ins Ruhrgebiet zu gehen und dort Brücken zu sprengen, wollte der Vorsitzende des französischen Kriegsgerichts wissen. Etwa die deutsche Regierung? »Nein«, antwortete der Schlageter und unterdrückte den Nachsatz, daß man für solche Einsätze nicht auf staatsoffizielle Aufträge wartet. Weil keine Regierung befehlen kann, freiwillig das Leben einzusetzen. Die Verhandlung gegen den Schlageter und seine Kameraden zogen sich keineswegs dermaßen in die Länge, wie das eine Generation später in Deutschland in Fällen des Linksterrorismus geschehen wird. Trotzdem peinigten die langen Stunden des Verfahrens den Schlageter mehr als das Warten auf einen Einsatz an der Westfront. Zudem wurde ihm immer mehr klar: Man wird ihn über den Haufen schießen und die anderen für die Zeit des Besatzungsregimes einbuchten. Gott allein wußte im Moment, wann das Ruhrgebiet wieder frei werden wird. Schon hörte man, daß in Berlin die Reichsregierung von der Nutzlosigkeit des passiven Widerstands an der Ruhr überzeugt sei.
Es haben sich viele prominente Persönlichkeiten für den Schlageter eingesetzt. Die Königin von Schweden, die eine Landsmännin aus

dem Badischen war. Im Vatikan der Kardinalstaatssekretär. Der Kommandant des französischen Brückenkopfs Düsseldorf sah nicht an der Tat des Schlageter vorbei, aber er unterdrückte auch nicht die Tatsache, daß der zum Tode Verurteilte während der Wirren in Oberschlesien einmal einem französischen Offizier und vierzehn Mann das Leben gerettet hat. General Simon war Offizier von der Art des Schlageter; nur hatte er den Vorteil, daß er der Besatzungsbehörde angehörte, Schlageter aber ein Mann der Résistance war. Der Bericht über den Ausgang des gegen Schlageter geführten Prozesses kam in Paris auf den Schreibtisch des Ministerpräsidenten Raymond Poincaré. Der Poincaré hatte persönlich jedes wünschenswerte Verständnis für die Tat des Schlageter, er selbst hätte an seinerstatt im umgekehrten Fall nicht anders gehandelt. Vielleicht wird er dem Jungen das Leben schenken. Aber zuvor mußte er in der Kammer den Angriffen der Opposition standhalten, die dafür hielt, die Produktiven Pfänder, die der Poincaré aus dem Ruhrgebiet holen wollte, hätten sich bis dato als sehr unproduktiv erwiesen. Kein Wunder, wenn der Ministerpräsident nicht härter durchgreift und die Deutschen nicht mit Gewalt zwingt, gefügig zu sein und zu arbeiten sowie zu liefern.

Das war die Stunde des Comité des forges und ihres Sprechers in der Kammer, André Tardieu. Sie hielten dafür, als forges, als Schmiede, das Eisen zu schmieden, solange es heiß war und den Franzosen noch die Wunden des letzten Krieges brannten. Dabei hoffte man, den Ministerpräsidenten wegen seines laschen Vorgehens gegen die Deutschen womöglich in die Ecke zu treiben, vielleicht sogar zu stützen.

Das aber erkannte der Poincaré. Er mußte sich eingestehen, daß sein Ruhrkampf in der Tat bisher mäßige Erfolge gezeitigt hatte. Was er aber nicht zugeben wollte, war, daß er weich sei gegen die Résistance der Deutschen. Mochten ihn die politischen Gegner mit Zahlen und Statistiken jagen – Weichheit wird man dem Poincaré nicht nachsagen. Diesen Vorwurf wird er mit einer Tat entkräften und dem Tardieu eine blutige Abfuhr erteilen:

»Ich werde Taten setzen. Ich habe soeben das Todesurteil gegen den Saboteur Schlageter bestätigt und die Exekution angeordnet.«

Log der Poincaré? Hatte er vielleicht im Moment die Exekution noch gar nicht angeordnet? Die Anweisung zum Vollzug des fraglichen Urteils kam erst lange nach besagter Kammersitzung ins Ruhrgebiet. Immerhin: So etwas wie einen Skalp hat der Poincaré seinen Feinden ins Gesicht geschleudert.

Für den Schlageter war am 26. Mai 1923 zeitiges Wecken. Um drei Uhr öffnete sich die Tür seiner Zelle. Es waren der französische Staatsanwalt, ein Dolmetsch und eine Eskorte erschienen. Man redete nicht lange herum und gab dem Schlageter eine Stunde und Papier, Feder und Tinte. So entstand die Abmeldung des Schlageter von den Seinen:

26. V. 23.

Liebe Eltern! nun trete ich
bald meinen letzten Gang an,
Ich werde beichten und
kommunizieren. Also dan
auf ein frohes Wiedersehen
im Jenseitz.
Nochmals Grüße an Euch
alle Vater, Mutter Josef
Otto, Frieda, Ida, Marie
Die beiden Schwäger, Güttis
die ganze Heimat.

Euer Albert.

Wie gut war die Zeit, in der Katholiken noch in froher Erwartung auf ein Wiedersehen im Jenseits die Verwandten, die ganze Heimat grüßten und in den Tod gingen. Auch wenn der Schlageter Jenseitz in diesem Fall mit einem »z« nicht mit einem »s« schrieb; die Interpunktion fehlerhaft war. Er schrieb diese Meldung mit den leserlichen Schriftzügen, so wie er im Krieg auch in Katastrophen an der Front seine leserlichen Meldungen nach hinten schickte. Ein Freund brachte ihm die Kommunion, war dabei, als man den Schlageter aus der Zelle brachte und in einem verhängten Wagen quer durch die nachtschlafende Stadt hinausführte auf die Golzheimer Heide. Er bat um die letzte Zigarette, man gab sie ihm. Dann überfiel ihn die unvermeidbare Prozedur. Da war die Sandgrube, dahinter der legendäre Haufen, über den man geschossen wird. Gewohnt, Befehlen zu gehorchen, weigerte sich diesmal der Schlageter zu folgen und sich niederzuknieen. Ein Sergeant drückte ihm von hinten her die Knie ein und also kniete er im Sand vor dem Pfahl. Noch einmal versuchte er, sich aufzubäumen. Es gelang nicht. Die Salve krachte, der Sergeantmajor gab ihm den Gnadenschuß.

Der Ruhrkampf ging weiter. Im Herbst 1923 gab die deutsche Regierung den passiven Widerstand auf. Es dauerte noch Jahre, bis sich die Franzosen und Belgier zurückzogen. Im Scheitern des deutschen Ruhrkampfs zerbrach eine letzte Solidarität aller Deutschen. Wer in solchen Zusammenhängen auch an den Hitler denkt, sollte Poincaré nicht vergessen.

Eine Generation nach der Erschießung des Schlageter, im Frühjahr 1945, stießen US-Truppen beim Ausräumen des von Generalfeldmarschall Model verteidigten Ruhrkessels auf ein seltsames Ding. Ein riesiges Kreuz über dem Sand, mitten im Hitlerdeutschland. Kein Kreuz aus den dark ages, aus dem finsteren Mittelalter; eines, das nicht älter als ein Dutzend Jahre zu sein schien. Keine Hakenkreuzsymbole. Dennoch unerwünscht zu Beginn einer neuen Besatzungsära in Deutschland. In einem Deutschland, in dem es keine Schlageter geben wird, in dem man den Namen und die Tat dieses Mannes besser vergessen läßt. Eilfertig informierten einige Deutsche die Eroberer, das Kreuz sei nicht nur einsturzgefährdet, es sei zwar kein Hakenkreuz, indessen sei der allhier 1923 justizierte ein arger Nationalist gewesen. Vielleicht ein Nationalsozialist gar. Das Kreuz und das damit symbolisierte Opfer sollten fortan nichts mehr gemein haben. Und also fiel das Kreuz auf der Golzheimer Heide. Der Ort wurde denazifiziert.

Das Kreuz für den Schlageter stammt aus einer Welt, in welcher der Hitler längst nicht mehr daheim war. Am Vorabend der Machtergreifung des Hitler aufgerichtet, entsprach es einer Idee des Tirolers Clemens Holzmeister. In seiner Heimat trägt man bei einer Beerdigung das Grabkreuz für den Verstorbenen dem Zug voran. So wird ein Sinn und ein Ziel jedes Sterbens aufgezeigt. Und eine Hoffnung auf einen Frieden, den diese Welt nicht geben kann. Über Gewesenem und bald Verwesendem, über Verlust und Trauern soll sich die im Kreuz begründete Hoffnung erheben. Und also stand mitten in einer vom mechanisierten Krieg verwüsteten Landschaft das Kreuz über dem Sand.

Derlei schien überflüssig zu sein. Und also fiel das Kreuz.

Der Präsident fand keinen Schlaf, während der Sonderzug durch das Land fuhr, das einmal den Comanchen und Pawnees und anderen Indianern gehört hat. Gestern hat er mit großem Erfolg in Pueblo, im US-Staat Colorado, gesprochen. Heute, am 26. September 1919, wird er diesen Erfolg in Wichita wiederholen. Er befand sich auf einer weitausholenden Versammlungstournee durch die Staaten. Der alte Erfolg schien noch einmal mit ihm zu sein, so wie damals, als er sich zweimal durch seine Beredsamkeit und seine Begeisterungsfähigkeit für hohe Ideen das Amt des Präsidenten der USA erkämpft hat.

Was den Präsidenten indessen bei Tag und Nacht bedrückte, das war das neue politische Klima im Land, das ihm nicht guttat an Leib und Seele. Der traditionelle Liberalismus war nicht länger »in« und die Kreuzzugsideen des Präsidenten aus der Kriegszeit, seine Idee, gingen unter in einem riesigen Rummel, dem die legendären Goldenen Zwanzigerjahre folgen sollten. Es interessierte den Common Sense, den gesunden Menschenverstand der Amerikaner, nicht mehr, was im Rest der Welt vorging. Mochten die over there anstatt der vom US-Präsidenten offenbar unvollkommen beigelegten Streitigkeiten neue anzünden. Wenn sie das Geld dazu haben. Erst aber sollten die in Europa 'mal die Schulden begleichen, die im Krieg Franzosen und Engländer machten, um sich der Deutschen zu erwehren. Derlei Mentalität erschütterte den schon seit Versailles schwer enttäuschten US-Präsidenten Woodrow Wilson aufs neue.

Drüben, in der Alten Welt, hat ihn einmal der Clemenceau angeschaut wie ein Hund, der das seltsame Gebaren seines betrunkenen Herrn nicht versteht, als Wilson erklärte:

»Die Regelungen, die im Vertrag (von Versailles) getroffen sind, sind vielleicht nur vorübergehender Natur.«

Derlei und ähnliches Gerede war für den Clemenceau und für andere verrücktes Zeug. Zumal wenn man, wie viele um 1919, das System von Versailles nicht als einen Friedensschluß nach einem Krieg ansah, sondern für ein bleibendes System, das bis an das Jahr 2000 reichen wird. Anders der Präsident:

»Aber die Verfahrensmethoden müssen etwas Dauerhaftes sein.« Also die Methoden in der Politik. Nicht die Institutionen und die Verträge. Nun, über Methoden wird der Clemenceau noch vieles reden, wobei er schon jetzt davon überzeugt war, daß man mit den Boches nach seinen Methoden umspringen wird. Und nicht nach denen eines Präsidenten, den eine Verrücktheit des Schicksals zum momentan Mächtigsten machte.

Den Präsidenten fröstelte in seinem Schlafabteil. Er dachte daran, daß er mit seinem Kreuzzug over there so ziemlich das Gegenteil von dem erreicht hat, was er sich beim Kriegseintritt der USA vorgestellt hatte. Gewiß, der ihm verhaßte Deutsche Kaiser war davongejagt. Aber mit den Methoden des Clemenceau wird man die Deutschen wahrscheinlich nicht umerziehen und sie überzeugen, daß seine, des US-Präsidenten Wilsons Methoden die besseren sind. Nicht einmal in den Staaten schien man den von Wilson unterschriebenen Vertrag von Versailles zu akzeptieren. Und noch weniger hielt man von der Wilsonschen Idee eines Völkerbundes, der die Amerikaner in alle künftigen Wirbel in der Welt verwickeln könnte. Mit einem Mal wurde dem Präsidenten klar, daß er daran war, Erbsen gegen die Wand zu schleudern, gegen jene Wand, die seine Landsleute jeweils ihren Common Sense, ihren gesunden Menschenverstand, nennen. Aber es gab doch über diesem Common Sense auch noch unverlierbare Werte; Werte, die in der Verfassung der USA für immer verankert wurden.

Vielleicht sind diese Werte aber nur Hülsen, bei denen es darauf ankommt, womit sie jeweils der Common Sense füllt. Der Gedanke daran schien sich wie ein lähmender Kampf in seinem Leib auszubreiten. Ihm wurde übel, er suchte den Schalter zur Klingel, die zu seinem Diener ging. Dann verlor er das Bewußtsein. Die besorgten Gesichter, die sich über den Bewußtlosen beugten, sah er nicht. Nie wird Präsident Wilson in Wichita sprechen. Und seit dieser unheimlichen Nachtfahrt war er nur mehr ein Schatten seiner selbst. Ein Figurant, der nicht mehr der Dirigent eines riesigen Orchesters war, sondern nur anhören mußte, was dieses Orchester spielte. Am 19. November 1919 wurde der Vertrag von Versailles vom US-Senat abgelehnt. Und da im Kongreß dieses Vertragswerk samt dessen Kern, der Idee des Völkerbunds, nie die notwendige Mehrheit fand, lag eines Tages das Ding auf dem Schreibtisch Wilsons. Mit der formellen Feststellung, der Senat sähe sich nicht in der Lage, den Vertrag zu ratifizieren. Uns so geschah es: Den ersten erschütternden Schlag erlitt das System von Versailles nicht von deutschen Nationalisten, sondern von der Nation, mit deren Hilfe Wilson den Krieg gegen die Deutschen zum Sieg führen konnte. Nie sind die USA dem Völkerbund beigetreten. Später machten die USA ihren eigenen Frieden mit dem Deutschen Reich und mit Österreich. Der Kongreß faßte einfach die Resolution, dieser Krieg sei beendet.

Gleichzeitig feierte, völlig gewaltlos, der Amerikanismus einen Siegeszug nie gekannten Ausmaßes in Europa. Schon vor dem Krieg wurde in Besseren Kreisen Berlins und Wiens Tango und Cakewalk getanzt, kannte man Ragtime. Jetzt aber ließen Millionen junger Menschen der ersten Nachkriegsgeneration Walzer Walzer und Polka Polka sein, denn sie wollten Foxtrott, Shimmy und Charleston tanzen. Immer neue Tänze kamen, made in USA, wurden in den schmuddeligen Vorstadttanzschulen gegen Bezahlung gelehrt. Zugleich mit jener gewissen Benehmität, für die das Gehaben eines Gigolo oft vorbildlich wurde. Langsam verödeten Tanz- und Musikkaffees, wurden ein Refugium alter Damen oder jener Bridgerunden, in denen sich neue Gesellschaftszirkeln entwickelten. Der kleine Gardeoffizier, der 1918 verabschiedete und seither nichtsnutzige Frauenheld der Vorkriegszeit, feierte als lächerlicher Gigolo im Schlagertext eines Slowfoxtrott traurige Urstände. Seiner früheren Befehlsgewalt beraubt, mußte er es sich gefallen lassen, von einem Weibstück bezahlt zu werden und nach dessen Wünschen zu tanzen. Ein Symbol offenbar.
Und dann erschien die Göttliche, die Josephine Baker, Tochter eines Spaniers und einer Negerin. Harry Graf Kessler sah sie in Paris

und suchte in Berlin spornstreichs Max Reinhardt auf, um ihm von der Gottheit zu erzählen. Als aber der Graf endlich am Pariser Platz, bei Vollmoeller, den Reinhardt traf, saß dieser tatsächlich schon inmitten einer Schar mäßig bekleideter Mädchen, in deren Mitte die Baker thronte. Sie war ihrem Ruf vorausgeeilt. In kurzer Zeit war die Negerrevue sowie die Negermusik Ausdruck eines modernen Lebensstils, in dem sich die Ultraprimitivität des Urwalds mit der Hypermodernität der Wolkenkratzerära verband. Die übriggebliebenen europäischen Operettenkomponisten machten sich erst gar nicht die Mühe, das Neue in sich zu verarbeiten. Sie transponierten das populäre Importgut aus den USA in die Atmosphäre der Pußta oder Wiens, der sterbenden Märchenstadt, wie damals ein Singsang ging. Und neben Czardasoffizieren kamen Dollarmillionärinnen und -prinzessinnen auf die Bühne, um das ewig gleichbleibende Motiv »money makes it« überzeugend sinnfällig zu machen. Noch größere Erfolge, zumal materielle, errang der Film aus den USA. Er wurde eine Propaganda für den amerikanischen Lebensstil, die nichts kostete, die im Gegenteil Millionen nach drüben, in die USA fließen ließ. Harold Lloyd, Buster Keaton und Fatty rissen die Jungen in Europa vor den Augen der zuerst noch mißtrauisch dreinblickenden Alten mit den Slapstick-Grotesken zu endlosen Lachstürmen hin. So war das Entree für den Größten der Leinwand bereitet: Für einen kleinen Mann in einem unmöglichen Aufzug, in der Hand ein Spazierstöckchen, auf dem Kopf eine viel zu kleine Melone: Charly Chaplin, bestimmt, einmal als der Größte der Filmgeschichte aufgezeigt zu werden. Und da war Tom Mix, der kühne Texasreiter. Wurde in den Schulen Verachtung von Helden gelehrt, im Film erwuchsen derselben Jugend neue Heldenidole. Bis dann Edward G. Robinson, James Cagney und die blutjunge Katherine Hepburn in Gangsterfilmen einen modernisierten Wilden Westen im Wilden Osten der Großstädte der USA noch einmal abzogen. Der Cowboy, quick on a draw, schnell beim Schießen, wurde das non plus ultra unzähliger Heldensagen. Wer glaubte, in den USA mehr Geld beim Theater und beim Film machen zu können, war längst drüben: Noch aus der Monarchie kamen William Fox, Schöpfer der tendenziösen Tönenden

Wochenschau, Samuel Goldfisch, nachher als Goldwyn weltberühmt, sowie George Szukor, aus dem Reich Carl Laemmle. Dieser Strom riß nie mehr ab. Die Pioniere des Films erfanden den Star, den berühmten Bühnenkünstler in sensationell aufgemachten Filmen, die sich gut verkaufen ließen. Zum Star gehörten die Fans. Fan, das kommt von fanatic, auf Deutsch: Fanatiker. Die fanatisierte Masse war da, man wußte, wie man sie erzeugen kann. Und bald übersiedelten diese Fans von den Kinopalästen in moderne Sportstadien, zuletzt in politischen Massenkundgebungen. Ehe im Reich der Hitler die Massen sammeln konnte, war es in den USA Routinesache, Massen für das Image eines politischen Idols zu gewinnen. Die Deutschen rissen Mund und Ohren auf. Sie flüchteten aus der verschrobenen Welt ihrer Väter, die 1918 vor dem Neuen aus den USA so kläglich versagte, und stürzten sich in die Neue Welt nach Vorbildern, die es jetzt tagtäglich zu sehen und zu hören gab. Um eine Oktav im Geistigen transponiert, hieß die Lehre des Neuen: Die Amerikaner waren dank ihrer demokratischen Lebensordnung imstande, ein besseres Menschentum zu erziehen. Und man tat nur gut daran, anstatt rückständiger europäischer Traditionen den amerikanischen Way-of-Life anzunehmen. Die Tragik dabei war, daß die Europäer nur jenen gewissen Amerikanismus kleiner Cliquen und Claquen erlernten und so ziemlich nichts wußten von unzähligen Millionen Amerikanern, die, bald als Babbits abgewertet, auch modebewußten Menschen der Alten Welt die Abscheu vor dem, was man bloßes Spießbürgertum nannte, beibringen sollten.

Alles verlief anfangs gut und friedlich. Dann aber fing der deutsche Esel-streck-dich schon wieder zu stottern an mit seiner Geldausschüttung an die Sieger von 1918. In den USA hielt man nichts von den Methoden des Poincaré und schickte einen gewissen Charles Gates Dawes herüber. General Dawes, im Krieg General und Chef des Versorgungswesens der US-Army in Frankreich. Aber dieser General wollte keinen Krieg und kein Militär, er wollte Geld abschöpfen. Geld, das der verstorbene US-Präsident Wilson im Krieg den Franzosen und Engländern verschafft hat, damit diese die

Deutschen besiegen konnten. Nun aber wollten und konnten diese Schuldner ihre Gläubiger in den USA nicht befriedigen, weil angeblich die Deutschen, die ihrerseits den Westmächten Reparationsleistungen schuldeten, immer mehr in Rückstand gerieten.

Dawes wirkte zunächst sensationell. Anstatt den Deutschen Produktive Pfänder abzunehmen, verschaffte er ihnen einen Kredit in der damals enormen Höhe von 800 Millionen Mark. Und Dawes meinte, das würde sich bezahlt machen, denn aus Deutschland ließ sich, hatte man erst die rechten Partner, etwas machen und etwas herausholen. Partner des Generals, der keiner sein wollte, wurden im Reich Hjalmar Horace Greeley Schacht und der gewesene Österreicher und Austromarxist Rudolf Hilferding. Sie haben den Mut gehabt, statt der total abgewerteten Papiermark eine Rentenmark auf die Beine zu stellen. Umrechnungskurs: Eine Rentenmark = eine Billion Papiermark. Schacht war dem Amerikaner kongenial; er existierte quasi über seinen Vorfahren aus Schleswig und anderen, die in den USA einmal den Journalisten Horace Greeley verehrten. Greeley war zur Zeit des Bügerkriegs in den USA ein Zeitungsmann, wie sie derzeit etwa in »New York Times« anzutreffen sind. Einer, der alles druckt, that fits to print. Das sich lohnt zu drucken.

Für Dawes war Deutschland keine Melkkuh, vielmehr eine fette Weide, auf der sich mehr ziehen ließ als Milchkühe. Er wollte sich in den Sachwerten und Möglichkeiten dieses Landes einmal niederlassen. Für wie lange? Nun, sagen wir, fürs erste bis 1963. Über die endgültige Höhe der Reparationsleistungen und die den Deutschen zugedachte Laufzeit wollte er nicht reden.

Der Hitler aber sagte den Leuten, der Dawesplan sei ein Faß ohne Boden und ein Unglück für Deutschland. Noch die Kindeskinder würden daran zu schleppen haben. Dem Dawes und seinen Landsleuten traute der Hitler nicht, zumal er die USA nur aus der Lektüre des Karl May kannte. Wie dem auch sei: Die Sache mit dem Dawesplan wurde ein Mahlstrom, der die Propagandamühlen des Hitler in Betrieb hielt, wie der Wind die Gebetsmühlen in Tibet. Und der Hitler brauchte damals solche Antriebskräfte für seine Bewegung. Nach seiner Haftentlassung aus der Festung Landsberg – in der er wegen des Putsches vom 9. November 1923 eine eher kommode Haft abgesessen hatte – brachte er nicht jenen Quickstart zuwege, der ihn 1921/23 so rasch an die Spitze gebracht hat. Zwar wurde die Partei im Februar 1925 wiedergegründet, der VB kam wieder unter die Leute, aber die prophetische Kraft des Hitler wirkte momentan nicht so wahlwerbend. Es kamen nämlich die guten Jahre nach dem Krieg, für den Hitler und seine Sache also eher unergiebige.

Um diese Zeit schüttelte der Hitler den letzten Staub aus Österreich von den Füßen: Er stellte beim Magistrat der Stadt Linz den Antrag auf Entlassung aus dem österreichischen Staatsverband, und diesmal klappte es mit den österreichischen Behörden. Von 1925 bis 1932 lebte der Hitler als Staatenloser im Reich. Konnte bei Wahlen nicht kandidieren und brauchte also nicht persönlich die Blamagen bei diversen Wahlen jener Jahre einzustecken. Denn der erneuerten NSDAP fielen die Mandate nur tropfenweise zu. 1927 in Thüringen zwei. Mehr als drei oder vier wurden es in keinem Land. Im Reichstag brachte es die Hitlerbewegung bis 1930 auf zwölf Sitze. 1930 stellte die Partei ihren ersten Minister: Wilhelm Frick in Thüringen. Frick, der 1946 in Nürnberg als Hauptkriegsverbrecher gehenkt wurde.

Im übrigen lebte der Hitler das Leben, das ihm zusagte. Er zog im Reich landauf und landab. Redete, redete, redete. Was im Süden seine berühmte Gosch'n war, erwies sich im Norden als eine unbesiegbare Schnauze. In der Partei redete man ihn an: Mein Führer. Wer Respekt vor ihm hatte, sprach nicht mehr vom Hitler, sondern vom Führer, von unserem Führer. So überlebte der Hitler die Zeiten, in denen Reichskanzler und Reichsaußenminister Gustav Stresemann den Deutschen ihre Goldenen Zwanzigerjahre verschaffte. Jahre, in denen, zumal rings um den Berliner Kurfürstendamm, emsig gefeiert wurde. Der Hitler aber wartete instinktsicher auf den Katzenjammer, der diesen Jahren folgen mußte, dann nämlich, wenn man in den USA mit den dortigen Goldenen Zwanzigerjahren zu Ende sein wird. Und in der Tat: 1928 krähte der Hahn zum ersten Mal. Überfuhrausschüsse der deutschen Wirtschaft konnten nicht länger mehr ausreichen, um den Verpflichtungen aus dem Dawesplan nachzukommen. Die USA, in denen schon der Keim der heimtückischen Krankheit ihrer Goldenen Jahre steckte, ließen sich dennoch darauf ein, wieder einen Fachmann hinüberzuschicken. Er hieß Owen D. Young. Dieser erstreckte die Laufzeit der deutschen Leistungen von 1963 auf 1988. So hoffte er, den Deutschen insgesamt 112 Milliarden abknöpfen zu können und auf diese Weise den Goldstrom nach dem Westen in gang zu halten. Ein Volksentscheid, den der Hitler gegen diese Verschuldung, die mit ihren Folgen bis an das Jahr 2000 reichte, erzwingen wollte, scheiterte. Immerhin konnten er und seine Verbündeten bei dieser Gelegenheit schon annähernd sechs Millionen Stimmen ergattern.

Und dann kam, wie im Weltkrieg, der totale Umschwung auch diemal aus den USA nach Europa.

Am 29. Oktober 1929 sahen einige Polizisten, die in den Stockwerken eines Bankgebäudes der Wall Street in New York Dienst machten, wie sich ein Mann im Overall aus dem Fenster schwang. In der Annahme, der Mann wolle sich in die Tiefe stürzen, stürmten die Polizisten auf ihn zu und kriegten ihn zu fassen. Warum er denn hinabspringen wollte, fragten die Uniformierten den Mann im Overall. Und der:

»Who's going to jump? I'm just washing windows.«

Was war das für eine Zeit, in der sich Fensterputzer bei ihrer Arbeit dem Verdacht aussetzten, Selbstmörder zu sein? Nicht nur Fensterputzer. Andere sprangen wirklich: Taxifahrer, Hotelportiere, Barmixer, Aufräumfrauen, Wäscherinnen, Hausfrauen. Jedermann sprang in den Tod. Weil in jenen Oktobertagen ein Börsenkrach nie geahnter Ausmaße selbst diese kleinen Leute zu Verlierern an der Börse machte, wo sie ihre Ersparnisse einbüßten. Sie und alle in den oberen Rängen bis hinauf zu den Besseren Zehntausend verloren, verzagten, sprangen. Nicht alle sprangen. Es gab Millionäre, die schon im November 1929 Äpfel in den Straßen verkauften.

Schon zu Weihnachten 1928 hätte man in den USA gewarnt sein müssen. Die Luxuswaren blieben unverkauft, die Lager überfüllt, und die ersten Unglücklichen des späteren Massenheeres der Arbeitslosen in den USA saßen, ohne jede soziale Absicherung und ohne Geld, unter dem Christbaum. Die »New York Times« tat alles, um den Leuten weis zu machen, es handle sich nur um eine Flaute. Die Dummen kauften tatsächlich im Kurs gesunkene Papiere, und im September 1929 erreichten gewisse Börsenkurse wieder einen Höchststand. Aber am Nachmittag des 24. Oktober dieses Jahres wußte dann eine überhebliche, übersättigte und zu selbstbewußte Welt jenseits und diesseits des Atlantiks, daß es ein Börsenkrach war, nach dem es keine Erholung gab. 16 Millionen Anteile wurden auf ein Mal, zu jedem Preis, abgestoßen. Aus war es mit dem Glanz der Goldenen Zwanziger Jahre.

Im Frühjahr 1933 wird es zwei Männern gelingen, aus den ungeheuren Reservearmeen der Arbeitslosen die Kader ihrer Wähler zu rekrutieren: In Deutschland dem Hitler, in den USA Franklin Delano Roosevelt.

Massen kriegt man nicht wie Ratten. Da war es gut, daß ein Angehöriger jener Münchner Familie Hanfstaengl, die dem Hitler nach dem 9. November bis zu seiner Verhaftung Asyl gegeben hat, in den USA erlebte, wie Wilson und nachher Roosevelt die große Masse der Wähler für sich bekam. Da gab es pompöse Monsterveranstaltungen im Madison Square Garden. Riesenkundgebungen auf den prominentesten Plätzen der Riesenstädte. Statt des langweiligen Herumreisens mit Sonderzügen das Flugzeug. Stimmgewalt, die aus Lautsprechern kam. Radio und Film. Nicht, *was* gesagt wurde, kam an, sondern *wie* es herauskam. Der Hitler wurde überzeugt, daß er, genügend Geld vorausgesetzt, jetzt die ihm zusagende Methode der Massenwerbung gefunden hatte. Nachher hieß es, nur der Hitler. Man vergaß, daß die SPD, progressiv, wie ihre Jungen um 1930 sein wollten, dem Hitler nicht nachhinkten. Im Gegenteil. Diese Jungen in der SPD glaubten im Sommer 1930 die Zeit gekommen, in der sie die Regierung des klerikalen Reichskanzlers Brüning verjagen sollten. Als die Minderheitsregierung Brüning anfing, ihre unpopulären Notstandsmaßnahmen mit dem verfassungsmäßigen Notverordnungsrecht des Reichspräsidenten abzustützen, legten die Draufgänger in der SPD los. Zusammen mit den Reichstagsfraktionen der NSDAP und der KPD brachten sie einen Antrag durch, der dieses System der Notverordungen und den Brüning zu Fall bringen sollte. Also wurde der Reichstag aufgelöst und für den 14. September 1930 eine Neuwahl angesetzt.

Wie gesagt, nicht nur der Hitler und sein Reichspropagandaleiter Joseph Goebbels, zugleich Gauleiter der NSDAP in Berlin, schafften es, Massen etwa in den Berliner Sportpalast zu bringen. Am 11. September war die SPD im Sportpalast. Die schwarz-rot-goldenen Kokarden und Armbinden der Reichsbannerleute gingen unter in einem Roten Meer, wie es die Berliner so ausschließlich schon lange nicht gesehen hatten. Quer über den Saal hing ein Spruchband mit der Kampfparole aller Marxisten: »Proletarier aller Länder vereinigt euch!«
Es erwies sich, daß das, was gesprochen wurde, so ziemlich gleichgültig wurde, die Masse selbst wurde in Szene gesetzt und sich dessen bewußt gemacht. Schon an den Toren des Sportpalasts kündigten Anschläge die von Monstersportveranstaltungen gewohnte Parole an:
»Karten ausverkauft!«
Dann aber fing das Ganze mit einer ergreifenden und packenden Einstimmung an. Ein Bataillon von Sängern intonierte das Lied von der Heiligen Flamme der Arbeit. Während des Gesanges trugen die Fahnenträger die Roten Fahnen in den Saal. Dreihundert Mann, dreihundert Fahnen. Nach ihnen kam die Jugend. Sie füllte die Gänge zwischen den Sitzreihen bis auf den letzten Platz. Die Menge begann zu spüren: Hier ist unsere Welt und es ist kein Platz für eine andere. Hier nicht und draußen nicht. In Berlin wird man die Hitlerleute nicht bloß aufhalten, man wird sie überrollen.
Es geschah dies nicht. Die SPD hat bloß mit ihrem Draufgehen die Lawine des Hitlerismus im Reich losgetreten. Sie selbst verlor neun Reichstagsmandate. Die Kommunisten eroberten dreiundzwanzig. Den Vogel aber schoß der Hitler ab. Nicht zwölf, wie bisher, sondern einhundertundsieben Abgeordnete bildeten fortan die Reichstagsfraktion der NSDAP, die zweitstärkste nach der SPD. Fast sechsundeinehalb Million hatte die Partei des staatenlosen Hitler gewählt.
Jetzt kam alles Entgegenkommen der Sieger von 1918 zu spät. Ent-

gegenkommen und Stundungen, die vor zehn Jahren noch Berge hätten versetzen können, wogen nicht mehr, da offensichtlich der Hitler die Deutschen gelehrt hatte, wie man mit der Gewalt der Tatsachen Politik macht. 1931 wurden die Leistungen nach dem Youngplan den Deutschen gestundet. Das Jahr darauf tagte die Reparationskommission in Paris. Und diesmal sagte der Engländer Sir Walter Leyton als Sachverständiger, es seien die Reparationsleistungen gewesen, die Deutschland erst recht in die jetzige Krise getrieben haben. Da blieb Mr. Young nur mehr übrig, um stilles Beileid für das Absterben seines Planes zu bitten und anderen die Ehre zu lassen, für die alsbaldige Beerdigung des Reparationssystems von Versailles zu sorgen.

Weiter flossen alle Wasser in den Mahlstrom, der die Mühlen des Hitler trieb. Und noch ein Mahlstrom kam ihm zugute: Es war nicht länger zu leugnen, daß die KP in Deutschland hochkam. 1930 schon überflügelten sie zum Beispiel das klerikale Zentrum, die Partei Brünings. Und während in den früheren Kornkammern des zaristischen Rußlands eine entsetzliche Hungerkatastrophe die Kollektivierung der Landwirtschaft begleitete, riefen in Deutschland noch immer die Linksintellektuellen: »Hände weg von Sowjetrußland.«

Antikommunismus jeder Art wurde als Hilterismus abgestempelt. In Deutschland gab es jetzt Millionen von Arbeitslosen und man hatte mit der eigenen Not genug zu tun. Wen interessierte es da, wenn als Folgen der Methoden Stalins in Charkow Menschen auf der Straße verhungerten; Passanten sich an den Anblick solcher Leichen gewöhnten und achtlos vorbeigingen; Schutthalden mit Verboten wie:
»Hier ist das Bestatten von Leichen kategorisch verboten«, bestückt wurden.

Die damals in Deutschland hungernden Jungs und die in Rußland Hungernden werden sich in zehn Jahren als die Infanteristen des Hitler und jene des Stalin einen Krieg liefern, wie ihn die Welt noch nicht erlebt hat.

Bessere Herrn, die noch unlängst von Nazibuben gesprochen hatten, fingen an, darauf zu achten, daß jetzt in Deutschland die Uhren anders gingen. Und es kein Fehler war, mit abfälligen Bemerkungen über den Hitler und seine Partei sparsamer, jedenfalls aber vorsichtiger zu sein. Brüning spürte die in der politischen Mitte, die seit 1919 allein die Lasten der staatstragenden Parteien auf sich hatte, auftretenden Ermüdungserscheinungen. Noch einmal riß er seinen Anhang mit dem alten Kampfruf der Infanterie hoch: »Nur nicht weich werden.«

Aber es wird nicht mehr lange dauern und alle, die ihre Erwartungen in eine Zeit nach der Existenz des klerikalen Brüning setzten, werden sich finden: gegenseitiges Mißtrauen unter Kontrolle nehmen; um mit vereinten Kräften eine andere Regierung heranzuzwingen. Welche wohl? Nun zuerst mußte der Brüning weg. Nicht Nationalsozialisten und nicht Kommunisten haben schließlich den Brüning aus dem Feld geschlagen. Beide Parteien waren im übrigen längst als genuin in der Demokratie von Weimar 1919 anerkannt.

Was den Hitler betraf, so hat das Reichsgericht in Leipzig eine Aussage desselben für maßgebend gehalten und sie mit zum Tenor eines Erkenntnisses gemacht. Es hieß da:

»Adolf Hitler... unter Eid... mit unzweideutigen Worten erklärt, daß er seine Mittel nur noch auf streng legalem Weg verfolge, daß er den Weg in München 1923 nur aus Zwang gegangen ist und diesen Weg schon deshalb nicht mehr beschreite, weil er bei dem wachsenden Verständnis, das Deutschland der völkischen Freiheitsbewegung entgegenbringe, ein illegales Vorgehen nicht nötig habe; die Gewalt falle mit der Zeit auf legalem Weg von selbst zu.«

Und was den Kommunismus anlangte, so hat diesem der aus Wien stammende Staatsrechslehrer Hans Kelsen, unter dem Doktor Renner Redaktor der österreichischen Verfassung 1920, folgendes zugestanden:

»Sofern der Bolschewismus ein frei gewähltes System ist, bleibt er ganz in der Linie des Liberalismus... selbst dann, wenn die Staatsautorität die freiheitlich Denkenden kalt niederschlägt.«

Da lachten die Kommunisten und die Hitlerleute. Und die Liberalen konnten nur sagen, wenn unsere Rechtswissenschaft das besagt, dann muß es uns wohl recht sein. Alles was eine Mehrheit zu Recht

macht, ist eben im Liberalismus rechtens. Und es war eine Ungehö-
rigkeit, wenn der längst verstorbene, von seinen Gegnern arg ver-
teufelte, sozialdemokratische Reichspräsident Friedrich Ebert einmal bekannte:
»Wenn der Tag kommt, an dem die Frage auftaucht, Deutschland
oder die Verfassung, dann werden wir Deutschland nicht wegen der
Verfassung zugrunde gehen lassen.«
Die Welt wurde rein besoffen, wie es in einem alten Bummellied der
Studenten hieß. Wie um all' das eben Gesagte zu bestätigen, schrie
aus Prag der dortige Große Mann, Eduard Beneš, über die Gren-
zen:
»Lieber Hitler als Habsburg!«
Auch Beneš war ein im Westen angesehener Liberaler.

In Wien dachte man um 1930 weder viel an den Hitler noch wollte
man die Habsburger heimholen; die im Nationalrat nicht vertretene
Partei der Monarchisten ausgenommen.
Man kämpfte in der klein geratenen Alpenrepublik wieder einmal
ums Überleben. 1930, kurz nach der historischen Reichstagswahl
im Reich, wählten auch die Österreicher einen neuen Nationalrat.
Der Hitler und seine Partei machten dabei keinen Stich. Aber der an-
timarxistische Heimatblock brachte, zum ersten Mal seit 1919, die
Sozialdemokratische Arbeiterpartei (SDAP) an die Spitze. Nahm er
doch mit seinen knapp errungenen Mandaten den Christlichsozialen so viele weg als genügte, um die Fraktion der Sozialdemokratischen Arbeiterpartei (SDAP) zur mandatsstärksten im Hohen Haus
zu machen. Noch sicherte eine wackelige Regierungskoalition der
Christlichsozialen mit antiklerikalen Gruppen und Grüppchen den
Christlichsozialen das Amt des Bundeskanzlers; die Abgeordneten
der siegreichen SDAP kamen also neuerdings auf die harten Bänke
der Opposition zu sitzen; indessen war so ein Regieren in windigen
Zeiten fast unmöglich. Der Versuch Seipels und seines großen Gegners in der SDAP, Otto Bauer, jetzt eine Große Koalition der beiden staatstragenden Parteien zu bilden, scheiterte; ausgerechnet an
jenem Widerstand in der SDAP, den der Vater der Großen Koalition von 1919, der Doktor Renner, entfachte.

Noch immer stand zwischen dem Reich und Österreich das Anschlußverbot aus 1919. Und noch immer hatten alle im Nationalrat vertretenen politischen Parteien eben diesen Anschluß als Teil ihres Programmes. Da entstand 1931 die Idee, das in Versailles diktierte und 1922 vom Völkerbund bekräftigte Anschlußverbot in Form einer deutsch-österreichischen Zollunion zu umgehen. Genauer: Die Idee war alt, aber die Fachleute für die gescheiterten Experimente in Österreich hatten sie in besseren Tagen der Zwanziger Jahre schubladiert. Um 1931 war es in Berlin dem Reichskanzler nicht sehr genehm, diese Zollunion gerade jetzt durch einen internationalen Vertrag zu realisieren und damit die Beziehungen zu Frankreich zu belasten. Zudem teilte Brüning die einschlägige Ansicht des Reichspräsidenten von Hindenburg, der überzeugt war, die Österreicher würden auf dem Weg zur Zollunion die Krise, die von den Siegern des Jahres 1918 drohte, nicht durchstehen. Er kenne diese Brüder von Kriegszeiten her. Von Hindenburg sollte rechthaben. Die Österreicher konnten die fragliche Krise nicht durchstehen, weil sie neuerdings auf eine Völkerbundanleihe angewiesen waren. Die Weltwirtschaftskrise 1929 hatte in dem kleinen Land verheerende Folgen gezeitigt. Nicht nur Massenarbeitslosigkeit. Und also war es an Österreich, noch vor dem wegen der fraglichen Zollunion fälligen Spruch des Internationalen Gerichtshof in den Haag, in Genf, vor dem versammelten Völkerbund vorweg den Verzicht auf die Zollunion zu erklären. Diesmal fiel es einem Staatsmann nationaler Herkunft zu, diesen für ihn fatalen Verzicht auszusprechen.
In Berlin hatte man damals beim besten Willen nicht die Zeit und die Kraft, die Sache mit der Zollunion in der landesüblichen konsequenten Manier zu verfolgen. Noch einmal konnte von Hindenburg bei der Reichspräsidentenwahl 1932 dem Hitler den Rang ablaufen. Aber um welchen Preis! Es brachten nicht die Kreise die Entscheidung, denen von Hindenburg nach Herkunft und Anschauung besonders nahe stand. Vielmehr die Gruppen der politischen Mitte in Deutschland und jene, die unmittelbar daran nach links hin anschlossen. Kein Wunder, daß sich der greise Soldat an der Spitze einer solchen Gefolgschaft nicht wohl fühlte; daß er den Anlaß suchte, um zu bekunden, er stünde rechts und er denke

rechts; aber er denke nicht, die Ziehung nach halblinks, die sein Reichskanzler Brüning, wie man sagte, beabsichtige, mitzumachen. Diese Ansicht paßte allen jenen in den Kram, die aus unterschiedlichen Gründen den klerikalen Brüning weg haben wollten von der Spitze der Reichsregierung. Man hielt dazu dem Brüning seine Herkunft aus den christlichen Gewerkschaften vor, ja man verdächtigte ihn in Kreisen des Großgrundbesitzes, er denke bei seiner Siedlungspolitik an bolschewistische Methoden. Noch immer hoffte Brüning, die letzten hundert Meter zum Ziel zu schaffen und für eine gefestigte Innen- und Außenpolitik endlich festen Boden unter die Füße zu bekommen. Am 12. Mai konnte er im Reichstag eine Mehrheit für seine Sache versammeln. Dies allerdings nicht mit Hilfe jener Kreise, auf die von Hindenburg zählte, und also sollte Brüning die letzten hundert Meter nicht mehr laufen. Als er wußte, daß er gehen sollte, meldete er sich beim Reichspräsidenten zur Audienz an.

Am 30. Mai eines jeden Jahres feierte man in der Weimarer Republik den Skagerraktag, den Tag der Erinnerung an die 1916 von der kaiserlichen Marine ausgetragene Seeschlacht am Skagerrak. An diesem Erinnerungstag stellte in Berlin nicht, wie üblich, das Heer, sondern die Marine die Wache mit Musik. Viele Menschen umstanden das Palais des Reichspräsidenten, um Zeuge zu sein, wie dieser, der Oberste Befehlshaber der Reichswehr, um Punkt 12 Uhr in das Portal trat, um die Ehrenbezeigung der Wache entgegenzunehmen. Ganze fünf Minuten vor diesem unaufschiebbaren und spektakulären Akt, sollte der Reichskanzler beim Präsidenten in Audienz erscheinen. Brüning sah auf die Uhr, als man ihn um 11 Uhr 54 mit etwas steifer Höflichkeit in den Arbeitssalon des Reichspräsidenten bat. Als sich der Reichskanzler anschickte, seinen Rücktritt zu erklären, schwoll, von der Hohenzollernstraße her, der Lärm der Militärmusik dermaßen an, daß man glaubte, man könne sein eigenes Wort nicht verstehen.

Indessen sprach von Hindenburg mit einer an Gefechtslärm gewohnten Stimme und für Brüning vernehmbar:

»Ich muß Sie wegen meines Namens und meiner Ehre entlassen!«

Der Lärm tobte weiter, aber der greise Feldmarschall ließ sich nicht stören, dazu noch zu bemerken: »Darf ich Sie noch einmal beim Portepee fassen, daß Sie das Außenministerium übernehmen?« Schon klopfte man an die Tür des Salons, um den Obersten Befehlshaber an seinen Dienst um Punkt 12 Uhr zu erinnern. Und also hat der greise Feldmarschall gewiß in dem herrschenden Lärm nicht alles verstanden, was in einer Stunde wie dieser der gewesene Infanteriehauptmann und Führer eines Elitekampfverbands im Weltkrieg sagte. Nachdem letzterer quasi als Schädling des guten Namens und der Ehre des Staatsoberhauptes dastand. Kurz gesagt, Brüning dankte für die ihm neuerdings zugedachte Verwendung und ging. Ein Band zerriß, und es hat nicht einmal drei und eine halbe Minute gedauert, bis diese Szene vorbei und der Hitler um ein mächtiges Stück weiter auf dem Weg zur Macht war.

Lausanne 1932. Wie durch einen seltsamen Zufall wurde mit dem Namen dieser Stadt noch einmal, ehe der Hitler an die Macht kam, das Schicksal des Reiches mit dem Österreichs verknüpft. Lausanne hieß für das Reich: Nahes Ende der Reparationen, die neun Jahre zuvor mit dem Ruhreinbruch ihren fatalen Höhepunkt erreichten, in Sicht. Für Österreich: Wiederholung der harten innenpolitischen Auseinandersetzungen des Jahres 1922 als Folgen der wirtschaftlichen Notwendigkeit, den Völkerbund um finanzielle Hilfe anzugehen und dabei wieder auf den Anschluß zu verzichten. In Österreich gehörten 1932 die Großdeutschen, im Gegensatz zur Lage im Jahr 1922, nicht der Regierungskoalition an. In die Opposition gedrängt und in vielem Vorhut des jetzt mit aller Wucht ins Land drängenden Nationalsozialismus, trommelten sie und agitierten sie völlig ungezügelt gegen die Regierung. Obwohl innerhalb der eigenen Partei die Vertreter der Wirtschaft bangten, die Regierung würde weich werden und den Anleihevertrag nicht durchbringen. Im Moment wurde für die Großdeutschen sowie für die Nationalsozialisten der Bundeskanzler Dollfuß die Verkörperung der nationalen Schande, die mit dem fraglichen Verzicht auf den Anschluß in den Augen der Öffentlichkeit verbunden wurde. Nun saßen die Abgeordneten des SDAP schon das zwölfte Jahr auf den Bänken der Opposition und es war, als würden sie davon nicht wegkommen. Der in Westeuropa aufkommende Linkstrend, nämlich die von den Kommunisten angeregte Volksfront, brach sich am Rhein und an den Alpen. Lausanne wurde im Moment, da in Österreich die Arbeitslosigkeit aufs höchste stieg und doch ein Ende der Weltwirtschaftskrise in Sicht war, für die SDAP eine nicht so bald wiederkommende Chance, die Regierung zu stürzen und selbst an die Regierung zu kommen.

Es war eine Zeit, in der die vielen Arbeitslosen und Ausgesteuerten nicht auf die Medikamenteverschreibung der Regierung hörten, als vielmehr auf jene, die ihnen auf Ehre versicherten: »Ist erst der Dollfuß weg, dann bekommst du wieder Arbeit.« Und so redeten die Sprecher der SDAP wie die der NSDAP.

Unter ungeheurem Theaterdonner ging im Sommer 1932 die Parlamentsdebatte wegen Lausanne über die Bühne. Nach einer Serie unvorhersehbarer Zufälligkeiten brachte schließlich die Regierung ihr Vorhaben mit der Mehrheit von einer einzigen Stimme durch. Im Moment der Abstimmung versäumten allerdings die Oppositionsparteien, wohl bewußt, die Chance, auch als Minorität die Annahme zu torpedieren. Denn die Regierung hatte bloß 82 Abgeordnete für sich, also um einen zu wenig, um der Vorschrift, es müßten bei der Abstimmung mehr als die Hälfte der insgesamt 165 Abgeordneten mitstimmen, sohin 83, Genüge zu tun. Hätten also die Abgeordneten der Opposition vor der Abstimmung insgesamt den Saal verlassen, dann wäre an dieser letzten Klippe das Experiment der Regierung gescheitert. Dazu aber bestand für die Opposition kein Anlaß mehr. Lausanne blieb für immer für die Parteigänger des SDAP und der NSDAP der unauslöschliche Makel des Dollfuß. Mehr daraus zu machen, hätte den Geldstrom verhindert, auf den die Geld- und Wirtschaftsinstitute, die der SDAP und den Großdeutschen nahestanden, ebenso warteten, wie der Rest der österreichischen Wirtschaft, die buchstäblich im letzten Moment vor einem Zusammenbruch mit allen politischen Folgen bewahrt blieb.

Aber: Ohne Lausanne kein 4. März 1933, kein 13. März 1938.

Noch ein anderer Riß entstand in der Tiefe. Während schon die Dämmerung über das System der Zwanziger Jahre in Österreich fiel, wurden im Lager der jungen katholischen Intellektuellen seltsame Stimmen laut. Sie zeigten keine Bestürzung wegen des sichtbaren Einsturzes der wirtschaftlichen, politischen und kulturellen Ordnung. Im Gegenteil. Die jungen Menschen setzten ihre Hoffnung auf den Zusammenbruch, der notwendig zu sein schien, um eine Neue Welt heranzwingen zu können. Erneuerung, in vielem so etwas wie eine Revolution, war ein Schlagwort der Stunde, das in vielen Lagern warb. Nicht erst lange an dem, was ohnedies unterging, herumdoktern; sich etwas anderes einfallen lassen und etwas tun. Nicht vielen fiel etwas ein, aber viele taten etwas, manchmal zuviel.

Die erwähnte katholische Erneuerungsbewegung fand nicht viel Sympathie für den Dollfuß. Man schielte nicht, man schaute frei ins Reich und übersah nicht den Hitler. Nicht alles am Nationalsozialismus konnte den jungen Katholiken gefallen. Aber – würde es nicht besser werden mit dieser Erneuerungsbewegung, wenn Katholiken mitmachen würden, anstatt – wie der Dollfuß – dagegen aufzutreten? Um diese Zeit machte sich der Dollfuß auf, um in Essen den dortigen Deutschen Katholikentag 1932 zu besuchen. Hier sah er an der Oberfläche den Riß, den er daheim instinktiv in der Tiefe vermutete.

1932, das Jahr, in dem zwei Reichstagswahlen und die Wahl des Reichspräsidenten, alles unter dem Druck des letzten Ansturms des Hitler an die Macht, eine unvorstellbare Hektik des Politischen erzeugten. In Essen sollte der gewesene Reichskanzler Brüning zu den Katholiken sprechen. Ebenso kündigte auch Brünings früherer Gesinnungsfreund, der jetzt amtierende Reichskanzler von Papen, ein halbes Jahr nachher Vizekanzler des Hitler, sein Kommen an. Aus verständlichen Gründen ging Brüning dieser Konfrontation vor den Katholiken Deutschlands aus dem Weg. Und Herr von Papen sah sich dadurch pressiert, blieb also ebenfalls aus. So kam es, daß der kleine Kanzler aus Österreich der einzige Kanzler war, der in Essen zugegen war. Er überbrachte eine Einladung, deren Folgen noch niemand ahnen konnte:

Im September 1933 wiederholte sich zum 250. Mal der Jahrestag der Befreiung Wiens von der Türkenbelagerung 1683. Damals endete einer der wuchtigen Stöße aus dem Osten gegen die Mitte. An diesem Jahrestag sollte, so der Dollfuß, in Wien der Allgemeine Deutsche Katholikentag stattfinden. Einladen mußten formell die Bischöfe, aber der Dollfuß warb für dieses Treffen von Deutschen aus aller Welt. Denn er war ihrer Gemeinschaft nach Herkunft und Anschauung zutiefst verbunden.

Der 31. Dezember 1932 war ein Samstag, ein Sonnabend, wie man in Berlin sagt. Die Berliner Ausgabe des VB schrieb unter diesem Datum: Not friert aus erkalteten Öfen und aus leeren Augen starrt hoffnungslos die Sorge vor Kommendem in das graue Morgen. Aber nicht alle sahen so trüb in den Tag wie der Leitartikler des VB. Für jene, die in der Silvesternacht feiern wollten, offerierten die erstklassigen Häuser am Ort ein Festessen für RM 16 netto pro Gedeck. So der Kaiserhof, wo auch der Hitler residierte, der Fürstenhof, das Bristol, Adlon, Eden, Esplanade. Überall Souper und Tanz. Damit auch die Besucher des Kurfürstendamm-Theaters nicht um Speis' und Tanz kamen, setzte man dort den Beginn des sehr sozialkritischen Stückes vom Aufstieg und Fall der Stadt Mahagonny etwas früher an. So konnten die Besucher nach gehörigem Empfinden der Unhaltbarkeit einer bestehenden Gesellschaftsordnung anschließend modo capitalistico dinieren und tanzen. Wer sich einen solch krassen Umschwung nicht zutraute, ging gleich lieber ins Große Schauspielhaus, wo man »Ball im Savoy« gab. Mit Gitta Alpar, Rosy Barsony und Viktor de Kowa, inszeniert von dem Österreicher Alfred Roller. Roller, unter dem vor vielen Jahren der Hitler an die Wiener Akademie für angewandte Kunst wollte. Die Alpar, Star für Millionen, wird in naher Zukunft, über Grenzen hastend, von den meisten Mitgliedern des Ensembles besagten Schauspielhauses vergessen sein, wenn diese erst einmal das Mäzenatentum des Hitler genießen werden.

An den windigen Frontabschnitten des politischen Kampfes um die Reichshauptstadt gab es zum Jahreswechsel die gewohnten Feindberührungen. Im Nordosten, in der Landwehrstraße, gerieten Kommunisten und Nationalsozialisten aneinander. Einige Verwundete kamen mit Messerstichen ins Spital, andere ließen sich lieber bei ihrem Haufen verarzten. Als geschossen wurde, kam die Polizei. Der Kampf flaute ab und brach um Mitternacht wieder aus. Die Polizei kam nicht zur Ruhe.

Der Gauleiter der NSDAP Berlin, Reichspropagandaleiter Joseph Goebbels, weilte nicht in seiner Stadt. Er war Gast des Hitler auf dem Obersalzberg. Goebbels schrieb nachher in sein Tagebuch, wie sehr ihn die Unbedingtheit des Führers imponiert hätte, mit der dieser Defaitisten und Versöhnler in den eigenen Reihen zurückwies. Dann lieber Kampf bis zur letzten Entscheidung. Auch wenn die letzte Reichstagswahl des Jahres 1932 schon einen Rückschlag für die Hitlerbewegung gebracht hatte und die Partei kein Geld in den Banken hatte. Geld war in Sicht. In Sicht war auch, vom Obersalzberg betrachtet, das Land jenseits der Grenze. Als um Mitternacht die Kirchenglocken im Land läuteten, ging man vors Haus. Der Goebbel wies nach Osten und sagte:
»Und drüben liegt Österreich.«
Der Hitler sagte nichts, aber der Goebbels gratulierte:
»Ich wünsche Ihnen die Macht!«

Das Jahr 1933 war noch sehr jung, da fuhr ein junger österreichischer Politiker, einer, der für sein Ministeramt ganz außergewöhnlich jung war, nach Berlin. Er war Justizminister und noch waren die Begegnungen der Justizminister aus dem Reich und aus Österreich Routinesache, zumal die gemeinsam verfolgte Strafrechtsreform, die dann vierzig Jahre versackte, endlich ihr sachliches Substrat bekommen hatte.

Vom Reichspräsidenten von Hindenburg empfangen zu werden, war für den Österreicher, Tornisterkind, selbst Offizier im Weltkrieg und voll Achtung vor dem greisen Feldmarschall, eine Freude und Ehre. Der von Hindenburg redete zumeist so, wie Marschälle überall in der Welt mit Leutnants reden: Wo der Österreicher gestanden hat. Wo er an der Front war. Und welche gemeinsamen Anlässe es aus dieser Zeit wohl gab.

Für den Österreicher war es ein seltsames Erlebnis, den Mann zu sprechen, der in seinen Kindestagen noch mit einem Preußen sprechen konnte, welcher in seiner Kindheit vom Alten Fritz angesprochen wurde. Welch' erlebte Tradition.

Nicht überall, schien es indessen dem Österreicher, stand es so gut um Preußen und das Reich. Der amtierende Reichskanzler General Kurt von Schleicher, er stand einmal, so wie der von Hindenburg, beim Dritten Garderegiment zu Fuß, schien nicht zu ahnen, daß das Schicksal schon jenes unsichtbare Kreuz der dem nahen Tod Bestimmten gezeichnet hatte. Der Hitler war für den Herrn von Schleicher passé. Auf jene Plattform, auf welcher der Reichskanzler alle – von den Gewerkschaften bis zur Reichswehr – versammeln wollte, würde der Hitler nie hinaufkommen.

Noch wohnte im Palais des Reichskanzlers der Vorgänger des Herrn von Schleicher, Herr von Papen, seit seinem Rencontre mit Brüning nicht unumstritten in katholischen Kreisen. An dessen Wohnungstür vorbeizugehen, wäre für den jungen Österreicher schlechtes Benehmen gewesen. Und Herr von Papen erwies sich charmant. Er sprach, so wie Reichsdeutsche gerne Konversation machen, die an der Sache vorbei geht, von schönen Erinnerungen an Österreich: Vom Land und von alten Freunden, die nicht immer weiterhin seine Freunde waren. Kein Wort von dem, was Herr von Papen zusammen mit dem Hitler zu tentieren bereit war.

Blieb nur mehr der Besuch des Österreichers beim Außenminister, Herrn von Neurath. Kein Wort über den Horizont, hinter dem schon die Existenz des Herrn von Neurath als langjähriger Außenminister des Hitler lag und die lebensgefährliche Entsendung als Reichsprotektor nach Böhmen und Mähren. Momentan ging dem Außenminister bloß ein österreichischer Gesandter in Berlin ab. Dieser Posten war vakant.

In den Büros und Arbeitssalons war alles wohltemperiert. Niemand schien den Wintersturm zu ahnen, der in zwei Wochen das alles hier hinwegfegen wird. In die Hand des Hitler.

Von Berlin reiste der junge Österreicher nach Köln. Eine katholische Gelehrtengesellschaft hatte ihn zu einem Vortrag: Österreich und das Reich, eingeladen. Dem Österreicher kam vor, als würden seine Zuhörer in Köln und andere Kreise des rheinländischen Katholizismus keineswegs so zugeknöpft sein wie die Offiziellen in Berlin. Vielleicht sprach man in Berlin, im Hause des zum Henkertod Bestimmten, nicht gerne über den Strick. In Köln mochte besagtes Ding vielen jungen Katholiken kein Strick zu sein. Eher ein tauglicher Halt für jenes Reich, das sie unmittelbar vor Augen hatten. Während der Österreicher im historischen und nicht eben im aktuellpolitischen Sinn vom Reich sprach. Übrigens: Der Österreicher hieß Kurt von Schuschnigg. In Österreich war ihm der Gebrauch des Wörtchens »von« seit 1919 von gesetzeswegen verboten. Der von Hindenburg berief am 30. März 1933 in buchstabengetreuer Erfüllung der Weimarer Verfassung von 1919 seinen Böhmischen Gefreiten, den Hitler, zum Reichskanzler.

In Österreich gingen die Uhren anders. In der SDAP sah man, wie im Reich die bürgerlichen Parteien vor dem Hitler umfielen wie alte Gartenmauern. Viel mehr Widerstand trauten sie in Österreich der schon wackligen Christlichsozialen Partei angesichts des hereinbrechenden Hitlerismus auch nicht zu. War es nicht besser, den Dollfuß zum Stolpern, womöglich zu Fall zu bringen und selbst an die Spitze zu treten? Der 1. März 1933 lieferte dazu einen Anlaß. Die Eisenbahnbediensteten waren es leid, wegen der miesen Kassenlage der Bundesbahnen ihre Bezüge auf Raten und unregelmäßig zu bekommen. Also inszenierten die den Oppositionsparteien nahestehenden Gewerkschaften der Bahnbediensteten einen Streik. Nachher ging die Generaldirektion der Bundesbahnen wegen gewisser Exzesse gegen Streikende vor. Dem Dollfuß war die Weiterung nicht recht und er brachte den Arbeiterführer aus der Luegerzeit, Leopold Kunschak, dazu, einen Antrag zur Aplanierung des Falles im Nationalrat einzubringen. Die Opposition wollte aber eine mehraktige Inszenierung: Eine Sondersitzung des Nationalrates, dazu zwei dringliche Anfragen, abgesprochen zwischen der SDAP und den Großdeutschen. Bei der namentlichen Abstimmung über die Anfrage der Großdeutschen gerieten die Regierungsparteien mit einer Stimme in die Minderheit. Nachher ergab es sich,

daß die oppositionelle Mehrheit um eine Stimme nur dadurch zustande gekommen war, daß sich in der Wahlurne gleich zwei auf den Namen desselben SDAP-Abgeordneten lautende Stimmzettel befanden. Der Vorsitzende, der Doktor Renner, meinte, das mache nichts. Und die Opposition war sich einig, die Abstimmung wäre gültig. Adolf Schärf, zwanzig Jahre nachher Vizekanzler und später Bundespräsident, sah als Klubsekretär der SDAP den ganzen Vorgang. Ihm war sofort klar, was kommen mußte, wenn zuletzt die fragliche Abstimmung doch zu wiederholen war. In diesem Moment wurde er in die Couloirs gebeten. Er traf dort Herren der Parteiexekutive der SDAP, also des höchsten Exekutivorgans der Partei, nicht des Parlamentsklubs. Die Herren schienen besorgt bei der Aussicht, es könnte sich bei einer wiederholten Kampfabstimmung doch der eine oder andere großdeutsche Abgeordnete scheuen, namentlich aufgerufen, mit den Roten zu gehen. Sie trugen also dem Doktor Schärf auf, zum Doktor Renner zu gehen, ihn zur Demission als Erster Präsident zu veranlassen und ihm zu sagen, er möge bei der nächsten Abstimmung von seinem Abgeordnetensitz aus mitstimmen. Denn während der Leitung der Verhandlungen besaß der am Präsidium des Hohen Hauses kein Stimmrecht. Diese Fatalität sollte nach der Demission des Doktor Renner dem Zweiten Präsidenten, einen Christlichsozialen, treffen. Der würde dann sein Stimmrecht einbüßen und per saldo könnte die SDAP die gegen die Regierung gerichtete Mehrheit mit zwei Stimmen wattieren. Der Gedanke war nicht so kalt. Aber der Doktor Schärf verlangte, so wie bei einer undurchsichtigen Lage im Feld, die schriftliche Ausfertigung des ihm erteilten Auftrags. Das geschah, der Doktor Schärf gab den Zettel dem Doktor Renner und dieser rückte ohne ein Wort zu sagen ein auf die Bänke der Opposition.
Nun waren die Christlichsozialen nicht so dumm, in diese Falle zu laufen. Sie zogen ihren Zweiten Präsidenten zurück. Und der also berufene Dritte Präsident, ein Großdeutscher, beeilte sich, das ihm so zugefallene Amt ebenso rasch abzugeben, weil er nicht daran dachte, seine Stimme dem Dollfuß zum Opfer zu bringen. Und so

hat sich in Österreich das Parlament durch eine schäbige Manipulation selbst ausgeschaltet. Ohne diesen 4. März 1933 kein März 1938, schrieb später der Vizekanzler und Bundespräsident Adolf Schärf.

Als das Kabinett Dollfuß drei Tage nachher, am 7. März 1933, zusammentrat, klang in den Verhandlungen eher die Sorge wegen der Folgen auf, die sich nach der Machtergreifung des Hitler im Reich für Österreich ergaben. Das kalkulierte Risiko einer Neuwahl des am 4. März 1933 seiner Selbstausschaltung zum Opfer gefallenen Nationalrats wurde immer deutlicher, je mehr sich im Reich eines zeigte: Für Hitler wurde die parlamentarische Demokratie nicht ein Hemmnis seiner Diktaturabsichten; vielmehr ein Stab, so wie der, mit dem sich ein Stabhochspringer über die hohe Latte schwingt. Eins kam zum anderen:

Im Reich fielen die bisher vorwiegend links gesteuerten Gewerkschaften ab, um eine gewisse Ziehung machen zu können, die ihnen scheinbar vom Hitler aufgezeigt wurde. Und schon am 17. Mai 1933 stimmte ein Großteil der Reichstagsfraktion der SPD, welche noch bei der Abstimmung über das Ermächtigungsgesetz des Hitler mit großer Entschiedenheit und als einzige dagegengestimmt hatte, für eine Friedensresolution, praktisch für das Konzept der Außenpolitik des Hitler. Nein, die SPD lief nicht über, aber sie zerfiel. In jene, die nicht mehr zur fraglichen Abstimmung kamen, in jene, die sich der Stimme enthielten, und in jene, die bei der neuen Form des Parlamentarismus nicht mitmachen konnten, weil man über sie eine Schutzhaft verhängt hat.

Niemand konnte unter diesen Umständen mit Sicherheit voraussagen, wie sich in Österreich ein parlamentarischer Endkampf gegen den Hitler gestalten würde und wie lange man überdauern sollte, bis im Reich der Hitler abgewirtschaftet haben wird, was irrtümlicherweise für sehr bald vorausgesagt wurde, vor allem in Kreisen des SDAP.

Da sprachen die Großdeutschen ein klares Wort: Am 15. Mai 1933 gingen sie in Linz ein Arbeitsabkommen mit der NSDAP ein, mit dem praktisch der Abfluß der Parteimitglieder zur NSDAP geordnet und der gemeinsame Kampf gegen den Dollfuß eröffnet wurde. Mehr Ursache zur Skepsis gab in Regierungskreisen das Verhalten der Bischöfe im Reich. Schon am 23. März 1933 ließen sie auf ihrer Konferenz in Fulda alle ihre bisherigen Warnungen und Vorbehalte gegenüber dem Nationalsozialismus fallen. Vorbehalte und Verbote, die in Österreich die katholischen Bischöfe noch bis 1938 aufrecht hielten. Der gleichgeschaltete CV im Reich verlangte, daß in Österreich Engelbert Dollfuß von seiner Verbindung wegen seiner Reichsfeindlichkeit ausgeschlossen werde. Die Österreicher lehnten das ab, schalteten sich vom Verband ab und also zerbrach die Gemeinschaft des größten Verbandes deutscher Studenten, der bisher im Reich, in Österreich, in der Schweiz, in der ČSR und in Rumänien bestanden hat.

Aber noch immer stand in den Programmen aller im Nationalrat vertretenen politischen Parteien der Anschluß Österreichs an das Reich als Programmpunkt.

Nicht wegen der Anschlußfrage, sondern wegen der um sich greifenden Terroranschläge von Nationalsozialisten verbot die Regierung Dollfuß die SA und die NSDAP. Damit aber wurde diese Auseinandersetzung in den Untergrund getrieben und bis zu einer Härte des Kampfes geschürt, dem Dollfuß selbst zum Opfer fallen sollte. Schon vorher erfolgte ein Verbot des Wehrverbands der SDAP, des Republikanischen Schutzbunds. Der Rückgriff der Regierung auf das Monopol des Waffengebrauchs machte den Bürgerkrieg eklatant. Denn die »Illegalen«, wie man die Bewaffneten der Linken wie der Rechten nannte, schossen zurück.

Unaufhaltsam rückte der Termin des nach Wien einberufenen Allgemeinen Deutschen Katholikentags näher. Das Wort »allgemein« fiel weg, nachdem der Hitler Ausreisenden nach Österreich eine Gebühr von Tausend Mark vorschrieb und dadurch die Tausendmark-Sperre über den Fremdenverkehr in Österreich für Reichsdeutsche verhängte. Von der Eigenschaft »deutsch« wollte der Dollfuß nicht abgehen, obwohl gerade die Feier des Katholikentags in Wien 1933 jene gefährliche Einsamkeit aufzeigte, in die das Land nach dem Konflikt mit dem Hitler gekommen war. Zwar kamen aus Ländern, die 1683 Hilfstruppen im Kampf gegen die Türken gestellt hatten, die katholischen Bischöfe. Die Staatspolitik Polens, Jugoslawiens, Ungarns schwenkte aber mehr und mehr ab von jedem Kurs, der ein Kollisionskurs mit dem Hitler geworden wäre. Und aus Prag klang noch immer stereotyp die Parole Eduard Beneš: »Lieber Hitler als Habsburg!«

Der Dollfuß dachte im Herbst 1933, als er schon von allen Antiklerikalen aller politischer Richtungen als Träger eines »Kleriko-Faschismus« verschrien war, weder daran, vor dem Hitler zu kapitulieren, noch die Habsburger zurückzurufen. Er mußte Farbe bekennen.

Am 11. September 1933 zog der Dollfuß zum ersten Mal seit 1918 wieder Uniform an. Es war eine Zeit gekommen, in der man rechts wie links den Typ des politischen Soldaten bejahte, des Engagierten, der nicht nur mit dem Stimmzettel kämpft, sondern in letzter Konsequenz mit der Waffe in einem paramilitärischen Verband Gleichgesinnter. Politiker traten in Versammlungen in der Uniform ihres Wehrverbands auf. Die Jungen, die nicht mehr der Frontgeneration angehörten, machten mit in den Wehrverbänden. Man trug Uniform.

Otto von Bismarck trug auch im zivilen Dienst meistens Uniform. Und sein Vis-à-vis auf dem Berliner Kongreß, der K.u.K. Minister des Kaiserlichen Hauses und des Äußeren Gyula Graf Andrassy trug auch die Uniform der Kaiserlichen, gegen die er 1849 als Honvedoffizier gekämpft hat. Nach dem Krieg war es Gustav Stresemann, der das Vorbild für ein Zivil des Demokraten gab: der sogenannte Stresemann, Gesellschaftsanzug für den Tag, bestehend aus einem schwarzen oder marengofarbenem Sakko und einer gestreiften Hose ohne die üblichen Umschläge.

Ignaz Seipel trug, wie alle Priester, die im demokratischen Zeitalter einem Parlament angehörten, die für zivile Anlässe vorgeschriebene klerikale Tracht. Er dachte nicht daran, mit dieser Tracht zu provozieren, so wie in seinem Fall ein bürgerliches Zivil andererseits ein Verbergen seiner priesterlichen Existenz im Politischen gewesen wäre. Denn, gewollt oder ungewollt, haben alle hier Genannten mit ihrem Anzug eine bestimmte Idee präsent gemacht.

Auch der Student Engelbert Dollfuß trug im vorletzten Studienjahr vor dem Krieg als Alumne die klerikale Tracht. Nachher wollte er lieber ein einigermaßen guter Jurist werden als ein schlechter Geistlicher. Er zog die Soutane sehr zum Ärger seiner Angehörigen aus. Da war es der Krieg, der dem Dollfuß wieder Form und Uniform gab. Leider maß der studiosus Dollfuß nur einen Meter und einundfünfzig Zentimeter. Nicht einmal so viel, daß man ihn in Friedenszeiten als Schneider zur Landwehr genommen hätte. Im Krieg wurde das anders und schon im Frühjahr 1915 konnte er sich bei seiner Wiener Kostfrau melden als: »Seiner Majestät kleinster Kadett«.

Kadett, dann Leutnant, Oberleutnant bei Tiroler Landesschützen, später Kaiserschützen. Siebenunddreißig Monate Frontdienst. Wenig Urlaub. Fast alle Auszeichnungen vom Militärverdienstkreuz bis zu den Tapferkeitsauszeichnungen der Mannschaft. So wie Brüning im Westen, MGK-Kommandante an der Front in Tirol.

Im Herbst 1933 gehörte der Dollfuß keinem der Wehrverbände der Regierung an. Insbesondere nicht der Heimwehr, die sich auf den Spielhahnstoß an der Kappe oder am Hut etwas zugute hielt. Diesen Hahnenstoß trug auch der Dollfuß durchaus rechtens, als er am 11. September 1933 wieder seine Offiziersuniform anlegte. In Uniform wog er schon mehr als mancher hohe Funktionär eines Wehrverbands, der vielleicht aus dem Krieg nur die Auszeichnung eines Rechnungsführer-Unteroffiziers heimgebracht hat, jetzt aber damit paradierte. Oder überhaupt keine Kriegsauszeichnungen besaß, wie die Führer der Heimwehr Richard Steidle – Apotheker im Krieg wie Georg Trakl – und Walter Pfrimer. Im übrigen mußte sich der Dollfuß gehörig recken, um am 11. September 1933 bei seiner Ansprache an die auf den Wiener Trabrennplatz gekommenen Massen ins Bild zu kommen.

Für die Illegalen war der kleine Mann längst der verachtete Milli-Metternich. Sie konnten und wollten nicht sehen, daß der kleine Mann ein Symbol der Résistance in Österreich war, einsam in jener

Lichtung stehend, in der ihm die großen Demokratien des Westens angesichts ihrer anfänglichen Sympathien für den Hitler so ziemlich im Stich ließen. Die Existenz zwischen dem Block des Nationalsozialismus und des Faschismus sowie dem Block des Marxismus und des Linksliberalismus bestand er an einem gefährlichen Kreuzungspunkt der sich damals tausendfach kreuzenden politischen Strömungen in Europa.

Im Mai 1933 hat der kleine Mann zum ersten Mal von seiner Front gesprochen:
»Die einen Marxisten, die anderen braune Sozialisten und beide stehen gegen die dritte Gruppe – die österreichische Front.«
Die österreichische, die vaterländische Front. Keine Partei, vor allem nicht Nachfolgerin der Christlichsozialen Volkspartei, sollte sie sein, was man in Frankreich ein nationales Rassemblement nennt. Ein Wieder-zusammenbringen nach der Zerstreuung. Als Symbol das Krukenkreuz oder, im Knopfloch des Zivilanzugs zu tragen, ein rot-weiß-rotes Band. Kein Wehrverband. Bei allem Bewußtsein des Fronterlebnisses im Krieg, kein Militarismus im Politischen. Der kleine Mann wollte die Revolution von 1918 weder retten noch zuende führen, sondern in der geschichtlichen Gewordenheit Österreichs fortfahren. Und also sprach er am 11. September 1933 zuerst vom deutschen Volkstum und vom Christentum in einem Land, das einmal das Katholische Österreich hieß.

Wer so redete, sammelte damit gleich drei Absagen ein: Von den Antiklerikalen aller Richtungen, von den Marxisten aller Richtungen und von den Nationalsozialisten. Und dann kassierte der kleine Mann gleich zwei weitere, gefährliche Absagen, indem er Kritik am Kapitalismus sowie am Größenwahn in der Technik übte.

Erst dann folgte die Auseinandersetzung mit dem Geschehen, das der Doktor Renner am 4. März 1933 ausgelöst hat. Der kleine Mann war nicht für einen Parlamentarismus zu haben, in dem der krasse Parteiismus diktiert und der Präsident des Hohen Hauses um einer einzigen Abstimmung willen das zweithöchste Amt im Staat wegwirft, um zu seiner Partei einzurücken. Nachher: keine ideologischen Auslassungen. Sondern: Kampf um die Währung, die längst noch nicht der spätere legendäre Alpendollar war. Ordnung im

Staatshaushalt. Neue, bessere Handelsbeziehungen in einer langsam erstarkenden Weltwirtschaft. Kampf der Arbeitslosigkeit, die im bevorstehenden Winter ihren höchsten Stand in Österreich erreichen sollte. Partnerschaft in den Ständen anstatt des Klassenkampfes. Und effektive Methoden der Sozialpolitik. Und dann eine Salve:
»Die Zeit des kapitalistischen Systems ist vorüber, die Zeit kapitalistisch-liberalistischer Wirtschaftsordnung ist vorüber, die Zeit materialistisch-marxistischer Volksverführung ist vorbei.«
Berufsauffassung und Menschenwürde als Grundlage des Ständischen Aufbaus.
Und immer wieder: Österreich ist und bleibt deutsch, wir bleiben deutsche Österreicher vor aller Welt. Aber wir haben ein Haus, das unsere Sache ist, unser Recht, unsere Ehre. Manchmal klang die Stimme des kleinen Mannes wie das Stakkato eines MG-Feuers oder sie schlug über:
»Österreich erwache!«
Dazu: Überwindung des Parteienstaates durch die Vaterländische Front. Die VF, »vollkommen fertig« deuteten die Illegalen diese Abkürzung, war dem kleinen Mann:
»Eine Tat für Deutschland.«
Für ein Deutschland nach Hitler. War die Frontbreite genügend? Und wie breit konnte sie überhaupt sein, eingekeilt zwischen Marxismus und Nationalsozialismus? Viele Aufgaben. Zu viele Aufgaben. Aufgaben, die nicht in Wochen, sondern vielleicht in einer Generation bewältigt werden konnten. Probleme, die ein halbes Jahrhundert nachher noch anstehen sollten. Wieviel Zeit ließen dem kleinen Mann das Schicksal und die Pläne seiner Gegner? Im nächsten Jahr, um dieselbe Zeit wird der kleine Mann schon tot und begraben sein.

Wir Jungen hörten hinaus in eine wirre Zeit, in ein von Wirrnissen und Irrtümern erschüttertes Europa. Wir hörten leise Zustimmungen, oft nur hinter vorgehaltener Hand gesagt. Wenige verstanden, daß der kleine Mann wieder einmal ums Überleben Österreichs kämpfte. Aber wir hörten heftige Zurückweisungen seiner Ansichten. Natürlich bei jenen, denen der kleine Mann selbst in seiner Rede vom 11. September 1933 den Fehdehandschuh hingeworfen hatte. Und: Wie sollte dieser Klerikale, der aus einer christlichen Partei stammte, deren Gesinnungsfreunde im Reich mit dem Hitler gingen, Vertrauen finden? Vertrauen bei jenen, die auch dem Hitler nicht vertrauten, die aber bei dem Tanz, der jetzt anfing, gerne eine oder mehrere Runden mit dem Hitler tanzten.

Die Würfel waren gefallen. Man wird sich mit Tod und Teufel verbünden, um den kleinen Mann zu vernichten.

Der General legte den eben erhaltenen Brief beiseite. Er, im Krieg der Generalstabschef der legendären Isonzoarmee, nachher beim Aufbau des Heeres der Republik Österreich in Konflikte geraten und mit Groll aus dem Dienst geschieden, hatte ein Problem. Darüber wollte er mit Offizieren reden, weil er glaubte, es ginge alle an. Aber sein alter Freund und Kamerad, der gleichfalls pensionierte General Hugo Kerchnawe hat ihn in dürren Worten darauf aufmerksam gemacht und ihm geschrieben: »Die Offiziere wollen Dich nicht hören.« Worüber er, der pensionierte General Theodor Körner, seit 1919 nicht mehr Edler von Siegringen, in Offizierskreisen eine Diskussion anregen wollte, das war eine alte Geschichte. Momentan, 1924, lag sie schon sechsundsiebzig Jahre zurück. Allerdings war es ein Vorfall, der unter den Verhältnissen, in die nach 1918 das Offizierskorps der Kaiserlichen geraten war, grundsätzliche Bedeutung hatte. Handelte es sich doch um Prinzipien wie Fahneneid und Gehorsamspflicht des Soldaten im Konflikt mit der Idee des Volksaufstands. Die Geschichte war umstritten. Nach den Vorstellungen der bürgerlichen und sozialistischen Epigonen der Revolution von 1848 war es eine ergreifende Lesebuchgeschichte; in den Augen der Kaiserlichen nur der Versuch, das Ansehen der alten Armee in Verdacht zu bringen und es herabzusetzen.

So mochte es gewesen sein: In den Abendstunden des 13. März 1848, also bereits nach dem blutigen Zusammenstoß der Revolutionäre mit den Kaiserlichen in der Wiener Herrengasse, soll sich ein k.k. Oberfeuerwerker ausdrücklich geweigert haben, eine Kanone auf die Massen, die offenbar in die kaiserliche Burg eindringen wollten, abzufeuern. Besagter Unteroffizier hieß Johann Pollet, war Sohn einer hochachtbaren Familie in Prag, Absolvent der Philosophischen Fakultät und seither bei den Kaiserlichen. Nach dem angeblichen Vorfall im März 48 nahm er am Feldzug der Kaiserlichen gegen die ungarischen Aufständischen teil, wurde mit dem Militärverdienstkreuz ausgezeichnet, zum Offizier befördert, als der er auch noch 1859 am Feldzug in Italien teilnahm. Dann aber trat eine seelische Krankheit, die den Pollet längst quälte, so in Erscheinung, daß er den Dienst quittieren mußte, um in häuslicher Pflege zu bleiben. 1872 starb er, von Legenden umwittert, und wurde auf dem Wiener Evangelischen Friedhof begraben.

1872 wehte schon ein anderer Wind in Österreich. Der liberale Bürgermeister von Wien, der hochberühmte Kajetan Felder, nahm den Tod des Pollet zum Anlaß, um sich über dessen Tag im 48er Jahr berichten zu lassen. Denn jetzt hatten die Ereignisse endlich den Glanz, den ihnen das Gott sei Dank beseitigte reaktionäre System so lange versagen konnte. Ein Tatzeuge schrieb dem Bürgermeister, es könne von einer Gehorsamsverweigerung des Pollet am Abend des 13. März 1848 nicht die Rede sein. Im Tumult, der damals vor der Kaiserlichen Burg auf dem Michaelerplatz herrschte, sei der General, der die Kaiserlichen befehligte, an die Batterie, in der Pollet diente, herangeritten, um – angeblich besorgt – auszusprechen: »Wenn es hier so weiter geht, wird uns nichts anderes übrig bleiben, als zu schießen.«

Da hätte der Unteroffizier dem General zugerufen:
»Es stehen ja noch die Grenadiere vor uns.«

Ob nun der Pollet meinte, ehe die Artillerie feuere, sei es doch an der Infanteriebedeckung der Batterie, oder ob der General überhaupt einen Befehl zum Feuern gegeben hat, darüber blieb der Streit offen. Für den Körner war die Sache so, daß der Pollet seine Bürgerspflicht dem Volk gegenüber höher gestellt hat als die Gehorsamspflicht gemäß seinem Fahneneid. 1924 hat der Körner darüber nicht zu früheren Kameraden sprechen können, später, als Bürgermeister von Wien, hat er aber an einem Haus auf dem Michaelerplatz eine Gedenktafel anbringen lassen, die an die heroische Befehlsverweigerung des Pollet erinnert. Dagegen konnten die anderen nichts ausrichten, denn sie waren entweder längst gestorben oder gegenüber einem amtierenden Bürgermeister machtlos.

1924. Damals sind es schon zehn Jahre her gewesen, daß der Körner im Vierzehnerjahr als quartiermachender Generalstabsoffizier der in Bosnien gegen die Serben operierenden 5. k.u.k. Armee seine hervorragende Frontdienstleistung bei den Kaiserlichen begann: Und jetzt, 1924, war er nach einem Konflikt mit dem klerikalen Heeresminister aus dem Dienst geschieden, war er der SDAP beigetreten, deren Fraktion im Wiener Landtag ihn in den Bundesrat gewählt hat. Also war der Körner Parlamentarier und in der Lage, als Mitglied der Parlamentskommission für das Bundesheer dem von ihm mäßig geschätzten Heeresminister das Leben sauer zu machen. Noch mehr ist aber geschehen: Der gewesene k.u.k. Oberst, ehedem namentlich mit dem Prädikat von Siegringen versehen, wurde in die Zentralleitung des 1923 von der SDAP organisierten Republikanischen Schutzbundes, also der paramilitärischen Truppe der Linken in Österreich, berufen.

Der Brief des Kerchnawe hat dem Körner erst vollends den Konflikt aufgezeigt, in den er mit seiner Rochade nach links geraten war. Ein hochgebildeter Mensch, war der Körner im eigentlichen Sinn kein Politiker. Er konnte einfach nicht verstehen, warum ihn seine Kameraden, denen er nicht böse gesinnt war, deren Haltung der Republik gegenüber er aber offen mißbilligte, nun einfach schnitten. Ihm schien, als wäre er nach 1918 den Weg einer unausweichlichen Entwicklung konsequent zu Ende gegangen, anstatt Traditionen und Formen und Gefühlen anzuhängen, die er mehr und mehr abstreifte. Hatte ihm nicht schon 1919 der frühere Chef des Generalstabs der k.u.k. Armee, Conrad von Hötzendorf, geschrieben: »Man soll von der Vergangenheit am besten nicht mehr sprechen und Reflexionen vermeiden, die nichts mehr nützen. Sei versichert, daß ich aber umso mehr die tatkräftige Arbeit derjenigen jüngeren Kräfte würdige, die, so wie Du, für den Aufbau des Neuen sorgen, um dieses in eine dem Gesamtwohl nützliche Richtung zu bringen.«

Aber so leicht, wie es sich anfangs der Conrad dachte, läßt sich die Vergangenheit nicht bewältigen, besser vielleicht: überwältigen. Der Conrad selbst hat bald seine Reflexionen über den verlorenen Krieg angestellt und dabei nicht, wie nach 1866 der Benedek, dar-

über geschwiegen. Sondern angefangen, ein vielbändiges, umfangreiches Werk zu schreiben, das in der Öffentlichkeit sogleich heftige Auseinandersetzungen auslöste. Da wurde er wieder der alte Conrad, der einmal schrieb:
»Der klar entschlossene Mann wirft seine Persönlichkeit hinein in das wogende Meer des Lebens, unbekümmert, ob er durch eine hochgehende Welle emporgetragen oder durch einen tötenden Strudel in die Tiefe gezogen wird.«
Im Generalstabskorps des Conrad wurde auch der Körner erzogen. Und, war er auch um eine Spur weniger pathetisch im Ausdruck als sein Lehrer, so handelte er doch in der Krise nicht anders als dieser, wenn die Risiken des Lebens an ihn herankamen.

Der Körner hatte, als er zum Schutzbund der SDAP kam, bereits seine Erfahrungen im Umgang mit den Soldatenräten der zuerst bestandenen Volkswehr der Republik, aber auch mit den nach 1918 entstandenen Selbstschutzverbänden verschiedener Richtungen. Was die im Umsturz entstandene Volkswehr betraf, so zögerte er nicht, diesen Haufen direkt als eine Gefahr zu bezeichnen. Als Soldat konnte er nicht über die vorgesehene Vertragsverpflichtung hinwegsehen, die nach 1918 das von einem Sozialisten geleitete Heeresamt der Republik einem Volkswehrmann auferlegen sollte:
Gemäß diesem Vertrag erklärte sich der Volkswehrmann bereit, in die »proletarische Armee« einzutreten und für die »Soziale Revolution als Ziel und Zweck des Klassenkampfes«. Dazu gehörte aber auch die Überzeugung vom »Programm des Sozialismus« und der Wille, die »soziale Revolution ... unter allen Umständen zu verteidigen«.
Der Körner stand nicht an, derlei als einen Auszug aus den Verpflichtungen für die russische Rote Armee hinzustellen. Das war etwas ganz anderes als die Bürgerpflicht des Oberfeuerwerkers Pollet.
Da konnte der Körner nur in aller Offenheit warnen: Sollte die Volkswehr länger bestehen bleiben, würde sie zum Mittel des Klassenkampfes werden. Und er kritisierte diesen Haufen im Mai 1919

gegenüber dem Politruk, der ihm als »Leiter der Bildungsarbeit« beigegeben war:
»Weil sie sehr oft nicht demokratisch, sondern diktatorisch in Erscheinung tritt (Willkürlichkeiten, Requisitionen, Visitierungen, Privatexpropriationen usw.).«
Für den militärischen Fachmann Körner war es schmerzlich zu erfahren, daß Volkswehreinheiten, eingesetzt im Kärntner Abwehrkampf gegen die jugoslawischen Truppen, versagt haben sollen. Daß man in den Bundesländern von der Volkswehr, die zum allergrößten Teil in Wien kaserniert war, überhaupt nichts wissen wollte und froh war, derlei Kroppzeug nicht im Land stationiert zu haben. Körner erwiderte, »würde man in den Bundesländern für die neue Truppe werben, würde sich auch deren Charakter ändern«. Für den Klassenkampf war der Körner damals nicht zu haben. Er wollte »Zucht und Ordnung« in die Truppe bringen.
Dem von Körner gewünschten Bruch mit der Tradition des alten Heeres entsprach es, wenn er die Neuuniformierung des Heeres nach dem Muster der späteren Reichswehr betrieb. Überhaupt war der Körner bis 1938 ein entschiedener Vertreter der Politik des Anschlusses Österreichs an das Reich. Nicht selten hat er draußen im Reich, zumal beim »Reichsbanner« der SPD, in diesem Sinn gesprochen. Über allem aber steht das Verdienst Körners, bis zur Burgenlandkrise des Jahres 1921 ein Heer geschaffen zu haben, das bereits imstande war, einem von außen kommenden Feind entschieden entgegenzutreten.

In einer Ecke des Friedhofs der beliebten niederösterreichischen Sommerfrische Kirchschlag in der Buckligen Welt stößt der Besucher auf Soldatengräber. Hier sind keine Gefallenen des Ersten oder des Zweiten Weltkriegs beerdigt, sondern Angehörige des österreichischen Bundesheeres. Jenes Heeres, von dem man einmal eine Jugend in Österreich lehren wird, es wäre zu feig gewesen, gegen einen Feind von außen zu kämpfen, weil es nur zum Schießen auf Arbeiter und Arbeiterwohnungen gedrillt worden sei.
Im Gefecht bei Kirchschlag am 21. September 1921 ging es um den Besitz des Burgenlandes, des Gebiets, das die Sieger von 1918 nicht

ohne Absicht den Teilen der bestandenen österreichisch-ungarischen Monarchie – dem jetzigen Königreich Ungarn und der Republik Österreich – als Streitobjekt hinterlassen haben. Bei dem Versuch, die Österreicher bei ihrer Landnahme aus dem Burgenland zu vertreiben, war eine ungarische Truppe bei Kirchschlag über die niederösterreichische Grenze gekommen. Und so kämpften bei Kirchschlag an jenem Tag Offiziere, Unteroffiziere und Mannschaften, die noch unlängst in einer Front bei den Kaiserlichen gedient haben. Bei den Ungarn war ein Oberleutnant mit dem Militär-Maria-Theresienorden aus dem Weltkrieg dabei. Der fragliche klerikale Heeresminister ist einmal aktiver Offizier bei den Kaiserlichen gewesen; und der Oberst Körner war hüben und drüben als der Körner von der Iso, der Isonzoarmee, bekannt. Bei dem ersteren handelte es sich um den erwähnten klerikalen Heeresminister; er hat den ersten Einsatz des Bundesheeres in die Wege geleitet; der Körner leitete die Operation an oberster Stelle.

Das Bundesheer kostete das Gefecht bei Kirchschlag, sein erster Einsatz, sieben Tote und fünfzehn Verwundete. Ein Bundesheersoldat, der den Ungarn in die Hände fiel, wurde gehenkt, ein anderer erschossen. Nachher, bis zum 12. März 1938, sind nie mehr fremde Truppen über die österreichische Grenze gekommen.

In Österreich kommt es vor, daß die Opposition den Staat gegen dessen Regierung verteidigen zu müssen glaubt. So geschah es in der Ära Kaiser Franz Joseph, als oppositionelle Deutsche die einzige verfassungstreue Partei gegen die Regierung ins Feld stellte. Ähnlich ging es nach 1918 zu. Als die SDAP im Jahre 1920 im Wahlkampf gegen die Christlichsozialen unterlag, überließ sie der Siegerin unter anderem deswegen ungern die Regierung des Landes, weil sie den unausrottbaren Verdacht behielt, die »anderen« würden ihr »ihre« Republik wegnehmen und weiß Gott was draus machen. Da nun das Bundesheer dank Theodor Körner als Instrument des Klassenkampfes nicht mehr vorhanden war, fürchtete man in der SDAP ernstlich, dieses Heer würde gegen die Republik unter Anleitung der Bürgerlichen putschen, sie aber wäre machtlos.

Nun ist aber das österreichische Heer das einzige in Europa, das nie gegen die legale Ordnung im Staat geputscht hat. Dennoch wollten die Männer in der SDAP sicher gehen und also stellten sie zum Schutz »ihrer« Republik einen gut bewaffneten Wehrverband auf: den paramilitärischen Republikanischen Schutzbund. 1923, der Schutzbund war in Aufstellung begriffen und die 1918 entstandenen Heimatwehren schickten sich an, in größeren Verbänden zusammenzutreten, hat der Körner seinem klerikalen Minister gesagt: »Ich kann vor dem Treiben aller Soldatenvereinigungen, ohne Unterschied ihrer Einstellung, nicht genug warnen.«

Und ein Jahr später gehörte der Körner schon der Zentralleitung des Republikanischen Schutzbunds, also einer der ursprünglich von ihm abgelehnten Wehrverbände, an. Jetzt war er für den Schutzbund, verdächtigte er zuweilen jene Berufsoffiziere, die weiter im Bundesheer dienten, die bei keinem Wehrverband mitmachten, sondern nur die seltsame Rochade des Körner nach links nicht verstanden und deswegen mit heftigster Kritik nicht zurückhielten. Langsam wurde der tragische Fall Körner herausfordernd: »Es wird den Bürgerlichen nichts übrig bleiben, als mit dem Sozialismus zu rechnen.«

Mit dem Sozialismus in Österreich und seinem Schutzbund.

Mit dem Körner ging eine Wandlung vor sich. Aus dem stramm adjustierten Generalstabsoffizier, der sich, Ordensdekorationen am Mantel, seinem Kaiser gemeldet hat, wurde ein schwarz gekleideter alter Herr.

In den Reihen der SDAP und des Schutzbundes stieß der Körner auf einige ausgezeichnete ehemalige Offiziere der Kaiserlichen. Da war der frühere Reserveleutnant Otto Bauer, der sich schon im Oktober 1914 wegen seiner mutigen Führung einer Kompanie das damals seltener verliehene Militärverdienstkreuz erworben hat. Wegen seines Draufgängertums geriet Bauer in russische Gefangenschaft, aus der er 1917 heimkehrte, um nun auch noch die Schwerter zur Kriegsdekoration dieser Auszeichnung zu erhalten. Bauer ist 1934 zusammen mit Julius Deutsch an der Spitze des Aufstandes des Schutzbunds gegen die Regierung Dollfuß gestanden. Auch Deutsch, Jude aus dem Burgenland, war im Krieg als Artillerieoffizier an der Front. Nach 1934 in Spanien, wo er es bis zum General bei den Roten brachte. Und da war ein Berufskollege des Körner: Alexander Eifler, gewesener Edler von Lobenstedt.

Mit dem Eifler, der im Krieg bei der Truppe diente, kam der Körner nicht zurecht, einmal warf er dem gewesenen Major vor: »Der Aktionsplan läßt in vollster Reinheit den nackten, schematischen Militarismus erkennen.« Gerade das wollte der Körner in der SDAP nicht verwirklichen. Er dachte an die kommende Levee en masse des Volkes, in der ein Schutzbund nur die Korsettstangen der ungegliederten und so schwer zu lenkenden Massen bilden sollte. Im übrigen hielt der Körner die Formationen der Heimwehr für überlegen und das Volk in Österreich noch nicht für bereit zum Aufruhr der Massen im Klassenkampf. Der Gang der Ereignisse gab dem Körner recht. Im Spätsommer 1931 putschten Heimwehrverbände in der Steiermark, die endlich den oft angedrohten Marsch auf Wien antreten wollten. Sie, wie fast alle solche Marschierer, kamen aber nicht über den Semmering. Dazu der Körner: »Aus der Arbeit Eiflers ist ganz dieselbe Gedankenwelt zu erkennen, wie bei den Heimwehroffizieren, die am 13. September geputscht haben. Alle diese Militärs glauben, daß ein Putsch oder Staatsstreich eine rein militärische Aktion ist, die sich zwischen Heimwehr und Schutzbund abspielt und bei der die Staatsgewalt und das übrige Volk mit allen inneren Kräften nicht in Betracht kommen.« Übrigens ließ es die Heimwehr im September 1931 gar nicht auf einen Zusammenstoß mit dem gegen ihren Putsch angesetzten Bundesheer ankommen. Alle diese Erfahrungen ertöteten aber im Körner nicht die Überzeugung, daß die militärische Waffe die ultima ratio im Bürgerkrieg ist. Und deswegen kümmerte er sich um die Ausbildung, die Aufklärung und die Waffenbeschaffung des Schutzbunds. Nur im äußersten Fall wollte er sich vorstellen, daß im bewaffneten Konflikt mit dem Bürgertum der Schutzbund im Verein mit den Kadern der sozialdemokratischen Gewerkschaften in der Polizei und der Gendarmerie eine Rote Exekutive für den Moment des Umsturzes bilden könnte. So überlegend, verhielt der bereits innerlich zum Pazifisten gewandelte frühere Generalstäbler stets einen Moment, ehe er aufs letzte zu sprechen kam: »Denn der Klassenkampf kann schließlich auch in Gewaltaktionen enden.« An einen Ewigen Frieden glaubte der Körner ebensowenig wie in Preußen ehedem etwa Clausewitz oder der Chef des Generalstabs von Moltke zu ihrer Zeit. Kurz vor dem Aufruhr des Schutzbundes im Februar 1934 gab er zu bedenken: »Es ist eine alte Wahrheit: Die Menschen müssen sich ewig schlagen und ewig vertragen ... Der ewige Frieden kommt erst mit dem letzten Menschen.« Aber der Eifler zeigte sich immer wieder beeindruckt von dem Militarismus in anderen Wehrverbänden. So imponierte ihm bei den »Hakenkreuzlern« eine angeblich vorhandene soldatische Disziplin, ferner der dortige Ausbau eines Befehlsapparats, in dem die bloßen Parteiführer nichts zu sagen hatten. Dabei ahnte er nicht, daß der in militärischer Hinsicht geniale Stabschef der SA, der frühere Reichswehrhauptmann Ernst Röhm, die vom Eifler vermutete Unabhängigkeit vom Apparat der Partei des Hitler nie bekommen hat. Und daß der Röhm, als er versuchte, in einer von ihm angeführten »Zweiten Revolution« die vom Hitler verratene soziale und nationale Revolution zum Durchbruch zu bringen, gegen den Hitler den kürzeren zog. Gegen den Hitler und die Reichswehr, die keine SA wollte. Der Hauptmann Röhm und der Major Eifler fielen zuletzt an derselben Front: Sie wurden als Häftlinge des Hitler umgebracht. Der Körner aber überlebte alle und alles.

Die Bürgerkriegsstrategie des Körner zeitigte im Alltag eine verhängnisvolle Wirkung. Da der militärische Kampf dieser Truppe nicht gesucht werden sollte und man den Bürgerlichen gar nicht mehr den Mumm zutraute, sie würden ihrerseits angreifen, entstand ein seltsamer Typ: Der Schutzbündler, der regelmäßig seine Beiträge zahlte und pünktlich bei Aufmärschen sowie zum Saalschutz zur Stelle war. Dessen Windjacke nachher die Ehefrau, froh, daß wieder einmal nichts passiert war, mit einem Seufzer der Erleichterung in den Kasten hängte. Die Frau, die bangte, daß, wenn viel geredet wurde vom Klassenkampf, man nicht wissen konnte, ob ein Sonntagsaufmarsch oder ein Demonstrationszug nicht doch das schwelende Feuer zum Brennen bringen wird. Dazu hortete der Schutzbund seine Waffenbestände. So wie einmal der Körner, als er noch im Bundesheer war, davor warnte, daß dieses Heer zu einer Wachorganisation für langsam veralternde Waffenbestände werden könnte, gerieten denn tatsächlich die Dinge im Schutzbund. Die SDAP war strategisch im Angriff, aber ihre Operationen gerieten kaum über die Versammlung und das Einrücken in eine zögernde Bereitstellung hinaus. Und wie war es bei den anderen? Auch die Heimwehr geriet in diesen Stil. Dabei war sie ohne die Kader einer Massenpartei, wie der Schutzbund eine hinter sich hatte. Immer blieb es umstritten, ob der 1930 in Korneuburg geschworene Eid sie einmal zuerst gegen liberalistische Kapitalisten mobil machen würde oder gegen den Marxismus, der um 1930 in Österreich von seiner früheren Hochform schon weit entfernt war. Und da war um diese Zeit Ernst Rüdiger Fürst Starhemberg, der immer noch vom Braunhemd unter der Windjacke des Heimatschutzes sprach, der immer noch nicht von seiner Mentalität als einer vom 9. November 1923 ganz abgekommen war. So erweckte er in den Reihen der NSDAP falsche Hoffnungen, nach deren bitterer Enttäuschung es zu den schweren blutigen Auseinandersetzungen zwischen der Heimwehr und den Verbänden der NSDAP kam.

Nie ist es zu der von Körner gedachten Levee en masse in Österreich gekommen. Zwar strömten in Wien am 15. Juli 1927 die von der Linken aufgeputschten, dann aber im Stich gelassenen Massen in die Innenstadt; zündeten sie den Justizpalast und die Redaktionen verhaßter Zeitungen an; fanden aber zuletzt den Satz bestätigt, daß Massen nur einen momentanen Aufruhr erzeugen, aber nicht Revolution machen können.

Dazu kam, daß um 1932 schon 42 % aller gewerkschaftlich organisierten Arbeitnehmer nicht mehr sozialistischen Richtungsgewerkschaften angehörten, letztere also die ihnen einmal vom Körner zugedachte Rolle im Fall des Aufstands nicht mehr durchstehen konnten. Es entstand aber zuweilen eine andere Front: Nach dem Verbot der Wehrverbände der NSDAP und des Schutzbunds der SDAP trafen sich diese Feinde im Untergrundkampf gegen die Regierung Dollfuß. Der straffen Parteidisziplin entzogen, gerieten manchmal die Untergrundkämpfer in seltsame Verstrickungen.

Im Sommer 1934 standen der Schutzbündler Josef Gerl und einige seiner Genossen vor Gericht. Bei einem Terroranschlag auf eine Bahnanlage von der Polizei gestellt, schoß er einen Beamten nieder. Und so ging es im Gerichtssaal zwischen dem Gerl und dem Vorsitzenden hin und her: Der Vorsitzende wollte wisssen, wozu der Gerl das Ammonit beschafft hat. Und der Gerl erwiderte, er wollte damit einen Terroranschlag gegen die Regierung Dollfuß begehen. Warum das der Gerl wollte? Weil die Regierung das Volk versklavt. Da wollte der Richter wissen, wie sich der Gerl entschließen konnte, sein Leben aufs Spiel zu setzen. Sein Ideal stünde ihm höher als sein Leben, erwiderte der Gerl. Da meinte der Vorsitzende, als Sozialdemokrat könne sich der Gerl doch nicht mit solchen Attentaten befreunden.
»Ich bin nicht mehr fest im Rahmen der Sozialdemokratischen Partei, ich sympathisiere mit den Nationalsozialisten.«

Am Vormittag des Fasching 1934, am 11. Februar 1934 also, berieten in Linz die Führer des dortigen illegalen Schutzbunds zusammen mit dem Landesparteisekretär der SDAP und dessen Anhänger über den Fall des Falles: Was nämlich geschehen mußte, wenn die Polizei etwa morgen das Stabsquartier der Linken in der oberösterreichischen Landeshauptstadt angreifen und die dort gelagerten Infanteriewaffen des Schutzbundes beschlagnahmen würde. Man wurde sich einig, daß in diesem Fall die Polizei eben in das Feuer der Schützbündler laufen und sich selbst zuzuschreiben haben würde, wenn blutige Weiterungen entstehen sollten. Die Wiener Schutzbundzentrale unterrichtete man von diesem Vorhaben; man ließ ihr keine Wahl, als entweder mitzumachen oder in Schmach und Schande unterzugehen. Die Wiener wollten bremsen, aber ihre Warnung kam zu spät. Denn in Linz wußte der Schutzbund, was am Faschingsmontag die Polizei tentieren würde; und die Polizei kannte die Absichten des Schutzbundes, rechnete aber nicht, daß es bei der Polizeiaktion zum Ärgsten kommen könnte. Schließlich war diese Waffensuche nicht die erste und bei den zahlreichen früheren Waffensuchen war es auch nicht gleich zum Aufstand gekommen. Und also gingen der Landesparteisekretär der SDAP, er hieß Richard Bernaschek, und seine Männer ins »Hotel Schiff«, das jetzt Gefechtsstand wurde. Auch ein gewisser Kunst ging befehlsgemäß dorthin. Am Faschingssonntag 1934.

Außer dem Bernaschek waren im »Hotel Schiff« genug Kriegsgediente und frühere Diener im Bundesheer, um alle Gewehrschützen und die am MG einzuweisen und überhaupt das Stabsquartier des Schutzbundes verteidigungsfähig zu machen. Der Kunst schob einen Tisch aus dem Speisesaal an das ihm zugewiesene Fenster, hob dann das fast 20 Kilo schwere Dreigestell hoch und wuchtete es mit aller Gewalt auf die Tischplatte, so daß die Spitzen des Gestells fest im Holz saßen. Dann hob er die noch schwerere Schußwaffe empor, ließ sie im Pivot des Gestells einrasten, prüfte die Schwenkbarkeit der Waffe und ging, um Wasser für den Kühler zu holen. Dies getan, prüfte er sein Schußfeld, machte die ihm wohlbekannte Waffe schußfertig, wobei er den hanfernen Patronengurt einzog. Der Kunst kannte sich eben aus mit dem MG, das um 1900 ein gewisser Andreas Schwarzlose konstruiert hat und das als Modell 7/12 von den Kaiserlichen an allen Fronten, nachher im Bundesheer in Verwendung kam. Die Genossen hatten die Waffe in den langen Jahren der geheimen Lagerung gut in Schuß gehalten.

Und dann wartete der Kunst den Rest der langen Winternacht ab, bis etwa um sieben Uhr früh der Ruf:

»Zu den Waffen«

durchs »Hotel Schiff« ging. Er wußte lange nicht, daß der Bernaschek der Polizei gleich zu Beginn des Kampfes um das Hotel in die Hände gefallen war. Auch wußte der Kunst nicht, daß er und seine Waffe mehr und mehr der Rückhalt des Widerstands wurde. Es war schon lange nach Mittag, am Faschingsmontag, da wurde er gewahr, daß sich offenbar einer auf ihn einschoß. Aber er hielt aus. Dann spürte er einen furchtbaren Schlag gegen seinen Stahlhelm und es war ihm, als würde glühendes Eisen über seinen Kopf hinweggehen. Er kippte zur Seite und war im Moment tot. Nachher erlahmte der Widerstand der Genossen. Und um Viertel vier Uhr ergaben sich die letzten vom »Hotel Schiff« der Polizei und dem Bundesheer.

Während in Linz am Vormittag des 12. Februar der Kampf ums »Hotel Schiff« noch weiterging, tagte in Wien-Gumpendorf die Exekutive des illegalen Schutzbundes. Aus dem Rathaus war der Stadtrat und Landesparteisekretär der SDAP Wien, Robert Danneberg, Vertrauter des Parteivorsitzenden und Bürgermeisters von Wien, Karl Seitz, gekommen. Der Versuch, das eigenmächtige Vorprellen der Linzer Genossen abzubremsen, war längst gescheitert. Zu beantworten war nur eine Alternative, die der Bernaschek einem nach Wien abgegangenen geheimen Boten mitgegeben hat: »Wenn uns die Wiener Arbeiterschaft in Stich läßt, Schmach und Schande über sie.«

Die Wiener ließen nicht aus. Am späten Vormittag bekamen die Genossen im Wiener E-Werk den Auftrag, den Strom abzuschalten. Das war das vereinbarte Zeichen zum Generalstreik und zum Losschlagen. Um diese Zeit lag allerdings schon ein von dem Schutzbündler Franz Havlicek erschossener Rayonsinspektor der Bundespolizei auf dem Wiener Pflaster. In Simmering, wo der Schutzbund schon früher alarmiert worden ist.

Gekämpft wurde nach einem Vorhaben des Eifler, der selbst allerdings bereits in Haft war. Das Ganze lief darauf hinaus, mitten im Hochwinter die Großstadt Wien von allen Lieferungen und Zugängen abzuschneiden; bis das Volk aufstand zur Levee en masse; und der Generalstreik seine lähmende Wirkung vollends entfalten würde. In den von der Gemeinde errichteten Wohnbauten wurden an den Ausfallstraßen und Bahnlinien der Stadt militärische Sperren eingerichtet und mit MG besetzt. Nicht nur der Verkehr mit der Hauptstadt sollte unterbunden werden; es sollten auch keine Verstärkungen der Exekutive aus den Bundesländern in die zernierte Stadt gelangen. Für das Nachher, also das Gelingen des Aufstands, gab es kein verlautbartes Programm. Man hoffte, der Regierung habhaft zu werden und sie zu verhaften. Da und dort gab es Listen, nach denen weitere Verhaftungen vorgenommen werden sollten. Den Anführern der »anderen« drohte der Prozeß wegen Hochverrat. Mit der Heimwehr sollte endgültig abgerechnet werden. Alles das hing jedoch davon ab, wer nach dem letzten Schuß die Kerkerschlüssel besaß. Es gehörte großer Mut und übermenschliche Kraft dazu, den so geplanten Aufstand in Lauerstellung auf den Erfolg des Planes in einer Defensive durchzustehen.

Die Bundesregierung wurde von dem Aufruhr überrascht. Während in Linz und Wien schon die ersten Schüsse seitens des Schutzbunds fielen, nahmen die Kabinettsmitglieder an einem protokollarischen Akt teil. Im Wiener Stephansdom wurde nämlich an diesem Faschingsmontag das traditionelle Te Deum anläßlich des Geburtstags des Papstes gefeiert. Die dort anwesenden Mitglieder des diplomatischen Corps wurden so unversehens Zeugen des Alarms für den Generalstreik und den Aufstand. Als die Genossen im Wiener Elektrizitätswerk laut Alarmplan den Strom abschalteten, fiel auch sofort die elektrisch betriebene Windversorgung der Domorgel aus, die Musik erlosch.

Im selben Moment blieben in den Straßen Wiens die Tramwayzüge stehen; das elektrische Licht erlosch; die Frauen bemerkten, wie die Gasflammen ausgingen; in den Fabriken blieben die Räder stehen. Und ein jeder gelernter Wiener erfaßte sofort, was los war, nämlich:

»Es tut sich 'was.«

Sie selbst aber taten, sofern sie nicht auf den Kampfständen des Schutzbundes waren, nichts. Es gab keine Levee en masse. Der Generalstreik kam ins Stocken und fiel mit der Zeit aus. Die Kämpfer des Aufruhrs gerieten in die tödliche Einsamkeit der Tapferen. Der Fasching fiel jedenfalls aus. In Wien begannen die schweren Kampfhandlungen erst am Faschingsdienstag. Es wurde ein langwieriger Kampf. Drei Tage lang hörte man da und dort das Klackern des Gewehrfeuers, das Stakkato der MG und schließlich das Schießen der Artillerie. Zuletzt zählte die Exekutive in ganz Österreich 573 Verluste, der Schutzbund 493. Verwundete, die sich ärztlicher Kontrolle entzogen, konnten nicht gezählt werden. Zuletzt: Die Flucht der Schutzbündler, die unerbittlich am linken Donauufer

ausgeharrt hatten, über die mit einer dünnen Schneedecke verwehten Äcker des Marchfeldes zur Grenze der ČSR. So wie es sich der Eifler vorgestellt hat, geriet der Kampf nicht. Auch nicht so, wie es – vor langer Zeit – der Körner erwartete. Keine Levee en masse. Auf beiden Seiten wurde militärisches Versagen der Führung freiwilliger Kämpfer ausgeglichen durch eine später nie mehr erreichte Hingabe der Engagierten. Es traten aber auch jene Typen zutage, die keine Gelegenheit versäumen, in der man sich als Totschläger, Terrorist und dergleichen hervortun kann. Neben den vielen Tapferen standen die Grausamen mit ihrer Brutalität und die Feigen mit ihrer bösen Hinterhältigkeit. Zuletzt aber reduzierte sich alles auf die schmähliche Formel des gewesenen Bischofs, Aufrührers und Beistands der Reaktion, Talleyrand, die diesen nach der Großen Französischen Revolution von 1789 berüchtigt gemacht hat:
»Hochverrat ist eine Frage des Datums«.
Dieses fatale Datum hätte es für die Anhänger des Dollfuß ebenso geben können, wie für die Unterlegenen des Aufstands, die zuletzt fast alles traf, wovor der Körner Jahre vorher gewarnt hat. So blieb für die Verlierer in ihren dunkelsten Tagen nur die Überzeugung, daß sie und nur sie im Recht waren, die anderen aber Verbrecher. Und diese Linie der Unterscheidung wird sich nie mehr schließen, solange es in Österreich Überlebende und Epigonen der Aufrührer vom 12. Februar 1934 gibt; und das Prinzip der Revolution gelten wird.

Wer dachte nach den wilden Kämpfen im Februar 1934 und angesichts der Blutspur, die danach im Land verlief, schon an den nächsten Aufstand, an Putsch? Was die Sache des Hitler betraf, so war im Sommer deren Ansehen nicht bedeutend. Das Datum 30. Juni 1934 wurde unauslöschlich in der Geschichte der Hitlerbewegung: Die Abrechnung des Führers und Reichskanzlers mit jenen seiner Männer, die von einer Zweiten Revolution im Reich träumten, von einer unabreißbaren Revolution. Der Hitler nutzte das Aufmucken von Teilen seiner SA und die zu offen bezeigte Reaktion des Stabschefs der SA, Ernst Röhm. Jenes Röhm, der liquidiert werden mußte, bevor die Hitlerbewegung endgültig in die Spur eines bürokratisch gehandhabten Terrors schlidderte, mit dem sie Deutschland in die Katastrophe des Jahres von 1945 führen wird. Und da nun einmal der Hitler schon beim Liquidieren war, tat er, was man in seiner Heimat im Falle des Reinemachens sagt: In einem Aufwaschen beseitigte er nicht nur seine momentanen Gegner, sondern auch jene von gestern und jene, die es vielleicht morgen sein könnten. Es wurde ein grandioser Versuch, mit einem einzigen Schlag, ausgeführt nach vorbereiteten Listen, alle, die Rang und Bedeutung hatten, aber nicht das Gleiche wie der Hitler dachten, rechtzeitig vor dem großen Krieg beiseitezuschaffen. Langsam wurde auch in Österreich die Liste jener bekannt, die damals rechtswidrig im Reich vom Hitler beseitigt wurden und die posthum als rechtens umgebracht bezeichnet worden sind. Besiegelt mit dem Namen des sterbenden von Hindenburg. Und auf einmal war wieder die Mauer zwischen dem Hitler und dem Katholizismus im Reich da, jene Mauer, die im Frühjahr zuvor, 1933, für immer gefallen zu sein schien.

Zwei Wochen nach dem 30. Juni 1934 wurden die sterblichen Überreste des an jenem Tag ermordeten Vorsitzenden der Katholischen Aktion in Berlin, Erich Klausner, zur Beerdigung freigegeben. Noch vor drei Wochen hat Klausner namens der 50000 Teilnehmer am Katholikentag der Diözese Berlin dem Reichskanzler ergebene Grüße unterbreitet. Der Hitler hat derlei nicht einmal ignoriert, aber eine Woche nachher war der Klausner umgebracht und wenige Tage nachher vom Reichstag als rechtens getötet hingestellt.
Wie das alles kam: Da gab es ein Gespräch, das Klausner im Frühjahr 1934 im Berliner Herrenclub mit dem Vizekanzler des Hitler, Herrn von Papen, führte. Es gab damals ein böses Wort, eine Abwandlung jener Verdächtigung, die sich einmal gegen den Papst in Rom richtete und die lautet:
»Qui mange du Pape en meurt«.
Auf die aktuelle Lage und die Person des Vizekanzlers angewendet, lautete besagter Verdacht:
»Wer beim – oder vom – Papen speist, der stirbt.«

Natürlich war Herr von Papen kein Denunziant. Er lebte aber beständig in jenem Zwielicht im Politischen, in dem viel geschieht, was nachher nicht unter den großen Taten in der Geschichte verzeichnet ist. Und: Herr von Papen kam dabei unter allen Umständen lebend davon, während seine Gäste bei Tisch ein unterschiedliches Schicksal erfuhren. Klausner fiel so; um den 30. Juni 1934 der vertrauteste Mitarbeiter von Papens; und im März 1938 von Papens damaliger Mitarbeiter Herr von Ketteler.

Als man in Berlin den Klausner liquidierte, wollte der Diözesanbischof der Reichshauptstadt vom Hitler Auskunft darüber, ob es sich in diesem Fall um eine »unglückliche Verkettung unvorhergesehener Umstände« handelte. Oder ob der Klausner auch zu jenen gehörte, die nachher der Reichstag als rechtens liquidiert hinstellte. Da war freilich ohne Lügen schwer Antwort zu geben. Denn der Tod des Klausner war kein unvorhergesehener und er stand nicht in unglücklicher Verkettung. Der Klausner stand einfach namentlich auf der Konskriptionsliste. Das konnte dem Bischof natürlich nicht eröffnet werden und also bekam er aus der Kanzlei des Staatsoberhauptes einen Brief, welch letzterer, indem er nichtssagend war, bereits alles sagte, zumal er jeden Verdacht offenließ. Dann aber kam das Ereignis des 25. Juli 1934 in Wien – das Ende des Dollfuß – der Aktenlage im Falle Klausner zugute. Man mußte nämlich dem Führer zugute halten, daß er momentan andere Sorgen um Volk und Reich trug. Kurzum, der lästige Pfaffe im Berliner Ordinariat mußte sich bescheiden, daß man ihm überhaupt nicht mehr in der Angelegenheit Klausner antwortete.

Herr von Papen aber dinierte weiter und er war nach wie vor überzeugt, daß es für einen Katholiken nichts Besseres gäbe, als der Sache zu dienen, deren sich der Hitler nun einmal bemächtigt hatte und die er offenbar auf Menschengedenken nicht mehr losließ.

Am 25. Juli 1934 leitete der Dollfuß die letzte Sitzung des österreichischen Ministerats vor den Sommerferien. Er blickte gar nicht genau hin, als kurz nach 10 Uhr der Bundesminister und Führer der Wiener Heimwehr Emil Fey von einem Türsteher aus dem Saal gebeten wurde. In diesem Moment erfuhr der Fey von dem für eben diesen Tag geplanten Überfall eines Kampftrupps der illegalen SA oder SS auf den Ballhausplatz zwecks Kidnapping der ganzen Bundesregierung. Solche und ähnliche Gerüchte kursierten damals jede Woche. Waren Gerüchte im Umlauf, dann erhöhten Zeitungskolporteure den Absatz ihrer Blätter mit dem Hinweis: »Es tut sich was.« Politiker lebten in jener Zeit – nicht nur in Österreich und im Reich – gefährlich. Es konnte ihnen geschehen, daß sie eine Kugel bekamen, bevor wegen der Versorgung ihrer Hinterbliebenen eine Regelung getroffen war. Manchmal schmiß man einem eine Bombe vor die Füße oder erfand andere Methoden, die man dann mit großer Entschiedenheit ausführte. Derlei war für jene, die noch aus dem reaktionären Österreich der Zeit vor 1914 stammten, unbedingt neu. Noch während des Krieges erweckte es einiges Aufsehen, als ein sozialdemokratischer Politiker einen k.k. Ministerpräsidenten, dem er gut bekannt war, niederschoß, als der Exzellenzherr eben Anstalten traf, seinen Mörder in gewohnter Höflichkeit zu begrüßen. Nachher wurde die Tat in den betroffenen offiziellen Kreisen ein wenig verschämt außer Evidenz gebracht, der Mörder aber konnte sich lebenslanger Sympathien seiner Gesinnungsfreunde erfreuen. Um 1934 lebten noch viele Österreicher, die sich früher wunderten, wenn aus den USA die Nachricht kam, man hätte dort wieder einmal einen Präsidenten umgebracht; solche Methoden sah man zuerst als ausgesprochen balkanesisch an, brachte man mit dem Stil einer fortschrittlichen Demokratie nicht in Verbindung. Nach 1918 kam es schon vor, daß man auf klerikale Bundeskanzler zuweilen schoß; dem Seipel wurde so der Lebensfaden erheblich verkürzt; auch der Dollfuß wurde angeschossen, kam aber fürs erste davon. Es gehörte aber immerhin noch zum politischen Komment in der Republik, daß das also angeleibte Opfer auch in gegnerischen Kreisen die Sympathie der Berufskollegen genoß, der Schütze eher mäßig geschätzt wurde; immerhin wurde so klein bei klein auch in Österreich der politische Mord Methode.

Die Männer der illegalen SS-Standarte 89 waren ein seltsamer Haufen. Die meisten unter ihnen waren ehemalige Soldaten des österrei-

chischen Bundesheeres, die während ihrer Dienstzeit von einer nationalsozialistischen Standesorganisation, als die NSDAP noch
nicht verboten war, geworben wurden. Neben ihnen gab es ehemalige oder noch im Dienst befindliche Sicherheitswachbeamte; und
einige Weltkriegsteilnehmer. Unter den letzteren einen gewissen
Otto Planetta, als Inhaber des Karl-Truppen-Kreuzes für eine seinerzeitige Mindestfrontdienstleistung ausgewiesen. Im Bundesheer
hat es Planetta nachher zum Stabswachtmeister gebracht. Politisch
trat ein gewesener Gefreiter im Bundesheer, der im Heer wie vorher
in der Schule wohl ein Versager war, hervor: der vierschrötige Fridolin Glass.
So wie die anderen Männer der SS-Standarte 89 ging der Planetta am
Vormittag des 25. Juli in die Siebensterngasse im Wiener Bezirk
Neubau. Am Eingang der Bundesturnhalle des Deutschen Turner-
bundes wurde er, so wie jeder Ankommende, von einem unauffälligen Zivilisten perlustriert. Kein Spitzel wäre der genauen Personal-
kenntnis dieses Torpostens durchgeschlüpft. In der Halle lagen
Haufen von Uniformen, meistens solche des Wiener Hausregi-
ments, der Deutschmeister, also der Edelknaben von früher. Der
Planetta zog die Uniform eines Oberleutnants an, ein anderer ehe-
maliger Wachtmeister, jetzt an der Spitze des Unternehmens, ko-
stümierte sich als Hauptmann. Ein früherer Oberleutnant bei
Deutschmeister, Inhaber des Kronenordens mit Kriegsdekoration
und Schwertern, bekam eine Majorsuniform, blieb aber dem
Hauptmann sowie einem Zivilisten untergeordnet bei der Ausführung des Vorhabens. An der Spitze stand der schon erwähnte, etwas
kleingeratene, dosige Zivilist, der schon immer geneigt war, seine
sichtbare Unbedeutendheit mit auffallenden Exzessen wettzuma-
chen: Fridolin Glass.
Nachdem der Haufen uniformiert und bewaffnet dastand, verlud
man ihn auf Lieferwagen, also auf Transportmittel, die normaler-
weise nicht zum Truppentransport bestimmt sind. Indessen fiel das
in jenen windigen Zeiten nicht so sehr auf; kam es doch vor, daß im
Alarmfall sich die Exekutive vom Fleck weg solcher Vehikel bediente, um raschest an den Einsatzort zu kommen.

Währenddem zogen sich im Ministerratssitzungssaal im Palais am Ballhausplatz die Beratungen der endlosen Tagesordnung der letzten Sitzung vor den Sommerferien. Zwölf Uhr war es vorbei, da trat der Bundesminister Emil Fey auf den Dollfuß zu, um ihm etwas ins Ohr zu flüstern. Der Dollfuß erhob sich und übergab für eine Weile die Leitung der Beratungen dem links neben ihm sitzenden Finanzminister; der amtierende Vizekanzler, Ernst Rüdiger Fürst Starhemberg, war schon auf Urlaub in Italien. Dann verließ der Bundeskanzler zusammen mit dem Fey für kurze Zeit den Saal. Nach seiner Rückkehr setzte er sich erst gar nicht mehr an den Tisch. Er stützte sich auf die Lehne seines Sessels und erklärte den Kollegen: »Uns sind Nachrichten zugekommen, die es mir nicht als zweckmäßig erscheinen lassen, daß wir hier beisammen sind. Ich unterbreche die Sitzung bis vier Uhr nachmittags.«

Um vier Uhr wird der Dollfuß nicht mehr am Leben sein. Indem er aber die Regierungsmitglieder in ihre Büros entließ, rettete er die Situation, brachte er den Anschlag der Standarte 89 zum Scheitern, ehe die SS-Männer ins Bundeskanzleramt eingedrungen waren.

Der Fey besaß um diese Zeit bereits seit etwa zwei Stunden Kenntnis von dem beabsichtigten Anschlag der SS. Man wird ihm später dieses lange Verschweigen als Beweis seines gewissen Einverständnisses mit den Planern des Überfalles auf das Bundeskanzleramt anrechnen. Indessen waren in jener Zeit Gerüchte von Putschabsichten in solcher Zahl in Umlauf, wie eine Generation später Mystifikationen der Exekutive wegen angeblicher Anschläge der radikalen Linken. Was den Dollfuß betraf, so reagierte dieser besonnen und ohne Angst, aber aus dem sicheren Gefühl eines Menschen, der echte Gefahr erspürt und dann entschlossen handelt. Ehe er auch die beiden Staatssekretäre für die Landesverteidigung und für Inneres entließ, informierte er die Herren in Gegenwart des Fey von dem, was Fey berichtete: Ein Überfall bewaffneter Putschisten auf das Bundeskanzleramt schien bevorzustehen. Der Landesverteidigungsminister bekam Befehl, die Wiener Garnison zu alarmieren, und mit diesem Befehl verließ er den Ballhausplatz. Es ist an sich nicht Sache eines Generals, in einer Stunde wie dieser persönlich den Stand der militärischen Sicherheitsmaßnahmen am Sitz des Regierungschefs zu inspizieren; indessen hätte immerhin sein Adjutant gut getan, sich im Wachlokal der Ehrenwache des Bundeskanzleramts zu erkundigen, was sich dort tat oder nicht tat. So aber hastete der General und Staatssekretär an den beiden Ehrenposten am Portal, die ihre ungeladenen Karabiner präsentierten, vorbei und ins Gebäude des ehemaligen k.u.k. Kriegsministeriums, in dem er sein Büro als Staatssekretär hatte.

Der Staatssekretär für Inneres, im Krieg ein ausgezeichneter Kavallerieoffizier, nachher ein verläßlicher Präsidialist im Amt der niederösterreichischen Landesregierung, informierte die Bundespolizeidirektion Wien. Einen direkten Befehl gab er nicht. Man muß verstehen, daß man in der Polizeidirektion dem neuesten Putschgerücht mit einiger Skepsis gegenüberstand. Denn immerhin war ein angeblicher Überfall bewaffneter Nationalsozialisten auf das gutbewachte Bundeskanzleramt etwas, das auf den ersten Blick als eher unwahrscheinlich vorkommen mußte. Und so rastete der Betrieb der Polizei mit einiger Schwerfälligkeit ein, kam er zu spät, um etwa noch die SS-Männer in der Turnhalle zu fassen.

So beiläufig die Gegenaktion der Exekutive lief, so heftig kursierten schon im Bundeskanzleramt Putschgerüchte. Zuerst hieß es, die Roten kämen, um für den 12. Februar 1934 Rache zu nehmen. Wer dachte an die illegale SS! Einen Moment lang erwog der Kommandant der Ehrenwache des Bundeskanzleramts, ein im Wachlokal befindliches MG in der Toreinfahrt des Palais in Stellung zu bringen. Aber dann besann er sich, daß diese Einfahrt frei bleiben mußte, weil ja die schon erwartete Mannschaft der Neuen Wache in jedem Moment durch eben dieses Tor ins Palais einfahren mußte. Niemand tat, was jeder Bauer tut, wenn er seinen Hof vor unerwünschten Besuchern sichert: Das Tor zumachen und es notfalls verbarrikadieren. Ehrenwachen und deren Ablösung war im Moment gewiß nicht das Wichtigste.
Zuerst schien der Wachkommandant recht zu bekommen. Denn schon bogen die LKWs mit den aufgesessenen falschen Edelknaben ein auf den Ballhausplatz; schienen mit lautem Hupen freie Einfahrt zu verlangen. Es sah aus, als hätte der verfügte Garnisonsalarm

schon eine rasche Wirkung gezeigt, Verstärkung war offenbar in Sicht. Also sahen die nutzlosen Ehrenwachen am Portal, die Sicherheitswachbeamten in der Toreinfahrt und die nicht-uniformierten Kriminalbeamten in der Portierloge zu, wie die seltsamen LKWs einfuhren. Die falschen Edelknaben riefen zudem, sie kämen im Auftrag des Bundespräsidenten und des Bundeskanzlers. Und ehe die regulären Sicherungsmannschaften die Situation erfassen konnten, sprangen ihre falschen Kollegen von den Wagen, um sofort das Tor hinter sich zu schließen und unter ihre Kontrolle zu nehmen. Die Falle war zu und es begann das, was später unter der Chiffre Dollfußmord lief.

Nicht nur am Ballhausplatz hatten die SS-Männer einen ersten und scheinbar entscheidenden Erfolg. Es schlug an eben diesem 25. Juli 1934 nach Mittag von den Kirchen der Wiener Innenstadt dreimal und also war es ein Viertel vor ein Uhr. Um diese Stunde wurden einmal in Österreich die Wachen abgelöst. Und also wartete der vor dem Gebäude Johannesgasse 4b, einer früheren Volksschule, postierte Angehörige des Freiwilligen Schutzkorps auf seine Ablösung, auf sein Mittagessen in der nächsten Wachstube der Sicherheitswache. Gefahr drohte dem Gebäude offensichtlich nicht, weil erst kürzlich illegale Nationalsozialisten einen Anschlag darauf verübt hatten und es dem Posten unwahrscheinlich zu sein schien, daß derlei jetzt alleweil so fortging. Zudem waren eben erst zwei Sicherheitswachbeamte in das Haus gegangen, offenbar um für erhöhte Sicherheit zu sorgen. Daß es sich dabei um solche handelte, die so falsch waren wie die Edelknaben auf dem Ballhausplatz, konnte der simple Torposten, der im Hauptberuf arbeitslos war, beim besten Willen nicht ahnen. Weil man sich halt auf Schutzkorpsleute nicht unbedingt verlassen konnte und weil es überhaupt seines Amtes war, auch Stehposten der Sicherheitswache zu kontrollieren, war auf dem gegenüberliegenden Trottoir der Johannesgasse der Polizeibezirksinspektor Peter Fluch erschienen. Das ehemalige Schulgebäude war ihm zur besonderen Überwachung anvertraut. Immerhin befand sich darin ein Teil der Sendeanlagen der RAVAG; RAVAG war die Abkürzung für Radio-Verkehrs-AG und nicht etwa für »Regelmäßige Abspielung von abgespielten Grammophonplatten«, wie unzufriedene Radiohörer die Chiffre RAVAG zu enträtseln pflegten. Wer nicht wollte, daß der Dollfuß das Radio für seine Propaganda benutzte, tat gut, dieses Sendehaus entweder in die Luft zu sprengen – was, wie gesagt, mißlang – oder es selbst unter Kontrolle zu nehmen und für andere Propaganda zu benutzen.

Jetzt sah der Schutzkorpsmann nicht etwa seine Ablösung, sondern fünf Zivilisten, einige mit den weißen Stutzen, wie sie illegale Nazi gerne trugen, auf sich zukommen. Einer der Männer zog die Pistole, um den Halbsoldaten am Tor der RAVAG einzuschüchtern. Der aber wehrte sich und also fiel der ganze Trupp über ihn her. In diesem Moment schritt der am drüberen Trottoir befindliche Bezirksinspektor ein. Die Attentäter erkannten in ihm den gefährlicheren Gegner. Sie machten keine Umstände, sondern schossen den Inspektor nieder. Er war gleich tot. Dann stürmten sie ins RAVAG-Gebäude und verbarrikadierten in ihrer Panik das Tor, so daß der Haupttrupp ihrer Kameraden, der im Kommen war, nicht mehr zum Einsatz kam. Indessen krochen andere SS-Männer vom Hof des Nachbarhauses in den Hof des Ravaggebäudes und kamen so zurecht.

Die Eindringlinge stürmten in den Senderaum des Hauses, wo sich der populäre Sprecher Theodor Ehrenberg eben anschickte, die Ein-Uhr-Nachrichten durchzusagen. Dazu kam er nicht mehr. Ein Attentäter zwang ihn vielmehr, den momentanen Gag der Putschisten ins Mikrophon zu sagen:

»Die Regierung Dollfuß ist zurückgetreten. Doktor Rintelen hat die Regierungsgeschäfte übernommen.«

Dann sollte der unglückliche Sprecher eine Grammophonplatte mit einem nationalen Lied abspielen; indessen befand sich derlei nicht unter den erwähnten abgespielten Grammophonplatten, und also mußten sich die Attentäter mit dem »Tiroler Schützenmarsch« abfinden. Aber damit war es aus mit dem Erfolg des Überfalls auf die RAVAG. Zwar kostete die Räumung des Gebäudes noch einige Opfer. Indessen war in einer Stunde wie dieser der höchste zivile Generaldirektor der RAVAG besser auf Posten als etwa der Generaldirektor für öffentliche Sicherheit des Staates. Der erstere Generaldirektor veranlaßte nämlich, daß vom Fleck weg die Verbindung zwischen dem Sendehaus in der Wiener Innenstadt und der weitab gelegenen Sendestation auf dem Bisamberg unterbrochen wurde. Und dann tat er, was jedermann in einem solchen Fall tun sollte, solange Gelegenheit dazu ist: Er rief die Polizei an.

Besagter Doktor Rintelen war in dem fraglichen Moment der Durchsage weder bei der Führung der Geschäfte des Bundeskanzlers, noch hat der Dollfuß jemals in den restlichen zweieinviertel Stunden seines Lebens zugunsten des Rintelen demissioniert. Dem Rintelen hat der Dollfuß nie recht getraut. Deswegen hat er ihn als Unterrichtsminister aus der Regierung ausgebootet und als Gesandten nach Rom geschickt. Nicht ahnend, daß just auf diesem Posten der Rintelen ungleich leichter mit den Nationalsozialisten in Kontakt kam als auf dem Minoritenplatz in Wien. Um zu putschen. Immerhin hatte der Rintelen den für politische Kurbler notwendigen Instinkt. Die Roten, die ihm schon mißtrauten, als der Rintelen noch Landeshauptmann der Steiermark war, taten in dieser Hinsicht besser als andere Politiker, denen der Rintelen nach Herkunft und Anschauung näher stehen hätte müssen. Der Rintelen putschelte gerne und redete zuweilen von einem Marsch auf Wien. So ließen sich zum Beispiel, wie schon erzählt, im September 1931 Teile des Steierischen Heimatschutzes herbei, im Glauben, der Rintelen sei mit ihnen, zu putschen. Indessen sank der Putsch zusammen, ehe noch der klerikale Heeresminister die Truppen zum Einsatz bringen konnte. Nachher tat der Rintelen so, als hätte er mit derlei Mißbrauch seines Renommees nichts zu tun gehabt. Demnach erfahren in Fährnissen wirrer Zeiten, schwante dem Rintelen, als er in seinem Appartement des Hotels »Imperial« die fragliche Radionachricht, seine Person betreffend, hörte, Böses. Hätten ihn die SS-Männer ins Bundeskanzleramt gerufen, er wäre gegangen, denn dann wäre die Sache gelaufen gewesen. So aber blieb jede Nachricht vom Ballhausplatz aus, und der Rintelen versuchte einen seiner bekannten Rückzieher:
Er rief den Generaldirektor der RAVAG an, tat sehr erstaunt und

wollte feststellen, sein Politikerrenommee sei wieder einmal von Putschisten mißbraucht worden; die Radionachricht sei falsch gewesen. Der Generaldirektor der RAVAG kannte, als public relation officer würde man jetzt sagen, seinen Rintelen und er hörte, wie man in Berlin sagt, die Nachtigall trapsen. So verriet der Rintelen am 25. Juli 1934 seine im Bundeskanzleramt befindlichen Männer von der SS; so, wie er im September 1931 die Männer vom Steirischen Heimatschutz verraten hat und nachher seinen Bundeskanzler, den Dollfuß. Und doch war im Moment des jüngsten Verrats des Rintelens noch nicht endgültig entschieden, ob die SS-Männer den Dollfuß und sein System in der Falle hatten oder das System die SS-Männer im Bundeskanzleramt und andernorts in Österreich. Sei 's drum. Der Rintelen wurde nach dem Anschluß vom Hitler gewürdigt und für seinen Verrat vom 25. Juli 1934 belohnt mit einem Mandat im Großdeutschen Reichstag. Da schien es doch wieder richtig gewesen zu sein, daß der Selbstmordversuch, den der Rintelen nach dem Scheitern seines Putsches vom 25. Juli 1934 unternommen hat, scheiterte. Denn der Rintelen nahm schließlich auch die für Nationalsozialisten schwierige Hürde des Jahres 1945 und starb einen bürgerlichen Strohtod.

Der 25. Juli wäre vielleicht als ein Mordspallawatsch in die Geschichte eingegangen, hätten damals nicht, auf beiden Seiten, so viele Menschen *unnütz* ihr Blut vergießen müssen. So aber liefen die Mutigen ins Feuer, viele von ihnen fielen und die anderen saßen nachher ein wenig dasig da. In einer Stunde wie dieser wurde bestätigt, was sich oft in Österreich ereignet: Improvisationen vom Fleck weg, nicht vertrackte Planungen wurden entscheidend.
Also fing es an. Die falschen Edelknaben waren im Nu Herren des Bundeskanzleramts. Während man die im Hause beschäftigten Bediensteten, etwa ein Bruchteil der heute dort Beschäftigten, sowie zufällige Besucher in Sälen und Höfen zusammentrieb und perlustrierte, stürmten einige ausgesuchte SS-Männer unter der Führung des Planetta die Prunkstiege des Palais hinauf, um den Dollfuß zu kaschen. Der aber dachte nicht daran, sich von seinen gefährlichen Feinden fangen zu lassen. Wahrscheinlich wäre der Kleine Mann, hätte er dem eigenen Instinkt gefolgt, der Gefahr entflohen. So aber wollte ihn bald der, bald jener Vertraute durch das Zimmergewirr lotsen und so rannte er direkt vor die Pistole des Planetta. Der sah den Dollfuß nur als eine flirrende Silhouette, mit der sich die Gestalt im abgedunkelten Raum gegen das überhelle Tageslicht vor dem Fenster abhob. So klein wie dieser Schattenriß konnte für den ehemaligen Stabswachtmeister nur der verhaßte Milli-Metternich sein. Entkommen lassen wollte der Planetta den Dollfuß nicht; und wäre der erstere kein so sicherer Schütze gewesen, der Tag wäre anders ausgegangen. So aber traf der Planetta den Dollfuß, zumal auf kurze Distanz, tödlich. Diese Tat wird viel Blut kosten.
Man ließ den schwerverletzten Dollfuß auf dem Boden des sogenannten Ecksalons liegen. Als der Bundeskanzler nach einiger Zeit wieder zu sich kam, sah er Soldaten um sich und es mußte ihm sein,

als hätten ihn Angehörige des Heeres, dessen Landesverteidigungsminister er zugleich war, überfallen. Es war ihm klar, daß er wohl schwer verletzt war und also verlangte er einen Arzt. Dann aber blieb er um das besorgt, was ein Christenmensch angesichts der vier letzten Dinge tun sollte:

»Holt einen Priester.«

Aber einen Pfaffen ins Haus zu bringen, war für die SS-Männer ebenso untunlich, wie für Matrosen ein solches Individuum an Bord stets gefahrbringend ist. Jedoch ging einer in den Hof hinunter und rief über den dort zusammengetriebenen Haufen:

»Ist ein arischer Arzt unter euch?«

Der Dollfuß hätte sich für jeden nichtarischen Arzt herzlich bedankt. Aber nicht einmal ein solcher fand sich. Dann verging die Zeit und wieder kam ein SS-Mann in den Hof:

»Wißt 's scho' das Neieste?«

Abgeschlossen von aller Welt war natürlich der Stand der Informationen unter den Gefangenen nicht auf dem Neuesten. Sie schwiegen und der falsche Edelknabe sagte, vielleicht patzig, vielleicht um den Haufen noch mehr einzuschüchtern:

»Na, da Dollfuß is' vawundet.«

Es wurde ganz still. Dann fuhr der Mann fort:

»Möcht eahm wer seg'n?«

Unter den eingeschüchterten Menschen befanden sich einige bereits entwaffnete reguläre Sicherheitswachbeamten. Zwei davon nahmen die Einladung an und gingen unter Bedeckung hinauf in den Ecksalon. Zu oft hatten sie den Kleinen Mann auf kürzeste Distanz gesehen, um nicht zu erschrecken, als sie ihn jetzt verwundet da liegen sahen. Sie intervenierten:

»Ist schon ein Arzt geholt, man sollte einen holen.«

Aber der so angesprochene SS-Mann zuckte mit den Schultern. Er jedenfalls hat keinen arischen Arzt ausfindig machen können. Da baten die beiden Waffenlosen, ob sie den Fall nicht dem Herrn Major vortragen dürften, von dessen Anwesenheit im Haus sie wußten. Dieser Major war in Wirklichkeit ein Kriegsoberleutnant im Regiment Deutschmeister, so wie auch der Fey damals aktiver Offizier im selben Regiment war. Aber der falsche Major mit dem echten Kronenorden hatte nichts zu sagen, weil einer, der bloß in Hauptmannsuniform herumlief, jetzt das Sagen hatte.

Dennoch ließ er sich auf ein Gespräch mit dem lächerlichen Dollfußwächter ein, der, wie einmal abgerichtet, fragte:
»Dürfen wir etwas vorbringen?«
Und der Major erwiderte beiläufig, so wie man auf dem Kasernenhof eine lästige Mannschaftscharge abfertigt:
»Was woll'n S'?«
Der Polizist bat:
»Dürfen wir einen Arzt holen?«
Das abzulehnen lag im Rahmen der allgemeinen Weisung für den Tag, und also mußte der Major nicht erst beim Hauptmann rückfragen:
»Nein! Niemand darf das Haus verlassen!«
Indessen hatte ein SS-Mann Verbandszeug beschafft und einer der im Hof befindlichen Dollfußwächter meldete sich als Hilfssanitäter. Als der Helfer in den Salon trat, bot sich ihm ein seltsames Bild: Der Bundeskanzler lag bewußtlos am Boden und sein Bewacher rauchte gedankenlos eine Zigarette. Ohne sich viel um die Pflege des historischen Mobiliars zu kümmern, schob der Wächter ein mit roter Seide bezogenes Rokokosofa herbei, um den Dollfuß mit Hilfe der anderen schon anwesenden Wächter darauf zu betten. Eine Stenotypistin hatte ihr Fläschchen Kölnischwasser zur Verfügung gestellt, und so konnte man die Stirne des Dollfuß befeuchten. Dabei tropfte einiges auf die Lippen des Bewußtlosen, der kam zu sich und erblickte Wachleute in Uniform, die sich um ihn bemühten. Mit einem Mal wurde ihm klar, daß das Gefecht noch nicht zu Ende war, daß er unter eigenen Leuten war, wenn auch unter vorläufig noch gefangenen. Jetzt bat er um Auskunft:
»Wie geht es den Ministern?«
»Gut, soviel ich weiß«,
informierte ihn einer der Wachleute, während der Wächter, schon mißtrauisch, hinhörte. So kam der Kleine Mann langsam ins Bild, er faßte wieder Lebensmut und wollte einen der Herren seines Kabinetts sprechen. An sich waren nur der auch für das Sicherheitswesen zuständige Staatssekretär und der Bundesminister Fey im Haus.

Ehe der SS-Posten den Fey holen ging, mußte er wieder um Erlaubnis fragen, und es erschien der gewesene Deutschmeisteroberleutnant am Sterbelager des gewesenen Kaiserschützenoberleutnants. An sich hätte der von den Edelknaben, wie bei den Kaiserlichen üblich, den Dollfuß mit »Du« anreden können und wohl sollen. Indessen fragte er besser unter Verwendung der Respektsform: »Herr Bundeskanzler haben mich rufen lassen?«
Einen gewesenen Bundeskanzler redet man in Österreich meistens nur per »Herr Kanzler« an; und amtierender Bundeskanzler mußte ja nach der Ansicht des gewesenen Deutschmeisters der Rintelen sein. Es gingen die Gedankenreihen hüben und drüben durcheinander, jedenfalls nicht nach Plan. Zuerst aber fuhr der falsche Major fort:
»Was wollen Sie?«
Der Dollfuß besann sich und gebrauchte dann auch nicht das unter früheren Offizieren gewohnte »Du«, das auch ihm nicht angemessen schien. Da sagte der andere, wie um sich zu rechtfertigen, noch dazwischen:
»Hätten Sie sich nicht gewehrt, wären Sie jetzt wohlauf!«
Der Dollfuß konnte jetzt, wie es ihm zustand, erwidern:
»Ich war Soldat.«
Jetzt kam zu den gewesenen Offizieren bei den Kaiserlichen noch ein dritter, ein Ritter des Militär-Maria-Theresien-Ordens, nämlich der Fey dazu. Der wieder redete mit dem ehemaligen Regimentskameraden, nämlich mit dem falschen Major, wenn der Dollfuß nicht dabei war, per »Du«. Und der Dollfuß grüßte den Fey mit dem alten Gruß der Radetzkyarmee:
»Servus Fey.«
Der Fey befand sich in einer verteufelten Lage. Nicht weil er, wie nachher gesagt, mit den SS-Männern im Bandl war, sondern weil er dieser vertrackten Lage trotz seines militärisch gut geschulten Hirns nicht gewachsen war. Hier, in dieser Situation, so schien es dem Putsch-Major, war das Gerede der beiden Männer über persönliche Dinge für die Sache der SS nicht von Wert. Er führte also seinen Regimentskameraden Fey aus dem Ecksalon und hinaus zu einem Gespräch, über das nachher viel vermutet wurde.

»Kann man einen Arzt holen, einen Arzt und einen Priester?«
fragte der Dollfuß, der jetzt für eine Weile hoffte, lebend aus der
Stellung zu kommen. Dafür waren die jetzigen Herren des Hauses
aber absolut nicht zu haben, und so versuchte es einer dieser primitiven Dollfußwächter mit einer Notlüge. So wie man im Feld einen
Sterbenden tröstet, der sich schon Gedanken wegen seiner Witwe
und seiner Waisen macht:
»Vielleicht ist kein Arzt notwendig, Herr Bundeskanzler, ich sehe
nur eine Fleischwunde.«
Da wußte wohl der Dollfuß, woran er war. Er spürte schon die
Lähmung in seinen Extremitäten, und der nutzlose Trost brachte
wenigstens Klarheit.
»Wir haben nicht angegriffen, wir haben uns nur gewehrt«,
murmelte er, so als meldete er einem allerhöchsten Vorgesetzten
nach Verlust der Stellung, daß er sich keine unnützen Stückel geleistet hat bei der Verteidigung seiner Stellung. Die Wächter legten
dem Sterbenden Bauscherl auf die Wunden, da führte man wieder
den Fey herein, der den Dollfuß fragte (da er sah, was los war):
»Wie geht's Dir?«
Ganz dasig sah der Fey drein. Er wurde mit seiner Lage nicht fertig
und er sah, in welchem Zustand der Dollfuß schon war. Viel konnte
der Theresienritter dem Dollfuß nicht sagen, denn der falsche Major
befahl dem echten Major:
»Kommen wir zur Sache! Es interessiert uns nicht, was hier herum-
geredet wird!«
Und zum Dollfuß:
»Geben Sie Befehl, daß die Exekutive jede Aktion auf das Bundeskanzleramt unterläßt, bis der Doktor Rintelen ins Haus kommt und
die Regierung übernimmt.«
So hat der Dollfuß unmittelbar vor seinem Sterben nochmals die
wahre Lage erkennen können: Denn einem gewesenen Bundeskanzler braucht man nicht einen Befehl an die staatliche Exekutive
abzupressen versuchen, wenn man bereits die Macht ergriffen hat.
Laut erwiderte er:
»Ich will kein unnützes Blutvergießen.«
Damit konnte die SS im Moment nichts mehr anfangen. Sie drängte

den Fey weg vom Sofa und hinaus auf den Balkon, von dem am 13. März 1938 zum ersten Mal die Hakenkreuzfahne wehen wird. Damit aber der Fey nicht etwa vom Balkon hinunter auf den Ballhausplatz springe und also der SS entkomme, hielt einer, der sich flach auf den Boden legte, den Fey an dessen Füßen umklammert. So entstand bei denen, die das Bundeskanzleramt umstanden, der falsche Eindruck, Fey hätte sich quasi für die Absichten der SS hergegeben. Was der Fey im Moment sagte, konnte der Dollfuß nicht verstehen. Jetzt ging es für ihn aufs Letzte und die Dinge dieser Welt, seine Familie ausgenommen, wurden für ihn gleichgültig, wie nie zuvor. Vielmehr tat er, was einmal ein Christenmensch angesichts der vier letzten Dinge tun sollte. Schon in der einklassigen Landschule, vor vielen Jahren, hat er gelernt, was er nachher bei Todesgefahr im Feld oft tun mußte. Ist kein Priester da, dann kann ein Sterbender Vergebung seiner Todsünden erlangen, wenn er vor Gott aufrichtig Reue und Leid erweckt, hoffend auf die Fürbitte der Muttergottes.

Der Dollfuß wird das nicht vergessen haben. Denn zuletzt schien er ganz gefaßt, als er den um sein Sterbelager stehenden Polizisten mit einer Stimme auftrug, als hätte er nur einen Spaziergang vor sich: »Ich laß meine Frau und die Kinder grüßen!«

So ist er gestorben und die anderen, die im Untergrund, sagten: Jetzt is' er hin. Mehr gebildete Menschen, wie etwa jene englische Dame, die einmal den Dollfuß bat, für die Teilnehmer am Schutzbundaufstand vom Februar 1934 etwas tun zu dürfen, und die nachher wirklich viel getan hat, sagte einem in Wien tätigen Landsmann:

»The knowledge that Dollfuß was really dead made me terribly happy – not just politically happy, but personally – just like getting a huge box of chocolates.«

An diesem 25. Juli 1934 hatte ein anderer gewesener Offizier bei den Tiroler Kaiserschützen noch vierundzwanzig Stunden zu leben, bis auch ihn eine, nein auch zwei Kugeln trafen, wie den Dollfuß; nicht solche der SS, sondern der SA. Nach dem Krieg hat es dieser Kamerad von Kaiserschützen nicht so weit gebracht wie der Dollfuß, obwohl beide zuletzt Kompaniekommandanten im Feld gewesen sind und von einiger Qualität.

Die Sache war nur die, daß der andere Kaiserschützenoffizier sechzehn Jahre nach Kriegsschluß noch immer bloß Kompaniekommandant war, noch dazu als Major; wo doch im Krieg Majore manchmal Regimenter oder Reste von Regimentern geführt haben. Im Bundesheer des republikanischen Österreich war für Berufsoffiziere die Leiter des beruflichen Aufstiegs nicht steil aufgerichtet. Ganz im Gegenteil. Und seit dem Untergang der Großen Armee des Großen Napoleon ist wohl keine Große Armee mit ihren Resten in derartige Miserabilitäten geraten wie das österreichische Bundesheer. Das muß man wissen und zu verstehen suchen, wenn man etwa hört, besagter Major hielt es mit der Sache des Hitler.

Die Nachricht vom Rücktritt und die spätere vom Tod des Dollfuß hat besagten Major in eine zwiespältige Stimmung versetzt. Er war nicht einer, der seine Gesinnung zuweilen vergaß, wie man einen Haustorschlüssel vergißt. Andererseits hatte er nichts für jenes Politikerdasein übrig, dem sich Kameraden im Bundesheer, wie Hauptmann Josef Leopold oder Oberstleutnant Rudolf Saliger, verschrieben, die sich in den Landtag von Niederösterreich wählen ließen. Dem Major blieb eine gewisse Scheu vor jenem Politisieren, bei dem es meistens unvermeidlich wird, sich auf Dinge und mit Personen einzulassen, die wenig oder gar nichts von einer Vorkriegsqualität des Offiziersmäßigen an sich haben. Er war Soldat, nicht einmal ein politischer Soldat und schon gar nicht einer, der Terror aus dem Untergrund schätzte. Andererseits hätte er, wäre er ein Betbruder gewesen, dem Herrgott jetzt, nach dem Tod des Dollfuß, gedankt, wenn er nicht auch noch in Weiterungen, die er auf sich zukommen sah, verstrickt worden wäre. Etwa: Auf Kämpfer mit der Hakenkreuzarmbinde schießen zu müssen.

Der Major war einer der Tapfersten, die jemals das Portepee der Kaiserlichen getragen haben. Im Krieg hat er sich zweimal im Infanteriekampf die Goldene Tapferkeitsmedaille für Offiziere verdient und sie bekommen. Der Tod war ihm so oft nahe gewesen, daß ihn kein Gedanke an diesen zurückschrecken konnte und er unter allen Umständen entschlossen war, seine Truppe mit größter persönlicher Tapferkeit im Gefecht zu führen. Skrupel, wie sie am 13. März 1848 in Wien der damalige k.k. Oberfeuerwerker Pollet gehabt hat, kamen dem Major nicht. Er war auch kein gescheiter G'studierter und keiner, der alle Bot' lang seelische Miserabilitäten hat.

In Oberösterreich operierte die Exekutive im Gegensatz zu Wien anders. Da gab es keine Launler und Brodler. Der Brigadier in Linz gab nach der Nachricht vom Überfall auf das Bundeskanzleramt aufgrund einer telefonischen Rückfrage in Wien Alarm. Er veranlaßte auch sogleich die Alarmierung des Heimatschutzes, der in diesem Land ein beträchtliches und gut ausgebildetes Aufgebot stellen konnte. So war man, ehe noch der erste Schuß fiel, der SA und den Bauernwehren des liberalen Landbunds in jeder Hinsicht überlegen.

Die SA-Männer, die auch nach der in Wien bereits gefallenen Entscheidung ins Gefecht traten, waren im Durchschnitt nicht älter als dreiundzwanzig Jahre. Im Unterschied zu den Schutzbündlern vom Februar 1934 hatten also die meisten von ihnen keine militärische Ausbildung und keine Fronterfahrung; auch hatten sie nicht bis zum letzten Augenblick die legale und mächtige Massenorganisation einer Partei hinter sich, sondern nur illegale Aktivisten, deren Zahl in Österreich nicht höher war als 80000; und der Major Eifler irrte, als er meinte, die Naziwehrformation sei besser für einen Bürgerkrieg vorbereitet als der Schutzbund. Trotzdem forderte diese SA der staatlichen Exekutive und den Wehrverbänden im Juli 1934 viel mehr Opfer ab, als im Februar dieses Jahres der Schutzbund.

Das, was einmal der Körner eine Levee en masse, also eine Volkserhebung, nannte, gab es nicht zugunsten der SA; noch weniger einen Streik gegen das System, das die jungen Männer so haßten. Wer auf die Exekutive schoß, den erwartete, wenn man seiner habhaft wurde, der Strick. In der Steiermark konnte man auf Erfahrungen zurückblicken, die dort während des mißglückten Heimwehrputsches im Jahr 1931 gemacht wurden. Viele, die damals bei der Heimwehr mitgemacht haben, standen jetzt in den Reihen der SA und kämpften gegen ihre früheren Heimwehrkameraden. Alles hing davon ab, so glaubte man in der SA, daß es diesmal nicht zu jenem kläglichen

Versagen der Führung kommen wird, die im einunddreißiger Jahr den jähen Zusammenbruch des versuchten Marsches auf Wien herbeigeführt hat.

Um erst einmal in der Steiermark dem System die Macht entreißen zu können, war es notwendig, mit der Exekutive im eigenen Land schnell fertig zu werden und jede Verstärkung dieser Exekutive, die der SA vor allem aus Oberösterreich drohte, zu verhindern. Nach einigen Anfangserfolgen der SA im oberen Enns- und Murtal hing also alles von der Sperre der Eisenbahn- und Straßenübergänge ab, die von Norden her in die Steiermark führen. Unter anderem war für die SA die Verteidigung des Pyhrnpasses notwendig, und dort ist es um den Major geschehen.

Der Major befand sich in jener kombinierten Truppe des Bundesheeres, die sich am 26. Juli 1934 westlich der Straße zum Pyhrnpaß mühsam über sehr schwieriges Waldgelände gegen die Paßhöhe schlängelte. Als man in Wien schon die umfangreichen Vorbereitungen für das Staatsbegräbnis des Dollfuß traf, fand auf besagter Paßhöhe die erste Feindberührung statt. Der erste Mann mit der Hakenkreuzbinde fiel; er war nicht älter als die sehr mäßig ausgebildeten und im Kampf unerfahrenen Männer, die jetzt der Major zu führen hatte. Die jungen Soldaten waren noch feuerscheu, es schreckte sie das Klackern des Gewehrfeuers und das Patschen, mit dem die Geschosse der SA auf Baumrinde schlugen. Als dann das Bergsteigen und die Schlepperei mit den schweren Infanteriewaffen oben auf der Höhe endlich vorbei war, wurde es ganz arg. Die Soldaten mußten über ein deckungsarmes Gelände hinweg den Sprung von der Waldlisière zum Straßendamm wagen, und bei derlei Gelegenheiten ist auch ihren Vätern im August 1914 zuerst noch mulmig geworden. Schlechter als diese Väter waren die Jungen auch nicht, wie sie alsbald in einem Zweiten Weltkrieg zu beweisen Gelegenheit fanden. Der Major tat sein Bestes, hetzte die Männer mit den MGs, bis sie seinen Alpenjägern Feuerschutz geben konnten. Dann ging er resolut aus der Deckung im Wald heraus und 'ran an den Straßendamm. Nichts geschah ihm, und also gingen die Jäger hinter ihm her. Jetzt aber kam das Schwerste: der Sprung über die vom Regen kalkweiß gewaschene Fahrbahn der Straße, auf die die SA-Männer todsicher eingeschossen waren. Und je präziser das Feuer der SA wurde, desto zögernder fielen die Sprünge der Jäger aus. Zu allem Unglück fiel in diesem Moment der Oberstleutnant aus, der das Kommando über den kombinierten Verband des Bundesheers hatte. Jetzt war der Major an dessen Stelle. Ohne sich sofort um das Ganze zu kümmern, wollte er selbst noch, vom Fleck weg, seine Jäger über die Straße hinwegführen. Er dachte im Moment weder an die SA-Männer noch an seine neue Aufgabe und wohl auch nicht an den Tod, als er sich aus der Deckung erhob. Im selben Moment trafen ihn zwei Schüsse.

Der Major bekam, was nach den Umständen selbstverständlich ist, eine bessere ärztliche Versorgung als der Dollfuß. Nachkommende Sanitäter bargen ihn und ein Sankra brachte ihn in sausender Talfahrt ins Spital. Aber der Tod wollte beide Kaiserschützen haben, und so erlag der Major seinen Verletzungen. Es ist nicht überliefert, was er zuletzt sagte. Wahrscheinlich redete er, wie der Dollfuß, von seiner Familie. Der Nachfolger des Dollfuß wird sich des Sohnes des Majors annehmen, so wie überhaupt der Schuschnigg bemüht blieb, Wunden des Bürgerkriegs zu verbinden. So kam es auch, daß, im Gegensatz zur Zeit nach dem Schutzbundaufstand im Jahre 1934, von den Toten der Exekutive des Sommers 1934 immer weniger die Rede war. Folge davon wurde, daß eine Generation später diese Toten überhaupt vergessen waren und einer neuen Jugend ohne weiteres gesagt werden konnte, das Bundesheer hätte vor dem Zweiten Weltkrieg überhaupt nur auf Arbeiter und Arbeiterwohnungen, also auf Sozialisten geschossen. Für andere Feinde, insbesondere für solche von außen her, sei es aber zu feige gewesen. So bekamen die Gefallenen vom Juli in jedem Fall unrecht, während die Schutzbündler vom Februar 1934 den Ruhm bekamen, sie seien angegriffen worden und als Verteidiger allein im Recht gewesen.

Später, als eh' schon alles aus gewesen ist mit Österreich, hat man gesagt, der Dollfuß und nach ihm der Schuschnigg hätten ihre Sache deswegen verspielen müssen, weil sie keine guten Demokraten waren, sondern eben Klerikofaschisten. Für derlei Typen bestünde aber in den Großen Demokratien des Westens nur mäßige Sympathien. Hätte man die Sozialisten in Österreich an die Regierung gelassen, dann, ja dann hätten der Hitler und seine Partei in Österreich keine Chance bekommen.

Dabei hatte um die Zeit, als der Dollfuß fiel, der Hitler ein viel besseres Image bei den gestandenen Demokraten in Europa als der Dollfuß. In London amtierte 1933 Sir Robert Vansittard, an sich ein guter Hasser des Hitler, wenn auch nicht gerade Leiter der englischen Außenpolitik. Von Sir Robert stammt jenes berüchtigte Memorandum, in dem er seine Regierung warnt, auf Österreich zu setzen. Österreich sei ein Loosing-horse, und auf ein solches Pferd setzt kein vernünftiger Rennplatzbesucher. Nach dem Ende des Dollfuß, über das gewiß nicht alle Engländer dermaßen entzückt waren wie die vorhin erwähnte Lady, warnte der damalige englische Botschafter in Berlin, Sir Eric Phipps, erneut seine Regierung vor Troubles in Mitteleuropa:

»Ich persönlich glaube, daß wir, wenn wir an Hitlers Grenzen im Südosten zuviel Stacheldraht errichten, das Raubtier nach dem Westen zurücktreiben...«

Das war entschieden einleuchtend. Denn besser war es, für besagtes Raubtier einen Köder im Gelände liegen zu lassen. So wie man im Busch eine meckernde Ziege an einen dürren Baum kettet, um den Löwen zu locken. Doch: Was bedeuteten derlei treffende Äußerungen aus dem Geist der Realpolitik, verglichen mit dem ungeheuren Lob, das der damalige Grand Old Man des Liberalismus im sterbenden Europa, Lloyd George, dem Hitler erteilte. Lloyd George, der einmal gerne gesehen hätte, wie man nach 1918 einen Deutschen Kaiser aufknüpft, besuchte den Hitler. Heimgekehrt erklärte er vor der Öffentlichkeit seines Landes:

»Ich wünsche nur, daß wir heute einen Mann von seinen Eigenschaften in der Führung unseres Landes hätten.«

Uns und unser, das stand für: Die Engländer und England. Der fragliche Mann aber war der Hitler.

Und nicht zuletzt: Ramsay MacDonald, einmal unter den Gründern der Labour Party, zu Dollfuß' Zeiten englischer Premierminister, wenn auch mit einiger Distanz zu früherer Herkunft und Einstellung. Er sagte rundweg heraus, er habe

»von Anfang an nicht an die Berichte über die Ausschreitungen ge-
glaubt... und außerdem sehr wohl den Charakter und die Umstände, die eine Revolution begleiten, verstanden.«
Er habe eben Verständnis für die Bewegung des jungen Deutschland
und er werde keine Kritik daran üben. Noch mehr derlei Verständnis hatte um diese Zeit einer der ganz Großen des Sozialismus in Europa, der Schwede Gunnar Myrdal.
Da war es geradezu eine Selbstverständlichkeit, wenn sich auch die
seit Februar 1934 in Brünn erscheinende Wiener »Arbeiter-Zei-
tung« mit dem Phänomen des Raubtiers in Europa in einer ver-
ständnisvollen Weise beschäftigte. Ein Gedicht, das Heinrich
Heine nach 1849 den von den Kaiserlichen unterdrückten Aufständischen in der Monarchie widmete, erwies sich als eine ausdrucks-
starke politische Parallele zu gegenwartsnahen Vorgängen im Dollfußösterreich:

> Anständige Bestien sind es doch,
> Die ganz honett dich überwunden,
> Doch wir gerieten unters Joch
> Von Wölfen, Schweinen und gemeinen Hunden.

Anständige Bestien waren der Hitler und seine Leute; die Klerikofaschisten in Österreich aber waren Wölfe, Schweine und gemeine
Hunde. Schon weil sie klerikal waren, als Pfaffenknechte mit der
Brutalität der Dummen und der Grausamkeit der Feigen.
Im Jahr nach dem Tod des Dollfuß versuchten es Reste der Entente
Cordiale der Kriegszeit noch einmal, das frühere herzliche Einverständnis zwecks Umgang mit den Deutschen herzustellen. Der Hitler hatte nämlich im März 1935 die allgemeine Wehrpflicht im Reich
eingeführt und damit jene Sicherheit, welche die Rache von Versailles mit sich bringen sollte, zunichte gemacht. Und während im Europa schon die Sturmvögel aufflogen, entfachten in der Schweizer
Stadt Stresa Engländer, Franzosen und Faschisten aus Italien ein
mildes Lüftchen, wie es etwa entsteht, wenn eine alte Dame mit einem müden Fächeln von der abgestandenen Luft ihres Boudoirs
sich zu befreien sucht.
Das war der Geist von Stresa: Bestehende Verträge müssen gehalten

und dürfen nicht einseitig gebrochen werden. Und damit diese uralte Spruchweisheit mit einem neuen Geist erfüllt werde, ohne daß gerade der Hitler direkt betroffen wurde, schrieb man ins Abkommen von Stresa: To inspire their common policy, also zur Anregung der gemeinsamen Politik der Franzosen, Engländer und Italiener, einigte man sich ein weiteres Mal zwecks Wahrung der vor vielen Jahren schon in Versailles und Saint-Germain (und nachher oft genug) statuierten staatlichen Unabhängigkeit Österreichs.

Für die illegalen Nationalsozialisten war Stresa gut für einen ersten starken Wiederauftrieb nach dem 25. Juli 1935. Erstens war danach klar, daß sich die im Westen an den Hitler nicht mehr herantrauten. Und zweitens war damit die staatliche Unabhängigkeit Österreichs ein weiteres Mal als Blinddarm von Versailles und Saint-Germain bloßgestellt. Von nun an gings wieder bergauf.

Dies um so mehr, als sich the common policy von Stresa und das dortige inspiring bald als ein morscher Fetzen Hadern erwies. In Frankreich kümmerte man sich nicht mehr groß um Österreich, sondern um die Sache der Genossen in Spanien und die dort von den Kommunisten gesteuerte Volksfront, also einer Demokratie mit mäßigen Qualitäten. Mussolini aber ließ sich auf einen Feldzug gegen Äthiopien ein, geriet dabei in eine peinliche Bredouille und bald in jene unauflösbare Abhängigkeit vom Hitler, die ihn einmal das Leben kosten wird. England aber machte innerhalb kürzester Zeit eine Politik, die im schärfsten Gegensatz zum Geist von Stresa stand. Es erklärte sich nämlich bereit, dem Hitler eine Aufrüstung der deutschen Marine bis zum Stand von 35 % jenes der englischen Flotte zuzugestehen. Das aber war eine sehr einseitige Verletzung der internationalen Abmachung von Versailles. Und hatte der Hitler die Wiederaufrüstung zu Land noch im Widerspruch zu den Siegern von 1918 wagen müssen, so hatte er jetzt für die vertragswidrige Seerüstung die ausdrückliche Zustimmung der größten Seemacht der Welt.

Der Völkerbund, aus dem das Reich längst ausgetreten war, fing an zu verkümmern. Nachdem in Genf Sanktionen über Italien wegen des Angriffs auf das Völkerbundmitglied Äthiopien verhängt worden waren, schlug der Mussolini in Genf die Tür hinter sich zu. Japan, das wegen eines Kampfes gegen China, dem Verbündeten von 1918, Schwierigkeiten mit dem Völkerbund bekam, trat aus. Fügen wir gleich an dieser Stelle ein: Als 1939 die Sowjetunion ihren Krieg gegen das vereinsamte Finnland begann, verurteilte diesen Krieg zwischen zwei Mitgliedern des Völkerbundes der restierende Invalide aus 1919. Aber schon kümmerte sich kein Hund um Genf, am wenigsten der Hitler und der Stalin, die sich um 1939 sehr einig waren. Die Sowjetunion jedenfalls wollte nie mehr etwas von Genf hören. Da haben doch jene Amerikaner Recht bekommen, die 1919 erst gar nicht nach Genf gingen.

Nur ausgesprochene Narren und Verbrecher, wie die Dollfußanhänger in Österreich, konnten die Anerkennung, die damals der Hitler aus West und Nord und Süd, bald auch aus Ost, bekam, nicht teilen. Mit der Zeit ärgerte man sich im Westen über diese lächerliche Starrsinnigkeit, zumal der Hitler sogar vor dem Reichstag erklärte, seine Politik der Überraschungen sei nunmehr abgeschlossen.

In einem solchen Klima der internationalen Politik mußte die Sache des Herrn von Papen, seit dem Tod des Dollfuß Gesandter beziehungsweise Botschafter des Hitler in Wien, besonders gut gedeihen. Denn Herr von Papen verstand es ausgezeichnet, die Regierungsclique in Wien zu pflanzen, wie man in dieser unmöglichen Stadt zu sagen pflegt. Ansonsten unterschied sich Herr von Papen in vielen Dingen sehr zu seinem Vorteil von diesem Dollfuß. Er war nicht das ledige Kind einer Bäuerin, sondern von guter Herkunft. Zudem war er ein geistvoller, brillanter Causeur, wie solche in den Wiener Salons schon selten wurden und aus Kreisen des dortigen Regierungssystems nicht immer stellig gemacht werden konnten. Auch war er ein ausgezeichneter Herrenreiter und überhaupt in allen Sätteln gewandt. So wie der momentane Sachwalter der betont Nationalen und Nationalsozialisten in Österreich, Edmund Glaise-Horstenau, war auch Herr von Papen nach seiner berufsmäßigen Herkunft Generalstäbler. Allerdings nur Hauptmann bei Preußens und nicht Oberst wie der Glaise-Horstenau bei den Kaiserlichen. In Kreisen mit Besitz und Bildung rechnete man es vielfach

191

den ganz unmöglichen Schwarzen, die nicht einmal der Starhemberg endlich hinausbefördern und unschädlich machen konnte, sehr zum Nachteil an, daß ausgerechnet sie dem guten Katholiken, als der sich Herr von Papen auswies, so viel Mißtrauen entgegenbrachten.

So saß Herr von Papen in seiner Botschaft, wie ehedem ein geschaßter Offizier, der wegen seiner guten Garderobe als Acquisiteur einer bürgerlichen Leichenbestattung Arbeit bekommen hat, im nahen Kaffeehaus; um das Ableben der Sterbenden abzuwarten und als erster ins Geschäft zu kommen.

Noch immer stand damals in der Wiener Innenstadt, in der Teinfaltstraße, das verlassene Gebäude der ehedem mächtigen Bodenkreditanstalt, einmal Hochburg des Bankgeschäftes im alten Österreich. Wo waren aber die Zeiten, in denen in diesem Gebäude nach 1933 Einheiten des Schutzkorps der Dollfußregierung kaserniert waren? Längst war es um 1936 aus mit der Heimwehr und anderen sogenannten vaterländischen Wehrverbänden. Es hat nicht einmal der illegalen SA und SS bedurft, um diese Haufen jetzt endlich außer Evidenz zu bringen. Es geschah von amtswegen. Das freute Herrn von Papen, der nie etwas von Typen wie dem ehemaligen Reichswehrhauptmann Röhm oder dem Fürsten Starhemberg gehalten hat. Von der SS, die klug genug war, Herrn von Papen nie zu trauen, gar nicht zu reden.

Und dann kam es am 11. Juli 1936 zu einem Abkommen zwischen Berlin und Wien; den Partnern des verstorbenen Dollfuß aufgrund der Römischen Protokolle 1934, Italien und Ungarn, ist es nämlich auf die Dauer zu strapaziös geworden, wegen der Österreicher eine Belastung ihrer Beziehungen zum Hitler zu haben. Sie drängten die Regierung in Wien geradezu auf den Weg einer momentanen Entspannung zwischen den beiden deutschen Staaten. Und maßgebende Kreise der Industrie in Österreich hatten längst eingesehen, daß jeder Schilling für die Heimwehr hinausgeschmissenes Geld war; stand doch fest, daß der Hitler in jedem Fall eine viel sichere Gewähr vor den Roten aller Richtungen bot als die Heimwehr und Konsorten.

Also: In unmittelbarer Nähe des oben erwähnten Bankgebäudes befindet sich ein Haus, das bessere Zeiten erlebt hat. Auch in diesem Haus wurden nach 1918 aus Nobelwohnungen Bürolokalitäten und in den dreißiger Jahren aus Bürolokalitäten leerstehende Räume. Da war es noch ein Glück, daß – wie man erfuhr, mit Wissen der Regierung – ein seltsames Gremium in eine dieser leerstehenden Wohnungen einzog. Worum handelte es sich bei dem dort installierten sogenannten Siebener-Ausschuß? In den USA hätte man schon damals in Militärkreisen gesagt: um einen Check-Point. In diesem Fall um einen Check-Point im Verkehr zwischen der Systemregierung und Vertretern der betont Nationalen und Nationalsozialisten in Österreich. Siebener-Ausschuß wegen der Zahl der dort tätigen Prominenten:

Oberster Kontrolleur in der Teinfaltstraße war ein Arzt aus Niederösterreich. Schmisse, die er einmal, als er bei der Prager Burschenschaft »Ghibellinia« aktiv war, bezogen hat, wiesen ihn betreffs Herkunft und Gesinnung genügend aus. Dieser Arzt hieß Dr. Hugo Jury, 1945 wird er durch Selbstmord enden. Rechte Hand des Jury und Kurbler im Siebener-Ausschuß war aber ein gewisser Leopold Tavs, gewiß kein solcher Heiliger, wie sein Taufpatron, der Schutzpatron des Landes Niederösterreich, Herzog Leopold der Heilige. Tavs war es leid, ständig bei seiner Tätigkeit im Untergrund von der Polizei behelligt zu werden, und so wurde er zum Erfinder einer behördlich konzessionierten Illegalität in Österreich. Als Texter war Herr Gilbert In der Maur beigegeben, verläßlich national und antiklerikal.

Auch Bundesminister Glaise-Horstenau hatte seinen Verteter in der Teinfaltstraße: Egbert Mannlicher, gerühmt als Verwaltungsjurist bis an seinen Tod in Ehren, der noch lange auf sich warten ließ. Selbst Kreise der Heimwehr, deren Reste nach der Auflösung ihrer Formationen als Cliquen in Kaffeehäusern und in Landhäusern kurbelten, hatten einen Mann geschickt: Stefan Berghammer, im Heimatschutz quasi Fachmann für Fragen der Gewerkschaften, im übrigen ein Kurbler von Format. Die seit Mai 1933 mit der NSDAP in Gemeinschaft politisierende Großdeutsche Volkspartei, nach dem Ende des Parteienstaates nur mehr als Verein bestehend, entsandte als ihren Verbindungsoffizier Professor Ernst Hampel, bewährt in Auseinandersetzungen mit dem Dollfuß. Aus Kärnten, wo die Nationalsozialisten bereits im sonnigen Klima schwärmten wie Bienen vor ihrem Flugloch, kam der gewesene Landesamtsdirektor Ferdinand Wolsegger. Und die ominöse Zahl 7 trug ein schwarzes Schaf.

Der wegen seiner unausstehlichen klerikalen Penetranz den übrigen Männern des Siebener-Ausschusses zuweilen eher lästige, aber halt notwendige nationalbetonte Universitätsprofessor Oswald Menghin, ein Urgeschichtler von Weltruf. Ging man die Teinfaltstraße stadtwärts bis zum Schottenhof und durchquerte man die Höfe dieses Stiftes, so gelangt man auf kürzestem Weg in die Helferstorferstraße. Dort befand sich zur gleichen Zeit der Gefechtsstand der noch illegal operierenden Landesleitung Österreich der NSDAP, das Stabsquartier eines gewissen Josef Leopold. Auch kein Heiliger. Wohl aber ein hochdekorierter Berufsunteroffizier im bestandenen Sankt Pöltner Hausregiment Nr. 49, nach 1918 Volkswehrleutnant, zuletzt Hauptmann im Bundesheer und einer der Abgeordneten der NSDAP bis zu deren Verbot. Ein Mann mit ehrlichen Überzeugungen, dessen Laufbahn in der NSDAP deren Sieg in Österreich nicht überleben sollte; er fiel 1941 in Rußland. Als Soldat, der er eigentlich immer gewesen ist. In der Teinfaltstraße krähte nach dem 11. Juli 1936 der Hahn zum zweiten Mal im Dollfußösterreich. In der Teinfaltstraße ging es zuletzt in aller Legalität dermaßen illegal zu, daß die Polizei nicht länger zögern durfte, eine Hausdurchsuchung zu veranstalten; wonach der Hauseigentümer um einen gutzahlenden Mieter kam. Aus den in der Teinfaltstraße gefundenen Papieren ergab sich schwarz auf weiß, was in Kreisen der SA – aber nicht nur dort – Spatzen von den Dächern pfiffen:
Daß der Schuschnigg und die ganze Dollfußclique weg müssen.
Daß eine Übergangsregierung, egal welche, her muß, um erst einmal der NSDAP zur Legalität und zur ungezügelten Agitation und Propaganda zu verhelfen. Daß klerikale und andere unsichere Kantonisten aus der Öffentlichkeit zu verschwinden haben (wohin wurde noch nicht gesagt). Daß später in Österreich eine nationalso-

zialistische Regierung proklamiert werden muß, zuerst für ein vorläufig noch unabhängiges Österreich. Ein geneigter Leser wird später finden, daß es um den 11. März 1938 genau so gekommen ist in Österreich, wie ehedem in der Teinfaltstraße erdacht.

Manche glaubten nicht diesen beschlagnahmten Papieren. Denn in der Teinfaltstraße enstanden auch andere Pläne, die absurd zu sein schienen. Etwa, daß man den Botschafter von Papen umlegen müßte, um nachher die Tat den Vaterländischen und der Regierung des Schuschnigg in die Schuhe zu schieben. Oder: daß man die Fenster der deutschen Botschaft in Wien einschmeißen müßte, um auch dafür vaterländische Radikalinskis verantwortlich zu machen und Berlin eine Handhabe gegen die Schuschnigger zu verschaffen.

Wie gesagt, die Regierung schloß das Büro in der Teinfaltstraße, aber um diesen gefällten Baum wuchsen immer mehr Anhänger des Hitler in Österreich. Wie Schwammerln.

Eine Lesebuchgeschichte ist längst die Erzählung von jener Begegnung des Schuschnigg mit dem Hitler, die am 12. Februar 1938 in Berchtesgaden stattgefunden hat. Auf den Tag genau vier Jahre nach dem Februaraufstand des Schutzbundes im vierunddreißiger Jahr. Für seine Leistung bei dieser Unterredung gebrauchte nachher der Hitler jenes besonders gerne von ihm im Mund geführtes Tätigkeitswort, das im Englischen »to bluff« heißt. To bluff, auf Deutsch: verblüffen, Eindruck schinden, ins Bockshorn jagen. Oder: dreist auftreten. Feinde und Freunde des Schuschniggs mögen sich über das damalige Betragen des Hitler und die darauf erfolgte Reaktion des Schuschnigg die ihnen zusagende Übersetzung von to bluff machen. Die Freunde des Schuschnigg haben nachher erlebt, wie gute Demokraten der ČSR oder Dänemarks dem Hitler begegneten, wenn dieser bluffte; und waren eher beruhigt wegen des Gesprächsverlaufs vom 12. Februar 1938, dessen Wortlaut wir übrigens größtenteils dem Schuschnigg verdanken.

Natürlich konnte der Hitler nach dem 11. Juli 1936 und nach dem Ende des Siebener-Ausschusses und nach dem Versacken anderer Angriffe auf den Schuschnigg nicht für alle Zukunft derlei Versager hinnehmen. Also ließ er den Schuschnigg durch Herrn von Papen nach Berchtesgaden locken, um ihm, quasi über die Visierlinie einer Schußwaffe, zu sagen, woran das unabhängige Österreich war. Daher die Generalität des Hitler, die für diesen Tag nach Berchtesgaden befohlen wurde; sie, die seit Anfang 1938 ohnedies politisch machtlos war und nichts zu reden hatte, am 12. Februar 1938 aber in den stummen Rollen jener Vermummten im Hintergrund, die in Schillerdramen zuweilen verhängnisvolle Rollen spielten. Denn einen Monat nach dem 12. Februar 1938, am 12. März 1938, war der Schuschnigg nicht mehr Kanzler, sondern Gefangener der SA in Wien.

Der Oberkellner des Restaurants im »Hotel Ambassador« am Neuen Markt in Wien scheuchte die Marköre weg, die einige prominente Gäste mit Mokka und Likören umdienerten. Damals, am 3. März 1938, bestand noch eine Steinwurfweite vom »Ambassador« entfernt, jenes »Hotel Meißl und Schaden«, in dessen Speisesaal 1916 ein junger Sozialdemokrat den fast erblindeten k.k. Ministerpräsidenten niedergeschossen hat. Indessen: Im März 1938 sollte nicht geschossen werden.

Allein in der Nähe der vier Prominenten geblieben, zog der Ober aus der Gesäßtasche seines Kellnerfracks ein rotgebundenes Büchel hervor. Prominente Gäste hatten zuweilen die Ehre und Auszeichnung, auch ihren Namen dieser Autogrammsammlung eines Wiener Ober hinzufügen zu dürfen. Zweifellos handelte es sich im gegebenen Fall um die Vorhut einer neuaufkommenden Prominenz. Der Ober kannte vom Sehen den am Tisch sitzenden österreichischen Innenminister Doktor Seyß-Inquart; indessen schien der gar nicht der Angesehenste in dieser Tischrunde zu sein. Gastgeber und tonangebend war ein Reichsdeutscher, nebem ihm saß ein Österreicher mit Studentenschmissen, den der Ober nicht kannte. Nachher im Rang schien der Minister zu sein. Nachdem der Ober derlei Fakten und anderes bei sich erwogen hatte, ging er mit der ausgesuchtesten Höflichkeit besagten Reichsdeutschen an und bat ihn um sein Autogramm. Der schrieb einfach Wilh. Keppler hin, ein Name, der dem Ober nichts sagte. Nachher schrieb der mit den Schmissen: Dr. Hugo Jury, als Dritter unterschrieb der österreichische Minister

und zuletzt offenbar wieder ein Reichsdeutscher. Ein Dr. Veesen-
mayer.
Letzterer blätterte dann ein wenig in dem Büchel und bemerkte
dann in kühlem Ton:
»Seltsam diese Prominenz, die Sie da vermerkt haben.«
Der Ober dienerte und erwiderte mit jener Art von Diplomatie, die
mit zum Können in seinem Fach gehört:
»Nur jeweils die wirkliche Prominenz, keine von gestern.«
Der Herr aus dem Reich lächelte maliziös und schloß die Konversa-
tion mit einer Frage an den Ober:
»Na – und wer wird wohl nach mir als nächster seinen Namen in Ihr
Büchlein schreiben?«
Das konnte der Ober trotz des Geruchs des Kommenden, den er
schon in seiner Spürnase hatte, nun wirklich nicht wissen. Und er
sagte nur:
»Sicher wieder eine bedeutende Persönlichkeit.«
Die nächste Eintragung, die unter den Namen des Dr. Veesenmayer
zu stehen kam, enthielt drei Namen, bei deren Nennung bald vielen
in Europa eine Gänsehaut über den Rücken laufen wird:
Himmler, Heydrich, Dr. Kaltenbrunner.
Natürlich konnte der Ober im »Ambassador« am Abend des 3.
März 1938 nicht wissen, was die Herren Keppler, Jury, Seiß-In-
quardt und Veesenmayer am weißen Tisch besprochen haben. Kurz
gesagt: Sie unterhielten sich noch einmal über den Inhalt eines Ul-
timatums, das der Keppler, seit 1937 Beauftragter des Hitler für
Parteiangelegenheiten in Österreich, dem Schuschnigg in dessen
Wohnung Landstraßer Gürtel Numero 3 vortragen wird.

Als der Keppler am 5. März 1933 besagten Besuch dem Schuschnigg
machte, fiel auf, daß der Beauftragte des Hitler weder kommissig
wie der Hauptmann Leopold, noch polternd wie der künftige Gauleiter von Wien, Odilo Globocnik, war. Keppler war bereits Herr
der Situation und konnte letzten Endes auf Unhöflichkeiten verzichten. So fing das historische Gespräch zwar stürmisch an, endete
aber in konzilianter Form. In der Sache hatte der Keppler dem
Schuschnigg eigentlich nur mehr die bedingungslose Kapitulation

vorzuschlagen: Einen Gewährsmann des Hitler für die Wirtschaftsangelegenheiten in Österreich. Verdoppelung der zum Dienst in der deutschen Wehrmacht – laut Absprache in Berchtesgaden – abzustellenden Bundesheeroffiziere sowie Verdoppelung der dem Bundesheer zuzuteilenden Offiziere der Wehrmacht, praktisch also die Auslieferung der Armee an den Obersten Befehlshaber der Wehrmacht, den Hitler. Ferner Unterstellung der Nationalbank puncto Devisenpolitik unter die Maxime der Reichsbank. Freier Verkauf des VB in Österreich. Endliche Legalisierung der NSDAP und ihrer Gliederungen.

Der Schuschnigg hätte annehmen und damit vom Fleck weg Gefangener in einem Goldenen Käfig des Hitler werden können. Er lehnte aber ab und damit gerieten die letzten Dinge vor dem Ende Österreichs doch besser als nachher in der ČSR und in Dänemark. Der Keppler aber konnte vor seiner Rückkehr nach Berlin zu Papier bringen:

»Die österreichische Partei befindet sich nunmehr in bester Verfassung. ... Auf der Gegenseite sind viele, die nun ihr langjähriges nationalsozialistisches Herz entdecken.«

Nicht eben schmeichelhaft für die Österreicher, aber fatal für den Schuschnigg, der solche Deserteure um sich gehabt hat.

Jetzt war Eile geboten. Oft und längst ist in der Umgebung des Schuschnigg der Plan einer Volksbefragung im Dollfußösterreich erwogen worden. Früher wäre ein solches Experiment vielleicht nicht ein so kalkuliertes Risiko gewesen wie jetzt, da der Hitler offenbar aufs Ganze ging. Indessen war keine Zeit mehr zu verlieren und am Tag nach der Unterredung mit dem Keppler gab der Schuschnigg dem Generalsekretär der Vaterländischen Front den Auftrag, vom Fleck weg eine Volksbefragung für den nächsten Sonntag, für den 13. März 1938, vorzubereiten. Niemand in Österreich ahnte, daß an diesem nächsten Sonntag sich das vollziehen wird, was seit 1918 immer wieder Ziel aller im früheren Nationalrat vertretenen Parteien gewesen ist: Der Anschluß Österreichs an das Reich.

Und jetzt sollte besagter Generalsekretär den letzten Widerstand gegen eben dieses Ereignis organisieren. Der Name des Generalsekretärs war Zernatto, Guido Zernatto. Im Krieg zu jung für die Front, nachher Abwehrkämpfer in Kärnten, dann aktiv bei der Wiener Burschenschaft »Albia« (der auch der Zionist Herzl einmal angehört hat) und immer mehr und mehr ein Dichter von außergewöhnlichem Format. Aber kein durchtrainierter Politiker und kein Routinier der Staatspolitik. So unterliefen ihm zwei verhängnisschwere Fehler. Zunächst sprach er von einer Volksabstimmung, während der Schuschnigg doch das Wählervolk zu einer Volksbefragung aufrufen wollte. Und dann diktierte er einer Frauensperson im Generalsekretariat ein Memorandum, in dem so ziemlich alles über die geplante Volksbefragung zu lesen war. Eben dieses Memorandum brachte besagte Frauensperson Gewährsleuten des Hitler in Österreich zur Kenntnis, so daß man schon am 7. März in Berlin wußte, was der österreichischen Öffentlichkeit noch nicht bekannt war.

Am 8. März suchte der Schuschnigg, anfänglich nicht ohne Erfolg, auch seinen Innenminister, den Doktor Seyß-Inquart, für seinen noch geheimen Plan zu gewinnen. Und erst am 9. März 1938 gab der Schuschnigg in Innsbruck auf einer Kundgebung der VF die Parole seiner Volksbefragung bekannt. Gefragt war ein JA zu den Prinzipien der Verfassung vom Mai 1934, wobei aber die ausdrückliche Erwähnung des autoritären Prinzips unterblieb. Die seit dem Tag von Berchtesgaden in Ungewißheit und Sorge lebenden Anhänger des Schuschnigg waren froh und begeistert, daß jetzt endlich die Stunde der Entscheidung gekommen war.

Und: Im Moment waren die Aussichten des Schuschnigg nicht übel. Selbst die Wiener, in der Mehrzahl keine Anhänger des Schuschnigg, erkannten die jetzige Alternative:

Entweder bleibt der Schuschnigg *oder* es kommt der Hitler.

Und gegen das Kommen des Hitler waren auch die im Untergrund gegen den Schuschnigg kämpfenden Sozialisten, die das im Land herrschende System nicht weniger haßten als die illegalen Nationalsozialisten. Immerhin durfte im Moment der Schuschnigg mit einer Mehrheit für ein JA zur Volksbefragung rechnen. Vielleicht sogar mit mehr als 60 Prozent. Damit rechnete auch der Hitler und also

setzte er sofort alle Machtmittel ein, um die Volksbefragung in
Österreich unter allen Umständen zu verhindern. Der gewissen
Wienern eigene politische Schlendrian ließ diese in der Spätkrise ihres Staates vergessen, daß es eigentlich gar nicht mehr um die Mehrheit anläßlich der Volksbefragung ging, sondern um ein Durchstehen der Krise, die der Hitler zwecks Verhinderung der Befragung
bis aufs äußerste steigern wird.

Der 11. März 1938 war ein Tag, an dem Wien seinem angeblichen
Namen als Stadt der Winde alle Ehre machte. Der Tag war wetter-
wendisch, die meisten rechneten mit einer aus dem Westen kommenden Schlechtwetterfront. Vorerst wirbelte der Wind die in den
Straßen Wiens gestreuten unzähligen Propagandazettel für die
Volksbefragung auf und trieb mit dem Papier zuweilen einen ge-
spenstischen Tanz.

In Berlin ließ der frischgebackene Generalfeldmarschall Hermann
Göring die Österreicher wissen:

»Gnade Gott diesem Mann, wenn der uns einen Krieg ein-
brockt.«

Um die Wahrheit zu sagen: Der Göring verhielt sich so, wie ein
Mann, der daran ist, ein Haus in Brand zu setzen und der einen anderen mit der Pistole für den Fall bedroht, daß dieser etwa die Feu-
erwehr verständigt.

Besagter Mann war der Schuschnigg. In der Nacht zum 11. März
war ihm die Nachricht zugekommen, daß in Bayern Truppen für
den Einmarsch nach Österreich versammelt werden. Er verließ
also, zum letzten Mal für viele Jahre als freier Mann, sein Haus und
machte auf der Fahrt auf den Ballhausplatz Halt, um vor dem Gna-
denbild der Muttergottes in der Stephanskirche zu beten. Im Amt
schien es, als würde ein Routinebetrieb anlaufen, dann aber wälzte
sich ein Wust von Kassandrarufen an den Bundeskanzler heran.
Vorsorglich und eingedenk der Ereignisse des 25. Juli 1934, hatte
dieser der Polizei und dem Gardebataillon des Heeres Auftrag gegeben, die Zugänge zum Ballhausplatz zu sperren. Die erste üble
Nachricht legte der Pressereferent des Amtes vor. In den »Wiener
Neuesten Nachrichten« erschien eine scharfe Absage an die geplante Volksbefragung. Verfaßt vom Staatsrat Dr. Jury, immerhin

noch vereidigt auf das bestehende System, im übrigen prominenter Mitesser im »Ambassador« am 3. März, also vor einer Woche. Um halb zehn Uhr erschienen vor dem Kanzler das Dioskurenpaar Doktor Seyß-Inquardt und Glaise-Horstenau. Sie eröffneten, vom Göring sei verlangt worden, die Volksbefragung innerhalb einer Stunde abzusagen. Bei dieser Gelegenheit sagte der Glaise-Horstenau zum Bundeskanzler, so wie ein Oberst zu einem Leutnant: »Du – wenn wir nicht mit dem Plebiszit aufhören – marschiert der Hitler.« Nachher stießen beide Herren zum Stab der illegalen NSDAP, um so dabei zu sein, wie von dort aus dem Schuschnigg eine Frist bis 14 Uhr gegeben wurde, binnen der die Volksbefragung abzusagen war. In diesem Moment gingen die beiden Angehörigen des Kabinetts Schuschnigg über, begann die Felonie. Während der Unterredung mit dem Duo Seyß/Glaise dachte der Schuschnigg einen Moment an ein Blitzgespräch mit Rom. Als aber die Herren gegangen waren, bestellte er das Telefonat ab, um sich beim Bundespräsidenten anzumelden. Ehe er noch dahin gelangte, wurde ihm ein Kabel aus Rom überreicht: »Die italienische Regierung erklärt, wenn sie konsultiert wird, in der gegenwärtigen Lage keinen Rat erteilen zu können.« Gegenwärtige Lage, das bezog sich nicht auf die Spätkrise vom 11. März, sondern auf Umstände, die längst nicht mehr gegeben waren. Also: Nicht einmal fragen durfte man mehr. Nachher ging das Gespräch mit dem Bundespräsidenten hin und her. Das Staatsoberhaupt war nicht willens, vor dem Terror aus Berlin zurückzuweichen; der Schuschnigg aber drängte darauf, nur mehr so lange seine Staatsgeschäfte zu führen, bis sein Nachfolger, der Mann der Stunde, da sein wird. Schon fing der Kanzler an, seinen Schreibtisch zu räumen.

Da war auch der Keppler wieder in Wien, um sein Werk im Auftrag des Hitler an Ort und Stelle zu Ende zu bringen. Der Keppler brachte noch einmal eine Verschiebung der militärischen Besetzung Österreichs zustande; er wird mit anderen Methoden diese Österreicher ausmanövrieren und seine Gewährsmänner, Mann für Mann, vorschieben. Über den Seyß, der von einem unabhängigen

Österreich faselte, lächelte der Keppler, und der Göring bemerkte vieldeutig:
»Na, das wird sich ja ergeben…«
Der Seyß war jetzt ständig in Verbindung mit dem Göring. Aber er wollte nicht das verlangte Telegramm nach Berlin aufgeben, mit dem Truppen zur Wiederherstellung der Ordnung in Österreich angefordert werden sollten. Denn Unordnung machten nur die Aktivisten des Hitler, die da und dort schon die bisherige Ordnung gestürzt hatten. Der Göring aber kam mit immer neuen Forderungen: Sperre der Grenzen Österreichs, um Devisenschieber zu fangen, Uniformierung der Formation der NSDAP für den Endkampf und – vor allem – Einsetzung von Nationalsozialisten als Landeshauptmänner. Auflösung der VF. Das ging so weiter, bis der Keppler dem Göring meldete, die Regierung Schuschnigg habe Befehl gegeben, es sollte kein militärischer Widerstand geleistet werden. Und der Göring, seiner Sache schon sicher:
»Na ja, das ist ja auch wurscht!«
Diese Wurschtigkeit hat noch vor dem Göring der Glaise auf gut Wienerisch zum Ausdruck gebracht. Als er an diesem 11. März 1938 wie ein unruhiger Geist durch das Bundeskanzleramt strich, traf er einen ihm bekannten Agenten aus dem Reich, welcher wissen wollte, wie die Dinge eigentlich stehen. Darauf der Glaise:
»Is' scho' a Leich'.«
Sei es, daß der Norddeutsche nicht den Dialekt des Glaise verstand, sei es, daß es ihn befremdete, wenn ein Mitglied eines immerhin noch amtierenden Kabinetts so über seinen Regierungschef sprach; jedenfalls wollte er wissen, wer die Leich' sei.
»No, der Schuschnigg. Hat scho' kapituliert«, informierte ihn der Glaise, um dann fortzusetzen:
»Hab' ihm scho' immer g'sagt: Mach de Wahl net. Die werd'n marschier'n. Und der macht die Wahl doch. Jetzt is er a Leich'.«
Dabei fing das mit dem Marschieren erst an. Und es wird Berge von Leichen geben, hoch, wie die Menschen noch nie solche gesehen haben.

So um halb acht, der Schuschnigg schickte sich schon an, über das

Radio seine Abschiedsworte als Bundeskanzler zu sagen, war es dem Seyß, als müßte doch etwas geschehen. War er auch noch nicht Bundeskanzler, so sollte er doch wenigstens Hausherr im Bundeskanzleramt werden, um das Heft endgültig in die Hand zu kriegen. Und also befahl er, man möge ein Sonderkommando der SS ins Bundeskanzleramt einlassen. Das anzuordnen, stand ihm als amtierender Innenminister eines im statu abeundi befindlichen Kabinetts zu. So kam die Stunde, in der es zuging, wie im Stellungskrieg. Wenn der Feind schon in die eigene Stellung eingebrochen ist und er sich daran macht, sie aufzurollen. Einige sind gefallen; andere fliehen. Die ersten heben die Hände hoch und immer weniger feuern auf den Feind. Genau so sahen an jenem Abend die SS-Männer die Lage im Bundeskanzleramt, auch wenn nicht mit Infanteriewaffen gekämpft wurde. Fast zwei Drittel der SS-Männer waren am 25. Juli 1934 schon dabei. Jetzt erlebten sie ihren Endsieg. Sie kamen in Zimmer, in denen Mitarbeiter des Schuschnigg verzweifelt am Telefon versuchten, den Widerstand da und dort aufzufrischen; denen wurde das Handwerk gelegt. In anderen Zimmern kam man ihnen schon mit dem Deutschen Gruß entgegen. Und nicht wenige Zimmer waren leer; immerhin waren die Dienststunden schon längst vorbei und niemand konnte den Insassen dieser Büros Vorwürfe machen, daß sie nicht das Ende abwarteten und sich in eine Bredouille brachten.

Das war die Hirnlähmung in der Zentrale des Staates.

Nun aber befand sich der Schuschnigg schon in jenem Ecksalon, in dem am 25. Juli 1934 der Dollfuß gestorben ist. Nur wenige Schritte von dem Platz, auf dem damals das blutgetränkte rote Sofa gestanden hat, haben die Männer von der RAVAG ein Mikrophon für die Direktübertragung der Rede des Bundeskanzlers aufgestellt. Es wurde still im Raum, der Rundfunkansager trat ans Mikrophon und sagte:
»Es spricht der Bundeskanzler.«
Die genaue Uhrzeit war: 19 Uhr 47, 13 Minuten vor den täglichen Abendnachrichten. Der Rest der Zeit, in der die Geschichte des im Jahre 1918 zu Tode getroffenen alten Österreich gewährt hat, lief

ab. Der Schuschnigg sagte, daß der Tag schwere und entscheidende Situationen gebracht hat und er beauftragt sei, dem österreichischen Volk über die Ereignisse zu berichten. Er erzählte von den Ultimaten, die von Berlin gekommen sind, in denen eine andere Bundesregierung unter einem in Berlin genehmen Bundeskanzler abverlangt wurde. Widrigenfalls für eben diese Stunde der Einmarsch deutscher Truppen in Österreich in Aussicht gestellt würde. Und da sei die Lüge, in Österreich seien Arbeiterunruhen ausgebrochen und flössen Ströme von Blut, die Regierung sei nicht Herr der Lage und könne nicht aus eigenem Ordnung machen. Das aber sei von A bis Z erfunden. Der Herr Bundespräsident habe ihn, den Schuschnigg, beauftragt, dem österreichischen Volk zu sagen, man weiche der Gewalt.

»Wir haben, weil wir um keinen Preis, auch in dieser ernsten Stunde nicht, deutsches Blut zu vergießen gesonnen sind, unserer Wehrmacht den Auftrag gegeben, für den Fall, daß der Einmarsch durchgeführt wird, ohne Widerstand sich zurückzuziehen und die Entscheidungen der nächsten Stunden abzuwarten.«

Das sagte der Schuschnigg ins Mikrophon; nicht gesagt hat er zwei Worte, die offenbar vorher der amtlichen »Wiener-Zeitung«, rechtzeitig vor deren Druck, mitgeteilt wurden. Die Worte: »ohne wesentlichen«, also: Ohne wesentlichen Widerstand. Dann kam der Schuschnigg mit knappen Worten zu einem Schluß:

»So verabschiede ich mich in dieser Stunde von dem österreichischen Volk mit einem deutschen Wort und einem Herzenswunsch: Gott schütze Österreich!«

In die Stille fiel das Wort eines Deutschen Dichters aus Österreich, der im Krieg Offizier bei den Kaiserlichen, nachher in Diensten des Neuen Österreich stand. Dieser schämte sich in einer Stunde wie dieser zum ersten Mal in seinem Leben, ein Deutscher zu sein. Sein Name war Hans Hammerstein-Equord.

Noch einmal begegnete der Schuschnigg dem Keppler, der mit dem Wohlwollen des Siegers nach den Wünschen des Verlierers fragte und meinte:

»Na, sehen Sie mal, Herr Bundeskanzler, vor acht Tagen haben Sie sich aufgeregt wegen der paar Punkte, die ich verlangte...«

So als machte man einem Sterbenden Vorwürfe, daß er den gewaltsamen Tod dem durch Gift vorgezogen hat.

Wäre nicht Wien gewesen, hätte nicht den Sinn dieses Abschieds von Österreich, nachdem auch der Bundespräsident nachgegeben hatte und die deutsche Wehrmacht anmarschierte, die Musik das Ganze interpretiert.

Nach der Rede des Schuschnigg vernahmen die Radiohörer ein Knacksen im Lautsprecher und dann fing offenbar eine Schallplatte zu laufen an. Was war das für Musik? Musik, komponiert von Franz Joseph Haydn. Der zweite Satz seines Streichquartetts C-dur, opus 73. Poco Adagio. Cantabile. Dieses, das sogenannte Kaiserquartett, hat Haydn in der Zeit, als er an seinem Werk »Die Schöpfung« arbeitete, 1798, komponiert. Damals, als sich sein religiöses und musikalisches Empfinden in dem Ausspruch vereinte: »Ich war nie so fromm als bei der Komposition der ›Schöpfung‹. Täglich fiel ich auf die Knie und bat Gott, daß er mich stärke für sein Werk.«

Das war das Gebet eines österreichischen Freimaurers in der Zeit des Guten Kaisers Franz. Haydn hat bis zum letzten Atemzug nicht neben oder über seiner Zeit gelebt. Der 2. Februar 1797, Mariae Lichtmeß, war ein besonderer Unglückstag in einer Serie von Niederlagen der Österreicher gegen die Heere der Französischen Revolution: Nach drei vergeblichen Entsatzversuchen mußte die Festung Mantua kapitulieren. Damals waren es nur mehr wenige Tage bis zum Geburtstag des Kaisers Franz. Da nahm sich Franz Joseph Haydn vor, dem Kaiser die Anhänglichkeit und Liebe in schweren Tagen auf Österreichisch zu beweisen. Er komponierte die Volkshymne, das berühmte GOTT ERHALTE. Dabei nahm sich der Haydn vor, die erste Darbietung dieser Huldigung an den Kaiser zu dessen Geburtstag selbst zu dirigieren. Im Hofburgtheater, diesem großartigen Appartement der kaiserlichen Burg auf dem Michaelerplatz. Und so ist es geschehen.

Das GOTT ERHALTE, die Erwiderung des Österreichischen auf die gleichzeitige Marseillaise, entstand nicht im Rausch einer Begeisterung über Siege und Triumphe. Der Kaiser Franz mußte sie hören, während im inneren Burghof noch der Kurier sein dampfendes Pferd auf- und abführte, auf dem er in der letzten Stafette neue schlechte Nachrichten vom Kriegsschauplatz überbracht hatte. Nicht Marschierer haben das GOTT ERHALTE zum ersten Mal gesungen, sondern Gäste des Kaisers in dessen Hofburgtheater. Dort, wo die Habsburger sich familiär geben konnten. Wie die unvergessene Kaiserin Maria Theresia aus der nämlichen Loge, in der jetzt ihr Enkel Franz II. saß, bei offener Bühne im Haus gerufen hat:

»Kinder, der Poldl hat an Buam kriegt!«

Der Poldl, das war damals der Großherzog von Toskana, Sohn der Kaiserin und Nachfolger ihres Ältesten, Josephs II., Leopold. Eben der Vater des späteren Kaiser Franz. Freud und Leid wurden im Wiener Rokoko nicht unter Verschluß gehalten. Es mußten möglichst viele daran teilhaben. Daher am besten in Musik und Dichtung ausgedrückt.

Der erste Text für das GOTT ERHALTE war eine rechte Mischkulanz, wie man in Wien etwas Zusammengestoppeltes nennt. Das entsprach der Person des Dichters, der so etwas wie ein Zerrissener seiner Zeit war. Zum Geistlichen bestimmt, wäre er Jesuit geworden, hätten damals nicht die katholischen Majestäten in Europa den Papst bestürmt, dieser möge den Jesuitenorden aufheben. So übersiedelte dieser Dichter aus dem Noviziat in der Wiener Annagasse direkt ins Lager der Neuerer der Ära des Josephinismus. Nachher wurde er, wie viele Exjesuiten, Freimaurer. Mit schlechter Nachrede schied er aus der Loge, um ein betulicher Loyalist im franciceischen Österreich zu werden. Von diesem vielschichtigen Wesen bekommt man einen Begriff, wenn man seinen längst in Vergessenheit geratenen ersten Text zum GOTT ERHALTE liest.

Immer hat es das GOTT ERHALTE mit dem Wandel im Politischen zu tun bekommen. Es fing harmlos an, als der Gute Kaiser Franz 1835 mit dem Tod abging, und sein Sohn, Ferdinand der Gütige, auf den Thron kam. Also mußte der Anfang der Hymne:

»Gott erhalte Franz den Kaiser / Unsern guten Kaiser Franz,« in Wegfall geraten. Das war nicht umstürzend.

1841 aber schrieb auf der damals noch in englischem Besitz befindlichen Insel Helgoland ein Universitätsprofessor aus Breslau sein Loblied auf Deutschland: Deutschland, Deutschland über alles / Über alles in der Welt. Gemeint war nicht die Weltkugel, sondern *diese* Welt zum Unterschied von einer *höheren* Welt, an die damals noch selbst Freigeister, wie der Dichter des Deutschlandliedes, glaubten. Gesungen sollte das Lied nach der gut bekannten Melodie des GOTT ERHALTE werden. Der Name des Dichters war: August Heinrich Hoffmann von Fallersleben. Er war kein Adeliger, er wollte wegen der Häufigkeit des Namens Hoffmann nur ausdrücken, daß er der Hoffmann aus der deutschen Stadt Fallersleben war. Im übrigen war er ein unruhiger Geist, der wegen seines Bandes »Unpolitische Lieder« aus politischen Gründen, die nicht ganz ohne für das System waren, seine Professur in Breslau verlor. Auch nach der Revolution von 1848 hätte er ein saures Leben gehabt, hätte ihm nicht ein Fürst eine Stellung mit angemessener Bezahlung gegeben; wohl nicht wissend, daß der Mann, der jetzt Ordnung in sein Archiv brachte, eine größere Sprengladung des Geistes in sich hatte, als ein ganzer Haufen Barrikadenkämpfer Pulver verschießen könnte.

Im Österreich nach 1848, im francisko-josephinischen Österreich, mußte man endlich daran gehen, dem GOTT ERHALTE einen mehr zeitunabhängigen Text zu geben. Der Dichter des ersten Textes war längst tot, Österreichs größer Dichter, Franz Grillparzer, refüsierte, und so fiel die Aufgabe dem Johann Gabriel von Seidl zu. Er schrieb jenen Text, der bis 1918 in allen Schulen und in allen Sprachen der Monarchie gelehrt wurde; wobei nach dem tragischen Sterben des Kronprinzen Rudolf und der Kaiserin Elisabeth die auf beide Bezug habenden Strophen in Wegfall gerieten. Die es damals erlernten, haben es nie mehr vergessen.

Im Umsturz 1918 ging das GOTT ERHALTE wie andere Symbole des alten Reiches unter. Der erste Staatskanzler der Republik, der Doktor Renner, übernahm es höchstpersönlich, den Text für eine neue Hymne zu schreiben:

Deutsch-Österreich, du herrliches Land,
Wir lieben dich!

In diesem Text der ersten Bundeshymne blieb die Wortverbindung: Deutsch-Österreich, auch dann noch erhalten, als nach dem Vertrag von Saint-Germain das Wort »deutsch« aus dem Namen des neuen Staates gestrichen werden mußte. Der Opernkomponist Wilhelm Kienzl, im Geist seiner Oper »Der Evangelimann« dem Doktor Renner ein wenig kongenial verbunden, machte sich die Mühe, den Text des Doktor Renner zu vertonen. Text und Musik gingen den Österreichern nie ins Gehör. Zumal längst eine Zeit gekommen war, in der die Nationalen in Österreich zur Melodie Haydns den Text des Deutschlandliedes gebrauchten; Sozialisten an sich wenig von Nationalhymnen hielten; während die Alten, und das waren damals noch die meisten, das GOTT ERHALTE nie aus Gehör und Sinn bekamen. Als daher 1929 die Haydnmelodie wieder zur offiziellen Bundeshymne erklärt wurde, war der Konflikt da, auch wenn der Priesterdichter Ottokar Kernstock dazu einen anderen Text schrieb:

Sei gesegnet ohne Ende / Heimaterde wunderhold.

Den Sozialisten fiel nicht ein, die Melodie des alten GOTT ERHALTE zu singen. Die Nationalen und die Nationalsozialisten sangen die neue, alte Melodie nach dem Text des Deutschlandliedes. Und den Alten war es schon zu schwer, den neuen Text zu erlernen.

Immerhin geschah es so, daß das Reich und Österreich dieselbe Melodie für ihre Hymnen hatten. Denn im Reich wurde unter dem sozialdemokratischen Reichspräsidenten Friedrich Ebert das Abspielen des Deutschlandliedes, zuerst durch die Musiken der Reichswehr, angeordnet.

An jenem 11. März 1938 muß es wenige Minuten vor 20 Uhr gewesen sein, als nach der letzten Ansprache des Schuschnigg der zweite Satz des Haydnquartetts aufklang im Radio. Der langsame Satz. Die erste und die zweite Violine, nachher die Bratsche und das Violoncello spielten die reine Melodie des GOTT ERHALTE nacheinander. Die anderen Instrumente kontrapunktierten jeweils mit Variationen das Gleichbleibende und Unvergängliche, so wie der wechselnde Zeitgeist mit unveränderlichen Wahrheiten kontrastiert ist.

Nicht nur rührselige Menschen haben an jenem Abend das herbe Menuetto des Kaiserquartetts mit einiger Ergriffenheit gehört. War es Ausdruck eines unaufhaltsamen Versinkens? Oder ein Ende, dem ein neuer Anfang folgen wird? Wenige, die damals das langsam ausschwingende Finale hörten, werden diese Stunde vergessen können. Auf den Straßen Österreichs aber brauste heller Jubel empor. Und nach dem Kaiserquartett brachen Kaskaden von Reportagen über das Neue aus den Lautsprechern. Da, kurz nach Mitternacht, wieder eine Hymne, zum ersten Mal im Programm der RAVAG: Die Fahne hoch! / Die Reihen dicht geschlossen. / SA marschiert mit ruhig festem Schritt. / Kam'raden, die Rotfront und Reaktion erschossen / Marschier'n im Geist in unsern Reihen mit.

Und während sich dieser Gesang auch an der barocken Fassade des alten Hauses am Ballhausplatz brach, wehte vom Balkon über dem Portal die Hakenkreuzfahne in der kaum bewegten Luft einer unendlich schönen Vorfrühlingsnacht, die schöne Tage versprach.

ZWEITES BUCH

1939–1945

»Ein System stürzen ist ein unschuldiges Unternehmen, während ein Reich stürzen in allen Fällen etwas Bedenkliches ist.«
Clemens Fürst Metternich nach seinem Sturz in der Wiener Revolution von 1848 angesichts des drohenden Zerfalles des Habsburgerreiches.

Geplant war der Tempel der Demokratie in Spanien. Ein pompöser Palast nach griechischem Vorbild, aufgeführt auf dem Hang zwischen der Puerta del Sol und dem hochberühmten Pradomuseum in Madrid, seltsam fremd in der historischen Landschaft Kastiliens: Der Palacio de las Cortes Españoles. Diesmal, angesichts der Revolution des liberalen Bürgertums im Europa von 1848, sollte auch in Spanien die parlamentarische Demokratie, das Geschenk des englischen Mutterlandes der modernen Demokratie, mehr werden als ein vorübergehendes Experiment. So wie man eine mächtige Gottheit in dem ihr geweihten Tempel anruft und große Kostbarkeiten verwahrt, wird man auch in diesem Palast die größten Heiligtümer des modernen Menschseins hüten und verehren: Die jedem Menschen von Natur verliehenen Rechte, vor allem aber die unschätzbaren Werte der Freiheit, der Gleichheit und der Brüderlichkeit. Ihnen wird man den schnöden Egoismus derer zum Opfer bringen, die noch immer den gestürzten alten Göttern eines finsteren Mittelalters dienen.

Seit der alte Ruhm der Kirche und der Armee Spaniens dahin war, hat es in diesem unglücklichen Land immer wieder, meistens vom Ausland geschürte, schwere Erschütterungen gegeben: 1808, 1834, 1868, 1898, 1909, 1917, 1923, 1931, 1932, 1934, 1936, 1977. Damals, 1848, ist es in Spanien zunächst seltsamerweise ruhig geblieben. Aber das neue Jahr 1849 erweckte böse Ahnungen: Der Papst in Rom hatte die Herrschaft über den Kirchenstaat an die Liberalen, Freimaurer und andere Umstürzler abgeben müssen und derlei konnte leicht auf das immerhin noch katholische Spanien übergreifen. Seit dem Ende der Herrschaft der Habsburger in Spanien war dieses Land das von den Engländern am meisten bevorzugte Land ihrer aufrührerischen Experimente auf dem Kontinent. Also sah sich 1849 die Regierung in Madrid vor und ließ dem Botschafter Ihrer Britischen Majestät Viktoria zuerst einmal die Pässe zustellen. Alte Erfahrungen lehrten, daß zusammen mit der britischen Exzellenz auch meistens einige gewiegte Experten des Aufruhrs in Spanien für einige Zeit außer Landes zu gehen pflegten. Damals, 1849, war es noch in frischer Erinnerung, wie derlei Experten unlängst den ganzen Kontinent Südamerika unterwühlt und die Länder der Krone Spaniens abspenstig gemacht hatten. Indem England den spanischen Kolonialismus zertrümmerte, konnte es um so leichter den eigenen in aller Welt aufrichten.

Um sicher zu gehen, wollte 1849 die spanische Regierung angesichts drohender außergewöhnlicher Ereignisse vom Parlament außergewöhnliche Vollmachten bekommen. In diesem Zwiespalt zwischen einer Diktatur der Regierung und einer drohenden Diktatur der Revolution stand im Land ein Seher und Deuter des künftigen Schicksals der Alten Welt in Europa auf: Donoso Cortés, eher Philosoph als Politiker, eher Schriftsteller als Parlamentarier. Als er am 4. Jänner 1849 in den Cortés das Wort ergriff, stand noch nicht der erwähnte Tempel der Demokratie. Im Diario de las Cortes kann man aber nachlesen, was dieser Europäer an jenem Tag vorhergesagt hat.

1849, zwei Jahre nach dem Erscheinen des Kommunistischen Manifestes des Karl Marx, war letzterer sowie sein Aufruf zur Diktatur des Proletariats den angesprochenen Massen noch so ziemlich unbekannt. Sogenannte Realpolitiker jener Tage kümmerten sich wenig um diesen aus dem Rheinland stammenden gewerbsmäßigen Unruhestifter, der momentan in London im Exil lebte. Zeitgenössische Polizeiberichte schildern den Marx als einen dicklichen Bummelanten, der tagsüber in Bibliotheken schnüffelte, nachts aber mit seinen Konkneipanten von Kneipe zu Kneipe zog, um nachher Straßenlaternen zu zerschmeißen und anderen studentischen Unfug zu treiben. Donoso Cortés zählte nicht zur billigeren Sorte der Realpolitiker. Am 4. Jänner 1849 gehörte er noch der liberalen Fraktion der Cortes an. Seine Fraktionskollegen konnten mit seiner Grundsatzpolitik wenig anfangen, vielen war er wegen seiner Prinzipienreiterei lästig bei Geschäften. Niemand konnte ahnen, daß Donoso Cortés am 4. Jänner 1849 mit dem Liberalismus brechen wird; daß er mit seiner Kritik an der drohenden Diktatur der Regierung zugleich die Gefahr der Diktatur der Revolution aufzeigen wird. Denn für Donoso Cortés ging es momentan nicht um den Konflikt zwischen der Revolution und der Monarchie. Längst waren die Ereignisse in Europa über diese Bruchstelle im Gefüge der Alten Welt hinweggeglitten; rechts wie links drohten Diktaturen, die mehr Gewalten für sich beanspruchten, als solche ehedem in den Händen von Monarchen ruhten.

Donoso Cortés ging ohne ideologische Umschweife auf die geschichtlichè Tatsache los, wonach die hochgerühmte Französische Revolution von 1789 schon am Tage ihres Sieges gleich Bankrott gemacht hat:

»Diese Revolution hat behauptet, daß sie der Welt eine Herrschaft der Freiheit, Gleichheit und Brüderlichkeit bringen wird! Nun aber, meine Herren, was hat diese Revolution gebracht? Sie machte die Freiheit der Diktatur notwendig, sie hat diese Diktatur ausgerufen und gleich an sich gerissen; im Namen der Gleichheit hat sie die Diktatur eines neuen Adels der Parteigenossen erfunden; und endlich: namens der Brüderlichkeit haben sich die heidnisch gewordenen Brüder in den Straßen von Paris gegenseitig abgeschlachtet. Diese Republik, die sich Republik der drei Wahrheiten nennt, strafe ich der Lüge. Ich verleugne diese Republik, denn sie ist die Republik der drei Lügen.«

Selbst jene, die diese Herausforderungen nicht mit Zwischenrufen unterbrachen, waren der Meinung, dieser sonderbare Liberale sei einem rednerischen Exzeß zum Opfer gefallen. War es nicht so, daß der Freiheitsdrang der Völker diese herausfordert zum Aufruhr gegen die Herrschenden? Und hatte nicht soeben ein anderer Abgeordneter gesagt:

»Wollt ihr Revolutionen vermeiden, dann gebt doch den Hungernden Brot!«

Aber Donoso Cortés schien nicht zu bemerken, daß er neben einem Pulverturm zündelte. Vielmehr ging er jetzt direkt auf jene los, die allezeit vom Hunger der Proletarier, der Kindermacher, reden, selbst aber immer an die Macht, nach der ihnen hungert, denken. Mit scheinbarer Unbekümmertheit fuhr Donoso Cortés fort: »Man gebe mir doch ein Beispiel, wonach irgend ein versklavtes oder hungerndes Volk von sich aus Revolution gemacht hat. Nein! Revolutionen sind Krankheiten *reicher* Völker, sind Krankheiten *freier* Völker!«

Dachte jetzt der Redner daran, daß die Große Französische Revolution von 1789 im reichsten Land Europas, in Frankreich, ausgebrochen ist; und daß schon vorher im Mutterland der modernen Freiheit, in den Neu-England-Staaten Nordamerikas, das Vorbild für das geschaffen wurde, was nachher die Franzosen in ihrer Revolution nachahmten? Laut sagte er:

»Die antike Welt war eine Welt, in der Sklaven die Mehrheit des Menschengeschlechts ausmachten. Nennen Sie mir aber eine Revolution, die damals Sklaven gemacht haben?«

Wie aus einer Pistole geschossen, gellte der Zwischenruf:

»Die Revolution des Spartakus!«

Als ob der Redner auf eben dieses Stichwort gewartet hätte, erwiderte er auf dieses Beispiel eines Gladiatorenaufstands:

»Alles was Spartakus mit seinem Aufstand erreichen konnte, waren einige Sklavenkriege. Wirkliche Revolutionen werden immer von vermögenden Adeligen gemacht. Denn, meine Herren, nicht in einer Sklaverei liegt der Keim einer Revolution; dieser Keim liegt in der Beharrlichkeit jener Massen, die durch angebliche Volkstribunen aufgestachelt und nachher zum Vorteil der letzteren ausgebeutet werden.«

Mit dem Instinkt des Redners spürte jetzt Donoso Cortés, daß er sich quer durch Mißtrauen, Unverständnis und Gleichgültigkeit einen Weg bahnen mußte, um zu seiner Schlußfolgerung zu kommen:

»Ihr werdet sein wie die Reichen, so lautet die Parole der sozialistischen Revolution gegen die Bürger; ihr werdet sein wie Könige, so lautet die Parole des Adels beim Aufstand gegen die Könige; und letzten Endes, meine Herren, ihr werdet sein wie die Götter, so lautet die seit Adam gültige Parole jedes Aufstands gegen Gott.«

Wiederholte der Spanier an dieser Stelle, was vorher schon der

Deutsche Johann Wolfgang von Goethe, Dichterfürst und sachsen-weimarer Staatsminister, als das eigentliche, einzige und tiefste Thema der Welt – und Menschheitsgeschichte ansah, jenes, dem alle übrigen untergeordnet sind: Der Konflikt des Unglaubens mit dem Glauben. Wie immer es gewesen sein mag, mit diesem argen und höchst bedauerlichen Rückfall in längst abgetanen Pfaffentrug und reaktionäres politisches Denken hat sich Donoso Cortés bei seinen bisherigen politischen Freunden um Kopf und Kragen geredet. Aber auch die Konservativen, noch immer im patriarchalischen Zeitalter verwurzelt, wollten es nicht wahrhaben, daß im demokratischen Zeitalter der religiöse Glaube bei politischen Entscheidungen nicht einfach ausgeschaltet werden kann. Wenige Jahre nach besagter Rede war Donoso Cortés tot, sein Name zumeist vergessen, seine Warnung vor kommenden Katastrophen verhallt in schallfressenden Gemäuern der Dummheit.

In den Cortes des Jahres 1936, die längst in dem eingangs erwähnten Tempel tagten, war kaum ein Nachhall der Rede Donoso Cortés von 1849. Indessen war es in Spanien wieder einmal soweit, daß eine Revolution bankrott gemacht hatte. Der Führer der christlichen Demokraten, der CEDA, Gil Robles, war am Wort, um dieses Faktum zu beweisen. Er war kein Philosoph wie Donoso Cortés, er war ein nüchterner Rechner, der sich bei seiner Rede der Methoden der modernen Statistik bediente, hoffend, daß er damit den herrschenden Liberalen und Sozialisten besser beikam als mit einer Anrufung hoher Werte. Seit den Wahlen vom Februar 1936 regierte in Spanien die Volksfront der Linksliberalen, Sozialisten und Kommunisten. Die radikale Linke ließ aus guten Gründe die Liberalen an der Regierung, um hinter deren Rücken ihren Terror betreiben zu können. Was dieses Linkskombinat das Land seit Beginn des Jahres gekostet hatte, das zählte Gil Robles auf:
1287 Attentate, 269 politische Morde, 160 zerstörte oder niedergebrannte Kirchen, 69 verwüstete Parteilokale, 113 Generalstreiks! »Wir wollen uns nicht täuschen«, schloß Gil Robles, »Spanien kann nicht unter der Anarchie leben. Heute ist Spanien aber eine Anarchie. Und heute nehmen wir am Begräbnis der Demokratie teil!«

Mit diesem ehrlichen aber furchtlosen Bedauern, mit einer Krankheitsdiagnose ohne Rezeptverschreibung, empfahl sich der christliche Demokrat, um sich alsbald außer Landes in ein Land ohne die Gefahr eines Anarchismus zu begeben. Während sich Gil Robles schon zum Gehen anschickte, kehrte ein anderer Spanier aus dem Exil, in dem er seit der Revolution von 1931 lebte, zurück nach Spanien. Am Vorabend einer Katastrophe seines Landes wollte er nicht weit vom Schuß sein; vielleicht ahnte er, daß der erste Schuß im Spanischen Bürgerkrieg ihm zugedacht war. Einmal war er Finanzminister des Landes und also gebührte ihm die Anrede Exzellenz, auf die er selbst wenig Wert legte. Sein Auftreten war wie eine Kriegserklärung an die Linke, obwohl er weder Soldat noch Faschist war. Aber dafür hatte er jenes Gesicht, auf das die Roten in Spanien gerne mit schweren Eisenhämmern losgeschlagen hätten: Der kalte Ausdruck der Augen, der Spott und der Hohn um die Mundwinkel, die Furchtlosigkeit, wie sie im alten Spanien eine Selbstverständlichkeit war. Ihn ekelte vor dem larmoyanten Abgesang der christlichen Demokraten vom Schlage Gil Robles, die sichtlich wieder einmal daran waren, unter Protest der Gewalt der Tatsachen zu weichen und die Macht den Linken zu überlassen. Angesichts der dürren Konstruktion des von Liberalen regierten Staates wollte er eine Alternative aufzeigen und sich dafür unter allen Umständen verpflichten:
»Ich verlange den integrierten Staat, der wirtschaftliche Gerechtigkeit bringen wird: keine Streiks mehr, keine Aussperrungen mehr, keinen Wucher mehr, keine kapitalistischen Mißbräuche mehr, keine Hungerlöhne mehr, keine Pensionen mehr dank einem politischen ›Zufall‹, keine anarchistischen Freiheiten mehr, keine verbrecherischen Komplotte mehr gegen die volle Tätigkeit der Wirtschaft... Diesen Staat mögen viele einen faschistischen nennen. Sollte das wirklich der faschistische Staat sein, so erkläre ich, der ich an ihn glaube, mich stolz zum Faschisten.«
Widerspruch von links und rechts überwog. In diesem Moment wußte Calvo Sotelo längst, was zwischen ihm und einem Mussolini, einem Hitler stand; das allein gab ihm die Kraft, sich vor der Pauschalverdächtigung, ein Faschist zu sein, nicht zu ducken, ihren

Schimpf vorweg abzutun. Dem Präsidenten des Hohen Hauses, einem gewissen Diego Martínez Barrio paßten derlei Reden gar nicht. Er war Hochgradfreimaurer des 33. Grades und bejahte daher das liberale Prinzip nicht etwa, weil er ein Wirtschaftsliberaler war; aus kleinen Verhältnissen stammend, hat ihn die Loge zu einem integralen Liberalismus erzogen, von dem ihn kein Realpolitiker oder Prinzipienreiter, wie Calvo Sotelo einer zu sein schien, abbringen konnte. Gewohnt, in seiner Rede nie zu übertreiben, sondern eher die Dinge stark unterkühlt darzustellen, sagte er ex praesidio: Die Exzellenz möge Erklärungen, wie die eben gehörte, besser unterlassen. Weil derlei Reden leicht Mißverständnisse erwecken könnte. Solche milden Ermahnungen waren nun gar nicht im Sinne des amtierenden Ministerpräsidenten des Volksfrontregimes, des Liberalen Santiago Casares Quiroga. Also macht er von seinem Vorrecht als Regierungschef Gebrauch, um die Debatte mit einem Satz, der nachhallen wird, zu unterbrechen und zu beleben: »Nach den Worten Eurer Exzellenz liegt die Verantwortung für alles, was geschehen wird, bei Ihnen?«

Wieviel wußte in diesem Moment der Ministerpräsident schon von dem, was er in Bälde anrichten wird und womit er Calvo Sotelo treffen wollte? War es eine Rede des wahrheitssuchenden Pontius Pilatus oder war es eine heimtückische Antoniusrede, jenes Antonius, der die Feinde Julius Caesars in den Tod jagte?

Ein Echo kam zunächst von einer früheren bigottischen Sardinenverkäuferin namens Dolores Ibarruri, die nachher einen kommunistischen Bergarbeiter geheiratet hat, der ihr die richtigen Flötentöne beibrachte. Zuerst machte sie von sich reden, als sie die Frauen Spaniens zur Freien Liebe aufforderte. Nachher gab es ein Gerücht, sie hätte einem Pfaffen glatt die Kehle durchgebissen. Wie immer: Ihre große Zeit war im Kommen. Sie griff jedenfalls vom Fleck weg rasant an, ließ sich nicht auf Unterscheidungen wie Faschisten und Liberale, Kapitalisten und christliche Demokraten ein, sondern nannte diese Brut einfach allesamt Gangster.

Was ein Gangster ist, das wußte damals bereits jeder, der in Spanien in ein Kino ging. Die amerikanischen Gangsterfilme mit Edward G. Robinson und James Cagney wollte jeder sehen, gleichgültig welcher politischen Herkunft und Anschauung er war. Und so konnte die Kommunistin, die man »La Pasionaria« nennen wird, bei ihrer Rede auf das bekannte Image der Gangster anspielen. Niederträchtige und mörderische Ausgeburten des Kapitalismus, Ausbeuter wie jene in Frack und Claque, Banditen, die mit ihren Methoden den harten Kampf der Proletarier verdächtig machen, ein letztes Aufgebot der kapitalistischen Mörderbande.

Die honetten Herren, die ihre Plätze in der Mitte des Hohen Hauses hatten, amüsierten sich köstlich bei dem hysterischen Ausbruch der Pasionaria. Sie lachten und ahnten nicht, daß ihnen die Pasionaria und deren Genossen bald das Lachen abgewöhnen werden. Eher um die antikapitalistischen Auslassungen des Calvo Sotelo nicht unerwidert zu lassen, als etwa gar auf das Theater der Pasionaria einzugehen, schickten sie ihrerseits einen Redner ans Pult. Einen gewissen Ventosa, bloßes Subjekt des größten Fabrikanten Barcelonas und angeblich reichsten Mann Spaniens, Francisco Combó. Man munkelte, daß Combó, so wie andere Reiche, bereits ihr Vermögen ins Ausland verschoben hatten. Diese Kapitalsflucht bereitete der liberalen Regierung große Schwierigkeiten, für die Linke war derlei Wasser auf die Mühle. Mochten die in der Regierung mit halben Maßnahmen gegen die Kapitalsflucht auftreten; wichtig war, daß der Staat nicht etwa derlei Vergehen gegen die nationale Wirtschaft verhinderte.

Nachdem der Ventosa auftragsgemäß sein Alibi deponiert hatte, hörten die honetten Herrn erst gar nicht hin, als ein Trotzkist, also einer, der in den Augen der Pasionaria ein Schuft und Verräter des Großen Stalin war, seine Ansicht im kommunistischen Partei-Chinesisch ablagerte. Nachher ging Calvo Sotelo noch einmal zum Rednerpult. Er verbeugte sich mit großer Förmlichkeit vor dem amtierenden liberalen Ministerpräsidenten und erwiderte auf dessen vorhin gemachte Drohung, er nähme diese zur Kenntnis. Indessen halte er es mit dem Heiligen Dominikus, der auf eine tödliche Drohung seines Königs erwiderte, die Majestät könne zwar ihm, dem Dominikus, das Leben nehmen; mehr aber nicht. Und er schloß zum Ministerpräsidenten gewandt:

»Mein ehrenwerter Freund wird kein Kerenskij sein. Denn man

kann von ihm nicht sagen, daß er nicht weiß, was er tut. Er weiß genau, was er verbirgt und was er denkt. Gebe Gott, daß man ihn nie mit Károlyi vergleicht, dem bewußten Verräter einer tausendjährigen Kultur.«

Der Ministerpräsident erfaßte sofort, was gemeint war: Man verdächtigte ihn nicht, er sei in dieser Stunde wie dieser ein Kerenskij, jener Typ also, dessen Ungeschicklichkeit es Lenin so leicht gemacht hat, mit der bloßen Minderheit der Bolschewisten die Macht in Rußland zu ergreifen. Vielmehr spielte Calvo Sotelo auf jenen ungarischen Grafen Károlyi an, der 1919, als ungarischer Ministerpräsident, der Rätediktatur in seinem Land die Tür öffnete. Am 11. Juli 1936 wird Calvo Sotelo noch einmal in den Cortes das Wort ergreifen. Dann wird es nicht einmal mehr eine Woche bis zum Ausbruch des Bürgerkriegs sein. Als er zum letzten Mal von der Rednertribüne herabstieg, hörte er von links her den Ruf: »Das ist deine letzte Rede gewesen.«
Man wird diese Morddrohung der Pasionaria zuschreiben. Die Wahrheit ist aber, daß nicht die Kommunisten Calvo Sotelo ermordet haben.

Der liberale Ministerpräsident liebte nicht große Worte und leere Drohungen. Er handhabte die Gewalt der Tatsachen mit größter Diskretion. Die Stunde seiner Abrechnung mit diesem Calvo Sotelo war nahe. In der Nacht zum 13. Juli 1936 verlustierte sich Seine Exzellenz auf dem Ball des brasilianischen Botschafters. Um Mitternacht wurde der Exzellenzherr dringend am Telefon verlangt. Der Anrufer war ein gewisser Alonso Mallol, Sicherheitschef des Ministerpräsidenten. Man wird den Inhalt jenes fraglichen Telefonats der beiden Caballeros nie in Akten nachlesen können. Denn welcher Ministerpräsident oder Chef des staatlichen Sicherheitsdienstes macht schon aktenkundig, man sei daran, einen durch Immunität geschützten Abgeordneten ohne Haftbefehl zu arretieren, eventuell umzulegen? Tatsache ist, daß kurz nach diesem Telefonat zwei Bereitschaftsfahrzeuge der Polizei die Pontejos-Kaserne verließen. Eines der Fahrzeuge hatte die Dienstnummer »Camioneta numero 17«. In einem Wagen saß der Gendarmeriehauptmann Ferdinando

Condés, eingeteilt zum Dienst um die Person des Ministerpräsidenten, momentan allerdings Führer des auf Calvo Sotelo angesetzten Rollkommandos. Dem Herrn Hauptmann beigegeben war ein pistolero, heute würde man Berufskiller sagen, der zu Zeiten auch der Polizei als Spitzel zuging. Dann zwei Angehörige jener vereinigten Jugendorganisation der Sozialisten und Kommunisten, aus der einmal der Führer der spanischen Kommunisten im Jahre 1977 hervorgehen wird. Dazu Hilfspolizisten aus den Kadern der Linken und schließlich ein Student der Medizin. Letzterer war allerdings nicht für Sanitätsdienste bei der Hand. In dieser Nacht wird es bei dem fraglichen Unternehmen keine Verwundeten geben, und jener, der eins abbekommen wird, sollte keine ärztliche Hilfe mehr brauchen. Die Sache war die, daß der Cuenca momentan an Tripper laborierte und er den Mediziner gerne zu Hand haben wollte.

Um drei Uhr nachts erreichte das Rollkommando das Wohnhaus Calvo Sotelos in der Calle de Velásquez. Der dem Abgeordneten nach früheren Morddrohungen beigegebene Polizeischutz funktionierte merkwürdigerweise nicht. Der Nachtwächter erwies den Señores von der Polizei seine Referenz, und so kam das Rollkommando ohne Schwierigkeit in die Wohnung des Gesuchten. Der erblickte die Rotte und wußte, was die Stunde geschlagen hatte. Beim Abschied versuchte er zuerst seine Frau zu trösten, dann aber schlug sein Sarkasmus durch und er versprach mit Vorbehalt sein Wiederkommen:

»Falls mir diese Señores nicht den Schädel einschlagen...«

Dann fuhr das Rollkommando mit seinem Fang los. Der Abgeordnete saß auf der vorderen Bank des Polizeifahrzeugs, eingeklemmt zwischen zwei Hilfspolizisten. So bot er dem hinter ihm plazierten Cuenca ein tadelloses Ziel für jenen seit Lenin und Trotzki und Stalin üblichen Genickschuß für Faschisten und ähnliches Gelichter. Die Leiche lieferte man auf dem Ostfriedhof von Madrid ab, dem Totengräber sagte man, es handle sich um einen tot aufgefundenen Nachtwächter. Dann fuhren die Herren von der Polizei ab, und der Totengräber schloß das Friedhofstor hinter ihnen zu. Zugleich öffnete sich weit das Tor in den Bürgerkrieg. Es gab noch Ärger, weil das andere Rollkommando diesen verdammten Gil Robles nicht zu Hause angetroffen hat. Der verdammte Klerikale mußte einen Schutzengel haben, der ihn in dieser Nacht aus der Stadt geführt hat.

Der Mord an Calvo Sotelo war das Sarajewo des Spanischen Bürgerkriegs 1936 bis 1939. Nicht die Ursache, wohl aber ein auslösendes Ereignis. Und so, wie man 1944 den klerikalen österreichischen Thronfolger beschuldigte, er und nicht der Anarchist Princip sei der eigentliche Mörder gewesen, konnte man 1936 wieder betreffs Calvo Sotelo die Formel hören:

»Der Ermordete, nicht der Mörder ist schuld.«

Die liberale Regierung tat ihr Bestes, um diese Version zu verbreiten. Sie ließ verlauten, der ermordete Abgeordnete sei bei einer ungeklärten staatsfeindlichen Aktion ums Leben gekommen. Das ließ die Version, der Ermordete hätte sich staatsfeindlich betätigt, durchaus offen. Und dieses falsche Gerücht wurde von den Boulevardblättern breitgetreten. Große internationale Presseagenturen übernahmen es in ihre Aussendungen. Ansonsten tat die liberale Regierung nicht viel, um der Täter habhaft zu werden. Man arretierte einige Helfershelfer, ließ aber den Mörder und den Vertrauten des Ministerpräsidenten untertauchen. Dann brach der Bürgerkrieg aus, und was bedeutet schon die Leiche eines Klerikalen oder Faschisten in einem Haufen von mehr als einer halben Million Toten. Den schmalen Aktenfaszikel, der sich im Madrider Innenministerium ansammelte, brachte man bald außer Evidenz. Schließlich: wieviel Akten werden vertarockiert, warum nicht auch der fragliche. Der Mörder Cuenca fiel im Bürgerkrieg. Nachher strengten die Sieger im Bürgerkrieg eine Verfolgung des Mordfalles an. Aber diese war ebenso bedeutungslos wie die Verurteilung der Mörder des österreichischen Thronfolgers nach dem Kriegsausbruch 1914.

Anständige und allen Gewalttaten abgeneigte Menschen, Gebildete, Politiker und Geschäftsleute, fingen jetzt an, Spanien zu verlassen, um im Ausland auf bessere Zeiten zu warten. Sie trauten der Regierung nicht, obwohl diese wirklich viel tat nach dem Mord an Calvo Sotelo: Sie ließ die Lokale der Partei des Ermordeten schließen. Außerdem verbot sie gewisse Zeitungen, die von besagtem

Mord Versionen verbreiteten, die der Regierung nicht angenehm sein konnten. Die Stunde der Abrechnung mit den Klerikalen war da. Das Parlament vertagte man, es hätte dort ein Gerede vor der Öffentlichkeit wegen der Verhaftung eines Parlamentariers, zudem ohne Haftbefehl, geben können. Was sich nicht verhindern ließ, war ein Zusammentreten des Ständigen Ausschusses der Cortes. In dieser nicht-öffentlichen Sitzung – man nannte sie »Abrüstungskonferenz«, weil die Abgeordneten ihre Waffen in der Garderobe abgeben mußten – kam Gil Robles zu seiner großen Szene: Er nannte die Regierung ein Regime, das mit Blut und Dreck und Schande bedeckt sei. Dann schlug er die Türe hinter sich zu, um sich ins Ausland zu begeben. Ins Exil ging der hochberühmte Liberale Salvador de Madariaga, der später, weitab vom Schuß, viele Bücher über Freiheit, Demokratie und Kultur schreiben wird, um zuletzt zu resignieren. Weil auch er einsah, daß der Westen angesichts des Ostens kein Banner mehr hat.

Nicht einmal die Kommunisten können behaupten, der Bürgerkrieg in Spanien sei ausgebrochen, weil es der Hitler und der Mussolini gewollt haben. Für den Hitler waren jene Typen, die sich Mitte Juli 1936 gegen die Regierung in Madrid erhoben, Pfaffenknechte, reaktionäre Generale und Monarchisten. In Italien mußte man die Presse erst daran gewöhnen, nicht länger von einer legalen Regierung der Linken und von Putschisten der Rechten zu schreiben, sondern von Nationalen und Roten.
Mann der ersten Stunde war nicht der Franco, sondern General Emilio Mola. Ein hochgewachsener hagerer Typ, keine imposante Figur in Uniform, eher wie ein Mathematiklehrer an einer Kadettenschule aussehend; schweigsam und ein Soldat mit Qualitäten. Zu ihm und anderen Generalen stieß nachher Francisco Franco y Bahamonde. Ihn hatte die liberale Regierung auf die Kanarischen Inseln versetzt, besser: verbannt. Aber Franco hatte, als an ihn der Aufruf der Geschichte erging, Glück: Es fand sich ein leistungsfähiges englisches Flugzeug mit einem guten Piloten. So entging Franco allen Versuchen, seiner habhaft zu werden, ehe er auf dem Kriegsschauplatz eintraf. Im übrigen war das Ganze kein Aufstand der Be-

sitzenden, Generale und Pfaffen, sondern der Widerstand jener, die der liberalen Regierung einen nachhaltigen Widerstand gegen die Linke nicht mehr zutrauten. Zumal viele Liberale immer nur rechts und niemals links den Feind vermuten. Es gab damals noch Menschen in Spanien, und sie waren in der Mehrzahl, die unter keinen Umständen ein Rotes Spanien, gesteuert von einem Volksfrontregime, wollten. Und die lieber mit der Waffe kämpfend fallen wollten, als tatenlos zusehend sich einem Linksregime unterworfen hätten. Die Regierung in Madrid tat anfangs alles, um mit ihrem Image der Lage die Tatsachen zu untertreiben. Als es bereits feststand, daß große Teile der Armee nicht länger dieser Regierung gehorchen wollten, ließ sie über den Rundfunk verbreiten: »Niemand, absolut niemand auf der spanischen Halbinsel, hat sich diesem verrückten Aufstand angeschlossen.«

Auf diesem Wackelkurs vorgehend, wollte sie andererseits dem Verlangen der radikalen Linken, die eine allgemeine Volksbewaffnung in den von ihr kontrollierten Landesteilen verlangte, umgehen. Für die Militärs in beiden Lagern war nicht jedem der Bürgerkrieg eine ausgemachte Sache. Manche wollten noch in letzter Minute die Massaker eines Kampfes zwischen Spaniern vermeiden. So griff zum Beispiel in Madrid der Kommandeur der dortigen regierungstreuen Division zum Telefon, um über Welten hinweg seinen alten Kameraden Mola anzurufen. Man sprach sich nicht schlecht per Telefon, aber schließlich sagte der Mola klar heraus, er sei daran, gegen die Madrider Regierung zu kämpfen. Die in Madrid gaben noch nicht auf. Jetzt ging der neue Ministerpräsident, der nicht in die Mordsache Calvo Sotelo verwickelt war, an den Apparat, rief Mola an und bot ihm schlankerhand einen Ministerposten an. Aber schon war die Stunde gekommen, in der die Gewalt der Tatsachen das Los der Menschen bestimmt und nicht die Menschen den Verlauf des tatsächlichen Geschehens. Daher der Mola: »Die Volksfront kann die Ordnung nicht aufrechterhalten. Sie haben Ihre Anhänger und ich habe die meinen. Wenn wir ein Geschäft miteinander machen, verraten wir unsere Ideale und unsere Leute. Wir würden beide verdienen, daß man uns totschlägt.«

227

Dagegen konnte der Ministerpräsident nichts mehr sagen. Es war so, wie es der Mola formulierte. Man begann zu kämpfen, wie man nur in Spanien kämpft. Weil es dort bisher zuerst und zuletzt immer um einen Glauben gegangen ist. Ohne den man nicht zu leben imstande war und den man daher auch auf die Gefahr des eigenen Lebens verteidigte.

Nach 1945 wird es nur mehr Gute und Böse aus der Zeit des Spanischen Bürgerkriegs geben. Rote Helden und nationale Verbrecher. Da hieße es, Eulen nach Athen tragen, wollte man auch noch einen Beitrag zur Schilderung der echten und falschen Tragödien der Roten liefern. Sollen aber die anderen, die Verbrecher also, nicht für immer Unrecht haben, dann ist es notwendig, auch ihr Opfern und Leiden und Sterben aufzuzeigen. Nicht mit einem endlosen Singsang von Protestliedern; nur einige Seiten, gerichtet gegen Tonnen bedruckten Papiers und gegen die Monotonie linksgesteuerter Massenmedien aller Gattungen.

Da gab es in Navalmorales einen katholischen Pfarrer. Rote Milizionäre griffen sich den Pfaffen, lachten, als dieser bat, man möge ihn leiden lassen, so wie Christus gelitten hat.

»So, so«, erwiderte ein Milizionär, »dann sollst du sterben wie dein Jesus.«

Die Passion fing an. Die Roten zogen den Pfaffen aus, gaben ihm die Peitsche und zwangen ihn, Essig zu trinken. Dann setzten sie ihm eine Dornenkrone aufs Haupt. Auf die Schulter legten sie ihm einen schweren Balken; ein Kreuz zu fabrizieren, war ihnen zu langweilig. Der Pfaffe mußte das schwere Holz schleppen, die Roten riefen ihm zu: »Lästere uns doch, wir verzeihen dir.«

Der Pfarrer stöhnte:

»Ich bin es, der euch vergibt und euch segnet.«

Da gab ein Milizionär dem Pfaffen einen Tritt, und dieser fiel unter dem Holz. Derweilen berieten die Roten, wie sie die Sache zu einem Ende bringen sollten. Wie gesagt, das Kreuzigen wäre zuviel Arbeit gewesen. Also mußte sich der Pfaffe mit dem Gesicht zur Wand drehen, damit sie ihm den rituellen Genickschuß verpassen konnten. Der Pfaffe aber war störrisch:

»Laßt mich mit dem Gesicht zu euch sterben, damit ich euch segne.«

Da wurde den Milizionären die Sache zu dumm, und sie legten den Pfaffen mit einer Serie von Schüssen um.

Andernorts ging es fröhlich zu. In Jaén zum Beispiel machte es den Roten Spaß, den Bischof und seine Schwester von einem Frauenzimmer umbringen zu lassen. Diese war eine lustige Person, wegen ihrer Sommersprossen die Sommersprossige genannt. Es gab da einen Teich, und das Weibsstück brachte die Zuschauer zum Lachen, wenn sie 'mal den Pfaffen, 'mal dessen Schwester untertauchte, bis diese am Verrecken waren und blöde Gesichter machten, wenn man sie wieder Luft schnappen ließ. Dann aber gaben die Grimassen der zu Tode Erschreckten nichts mehr her für eine Schau, und man ertränkte sie wie lästige Katzen.

In Malaga hielt man Bischöfe und andere Pfaffen auf einem Schiff gefangen. Eine Zeitlang machte es den Roten Spaß, die Bischöfe, meistens alt und von ihrer Soutane behindert, über Deck zu hetzen; sie schrubben zu lassen und ihnen dabei immer wieder die Wasserkübel umzustoßen; oder einen Bischof zu zwingen, die Spucke seines Peinigers aufzulecken. Auch derlei wird mit der Zeit langweilig, und die Roten legten diese Pfaffen um.

Klosterschwestern waren für die Roten etwas zum Verlustieren. Man holte sich aus den Gräbern die Mumien längstverstorbener Nonnen und tanzte mit den Kadavern, bis diese zerfielen. Lebendige Nonnen hatten nur Wert, wenn sie fürs Bett taugten. In einem Kloster der Hauptstadt mußte eine Nonne sterben, weil sie sich der Ehre widersetzte, die Betthure eines Revolutionärs zu werden. Mönche kamen nicht besser weg. Die Spanier waren noch ein gesundes Volk und hielten im Umgang mit Mönchen an sich wenig von Homosexualität. Im übrigen ließ es sich gut an, solche Kuttenträger umzubringen. Und weil die Toten den Passanten nicht mehr erklären konnten, warum sie so mausetot auf der Straße lagen, band man in Madrid einem ermordeten Jesuiten ein Plakat um; so wie das um 1945 auch justifizierten Soldaten in Deutschland geschehen wird. In Madrid stand als Begründung für das Todesurteil des Geistlichen:

»Ich bin Jesuit.«

In Cernera stopfte man einem dieser pfäffischen Rosenkranzleierern die Perlen seines Rosenkranzes in die Ohren, bis dem Unglücklichen die Trommelfelle platzten. Selbst den Angehörigen von Pfaffen erging es schlecht. So mußte die Mutter zweier Jesuiten zwei kleine Kreuze verschlucken, um diese Dinger, die sie nicht verunehren wollte, auf die natürlichste Weise zu verdauen. In Ciempozuelos wurde ein Pfaffe zu Kampfstieren in deren Gehege gesperrt. Dann hetzte man die Tiere auf den Schwarzen, der, zugegeben, ein schlechter Torero war. Und also machte es den Stieren Spaß, den Pfaffen auf ihre Hörner zu nehmen und ihm allerlei Schmerzen zu bereiten, wie das unschuldige Tiere nun einmal tun. Jedenfalls war in diesem Kampf der Geistliche der Verlierer; und so wie man dem besiegten Stier in der Arena die Ohren abschneidet, mußte er es sich gefallen lassen, als Verlierer seine Ohren abgeschnitten zu bekommen.

In der Provinz Barcelona, dem Zentrum der Roten, wurden während des Bürgerkrieges 1215 Priester, Ordensangehörige und Nonnen liquidiert.

Das größte Verbrechen aber beging ein hochgerühmter katholischer Dichter namens Georges Bernanos. Er selbst war nach Herkunft und Anschauung ein Monarchist, in Spanien sympathisierte er mit der Falange. Schon vor Ausbruch des Bürgergkriegs lebte er auf der Insel Mallorca.

Er hatte ein empfindsames Gemüt. Zwar bejahte er prinzipiell Gewaltanwendung; wie diese aber in Wirklichkeit vor sich geht, das hat ihm seine dichterische Phantasie nie eingegeben, ehe er Zeuge scheußlicher Gewalttätigkeiten wurde. Zuerst bemächtigten sich die Nationalen, ohne daß ein Schuß fiel, der Insel. Dann aber setzte zur See und an Land die Gegenoffensive der Roten ein. Die Nationalen gerieten zwischen die roten Regulären und die roten Partisanen in eine üble Lage. Der Dichter sah lieber nicht hin, wenn es Leichen gab. Dann aber wendete sich das Blatt, und die Italiener machten die Insel zum Stützpunkt ihrer Intervention in Spanien. Da erlebte der sehr konservative, religiöse und königstreue Franzose, wie das zugeht, wenn Faschisten mit Roten abrechnen. Und weil er nie erlebte, wie es im umgekehrten Fall geschieht, geriet ihm ein berühmter Roman aus der Sicht eines einäugigen Betrachters. Mit Triumph hielt die Rote Propaganda dieses Werk eines katholischen Dichters hoch empor, und im Rest von Europa wurde eine ganze Generation von katholischen Intellektuellen gewahr, daß sie nie rechts stehen und rechts denken dürften, nach all dem, was der hochberühmte Dichter Bernanos im Spanischen Bürgerkrieg geschrieben hat. Da nützte es wenig, daß ein anderer katholischer Dichter, Paul Claudel, zu anderen Ansichten kam. Claudel verharrte in der Ambivalenz des Intellektuellen, während Bernanos aus dem Feuer der Leidenschaft eines Engagierten schrieb.

So entstand mittels aller damals verfügbaren Massenmedien ein Image des Spanischen Brgerkriegs, in dem es nur die Tragödien der Roten und die Verbrechen der Nationalen gibt. Agenturen wie Reuter, Associated Press, United Press et cetera spannten ein unzerreißbares Netz von Tendenznachrichten über die ganze Erde, aus dem sich gerade noch der Hitler und der Mussolini mit den ihnen genehmen Methoden befreien konnten. Die Depeschen des Amerikaners Hemingway, die dieser aus dem belagerten Madrid abfertigte, bekamen einen hohen Rang in der Literatur seiner Zeit. Nicht minder die Dichtungen eines Dos Passos, der längst mit roter Tinte schrieb, ehe er sich mit Spanien beschäftigte. Und da war Ehrenburg, Linksintellektueller, Jude und Kommunist, der sich 1936 den Stil angewöhnte, mit dem er 1945 Rotarmisten zum Vollzug der Rache an den Deutschen hetzte. Orwell, der zwei Generationen in Spannung hielt, ob es wirklich im Jahr 1984 so zugehen wird, wie er sich das, nachdem er Anarchist in Spanien war, um 1947 vorstellte. Und: André Malraux, roter Kämpfer mit der Feder und dem MG seines Kampfflugzeugs, Organisator eines Weltkongresses für Rot in Barcelona 1937; nachher Compagnon De Gaulles, dessen Minister und Atheist neben dem strengkatholischen Lothringer.

In jener Zeit machte in Wien ein Conférencier einen Witz, der sich mit der Tatsache beschäftigte, daß im Spanischen Bürgerkrieg schon bald mehr Nicht-Spanier als Spanier kämpften.

Die Einmischung oder angebliche Nichteinmischung der Weltmächte in die Kämpfe des Spanischen Bürgerkriegs wurde die große Tragödie und die Lüge dieses entsetzlichen Kampfes der Spanier. Sowie es losging in Madrid, internationalisierte sofort die dortige Regierung den Kampf, indem sie sich an die Genossen in der französischen Volksfrontregierung wandte. Schon am 19. Juli 1936 bekam der französische Ministerpräsident Léon Blum ein Telegramm seines Kollegen und Genossen aus Madrid:
»Bin durch gefährlichen Militärputsch überrascht. Bitte Sie, uns sofort mit Waffen und Flugzeugen zu helfen.«
Und Léon Blum sowie seine Genossen in Paris waren vom Fleck weg entschlossen, denen in Spanien zu helfen, die Faschisten zu besiegen; so, wie man 1934 in Paris den Aufstand der dortigen Rechten niedergeschlagen hat. Die Einmischung fremder Mächte in den Spanischen Bürgerkrieg begann aber nicht erst auf offizieller Ebene, nach Ausbruch der Kampfhandlungen. Spanische Kommunisten hatten längst zuvor nach dem Rechten gesehen und schon im Frühjahr 1936 bezogen sie Waffen aus der Sowjetunion. Wie immer später die Praxis der sogenannten Nichteinmischung der Großmächte in innere Verhältnisse Spaniens geriet: Wo immer kommunistische Hafenarbeiter die Kontrolle hatten, kamen Waffen für die Roten an Land. Als in Rotspanien die allgemeine Volksbewaffnung Wirklichkeit wurde, waren die Kampfverbände der Kommunisten bereits die am besten ausgerüsteten. Die Internationalen Brigaden der Kommunisten in Spanien, nicht selten von ehemaligen Frontoffizieren der Mittelmächte des Ersten Weltkriegs geführt, wurden Korsettstangen des Widerstands der Roten. Mehr als einmal hat eine Internationale Brigade ihren Feinden, zumal Italienern, eine schwere Niederlage beigebracht.
Mit der Einmischung der Großen Demokratien des Westens sowie andererseits des Hitler und des Mussolini wurde der Spanische Bürgerkrieg sozusagen die Probe für einen nächsten Weltkrieg. Einen Weltkrieg, dessen Fronten damals in Spanien gezogen wurden und die blieben. Unversehens glitt die öffentliche Meinung in den USA, zumal in Kreisen der Intelligenz, nach links. So konnte nachher US-Präsident Franklin D. Roosevelt sein Bündnis mit Stalin nicht

nur als eine kriegsbedingte Notwendigkeit, sondern als eine natürliche Verbindung hinstellen. Und während so zwischen Washington und Moskau fortan unzerreißbare Bindungen entstanden, entstand innerhalb des Katholizismus gleichzeitig ein tiefer Riß: In Spanien trat zum ersten Mal ein moderner Linkskatholizismus in Erscheinung. Katholische Geistliche bestärkten gläubige Katholiken zum Kampf gegen die Nationalen. Katholiken feuerten auf Katholiken und glaubten, sich in jedem Fall auf ihren Glauben und dessen Verteidigung gegen Unglauben berufen zu können. Geiseln. Geiseln in den Händen der Nationalen. Geiseln in den Händen der Roten. Folgendes geschah am 23. Juli 1936, als der Bürgerkrieg längst noch nicht in spätere Schluchten der Unmenschlichkeit geschliddert war. Die Roten nahmen die Stadt Toledo und trieben die Nationalen in die Verteidigung der Burg, des Alcazar, dieser Stadt. Im Alcazar kommandierte Oberst José Moscardó Ituarte. Unversehens fiel den roten Belagerern ein guter Fang in die Hände: der Sohn des Obersten, der junge Moscardó. Der Chef der Roten rief über eine intakte Leitung den alte Moscardó im Alcazar an, um diesen ein wenig zu terrorisieren. Per Telefon.

Der Rote:»Sie sind der Verantwortliche für das Blutbad und die Verbrechen, die stattgefunden haben. Ich fordere, daß sich der Alcazar innerhalb von zehn Minuten ergibt. Und sollte es nicht geschehen, so werde ich ihren Sohn, den ich hier habe, erschießen.«

Der alte Moscardó:»Ich glaube ihnen nicht.«

Der Rote:»Damit sie sehen, daß es wahr ist, kommt jetzt ihr Sohn an den Apparat.«

Der junge Moscardó:»Papa!«

Der alte Moscardó:»Was gibt's, mein Sohn?«

Der junge Moscardó:»Nichts, sie sagen, sie werden mich erschießen, wenn Du den Alcazar nicht übergibst.«

Der alte Moscardó:»Dann vertraue deine Seele Gott an, schrei' mit lauter Stimme: es lebe Spanien und sei tapfer im Sterben.«

Der junge Moscardó:»Eine innige Umarmung, Papa!«

Der alte Moscardó:»Eine innige Umarmung, mein Sohn!«

Der Rote nahm dem Jungen den Hörer ab, denn dieses Geschwätz war für seine Sache ohne Nutzen.

Der Rote: »Nun – wie ist es?«
Der alte Moscardó: »Sie können sich die Frist sparen, denn der Alcazar wird sich nicht ergeben.«
Es gab, wie gesagt, Rote Pfaffen unter den Roten. Einen von diesen, der wegen dieser Einstellung den Erschießungen der Geistlichen in Madrid entgangen war, schickten die Roten während einer dreistündigen Waffenruhe in den Alcazar. Jedem die Beichte abzunehmen, reichte die Zeit nicht, also gab der Geistliche eine Generalabsolution. Nachher sprach er, ganz im Sinne der Belagerer, von der Glorie, die die Belagerten nach ihrem nahen Ende erwartete. Diese aber waren reaktionär, daher also stur, und darum schreckte sie das Reden des Roten Pfaffen von den letzten Dingen im Dasein eines Christmenschen nicht.
Währenddessen gingen die Vorposten der Nationalen und die der Roten aufeinander zu. Sie fingen mit dem an, was Soldaten immer in derlei Situationen tun: Sie tauschten Zigaretten. Dann übernahmen sie Nachrichten an Familien, die drüben und hüben auf Nachrichten warteten. Sowie der Pfaffe den Berg heruntergekommen war, ging das Kampfgeschehen mit unverminderter Härte weiter.
Inzwischen waren in aller Welt die Medien auf dieses interessante Ding aufmerksam gemacht worden. Es kamen Kamerateams an den Alcazar, zahlreiche Reporter und Fotografen, um den Fall der Festung zu erleben. Aus Asturien holten die Roten Bergleute, um sie als Mineure im Kampf einzusetzen. Es gelang, einen Turm des Alcazars zu sprengen, aber eine aus Offizieren bestehende Nachhut deckte den Rückzug auf einen kleineren Turm, den die Roten nicht nehmen konnten. Dann besprengten die Angreifer die Mauern mit Benzin und schleuderten Handgranaten dagegen. Aber das Flammenmeer ging über die Front hinweg, denn ein Kadett der Nationalen richtete die verdammten Schläuche zurück auf die Roten und das Feuer brannte überall. Der Erfolg der Angreifer schien nahe, als der Nordostturm im Kampf der Mineure einstürzte und die Trümmer in den Tajofluß fielen. Der Fels, auf dem die Festung stand, erwies sich jedoch als undurchdringlich.
Und dann kam die Stunde, da hörten die Vorposten der Nationalen das Kampfgeschrei jener Marokkaner, die unter den Nationalen

kämpften. Der Kommandant der Einsatztruppe kletterte über Trümmer in den Alcazar. Moscardó schloß seine Meldung an den General:

»Sin novedad.«

Das war es: Nachdem der Alcazar gehalten werden konnte, gab es hier keine erwähnenswerten Neuigkeiten mehr. Um diese Stunde war der junge Moscardó schon ermordet.

Wien lag im Jahre 1936 schon ein wenig abseits von Gefahren des Bürgerkriegs. Die politische Losung des Jahres lautete: Befriedung. Befriedung in den Beziehungen der Regierung mit den Illegalen im Untergrund. Aber diese nutzten solche Aktionen der Regierung nur aus, um eine Atempause in ihrem Kampf zu haben oder um unter der Tarnung »Befriedungsaktion« die Aktionen zum Sturz der Regierung fortzusetzen. Kämpfer, Rote Kämpfer, gingen damals gerne nach Spanien. Nicht bloß, weil sie meistens arbeitslos und ausgesteuert, also ohne jede Unterstützung, waren. Sie rückten über die 1918 von der alten SDAP gezogenen Demarkationslinie zu den Kommunisten nach links hin ab, bejahten eine Kampfgemeinschaft mit Kommunisten. Dazu kam, daß die Hilfe des Hitler an Franco für Wiener Boulevardblätter wie »Telegraf« und »Echo« Anlaß wurde, die Sache der Nationalen in Spanien zu diskriminieren und das Image der dortigen Roten mit sympathischen Zügen zu versehen. Langsam schliff sich so auch in das Denken bisher rechts stehender und denkender Menschen die Vorstellung ein, bei dem gefährlichen Terrorismus des Hitler könnte der Kommunismus einmal die einzige ultima ratio eines österreichischen Widerstands werden.

Selbst in Kreisen der Wiener Heimwehr kam diese Ansicht zuletzt (1945) auf. Wir, einige vom Studentenfreikorps der 1936 aufgelösten und von allen im Stich gelassenen Heimwehr, sahen derlei Sinnesänderungen. Und wir dachten darüber nach, was wohl geschähe, wenn wir einmal den Kommunismus ins Haus oder in die Nachbarschaft bekämen. Viele hielten uns für verrückt. Einmal, während eines unserer endlosen und ausweglosen Gespräche, sagte einer: »Ich gehe zu Franco.«

Das war nicht aufregend, im Gegenteil; ein solcher Plan wollte nüchtern besprochen sein. Wie kam man überhaupt dahin? In Wien gab es eine spanische Botschaft, aber die war von einem Gewährsmann der Madrider Regierung besetzt. Die Roten hatten, das wußten wir, eine Untergrundbahn nach Spanien. Auch bildeten sich schon Hilfsorganisationen für Spanien. Wir hörten herum. Es wurde uns ausdrücklich gesagt, daß es für einen Österreicher strafbar sei, in einem ausländischen Heer zu dienen. Andere, schon arrivierte und pazifizierte Kameraden lachten uns aus und rieten uns, uns etwas Besseres einfallen zu lassen, wenn wir uns vom Studium und vor Prüfungen drücken wollten. Und da waren die Gebrannten, jene die schon längst von den Federn aufs Stroh gekommen waren und die sich nach dem Motiv verhielten, das nach 1918 ein bekannter Kabarettist seinen Landsleuten angepriesen hat:

Gott erhalte unsern Seipel,
Gott erhalte unsern Seitz,
Gott erhalt' – man kann nie wissen –
Unsern Kaiser in der Schweiz.

1936 war Kaiser Karl längst nicht mehr in der Schweiz. Er ist 1922 im Exil auf der Insel Madeira gestorben, und die Österreicher haben sich ihm gegenüber so erbärmlich benommen, wie außer den russischen Bolschewisten kein Volk an seinem letzten Herrscher gehandelt hat. Der Seipel war zwar erst vier Jahre tot, aber weder wollte die Kirche von diesem Prälaten noch viel reden noch war er in konservativen Kreisen mehr als ein Politiker mit Namen, der halt auch nicht mehr war. Nur der 1934 als Bürgermeister von Wien abgesetzte und als Vorsitzender der aufständischen SDAP verhaftete Seitz ging immer noch durch die Straßen der Stadt. Und die Sicherheitswachebeamten, die 1934 ihn und seine Genossen arretiert hatten, grüßten jetzt den Seitz so, wie man in Österreich jedem, der umgeschmissen hat, nachher erst recht den Respekt erweist.

Wir lebten auch noch. Aber was sollte es mit uns. Sollten wir etwa ins Bundeskanzleramt gehen und dort sagen: Bitte, wir möchten gerne zum Franco. Könnte man uns nicht sagen, wie wir das anfangen sollen? Da wären wir schön angekommen. Zu allerletzt kamen wir, wie immer an windigen Ecken, auf unseren Alten.

Der war nun nicht so alt. Im Krieg Offizier bei Tiroler Kaiserjägern. Nachher Student und aktiv bei einem renommierten Corps. Dann wieder, von Unruhe getrieben, bei allerlei verlorenen Haufen. Am 9. November 1923 im Freikorps Oberland hinter dem Hitler her. Dann wieder in Abwehrkämpfen im Reich und in Österreich. Zuletzt in der geheimnisumwitterten Organisation Consul, OC, über deren Tun später Ernst von Salomon Bücher geschrieben hat, die man jetzt Bestseller nennen würde. Unser Alter aber hat derlei und manches andere schon längst hinter sich; vor allem die persönlichen Erfahrungen im Umgang mit dem Hitler. Er hat in den unruhigen Dreißigerjahren viele hundert österreichische Studenten in seinem Studentenfreicorps vergattert. Und also machten wir bei den Illegalen nicht mit. Den Alten grüßten wir mit: Heil Adolf. Nicht weil auch der Hitler den Vornamen Adolf hatte, sondern weil der Alte Adolf Bulla hieß.

In einem langen Gespräch bei Nacht klopften wir bei ihm wegen Spanien an. Er hörte sich, ohne selbst ein Wort zu sagen, an, was wir daherredeten. Als wir nichts mehr zu sagen hatten, nahm er aus seinem Etui, dessen eingravierte Widmungen soviel wie eine Ordensspange waren, eine Zigarette; klopfte sie gegen das Ende zu aus und zündete sie an, wobei er die rechte Augenbraue mit einem typischen Gesichtsausdruck nach oben zog. Dann sagte er:

»Laßt das.«

Wir waren starr. Aufspringen hätten wir müssen und für immer davon gehen. Aber wir hingen zu sehr an unserem Alten. So warteten wir auf das nächste Kürzel seiner Rede. Eine Weile rauchte er seine Zigarette, dann ergänzte er den fatalen Anfang seiner Rede:

»In Spanien siegen nicht die Nationalen. Siegen wird der Hitler. Aber das wird nur ein Anfang sein.«

Wir überlegten und einer fragte:

»Ist der Hitler unaufhaltsam?«

Und darauf der Alte:

»Jetzt schon.«

Na ja, dachten einige bei sich, der Alte wird halt alt; denn auch zu unserer Zeit war ein Mann, der auf die Vierzig ging, ein alter Mann. Einer, dem man zugute halten muß, daß einmal für jeden politi-

schen Kämpfer die Kampfzeit ein Ende haben muß. Weil man ja
schließlich im richtigen Alter nicht ohne nichts dastehen möchte.
Ich wollte wissen:
»Und was wird mit Österreich geschehen?«
Eine Pause, die quälend lang war, und dann:
»Der Hitler wird kommen.«
»Wann?«
Der Alte zuckte die Achseln. Ungesicherte Meinungen anzudeuten,
vermied er immer. Nachdem er eine Zeitlang die Zigarette mit eini-
gem Genuß geraucht hatte, sagte er, ohne sich groß um unsere
sichtbare Aufregung zu kümmern:
»Wenn der Hitler erst einmal in Wien sein wird, dürfte es nicht
mehr lange dauern bis zum Krieg.«
Wieder eine Pause und dann:
»Bis zum Krieg gegen Rußland.«
Er sagte Rußland und nicht Kampf dem Bolschewismus. Rußland
war offenbar mehr. Wir fragten:
»Wie wird der Krieg sein?«
»Nicht wie der letzte, den die Russen verloren haben. Es wird dem
Hitler zuletzt gehen wie dem Großen Napoleon. Große Armee,
unaufhaltsamer Vormarsch in den russischen Kontinent, dann der
Umschwung und der Untergang.«
Wir wollten wissen:
»Und was wird mit uns sein?«
»Ihr werdet es erleben. Einen Krieg in Rußland.«
Wir saßen noch lange beisammen. Es war eine Nacht, in der man
glaubt, mehr zu wissen und zu erahnen. Nicht nur in der Hitze des
Weines. Aber wir sahen nicht die schwarzen Kreuze, die das
Schicksal schon auf die Stirnen aller bis auf zwei gemalt hat. Kreuze,
die den nahenden Tod anzeigen und die die Wissenden sehen kön-
nen. Auch auf der Stirne des Alten muß ein solches Kreuz gestanden
haben. Er rückte nach 1938 ein, weil er glaubte, das deutsche Heer
werde die Exzesse des Hitlerismus aufhalten. Aber noch war die
Stunde der Generale und Obersten nicht gekommen. Und so fiel
der Alte als Major und Kommandeur einer Aufklärungsabteilung,
umwittert von einem legendären Ruhm der Tapferkeit. Oder, wie

238

es jene deuteten, die ihn besser kannten: Den Tod derer, für die es keine Wiederkehr geben kann.

Am Tag, da im Juli 1936 der Spanische Bürgerkrieg ausbrach, sprach die Pasionaria über den Madrider Rundfunk. Immer noch Hausfrau, selbst in der Wahl ihrer Kampfmittel, forderte sie die Frauen auf, mit ihren Küchenmessern zu kämpfen. Und die Faschisten mit heißem Öl zu verbrühen. Derlei vergaßen die Roten, sobald sie richtige Kampfwaffen bekamen. Was aber blieb, war die Parole dieses Tages, die die Pasionaria für einen ganzen vierjährigen Krieg ausgab:»No pasarán!« Sie, die Nationalen, sollten nicht durchkommen, und sie sind in der Tat niemals, bis zum Ende des Krieges, an der Front vor Madrid durchgekommen. Und doch kam der Tag, an dem die Truppen des Franco singend die Gran Via in Madrid hinabmarschierten, und immer wieder riefen:»Han pasado!« Sie waren endlich durchgekommen. Aber in dieser Stunde, im März 1939, war schon alles vorbei und für die Roten verloren. Für die Roten schien es, als würde die finsterste Stunde der Nacht gekommen sein. Hitler als Sieger in Prag und gleichzeitig Franco als Sieger in Madrid. Wenige ahnten: Nie werden die Großen Demokratien des Westens dem Franco vergessen, daß sein Sieg zusammenfiel mit jenem Höhepunkt im Machtanstieg des Hitler. Jenem Höhepunkt, an dem schon das Fanal: Bis hierher und nicht weiter, angezündet war. Nicht einmal ein Jahr lang wird das Spanien des Jahres 1939 den Tod Francos überdauern. Und dann werden wieder Kommunisten bei der Rückkehr nach Spanien, 1977, rufen:»Han pasado!« Wer von den geschlagenen Feinden des Franco Geld und Paßvisa hatte, der konnte Spanien verlassen und sich den Rest des Lebens fernab von diesem Land, das mit Gebein übersät war, erlauben. Die letzten bissen die Hunde. Und die Letzten sind in jedem Krieg meistens die Tapfersten. In Frankreich hatte man bereits Lager für die aus Spanien flüchtenden Angehörigen der Roten eingerichtet. Man muß feststellen, daß die Franzosen keine Meister bei der Errichtung von Gefangenenlagern sind; wie immer die politische Richtung der Regierung in Paris und die der Gefangenen sein mag. Es steckt wohl System dahinter, vielleicht eine Erfahrung aus der Revolution von 1789. Und wenn auch die französischen Lager für Rote aus Spanien keine KZ waren, so erfüllten sie dennoch den Sinn eines KZ: In ihnen wird mit der Zeit der Wille zum Widerstand gelähmt, der quälende Wunsch nach Freiheit und Heimkehr grausam malträtiert. Viele aus Spanien geflüchtete Rote wären vom Fleck weg lieber heimgekehrt, hätten nicht die meisten der Sieger im Spanischen Bürgerkrieg ein Regime begonnen, in dem ein Geist der Rache obenan stand. Rache als Genugtuung, Rache als Gewähr für Sicherheit. Aber vielleicht ist die Rache im System des Bürgerkriegs unerläßlich. Julius Caesar hat nach seinem Sieg im Bürgerkrieg auf Rache verzichtet. Es wurde ihm schlecht gelohnt. Man ermordete ihn, und sein Tod löste einen neuen Bürgerkrieg zwischen rachsüchtigen Feinden aus.

Im Sommer 1939 traute niemand in Europa so recht dem wackelig gewordenen Frieden. Und doch taten die Menschen meistens so, als dächten sie in ihren Sommerurlauben und Salons und Vergnügungsstätten gar nicht an diesen Steinernen Gast, der schon vor der Tür hockte, nachdem man ihn oft und lang genug freventlich gerufen hatte. Gäbe es Tonbänder mit Aufnahmen gepflegter Konversationen jener Sommermonate vor dem Krieg, sie würden sich heute, nach allem was geschehen ist, so banal anhören, daß er fast verständlich wird: Diese Welt in ihrer falschen Selbstgewißheit war bestimmt, zugrunde zu gehen, und also mit Blindheit geschlagen. Die unausstehliche Angst spürten zuerst und zumeist die Juden. Nicht nur deswegen, weil sie schon seit 1933 nach einem sogenannten Arierparagraphen verfolgt wurden; in ihnen war ein Instinkt lebendig, der sie wissend machte: Kommt Krieg, dann kommen Überfälle, Plünderungen und Mord. Aber selbst Juden gaben sich Selbsttäuschungen hin, Juden, die hochgebildet und erfahrene Staatsmänner waren. Als im August 1939 der Hitler mit dem Stalin jenen Vertrag zur Vierten Teilung Polens et cetera schloß, wollte in Paris Léon Blum etwas ganz anderes darin sehen:

240

»Eine neue Hoffnung für den Frieden tut sich auf.«
Arme Jugend von 1939. Wie viel wurde ihr eingeblasen und versprochen; und um wieviel mehr wurde sie nachher, als alles vorbei war, betrogen; wurde sie zum Bürgen einer Generation gemacht, die den Idealismus einer gläubigen Jugend schändlich betrogen hat. Und außerdem zusah, wie man diese Jungen nachher als die übriggebliebenen Bürgen eines untergegangenen Regimes würgte und würgte.

Wenn einmal auf einer Provinzbühne einem Regissseur der Große Wurf gelingt, lockt er für eine Weile die Theaterbesucher von den großen Bühnen der Welt weg. Nachher aber, sobald das Ereignis in der Provinz vorbei ist, kehrt besagtes Publikum wieder zurück an die gewohnten Stätten seiner Theatersucht. Die Akteure verlassen das Provinztheater und nutzen ihre dort errungenen Erfolge, um fortan inmitten der Prominenz in den Prospekten der Welttheater aufzuscheinen.

Ernest Hemingway, der unübertroffene Starreporter und Dichter im belagerten Madrid, hatte vorläufig von derlei Erlebnissen genug. Er zögerte nicht, nachher auch im Franco-Spanien zu leben, so als wären seine Dichtungen aus der Zeit des Bürgerkriegs nicht mehr gewesen als Bühnenhandlungen, die nunmehr eben abgespielt waren. Dos Passos rückte bis zum Abend seines restlichen Daseins ab von dem, was ihn einmal in Spanien begeisterte; während des Vietnamkriegs verteidigte er den Widerstand der USA gegen die kommunistischen Aggressionen aus Nordvietnam. André Malraux, Roter Kampfflieger und Organisator des Schriftstellerkongresses 1937 in und für Rotspanien, wird nach 1945 Compagnon De Gaulles werden und neben dem gläubigen Lothringer seine Kulturpolitik als Atheist in der Regierung De Gaulles betreiben.

Orwell, todkrank und von Zweifeln geschüttelt, wird seine Visionen von einer weiteren Dimension des Totalitarismus zu Papier bringen und eine ganze Generation in Spannung bringen; weil einige Überlebende aus 1936 auch jenes 1984 erleben werden, mit dem der Anarchist Orwell die allmächtige Gigantomanie der Unmenschlichkeit im Industriezeitalter datiert hat.

Nicht wenige Literaten aus Rotspanien werden nachher die Privilegien jenes verlorenen Schafes genießen, dessentwegen der Hirt seine 99 anderen verläßt, um eben dieses einzige heimzuholen: Als sogenannte Ex-Kommunisten werden sie der Freien Welt des Westens die Überbleibsel ihres gereinigten Kommunismus anbieten und damit die Utopie eines humanen Kommunismus, entstanden im Westen, verständlich und wünschenswert machen. Eine Generation nach dem Spanischen Bürgerkrieg wird jede westliche Demokratie, die nicht den Kommunismus als ihren notwendigen Bestandteil annimmt, als unfertige, als verfälschte Demokratie verschrien sein. Da haben es die Integralisten aus Rotspanien schwerer gehabt. Der Franzose Thorez wird 1939 bei Ausbruch des Krieges gegen den Hitler desertieren, weil er als Kommunist nicht gegen die Armee des Bundesgenossen des Stalins Krieg führen durfte und wollte. Aber Thorez wird man diesen exzentrischen Akt vergessen und man wird ihn eines Tages als den Grand Homme des Kommunismus in Frankreich bestatten. In Italien werden Togliatti und Longo um 1945 dem Kommunismus einen Bärendienst erweisen. Das von ihnen ausgelöste Regime der Rache wird den längst in einer Holzkiste bestatteten Mussolini nicht überraschen und stören; wohl aber werden jene aus 1945 datierenden Massenmorde und Privatracheakte der Kommunisten die meisten Italiener für eine Generation lang immun machen gegen die Lockungen des dortigen sogenannten humanen Kommunismus; bis ein Roter Rattenfänger das seinerzeitige Experiment des gewesenen Sozialisten Mussolini mit Erfolg wiederholen und diesmal die Kommunisten obenan bringen wird. Schlecht wird es einigen Rotspanierkämpfern gehen, die nach 1945 in den Volksdemokratien des Stalinismus beheimatet wurden. Ihren Heroismus an der Front in Spanien wird man vergessen, sie verdächtigen, zumal dann, wenn in der Ära des Spätstalinismus ein Roter Antisemitismus regieren wird.

Aus Spanien wird, lange vor dem letzten Schuß im Bürgerkrieg, der englische Arbeiterführer Major Attlee heimkehren. Er wird Sir

Winston Churchill nach dessen Siegen im Zweiten Weltkrieg eine blamable Wahlniederlage am Beginn eines sogenannten Friedens bereiten. Und in der Partei des Majors wird eine Saat aus den Dreißigerjahren aufgehen; in der Parteiideologie ihres Vorsitzenden von 1945, Herald G. Laski:

»Lenin hat recht, wenn ihm als Endziel vorschwebt, seinen Himmel auf Erden zu errichten... Die Macht jeder übernatürlichen Religion ist geschwunden... Es ist daher schwer zu verstehen, auf welch' anderer Grundlage die zivilisierte Tradition wieder aufgerichtet werden könnte als jener, auf der die Idee der russischen Revolution gründet.«

Solche Verlassenschaften der Dreißigerjahre werden alle einigen, die sich zusammentaten, um den Hitlerismus abzuwürgen. Auch wenn sie konservativ dachten, wie Sir Winston Churchill, oder mehr liberal, wie US-Präsident Franklin D. Roosevelt.

Sie alle haben vom Marx gekostet und gegessen.

Die Gäste des Gesandten saßen und besprachen, ein wenig bestürzt und sehr wißbegierig, das große Ereignis des Tages. Man war schon bei Mokka und Likören, und an sich wäre es schicklich gewesen, mit dem Aufbruch zu beginnen. Aber die Neugierde brodelte, kam nicht zur Ruhe und der Gastgeber selbst schien an diesem Tag eine der besten Auskunftspersonen zu sein, derer man in der Reichshauptstadt Berlin habhaft werden konnte. Der fragliche Hausherr war der Gesandte der Tschechoslowakischen Republik, Vojtech Mastný. Das fragliche Ereignis der Umsturz in Wien. Und das fragliche Datum der 11. März 1938. Wie die Dinge lagen, konnte der Hausherr kein sehr aufmerksamer Gastgeber sein. Nicht nur, daß er an diesem Abend noch eine sehr wichtige dienstliche Obliegenheit hatte – zu der er schon hätte unterwegs sein müssen –, es erreichten ihn, in immer kürzeren Abständen, schlechte Nachrichten aus Wien und beunruhigende aus Prag. Die Reichshauptstadt aber war voller Gerüchte über den Fall Österreich.

Endlich verließ der beharrlichste Fratschler die Residenz des Gesandten, und jetzt konnte der Hausherr den notwendigen Rollentausch vornehmen. Der Gastgeber wurde Gast. Gast eines Festes, das zu besuchen er sich lange vor diesem 11. März 1938 vorgenommen hatte.

Im »Haus der Flieger«, wo ein rauschendes Fest gefeiert wurde, ging die unruhige Erwartung in die entgegengesetzte Richtung: Dort wartete nicht ein Hausherr auf das Gehen seiner Gäste, vielmehr erwarteten die Gäste das Kommen des Hausherrn. Dieser war erst vor fünf Wochen zum Generalfeldmarschall befördert worden, und für diesen Abend stand sein erstes Auftreten in der phantastischen Gesellschaftsuniform seines neuesten Ranges bevor.

Aber der Göring ließ warten. Denn er hatte an diesem Abend zuerst noch einiges zu erledigen. Nämlich die Regie des Umsturzes in Wien; per Telefon; und mit jener Härte, die der Hitler so sehr am Göring schätzte. Der Mastný mußte jetzt einfach den Göring sprechen, denn in Prag rechnete man sich schon aus, wann nach Österreich wohl die Tschechoslowakei auf die Scherbank kommen wird.

Der Göring kam und der Mastný bekam seine Chance, seinen Diener machen zu dürfen. Offenbar hatte der Generalfeldmarschall seinen leutseligen Tag; er stellte sich breitbeinig vor den Gesandten hin und fing, ohne erst darum angegangen worden zu sein, einen Monolog an:

»Ich freue mich, Herr Gesandter, Sie begrüßen zu können. Denn ich will Ihnen in dieser historischen Stunde erklären und mit meinem Ehrenwort bestätigen, daß für die Tschechoslowakei nicht der geringste Grund zur Unruhe besteht. Das mit Österreich ist sozusagen die Bereinigung einer Familienangelegenheit. Und was die Tschechoslowakei betrifft, so bleibt es bei dem, was ich Ihnen schon anläßlich früherer Unterredungen gesagt habe: Daß nämlich Deutschland der Tschechoslowakei gegenüber keine wie immer gearteten Gebietsansprüche hat und daß Deutschland in jedem Fall auf dem Weg einer friedlichen Annäherung an die Tschechoslowakei fortfahren wird.«

Dem Mastný fiel ein Stein vom Herzen. Mehr als ihm der Göring soeben gesagt hatte, konnte er in einer Stunde wie dieser wirklich nicht vom momentan ranghöchsten Soldaten des Dritten Reiches erfahren oder gar verlangen. Als daher der Göring so nebenbei und gar nicht vorwurfsvoll fragte, ob es denn wahr sei, daß in der Tschechoslowakei nach den Ereignissen in Wien mobilisiert werde, beeilte sich der Gesandte, zunächst mit größter Betulichkeit zu beschwichtigen; im übrigen sich aber für einen kurzen Anruf, den er in seiner Gesandtschaft machen wollte, zu entschuldigen.

Seine allerurgenteste Rückfrage im Prager Außenministerium ergab, daß er dem Göring vorweg richtig geantwortet hatte. Nein, man dachte nicht daran, wegen der Österreicher in der Tschechoslowakei zu mobilisieren. Auch sei der Ursprung des Gerüchtes bereits festgestellt. Natürlich wieder einmal Rom, das Prag in Verdacht bringen wollte, um sich wegen des eigenen schmählichen Verhaltens Wien gegenüber in der Öffentlichkeit einzunebeln. Und für den Moment von der Bildfläche zu verschwinden.

Als der Mastný wieder zum Göring stieß, wußte dieser längst von seinen Abhörspezialisten, was der Tscheche mit seiner Behörde in Prag besprochen hatte. Trotzdem tat er so, als würde ihm vom Tschechen die größte und wichtigste Neuigkeit von der Welt berichtet. In Wirklichkeit hörte er gar nicht hin auf das, was der Gesandte im harten Deutsch, das man ihm einmal auf einem k.k. Gymnasium beigebracht hat, hervorsprudelte. Wohlwollend nickte er am Schluß der Beteuerungen seines Gastes, um dann quasi zu einer neuen Dimension seines bereits gegebenen Versprechens anzusetzen:

»Mein persönliches Ehrenwort habe ich Ihnen schon gegeben. Und dieses Versprechen Ihrem Land gegenüber kann ich jetzt auch im Namen des Reichskanzlers wiederholen, der mich inzwischen mit höchsten Staatsgeschäften betraut hat. Ich stehe nicht an, festzustellen, daß meine Erklärung die Erklärung unseres Staatsoberhauptes ist.«

Na, to je tak, dachte der Tscheche bei sich. Der Hitler selbst sprach aus dem Mund des Göring. Dabei ahnte er nicht, warum jetzt der Göring nicht nur leutselig, sondern geradezu bummelwitzig in seinem Reden wurde. Mitternacht war vorbei und in Wien amtierte nicht mehr der Rest der Regierung Schuschnigg, sondern die neue Regierung des Doktor Seyß-Inquart. Und vom Regierungsgebäude auf dem Ballhausplatz wehte bereits die Hakenkreuzfahne.

Wie lange in dieser Nacht der Mastný im Haus der Flieger mitgefeiert hat, läßt sich nicht mit Sicherheit sagen. Spät war es, als er heimkam und er seine Herren noch immer um den Radioapparat versammelt traf. Mit einigem Stolz erklärte der Gesandte den Erfolg seiner Pouparlers mit dem Göring. Die Herren schwiegen, nur einer, so ein Überbleibsel aus dem Personalstand der Monarchie, ein alter Trottel, wollte wieder einmal alles besser wissen. Er erinnerte, daß in der Monarchie – Gott soll behüten – einmal mit Spott vom sogenannten Serbischen Offiziersehrenwort geredet wurde. Ehrenwort von Offizieren, die, trotz Eid, ihren König samt Gemahlin in viehischer Weise ermordet haben. Die anderen Herren sahen die Dinge anders. Hätte es nicht 1903 diesen Königsmord in Belgrad gegeben, wäre es wohl 1914 nicht zum Mord in Sarajewo gekommen. Und wer weiß überhaupt, wie lange die Tschechen ohne Sarajewo und einen Weltkrieg hätten warten müssen, um nachher zu ihrem Sieg über die Österreicher und zur Ausrufung ihres unabhängigen Staates zu kommen.

Der Mastný ärgerte sich, daß dieser alte Esel mit diesen alten Geschichten daherkam. Nicht nur deswegen, weil seinem Staatspräsidenten Eduard Beneš der Hitler bei weitem lieber war als die Habsburger. Schon im Gymnasium hat der Mastný die überraschende Tatsache erfahren, daß das einzige, das man aus der Geschichte lernen kann, die Erfahrung sei, daß man aus ihr nichts lernt. Trotzdem hat der Gesandte keine gute Nacht gehabt. Ehe er einschlief, nahm er sich vor, gemäß der aus Prag erhaltenen Instruktion gleich nächstens, nein morgen, besser heute – es war schon fast dämmerig im Schlafzimmer – im Auswärtigen Amt zu sondieren. Das Schicksal konfrontierte den Tschechen mit einem Deutschen, der einmal in Böhmen und Mähren eine fatale Rolle spielen wird: Mit dem künftigen Reichsprotektor von Böhmen und Mähren, Konstantin Freiherr von Neurath. Im Moment lag dieser Baron als ein abgetakeltes Schiff am Kai des Auswärtigen Amtes vor Anker. Herr im Haus war Joachim von Ribbentrop. Er war der RAM: *R*eichs*a*ußen*m*inister des Führers, kein Freund der Tschechen.

Indessen war der Baron Neurath auch nicht eben leutselig mit dem Gesandten. Dem Mastný lief es kalt über den Rücken, als er wahrnahm, daß es in den Akten des RAM ganz anders aussah, als im Gerede des Göring vernehmbar. Ein wenig bekümmert saß er da, während ihm der Baron erklärte:

»Der Führer hofft, daß sich die Beziehungen zwischen der Tschechoslowakei und Deutschland weiter bessern werden. Voraussetzung ist allerdings, daß Ihre Regierung mehr Verständnis für die dreieinhalb Millionen Deutsche in der Tschechoslowakei aufbringt.«

Dem Mastný wäre besser gewesen, wenn es der Hitler nicht auf bessere Beziehungen des Reichs zur ČSR abgesehen gehabt und er es bei den momentanen weniger besseren belassen hätte. Danach blieb ihm nur mehr zu tun übrig, in sein Amt zurückzukehren und die Schönwettermeldung von gestern mit dem Hinweis auf Wolkenbildungen zu korrigieren.

Bald nach der Heimholung Österreichs ins Reich ließ sich der Hitler den Führer der Sudetendeutschen Partei in der ČSR, Konrad Henlein, kommen. Der Henlein war weder der Typ eines Amtswalters der NSDAP noch eines SA-Führers. Er war nach Herkunft und Anschauung sowie im Typ etwa ein Obmann eines Deutschen Turnvereines in Österreich; jetzt in der ČSR. Den Hitler störte es, daß sich in der Umgebung des Henlein junge Intellektuelle herumtrieben, die man in Wien, im Seminar dieses Professors Othmar Spann, mit den blöden Ideen von einer Ständischen Ordnung verdummt hatte. Schon dem Dollfuß war der Hitler wegen derlei Ideen nicht grün und den Spann hat er gleich nach der Heimholung der Ostmark arretieren und ins Gestapogefängnis nach München verbringen lassen. Da hat die Begeisterung des Professors über den endlichen Anschluß und sein Deutscher Gruß nichts genützt. Betont Nationale waren dem Hitler noch widerlicher als Klerikale, die sich national gaben. Was der Hitler dem Henlein im März 1938 eröffnete, hat den Führer der Sudetendeutschen, wie man Henlein bald nannte, überrascht.

»Sie müssen immer so viel fordern, daß wir wirklich nicht zufrieden gestellt werden können.«

Also: *Wir* fordern; nicht der Henlein und seine Partei, sondern allesamt und sohin der Hitler. Dann: Es kam nicht mehr auf eine Kompromißlösung der Sudetendeutschenfrage im Einvernehmen mit Prag an; der ständige Konflikt mit Prag mußte zur Konfrontation der Tschechen mit dem Hitler führen. Eigentlich war das so ziemlich das Ende der Karriere des Henlein. Er konnte fortan auch nur mehr hinter dem davoneilenden Hitler herlaufen, bis der Hitler tot und der Henlein Häftling der Tschechen war, als diese 1945 wieder ihre ČSR aufrichteten. Der Henlein hat da lieber für sich den Strick gewählt.

1866 sangen die Herrn Studenten an den Hochschulen Preußens: »Der Mai ist gekommen, die Preußen schlagen aus!« Im Mai 1938 schlug der Hitler aus. Aber seine Truppen rückten nicht etwa in Böhmen ein. Der Hitler hielt es mit der psychologischen Kriegführung. Er fing an, die Regierung in Prag zu verunsichern und in ihr Angst zu erwecken, Hitler könnte tatsächlich eines Tages über die ČSR kommen, so wie unlängst über Österreich. Allerdings sind die Tschechen zunächst nicht so übel dran gewesen wie die Österreicher, die für die Engländer schon immer ein loosing horse gewesen sind, auf das ein vernünftiger Mensch nicht setzt. Im Falle der ČSR hat man sich im Frühling 1938 in London immerhin dazu aufgerafft, in Berlin in der allervorsichtigsten Form sondieren zu lassen, ob etwa gewisse Pläne bezüglich der ČSR bestünden. Noch war in Berlin die Zeit, des von den Engländern eingeleiteten Appeasements mit dem Hitler nicht vorbei. In Fällen, die sich für das Image einer deutschen Appeasementpolitik eigneten, schickte man zuweilen den Staatssekretär des Auswärtigen Amtes, Herrn von Weizsäcker, ins Treffen. Dieser stand nämlich in Kreisen der Diplomatie in dem geheimen Ruf, er diene dem Hitler nur mit starken inneren Vorbehalten. Tatsächlich erwies sich Herr von Weizsäcker im gegebenen Fall dem englischen Botschafter gegenüber als äußerst kulant. Er erkundigte sich im Oberkommando der Wehrmacht, ob dort etwa ein Vorhaben betreffend die ČSR im Laufen sei. Ebensogut hätte der Staatssekretär im bestandenen k.k. Salzamt in Wien betreffs der Pläne des Hitler in Zusammenhang mit der ČSR fragen können. Denn im OKW wußte man nichts Übles, und so sagte es der Staatssekretär dem Engländer weiter.

Als der RAM von dem Ganzen erfuhr, geriet er in den Harnisch: »Sie hätten jede Auskunft in militärischen Dingen verweigern und dem Botschafter die Tür weisen sollen.«

Nun war noch nicht die Zeit gekommen, in der englische Diplomaten in den Büros unabhängig gewordener Negerstaaten antichambrieren und sich die Tür weisen lassen müssen. In London wollte man aber dennoch sicher gehen, und also schickte man die dem Botschafter beigegebenen Militärs in die Grenzgebiete des Reichs zur ČSR. Dort aber war nichts von jenen acht oder zehn Divisionen zu

sehen, die man in Prag in diesem Aufmarschraum des deutschen Heeres vermutete. Danach hielt man in London die in Prag angeordnete Teilmobilisierung für very foolish, beauftragte aber besagten Botschafter, beim RAM selbst zu sondieren. Der Engländer handelte laut Instruktion, doch war ihm, als wäre er nicht in das Büro des RAM gekommen, sondern in ein Wespennest. Der RAM belehrte ihn, er möge gefälligst veranlassen, daß in Prag nachgefragt werde. Dort, wo Deutsche nicht mehr spazieren gehen könnten, ohne von Tschechen insultiert zu werden, Was viele Tschechen nach 1918 angenommen haben, daß nämlich die Sudetendeutschen einmal das Unglück der ČSR werden könnten, traf jetzt ein. Der Keil, von dem der Hitler zum Henlein gesprochen hatte, saß und er ging mit jedem Schlag, den Berlin führte, tiefer. Im Moment entließ der RAM den englischen Botschafter in der Manier, die der RAM seinem Führer schuldig zu sein glaubte:
»Wenn Lord Halifax' Mitteilung... jetzt eine Drohung für uns bedeuten sollte, dann müßte ich eine solche Drohung, die die deutsche Regierung nicht berührt, sondern eiskalt läßt, zurückweisen.«
Lord Halifax' amtierender Außenminister in London, war jener, der die militärischen Vorsorgen der Tschechen als very foolish abgetan hatte. Einen besseren Außenminister in London und einen besseren englischen Botschafter als dermalen wird der Hitler nie mehr bekommen. Jedenfalls glaubte er bluffen zu können. Und in London ließ man sich bluffen. Hielt man nicht nur die Tschechen für foolish, sondern auch die Franzosen, deren Bündnis mit den Tschechen natürlich mehr wog als jenes bloße Verhandeln through diplomatic channels, wie es für die Ära des Appeasements zwischen London und Berlin üblich war. Keineswegs wollte man in London wegen Verpflichtungen, die Frankreich an die ČSR banden, etwa in Teufels Küche kommen. Daher die eines RAM würdige Sprache Londons gegenüber Paris:
»Wenn die französische Regierung glauben sollte, daß die Regierung Seiner Majestät sofort mit Frankreich zusammen militärische Aktionen unternehmen würde, um die Tschechoslowakei zu schützen, so muß sie billigerweise gewarnt werden, daß unsere Äußerungen solche Annahmen nicht rechtfertigen...«

Na also. Die deutsche Wehrmacht marschierte nicht. Die Engländer denken nicht daran, zu marschieren. Den Franzosen war abgeraten, zu marschieren. Nur die Tschechen machten Stunk. Die Presse im Westen, die alles besser weiß als jede Regierung und alles druckt, that fits to print, tat dem Hitler einen großen Gefallen. Sie druckte Schlagzeilen, wonach der Hitler diesmal angeblich an der Haltung Frankreichs und Londons gescheitert sein soll. Schon der Verdacht, man könnte ihn, den Hitler, in Verdacht haben, er, der Hitler, gäbe unter Druck nach, war für den Hitler Stichwort schwerwiegender Entschlüsse. Am 28. Mai 1938 hielt er in der Neuen Reichskanzlei in Berlin einen seiner Monologe. Diesmal ging es darum, daß das Reich binnen zweier Monate für eine militärische Auseinandersetzung mit der ČSR fertig sein müsse. »Ich werde alsdann die Tschechoslowakei zerschlagen«, erklärte der Hitler bei diesem Anlaß. Und zwei Tage nach dieser Eröffnung an die Spitzen in Partei, Wehrmacht und Staat gab er an die Oberbefehlshaber der drei Wehrmachtsteile, Heer, Luftwaffe, Marine, seine »Weisung Grün« heraus. Diese beginnt mit dem Satz:
»Es ist mein unabänderlicher Entschluß, die Tschechoslowakei in absehbarer Zeit durch eine militärische Aktion zu zerschlagen.«
Dazu erklärte der Hitler, welche politischen Voraussetzungen und welche politischen Möglichkeiten dieses Vorgehen erfordere. So zum Beispiel den Propagandakrieg gegen Prag, die Ausfindigmachung eines geeigneten äußeren Anlasses, die Vorsorge für eine genügende politische Rechtfertigung und die Wahl eines Zeitpunktes, in dem der gedachte Schlag die ČSR in einem geringen Bereitschaftsgrad trifft.
Es las sich wie die Ausarbeitung eines Frequentanten eines Kurses für Anwärter auf den Dienst als Generalstäbler. Indessen war es dem Hitler blutig ernst.

Die internationale Lage war dem Vorhaben günstig. In London regierten jene, die meinten, einen Diktator dürfe man nie in Rage bringen. Zudem wollte die englische Wirtschaft das deutsche Geschäft von niemanden gestört wissen. Denn Geschäft und Politik

251

vertragen sich nicht miteinander. Es sei denn, daß die Politik vorbehaltlos den Geschäftserfordernissen dient.

Was dem Westen an Stärke abging, das sollten in dieser gefährlichen Situation Weisheit und Erfahrung des Alters ersetzen. Letztere Eigenschaften maß man in London dem fast siebzigjährigen Walter Viscount Runciman of Doxford zu. Ihn sandte man als Erkunder der Lage und als einen ehrlichen Makler zwischen der Prager Regierung und den Sudetendeutschen in die ČSR. Man hat dort den Viscount von deutscher Seite nicht bloß im Sinne der Hitlerpropaganda informiert. Noch gab es in diesem zum Untergang bestimmten Staat auch Reste christlicher, sozialdemokratischer sowie liberaler Parteien und Gruppen unter den Deutschen. Aber die Partei des Henlein war nicht nur die stärkste Partei unter den Deutschen, sie stellte auch die zweitstärkste Fraktion im Prager Parlament. In einer solchen Umgebung verfiel der Engländer verständlicherweise mehr als tunlich Eindrücken, die letzthin von nationalsozialistischen Gruppen unter den Sudetendeutschen – nicht ohne Geschick – aufgezogen wurden.

Dazu kam, daß die Regierung in Prag den Engländer so empfing, wie ein Kranker einen Arzt, der dem Patienten einredet, er möge sich einige zum Leben notwendige Gliedmaßen abschneiden lassen, obwohl der Betroffene von der Notwendigkeit einer solchen Amputation absolut nicht überzeugt ist. Da wurde die Basis für das Amt des ehrlichen Maklers immer schmäler. Immer häufiger hörte er von deutscher Seite: Zu spät, zu wenig, oder, so geht es überhaupt nicht. Und von tschechischer Seite: Nicht jetzt, nicht so viel, oder, warum denn überhaupt. So kam Runciman zu einem Schluß, der nicht bloß für die ČSR das Schicksal bedeutete, sondern für Europa und nachher die ganze Welt:

»Selbst jetzt, während meiner Mission, fand ich die tschechoslowakische Regierung nicht bereit, sie (nämlich die Beschwerden der Sudetendeutschen) in auch nur einigermaßen zufriedenstellender Form abzustellen... Ich bin deshalb der Meinung, daß diese Grenzbezirke (nämlich jene, in denen die Sudetendeutschen die Mehrheit ausmachten) sofort von der Tschechoslowakei an Deutschland abgetreten werden sollen und daß weitere Maßnahmen für die friedliche Übergabe... durch ein Abkommen zwischen den Regierungen getroffen werden sollten...«

Der Mahlstrom der Ereignisse in der ČSR war nicht mehr einzudämmen, denn in ihn ergossen sich seit dem 5. September 1938 die Hochwässer, die vom »Reichsparteitag Großdeutschland« der NSDAP aus Nürnberg abströmten. Um den Zusammenhalt zwischen dem Dritten Reich des Hitler und dem Ersten Reich der Deutschen – dem Heiligen Römischen Reich – sinnfällig zu machen, wurden aus der Schatzkammer der kaiserlichen Burg in Wien die Insignien des alten Reiches in des Reiches Mitte, nach Nürnberg, geschafft. SS-Männer hielten an den Schränken aus Panzerglas, die in der Meistersingerkirche ausgestellt waren, die Ehrenwache; unbeschadet der pfäffischen Symbole, mit denen die Insignien des Ersten Reiches übersät waren. Doch letztere Verirrungen der Vorväter jetzt zu übersehen und zu vergessen, gebot das Ereignis des Jahres, in dem der Hitler unter dem Beifall unzähliger Wiener die älteste Ostmark des Ersten Reiches heimgeholt hatte in sein Reich.

Jedes Sarajewo einer jeden Epoche erweist sich als jeweils trefflich tempiert und daher von mörderischer Wirkung. So auch jenes von 1938, ohne das es kein Sarajewo 1939 gegeben hätte. Zwei Tage nach der Eröffnung des Reichsparteitags 1938 kam es in Mährisch-Ostrau, im Kohlenpott der ČSR, zu einem folgenschweren Zwischenfall. Als ein Abgeordneter der Henleinpartei während einer politischen Rauferei intervenieren wollte, wurde er von berittenen tschechischen Polizisten, die den Abgeordneten weder kannten noch erkannten, zusammen mit anderen Raufern geschlagen. Indem diese Nachricht westwärts ins Reich drang, wurde vielerorts aus dem »geschlagen« ein »niederschlagen«, vielleicht ein »erschlagen«. Wohl versprach die Regierung in Prag vom Fleck weg ein beschleunigtes Untersuchungs- und Gerichtsverfahren, indessen hat es seit 1918 so viele ähnliche Versprechen gegeben, daß zuletzt die Zahl derer, die ehrlich bereit waren, sich auf derlei einzulassen, immer geringer wurde. In Nürnberg wurde es als Skandal empfunden, daß der Henlein selbst in einer Stunde wie dieser nicht endgültig das mit Prag gemeinsame Tischtuch zerschnitten hat.

Wie konnte der Führer der Sudetendeutschen, als der Henlein in Berlin angesehen wurde, mit Tschechen verhandeln, während seine Landsleute von der Polizei niedergeschlagen wurden?

Am 12. September 1938 erreichte der Parteitag in Nürnberg, der letzte Reichsparteitag der NSDAP, seinen Höhepunkt. Es sprach der Hitler, und viele Millionen Menschen diesseits und jenseits der Reichsgrenze warteten auf seine Aussage. Im Südosten des Reiches war das Wetter trüb, nicht bloß ein früher Herbst schien den Wienern in der Luft zu liegen. Sollte es wegen der ČSR etwa Krieg geben, dann hätten jene recht bekommen, die immer daherredeten: Kommt der Hitler, kommt ein Krieg. Der Hitler drehte in seiner Rede groß auf. Er gebrauchte seinen Stil in Superlativen. Den eher miesen Westwall an den Grenzen zu Frankreich und Belgien nannte er das gigantischste Bauwerk aller Zeiten. Bluff. Die Bemühungen, die er als Führer und Reichskanzler zur Erhaltung des Friedens unternommen hatte, stellte er als die gewaltigsten Anstrengungen aller Zeiten hin. Bluff. Er steigerte sich in eine Redeweise, die geradezu amerikanesk wirkte, indem er eine Kavalkade der Unübertrefflichkeiten vorführte.

Solche Reden gehen allenfalls zwölf auf ein Dutzend. Wenn aber bereits jene Typen der Dummen und Feigen von der Leine gelassen sind, die sich in Freiheit ihr Mütchen mit Grausamkeiten und Brutalitäten gegenüber den Schwächeren kühlen, dann ist immer Gefahr in Verzug. Momentan hörten die Deutschen bloß von Untaten der Tschechen; niemand dachte im Moment an das, was den Tschechen drohte, wenn diese unters'Messer kamen; und was nachher erst den Deutschen zustoßen sollte, wenn wieder Tschechen das große Messer führen werden.

Noch immer führte der Henlein eine Sprache, die sich von der des Hitler in Graden unterschied. Als er aber die Zurückziehung der staatlichen Exekutive aus den sudetendeutschen Siedlungsgebieten forderte, weil diese Exekutive provozierte und terrorisierte, war das schon die Zumutung eines Verzichts der ČSR auf das fragliche Staatsgebiet. Nicht nur wegen des Erlöschens der von Prag ausgehenden Herrschaftsgewalt; sondern vor allem im Hinblick auf das in Bildung begriffene sudentendeutsche Freikorps, dessen Kader jenseits der Grenze, im Reich, bereits aufgestellt waren. Bereit, in das von der tschechoslowakischen Exekutive geräumte Gebiet einzurücken.

Fernab vom Schuß und scheinbar unberührt von der Dramatik des Augenblicks, gab in Paris der dortige englische Botschafter eine Exhibitionsvorstellung. In den Salons, bei Ausstellungseröffnungen, in Theatern, in den Büros am Quai d'Orsay. Bei weitem das Soll eines Missionschef überschreitend, repräsentierte er inmitten der unruhig gewordenen öffentlichen Meinung in Frankreich die Gelassenheit, mit der ein Appeaser vor dem Käfig jenes Untiers einherschreitet, als das der Hitler im internen Sprachgebrauch des Westens nach wie vor hingestellt wurde. Aber dann kam die Stunde, in welcher der französische Außenminister aus Angst, es entgleite seinem Land die Chance der Revanche, zusammenbrach.

Der Mann, der diesen Zusammenbruch verursachte, war ein Amerikaner, dessen erstes Kommen nach Paris man vor Jahren mit unbeschreiblichem Jubel begrüßte. Charles Lindbergh, 1927 erster in der Überquerung des Atlantiks mit einem Flugzeug in Ostrichtung; 1938 Oberst der US Air Force und bis unlängst umdienerter Ehrengast der Deutschen Luftwaffe und des Göring. Was jetzt dieser Oberst von der Stärke der Luftwaffe in Paris verlautete, bedeutete für den französischen Außenminister nicht weniger, als daß die Boches sehr wohl in der Lage waren, französische Städte zu bombardieren, daß aber die Franzosen momentan auf Revanche verzichten müßten, weil ihre Luftstreitkräfte einfach inferior seien. Also: Keine Sicherheit mehr, keine Aussicht auf Rache.

Je schwächer sich die Regierung in einer Stunde wie dieser erwies, desto mehr bekamen in London die Appeasers recht. Wie sollte man ohne die französische Armee überhaupt und letzthin den Hitler in die Schranken verweisen? Selbst ein Mann wie der Volksfrontpolitiker und momentane französische Ministerpräsident Edouard Daladier, ausgezeichneter Frontoffizier im Krieg und Parteigänger der Roten in Spanien, konnte nicht an eine Chance, dem Hitler in die Parade zu fahren, glauben. Und also schickte er erfahrene Militärs nach Prag. Nicht etwa, um für den Fall des Falles, also eines gemeinsam geführten Krieges gegen die Deutschen, Vorkehrungen zu treffen. Vielmehr sollten diese Offiziere den Tschechen beibringen, was einzureden französische Politiker und Staatsmänner außerstande waren: Daß die Boches wieder einmal bis auf die Zähne bewaffnet waren. Daß es keinen Sinn hätte, mit ihnen einen Krieg anzufangen. Daß unter allen Umständen mit ihnen verhandelt werden müßte. Derweil bekam der englische Botschafter in Paris keine Ruhe. Eines Abends, er zeigte sich gerade in der Opera Comique, holte man ihn aus seiner Loge und ins Büro des Daladier. Dem Engländer wurde offenbar, daß man jetzt den französischen Ministerpräsidenten dort hatte, wo der Runciman die Sache zu einem Schluß gebracht wissen wollte: Versammlung der Vertreter Englands, Frankreichs und des Reiches am Verhandlungstisch, um auf der Basis des Runciman-Planes zu verhandeln. Andernfalls: Krieg.

Gut. Aber es gab einen Haken. Bekamen die Sudetendeutschen ihre Freiheit von Prag, dann war mit Sicherheit zu erwarten, daß auch die Slowaken erneut mit ihrem 1918 unterdrückten Wunsch nach Unabhängigkeit hervorkommen würden. Und vielleicht die Ruthenen im Osten der ČSR. Oder die Polen in Schlesien. Aber dann hätte der tschechische Staat von 1918 nicht einmal zwanzig Jahre gehalten, und man wäre vor der Geschichte der verdammten Habsburgermonarchie, die Jahrhunderte hielt, blamiert gewesen.

Über den Beneš sprach der Daladier nicht gut. Leider glaubte der Franzose auch, er könne den Hitler bluffen; obwohl der Botschafter Seiner Britischen Majestät in Paris längst verlautet hatte, einen Hitler bluffe man nicht. An eben das erinnerte sich der Botschafter, als er nach seiner Unterredung mit Daladier die Stufen des Regierungspalais hinunterging, um direkt in einen Haufen von Reportern und Journalisten zu laufen. Inmitten des Durcheinanders fiel das bleischwere Wort des Engländers:

»Il faut que cette chamaillerie cesse.«

Welcher Unsinn, der aufhören sollte, war gemeint? Jener des Appeasers im Westen; oder jener der Regierung in Prag; oder – aber nicht doch – die Chamaillerie des Hitler? Unsinn schien es momentan zu sein, etwa neuerdings Barrieren gegen die Ostpolitik des Hitler aufzurichten; ihn nach einem gescheiterten Ausfall auf die ČSR etwa gar zu einer aggressiven Westpolitik zu reizen. Derlei konnte nicht in der Linie der momentanen Politik Londons liegen. Als der englische Ministerpräsident Chamberlain am 13. September eine in etwa dahin lautende Depesche des englischen Botschafters in Paris bekam, reifte sein Entschluß, höchst persönlich im Verfolg des Runcimanplanes vorzugehen; und dazu den Hitler selbst zu sprechen. Noch nie war Chamberlain per Flugzeug gereist. Aber jetzt, zur Klärung der vertrackten Situation zwischen Frieden und Krieg, wollte er alle Risiken auf sich nehmen. Hoffend, daß der Hitler ein Kommen des amtierenden Premierministers nach Berchtesgaden anders honorieren würde als unlängst die Vorsprache eines österreichischen Bundeskanzlers. So also flog der Chamberlain. In London umarmten sich Fremde auf der Straße, weil man überzeugt war, Chamberlain würde den Frieden retten und heimbringen. Jene, die sehr bald den Premierminister verdammen werden, begleiteten im Moment seinen Flug zum Hitler mit Segenswünschen.

Allein die Tatsache, daß sich der englische Premier selbst angesagt und gekommen war, erhöhte das Prestige des Hitler unter den Deutschen. Nie hat ein Ministerpräsident Seiner Britischen Majestät eine solche good-will-tour nach Deutschland unternommen, um in aller Öffentlichkeit einem Reichskanzler quasi etwas abzubitten. Der Hitler erlebte die Stunde eines seiner großen Monologe. Er bluffte, aber sein Bluff hörte sich auf Englisch schlecht an in den Ohren Chamberlains:

»Das tschechoslowakische Problem ist die letzte große Frage, die noch gelöst werden muß, und ich werde sie lösen – so oder so.«

»One way or another«,

hörte sich das in der Übersetzung an. Ein Monitor funktionierte und der Engländer erspürte, was wirklich hinter dem Verzicht auf weitere Maßnahmen nach der Methode »so oder so« stand.

»Wenn das Ihre Absicht ist«, erwiderte Chamberlain, »warum haben Sie mich dann überhaupt erst nach Berchtesgaden kommen lassen? Unter diesen Umständen ist es das Beste, wenn ich gleich wieder abreise. Es hat anscheinend keinen Zweck mehr.«

Noch war der Hitler nicht von allen guten Geistern verlassen. Er erkannte, daß dieses »So oder so«, also gleichgültig, ob mit Krieg oder auf friedlichem Weg, einen Streit auf die Spitze trieb. Gewandt lenkte er ein:

»Wenn Sie für die Behandlung der Sudetenfrage den Grundsatz des Selbstbestimmungsrechtes der Völker anerkennen, dann können wir uns anschließend darüber unterhalten, wie dieser Grundsatz in Praxis umgewandelt werden kann.«

Vom Hitler selbst zitiert, wehte der Geist von Versailles und ein Hauch der Ideen des verstorbenen US-Präsidenten Wilson durch den Raum. Versailles als Ausgangspunkt wird man dem Chamberlain in London nicht als den Anfang eines üblen Kompromisses anrechnen können. Der alte Herr hörte nicht hin, wenn der Hitler vom minderwertigen Volk der Tschechen sprach. Er wußte auch nicht, daß auf unterer Ebene deutscherseits die Aufstellung des Sudetendeutschen Freikorps durchgegeben wurde und die Weisung: Weitere Unruhen und Zusammenstöße in der ČSR aufrechtzuerhalten.

Noch einmal kamen Östereichs Waffen zu Ehren: Sie sollten zur Ausrüstung des Sudetendeutschen Freikorps verwendet werden.

Und der Chamberlain verabschiedete sich vom Hitler, der versprach, von Gewaltmaßnahmen gegen die ČSR abzusehen – außer, wenn irgendwelche besonders unerhörten Zwischenfälle erfolgen sollten. Dann machte sich der alte Herr auf die Reise und beim Abschied am Flughafen München sagte er auf Deutsch:

»Danke schön.«

Vielleicht spürte der Engländer, daß er im Moment nicht nur für seine eigenen Landsleute ein Symbol der Friedensgesinnung war.

In Prag schlug die Regierung um sich, wie ein Sterbender, der einen epileptischen Anfall erleidet. Sie löste die Henleinpartei auf. Da sagte der Hitler zu seinem englischen Leibreporter Ward Price:

»Wenn Henlein verhaftet wird, bin ich der Führer der Sudetendeutschen und ich will sehen, wie lange dieser Doktor Beneš dann noch seine Dekrete herausgeben wird.«

Da ist es im Moment gut gewesen, daß die Tschechen den Henlein nicht kaschen konnten, weil dieser befehlsgemäß ins Reich floh.

Von wo aus er in aller Form die Mobilisierung des Sudetendeutschen Freikorps bekannt gab.

Währenddessen suchten Daladier und Chamberlain verzweifelt nach einem Ausweg aus der immer größer werdenden Kriegsgefahr. Am liebsten wäre den Regierungschefs der beiden Großen Demokratien des Westens gewesen, wenn sich die ČSR ohne viel weiteres Aufheben die Amputierung der fraglichen Gliedmaßen hätte gefallen lassen. Ohne Volksabstimmung. Denn je mehr Aufhebens wegen der Sudetendeutschen gemacht wurde, desto unruhiger könnten auch andere Minoritäten in Ostmitteleuropa werden, die man nach 1918 ohne viel Federlesens einem der neuen Nationalitätenstaaten unterworfen hat, die nach dem Zerfall des multinational empire der Habsburger entstanden. Die Slowaken, Ruthenen und Polen in der ČSR, die Ungarn in der ČSR und in Rumänien. Die Kroaten in Jugoslawien; und womöglich könnte gar wieder die mazedonische Frage, das unlösbarste aller Nationalitätenprobleme, den ganzen Balkan in Unruhe stürzen.

Jetzt faßte den Daladier schon der Abschiedsschmerz, wenn er an den drohenden Zusammenbruch des Systems von Versailles dachte:

»So klein die Tschechoslowakei war«, sagte er zu Chamberlain, »das Bündnis mit ihr war wertvoll für Frankreich. Jahrhundertelang, seit der Zeit der Römer, hat Frankreich der soliden Masse der gemanischen Völker jenseits des Rheins gegenüber gestanden. Und offen gesagt: Seit Jahrhunderten war Frankreichs Politik darauf gerichtet, Deutschland im Osten zu beschäftigen.«

Da hätte der Chamberlain erwidern können, daß diese Politik der Franzosen nicht sehr originell gewesen sei; denn auch England habe in den fraglichen Jahrhunderten viel Geld dafür ausgegeben, daß die Deutschen und die Österreicher ihr Blut verspritzten, damit die Franzosen an ihrer Ostgrenze beschäftigt blieben und also England in Ruhe ließen. Freilich, jetzt gab es im Osten keine Countervailing power, auf die man sich in der Auseinandersetzung mit dem Hitler hätte stützen können. Es sei denn – aber schlafende Hunde wollte man nicht wecken –, man bediente sich der Sowjets. Aber diese wollte im Moment nicht einmal der französische Ministerpräsident in die Sache hereinziehen; obwohl einer seiner Vorgänger, ein gewisser Laval, einmal mit dem Kreml einen Beistandspakt abgeschlossen hat. Jener Laval, den ein Nachfolger des Daladier nach 1945 über den Haufen schießen lassen wird, weil sich der Laval mit dem Hitler verbandelt hat.

Schließlich wurden sich die beiden Westmächte einig, nach der Maxime: Wasch' dir den Pelz, aber mach' dich nicht naß, die Tschechenfrage zu lösen. Warum sich in Paris und London die Köpfe heiß reden wegen einer Sache, in der sich doch die Tschechen selbst schlüssig werden mußten, ob sie Krieg mit dem Hitler haben wollten oder ob sie sich verstümmeln ließen. Also: Entweder sang- und klanglose Abtretung der fraglichen Gebiete an das Reich oder – was weniger erwünscht war – Volksabstimmung im Sudetenland. Und das wurde in Paris dem dortigen Gesandten der ČSR von jenem französischen Außenminister, der immer noch erbost war, daß sein Land momentan zu keiner Rache an Deutschland in der Lage war, als mögliche Alternative eröffnet. Naiv, wie alle Bundesgenossen Frankreichs bisher gewesen waren, wollte der Tscheche die Wohlmeinung des Franzosen erfahren. Der sagte nur ein Wort: »Acceptez.«

Also abgeurteilt, ging der Gesandte die Prunktreppe des Außenministeriums in Paris hinab. Und, wie unlängst der englische Botschafter, geriet auch er in einen Haufen von Fratschlern und Journalisten. Nun besaß aber der Tscheche nicht die Doppelzüngigkeit seines englischen Kollegen, und sein Mund ging von dem über, dessen sein Herz voll war:

»Hier sehen Sie einen Verurteilten. Er wurde zum Tode verurteilt, ohne überhaupt gefragt zu werden.«

Und um die gleiche Zeit erfuhr auch der Beneš in Prag, woran er war; und er erlebte unbewußt, was er und andere 1918 den Österreichern angetan hatten. Wo waren die Zeiten, in denen der junge Beneš an der Westfront in Frankreich die ersten Formationen der tschechischen Legionäre den Vertretern der Westmächte vorführte, hoffend, morgen schon in der Reihe der gegen Österreich kriegführenden Mächte und übermorgen unter den Siegern zu sein? Aber dermalen hatte der französische Gesandte in Prag nur ein halbes

Dutzend Worte mehr als sein Minister in Paris bei der Hand, um
dem Tschechen zu raten und wissen zu lassen:
»La France ne s'y associera pas.«
Jetzt stand auch der Beneš im Stall der loosing horses. Er war klug
genug, einzusehen, daß er für diesmal sein Spiel verloren hatte.
Noch ahnte er nicht, daß er ein weiteres Mal obenauf kommen
wird; allerdings mit Hilfe der Sowjets (mit denen sich der Beneš nie
schlecht gestanden hat). Was für den Beneš aber unter keinen Umständen in Frage kam, war, den Westmächten gegenüber zu kapitulieren und ihnen mit eigenem Mund zu sagen, er sähe ein, daß alles
aus und verloren sei. Denn schon trug er sich mit Abdankungsge-
danken. Also gab der Staatspräsident Beneš dem Ministerpräsidenten Milan Hožda, einem Slowaken, den Auftrag, die Großen Demokratien des Westens wissen zu lassen, daß sich die kleine Demokratie in der Mitte Europas fügen werde. Dieser verdammte Hožda,
der einmal in Wien zum engeren Kreis um den verfluchten Erzher-
zog – Thronfolger Franz Ferdinand – gehört hat, ihm stand dieser
Canossagang besser an als dem Beneš. Der Hožda bemühte sich
nicht persönlich; er sagte seinem Präsidialisten, dieser möge dem
englischen Gesandten in Prag einen einzigen Satz sagen. Nämlich:
»Die Antwort der Regierung ist ja.«
Am Telefon. Ein Papier wird folgen.

Wo Aas ist, sammeln sich die Geier. Die Polen, die im nächsten Jahr
so laut den drohenden Landraub des Hitler vor aller Welt aufzeigen
werden, nahmen insgeheim einen Ruf des Hitler an und schickten
ihren Botschafter in Berlin nach Berchtesgaden. Es hörte sich für einen Polen gut an, was in einer Stunde wie dieser der Hitler
eröffnete: Sollte Polen wegen seiner Gebietsansprüche mit der ČSR
in Konflikt geraten, dann werde sich der Hitler auf die Seite Polens
stellen. Klugerweise redeten die Polen nicht des langen und breiten
über dieses prächtige Angebot, sondern verschwanden, denn schon
war der ungarische Gesandte in Berlin im Anreisen, um eine ähnliche Promesse des Hitler zu kassieren. Viele, die einmal den Hitler
und die Deutschen als Landräuber, Verbrecher und Gott weiß was

denunzieren werden, waren im Moment mit dem Hitler im Spiel, um sich an den Abschnitzeln seiner Politik sattzufressen.

Wieder flog der Chamberlain zum Hitler. Nicht, um ihm in die Parade zu fahren, sondern um das Leichenbegängnis der ČSR in würdiger Form zu gestalten. Aber jetzt gab sich der Hitler schon pampig. Er und der Engländer logierten diesmal zu beiden Ufern des Rheins bei Godesberg. Mit Feldstechern beobachteten die Neugierigen aller Berufsstände das hinüber und herüber, und ein Stop in diesem Fährverkehr wurde als Zeichen erhöhter Spannung registriert. Der Chamberlain machte einen Fehler. Er sagte dem Hitler, es könnte wie eine unnotwendige Machtdemonstration aussehen, wenn die Deutschen ohne vorherige internationale Abmachung ins Sudetenland einmarschierten. Dem Hitler schwoll die Zornesader an. Denn nichts, was der Hitler tat, war unnötig. Und Macht demonstrierte der Hitler nicht, er wandte sie bedenkenlos an. Noch ließ er den Faden zum Chamberlain nicht abreißen. Er versetzte diesen in Wartestellung jenseits des Rheins und ließ ihn bloß wissen, die Tschechen benähmen sich nicht nur brutal, sondern wahnsinnig. Von dem Stimulans, das der Hitler den Tschechen dazu eingegeben hatte, hörte der Engländer nichts.

Nun war der Chamberlain alt und nicht so modern, wie spätere englische Ministerpräsidenten, die einmal nicht nur einen fremden Staat, sondern gleich ihr ganzes Empire vergeuden werden. Also ließ er den Hitler wissen, er müsse halt unverrichteter Dinge nach London heimreisen; allerdings würde er gerne ein Papier vom Hitler haben, auf dem schwarz auf weiß steht, wie es der Hitler mit der ČSR halten wollte. In Prag aber ließ der englische Premierminister verlauten, er könnte jetzt nicht länger anraten, von einer Mobilisierung abzusehen. Auch dieser Rat wurde an unzuständiger Stelle abgehört, und in der Umgebung des Hitler sprach man wieder vom perfiden Albion. Die Tschechen aber kamen sich vor, wie ein im Feld zurückgelassener Verwundeter, dem man zurief, er möge doch aufstehen und sich eine Waffe verschaffen, weil die Lage nicht gut sei. Der Hitler erahnte mit dem Gespür des Neurotikers, was hinter seinem Rücken vor sich ging. Er ließ es nicht zur Abreise des Chamberlain kommen, sondern bat diesen zu einem sofortigen Besuch diesseits des Rheins. Nach der bisherigen Kaltwasserkur wollte er erst einmal dem alten Mann ein warmes Bad bereiten. Daher lobte er dessen Bemühungen um den Frieden sehr und gab ihm ein Papier zum Studium, das nur ein Gutes an sich hatte: Der Engländer bekam zwei Tage zum Studium und der Frieden also ein Respiro um achtundvierzig Stunden.

Der Chamberlain überlas das ihm übergebene Papier und meinte, das sei kein Entwurf für eine internationale Lösung der Tschechenfrage, sondern ein Diktat. Der alte Herr wollte es auf keinen Streit um Worte ankommen lassen, und wer weiß, wie anders die Dinge gekommen wären, hätte nicht just in diesem Moment die Nachricht aus Prag von der Mobilmachung der ČSR wie eine Mörsergranate eingeschlagen. Der Hitler senkte seine Stimme auf Grabestiefe: »In diesem Fall ist die Angelegenheit erledigt. Die Tschechen denken nicht mehr im Traum daran, die Gebiete abzutreten.«

Ach, hätte der Chamberlain nicht zur Mobilmachung geraten! Im Moment versuchte er beruhigend festzustellen, Mobilmachung bedeute nicht Krieg, vielmehr Vorsicht. Und überhaupt sei keine Gewaltanwendung notwendig, denn der Hitler bekäme ja, was er wolle. Aber die Grabesstimme des Hitler sank noch einmal um eine Terz:

»Ein Ende mit Schrecken ist besser als ein Schrecken ohne Ende.«

Dann, ja dann, schloß der alte Mann, hätte es keinen Zweck mehr, zu reden. Er werde schweren Herzens heimreisen. Schweren Herzens, aber mit gutem Gewissen. Denn beim Hitler hätten seine Bemühungen um den Frieden leider kein Echo gefunden. In diesem Moment versuchte der RAM seine staatsmännische Gewandtheit ins Spiel zu bringen. Er sagte:

»Aber das hier ist doch ein Memorandum und nicht...«

Im müden Ton erwiderte der alte Mann:

»No, es ist keine Memorandum, sondern ein Ultimatum.«

Darauf versuchte es der Hitler auf die naive Tour: »Bitte, hier oben steht aber Memorandum.«

Der Engländer erwiderte unverschämterweise, es ginge nicht um die Überschrift, sondern um den Inhalt. Und dieser sei in der Sprache des Eroberers abgefaßt, der seinen Willen den Besiegten diktiert, alles genau vorschreibt und keine Zeit läßt, die bestehenden Pläne ruhig und ordentlich zu erörtern. Ob sich wohl der Premierminister Seiner Majestät im Moment erinnerte, wie oft sein Land nach der gleichen Methode Stein auf Stein zum Aufbau eines Weltreiches gesetzt hat; und daß die Rede des Hitler nicht mehr war als das späte Echo der Reden, die man vor zwanzig Jahren in Versailles den Deutschen ins Gesicht geschleudert hat. In dieser Krise der Verhandlungen tat der Hitler etwas, das ihn sehr bald um jede Vertrauenswürdigkeit bringen wird. Er erklärte feierlich: »Das tschechische Problem ist, wie ich bereits mehrfach erklärte, die letzte territoriale Forderung, die ich in Europa noch habe.« Aber der Engländer verließ Deutschland.

Noch war der Hitler nicht dermaßen verblendet, daß er blindlings in ein Verderben rannte, wie er das später so oft tun wird. Er ließ es geschehen, daß jetzt nicht nur der Chamberlain und der Daladier, sondern auch der Mussolini seine Finger in die böhmische Omelette tat. Immerhin hatte er schon die von einem englischen Oberst nach Berlin überbrachte Karte in Händen, in der alle von der ČSR an das Reich abzutretenden Gebiete fein säuberlich eingetragen waren. Als besagter Oberst von Berlin nach Prag reisen wollte, um auch dort diese Karte auszuspielen, geriet er an der Grenze in die vom tschechoslowakischen Militär aufgerichteten Sperren. Er mußte aussteigen und stundenlang ein Auto suchen, um endlich die Karte samt Erläuterung nach Prag zu bringen und dort zuständigenorts abzugeben. Die englische Karte kam sofort auf den Beratungstisch des praktisch in Permanenz tagenden Ministerrats der ČSR. Sie wirkte so, als sagte beim Tarockieren ein Spieler einen Solo – Valat an.

In diesen Stunden weilte der Daladier in London. Er wollte sich denn doch nicht vor der ganzen Welt so lächerlich machen wie dieser Chamberlain, den man – schon etwas verächtlich – den Friedensengel mit dem Regenschirm nannte. Diese Karte, die der englische Oberst nach Prag und Berlin verbracht hatte, sei indiskutabel.

Die Tschechen seien daran, lieber zu sterben als auf den Plan des Hitler einzugehen, und er, der Daladier, wollte klipp und klar wissen, ob England sich auf die Pläne des Hitler einlasse. Da konnte der alte Mann nur erwidern, nicht England und wohl auch nicht Frankreich hätten Pläne des Hitler anzunehmen. Vielmehr läge das an der ČSR. England übe keinen Druck auf Prag aus, sondern warte. Und England wolle selbstverständlich Frankreich kein Verhalten vorschreiben. Das Schicksal hatte nun einmal die ČSR aus 1918 fast in den Abgrund gestoßen, und also ließ es eine letzte Fatalität zu. Die tragende Rolle wies es dem Sohn des Gründers der ČSR, Thomas Masaryk, dem jungen Masaryk, mit Vornamen Jan, zu. Jan, wie Jan Hus. Der junge Masaryk ist früher bei den Kaiserlichen Offizieren gewesen, hatte mit Auszeichnung gedient; einmal, am Vorabend der Machtergreifung der Kommunisten in Prag, 1948, wird er sich selbst den Tod geben. Momentan, im Herbst 1938, hatte er auftragsgemäß in London eine Note seiner Regierung zu übergeben, mit der diese die dem Land zugemuteten Forderungen des Hitler ablehnte. Damals regierten in Prag überzeugte Atheisten und Antiklerikale; aber sie beriefen sich bei besagter Ablehnung nicht auf Jan Hus und Thomas Masaryk; vielmehr wollten sie Widerstand leisten, »so wahr Gott helfe«, und dabei auf die Hilfe des Heiligen Herzog Wenzel rechnen. Erst im Nachsatz war von den »großen westlichen Demokratien« die Rede, quasi als Hinweis darauf, daß diese der kleinen Demokratie der Tschechen auch einiges in der Auseinandersetzung mit einem Hitler schuldeten. Nachher telefonierte der junge Masaryk, so wie im Frühjahr der Mastný, der Regierung in Prag, er hätte die fragliche Note übergeben. Und so wie im März 1938 der Abhördienst des Göring das Telefonat des Mastný nach Prag mithörte, hörte diesmal in London der Secret Service mit. So erfuhr der Chamberlein, daß der junge Masaryk ihn als dummen, schlecht informierten und kleinen Menschen hinstellte.

Und weil der Abhördienst des Göring auch noch auf Draht war, hörte auch dieser mit, und der Hitler erfuhr aufs Wort, wie es im Lager der anderen bestellt war; ja, er konnte damit rechnen, daß sich die Engländer auch den Inhalt dieses Telefonats verschaffen würden und die Tschechen mit derlei groben Sprüchen sich um Kopf und Kragen redeten.

Um sich das Nichtstun zu vertreiben, legte der Hitler die Langspielplatte einer seiner Reden auf. Er sprach im Berliner Sportpalast, und er benützte die Gelegenheit, um den Deutschen und der ganzen Welt zu sagen, er sei für den Frieden. Und weil auch der Chamberlain für den Frieden sei, müsse man ihm danken. Nur die Tschechen seien das Karnickel. Und da gäbe es Grenzen, hinter die er, der Hitler, eben nicht in seiner Friedensbereitschaft zurückweichen könnte. Wieder fiel der Satz, der einmal für den Hitler den Strick bedeuten wird. Nämlich die ausdrückliche Versicherung, diesmal via Radioübertragung und vor aller Welt, es gäbe für ihn außer dem jetzigen Problem kein territoriales Problem mehr in Europa. Und, als Tupfen auf dem »i«:
»Wir wollen gar keine Tschechen.«

Es war ein Sommer, in dem die Staatsmänner, die Politiker und die News Manager von europäischem Rang, in einen, wie man in den USA bereits sagte, argen Streß gerieten. In derlei Belastungen hat der Betroffene später die Ausrede, es wäre über seine Kräfte gegangen, rein verstandesmäßig zu agieren und zu reagieren.

Der 28. September 1938 war eine weitere Fallfrist. Für diesen Mittwoch war von Hitler vorgesehen, daß er um 14 Uhr der Wehrmacht den Befehl zum Angriff auf die ČSR geben wird.

Nun hat es 1938, und erst recht nachher, in Deutschland keinen Geist von anno 1914 gegeben. Pflichterfüllung ja, aber keine Kriegsmutwillige. Das spürte der Hitler mit dem wachen Mißtrauen eines seelisch kranken Menschen. Er sah seine Truppen ausrücken und den Versammlungsräumen der Divisionen und Armee zustreben. Die Deutschen standen an den Straßenrändern und sahen zu. Nur, es gab kaum, wie anno 1914, Mädchen und Frauen, die den Landsern Kußhände und Blumen zuwarfen. Auch hatten jene Waggons mit der Aufschrift: 40 Mann oder 8 Pferde, nicht die knalligen Aufschriften wie damals, als die Väter der jetzt aktiv dienenden Soldaten ins Feld rückten. Der Hitler stand nicht auf seinem

266

Balkon, um Serien von Huldigungen entgegenzunehmen. Er sah durch die Gardinen auf die Straße. Und es war ihm nach dem Jubel, der ihm tags zuvor im Sportpalast bei Wendungen, die eine friedliche Lösung andeuteten, umbraust hat, als hätten seine Berliner angesichts der feldmarschmäßig ausgerüsteten Truppen einen argen Katzenjammer. Wie dem auch sei. Spürte er in einer Stunde wie dieser wirklich, was man ihm später in den Mund gelegt hat: »Nein, mit diesem Volk kann ich keinen Krieg führen.« Um dieses Volk stand es in Wirklichkeit viel ärger. Nicht nur das Volk, in erster Linie dessen Generale und der Generalstab, waren gegen den Krieg. Jener Generalstab, den nach 1945 die Sieger als eine Verbrecherbande denunziert haben. Wo aber ist es schon vorgekommen, wie im August 1938 in Berlin, daß der Chef des Generalstabs seinen Obersten Befehlshaber quasi im Stich läßt? Diesem vorwarf, er sei daran, sich mit Blutschuld zu belasten. Diese seine Meinung in einem unter der Generalität verbreiteten Memorandum zu Papier brachte und also Kopf und Kragen riskierte. Dieser Mann hieß Ludwig von Beck und er war überzeugt: »Wenn sie – die Generale – alle in einem gemeinsamen Willen handeln, dann ist die Durchführung einer kriegerischen Handlung unmöglich.« Nicht alle handelten demgemäß. Um so größer war der Mut des Oberbefehlshabers der für die Westfront gedachten Heeresgruppe 2, General Wilhelm Adam, der dem Hitler ins Gesicht sagte, dessen Westwall tauge höchstens für einen Widerstand von drei Wochen. Derlei sagt man freilich nicht ungestraft dem Schöpfer dieses in der Öffentlichkeit als gigantischstes Bauwerk aller Zeiten hingestellten Dingsda.

Immerhin bekannte sich der Oberbefehlshaber des Heeres, General Brauchitsch, vor Heeresgruppenbefehlshabern und Kommandierenden Generalen zu der Ansicht:

»Ich stelle sohin fest, daß die höheren Führer des Heeres in ihren Ansichten über die Ablehnung des Krieges einig sind.«

Diese Einigkeit war letzten Endes nicht stärker als ihre schwächsten Glieder. Von diesen erfuhr der Hitler einiges über die Ansichten seiner Generale, zumal von der Denkschrift des Chefs des Generalstabs, Ludwig von Beck. Seine einzige Sorge war darnach, ob viele oder gar alle Generale dieses Memorandum des Beck gelesen hätten. Nein. Nicht alle lasen es. Also wird der Beck von seinem Posten verschwinden. An seine Stelle trat Franz Halder, jener Chef des Generalstabes des Heeres, der als Führungshilfe des Hitler die Deutschen 1942 nach Stalingrad führen wird. 1938 aber dachte der Halder nicht anders als Beck. Nur: Beck ging wegen seiner Ansicht, Halder kam hinauf, trotz der gleichen Ansicht, die er in petto hielt. Jetzt griffen auch die Zivilisten schon in die Speichen. Mitarbeiter des RAM, die daran dachten, am 1. Oktober 1938 zu putschen und so einen Kriegsausbruch zu verhindern.

Viele derer, die im Herbst 1938 gegen das Kriegführen waren, werden später unter dem Hitler Kopf und Kragen verlieren; andere werden die Sieger von 1945 aufknüpfen. Nicht wenige werden überleben und sich den erstaunten Überlebenden als die wahren Helden im Kampf gegen den Krieg hinstellen. Die Toten werden, wie immer, Unrecht bekommen.

Noch einmal schien es, als träfe zu, was auf den Koppelschlössern der Landser des Heeres stand: Gott mit uns. Am 28. September 1938 wurde im Ministerbüro des RAM ein Phonogramm aufgenommen:
»I have a personal message from il duce. I must see the Fuehrer at once, very urgent, quick, quick.«
Diese Urgenz kam aus dem Mund eines in Berlin akkreditierten Botschafters; allerdings nicht des englischen, sondern des italienischen, also des Botschafters Seiner Majestät des Königs von Italien und Kaisers von Aethiopien, Bernardo Attolico.
Man sagte dem Italiener, er möge sofort in die Neue Reichskanzlei kommen, wird den Wachen seine Wagennummer bekanntgeben und also würde er direkt einfahren können. Nun aber geriet die gute Absicht auf italienisch. Der Botschafter eilte in größter Hast und ohne Hut hinab, um seinen Dienstwagen zu nehmen. Indessen waren Wagen und Chauffeur verschwunden. Seine Exzellenz bestieg ein Taxi und einer der Berliner Taxilenker brachte auch dieses Fahrzeug richtig an den Bestimmungsort.
Attolico war groß und hager von Gestalt. Er hielt sich gebeugt.

Seine Augen waren hinter sehr dicken Brillengläsern seltsam unnatürlich anzusehen. Indessen brachte er beim Betreten des Raumes, vor dem Hitler angelangt, so etwas wie den Römischen Gruß hin, und dann, ohne auf den Vorrang des Hitler bei allen Reden zu achten, seine Sache vor. Der Duce habe aufgetragen, in Berlin zu verlauten, er wolle sich in die Sache einmischen, brauche aber Zeit, um sich in die Probleme einzuarbeiten. Also keinen Krieg. Instinktsicher lenkte der Hitler ein und erwiderte merkwürdig kurz: »Sagen Sie dem Duce, daß ich seinen Vorschlag annehme.«

Nachher kam der englische Botschafter zum Hitler und erfuhr dort die neue Lage: Der Hitler hatte die Mobilmachung nochmals um 24 Stunden verschoben. Um 15 Uhr 15 dieses Tages bekam Chamberlain diese neueste Nachricht. Er war eben im Unterhaus am Sprechen, und es kostete Mühe, wenigstens den ersten Teil der Neuigkeit bei ihm anzubringen. Der Premierminister stutzte und erklärte dann vor dem Parlament: »Wie immer auch die ehrenwerten Abgeordneten über Mussolini gedacht haben mögen, ich glaube, jeder wird es jetzt begrüßen, daß er die Mobilmachung verzögern konnte.«

Beifall kam auf und es kostete einige Mühe, dem Chamberlain die ganze Neuigkeit einzublasen. Ein wenig ärgerlich unterbrach er das Konzept seiner Rede, um dann, voller Freude, dem Unterhaus zu sagen: Es sei nun doch der Zusammentritt einer internationalen Konferenz zustandegekommen. In München würden sich er, der Daladier, der Hitler und der Duce treffen. So, jetzt war also der obligate diplomatische Pompe funèbre für das Ende der ČSR 1938 gesichert. Im Hohen Haus schwoll der Beifall an und als wieder Stille eintrat und der Chamberlain seine Rede fortsetzen wollte, hörte man eine Stimme:

»Thank god for the Prime Minister.«

So begann der Palmsonntag des Chamberlain. Man sah aber auch, wie in diesem Moment ein Mann die Diplomatenloge verließ. Es war Jan Masaryk. Der Gesandte der ČSR sagte nachher zum englischen Außenminister ein Wort, das, um Europa willen, dafürgestanden hätte, bewahrt zu werden: »Wenn Sie mein Volk geopfert haben, um den Frieden der Welt zu erhalten, dann zolle ich Ihnen den ersten Beifall. Aber wenn nicht, dann helfe Ihnen Gott!« Lord Halifax, von großer persönlicher Frömmigkeit, war von diesen Worten des Tschechen, in denen eine tiefe Religiosität aufklang, sehr beeindruckt. Wußte er doch, daß der junge Masaryk ein Atheist war. Und daß der Tscheche nicht daran glaubte, daß die Aufopferung der ČSR den Frieden erhalte, dieser Gedanke kam dem Lord nicht. Er ahnte auch nicht, daß die Anrufung Gottes ein grimmiger Fluch des Tschechen war!

Die Tage von München 1938 kamen und gingen. In Deutschland regierte kein Geist aus 1914, sondern der Geist von München, und dieser Geist gefiel den Deutschen ganz außerordentlich. Und man freute sich nicht nur in Deutschland des gesicherten Friedens, sondern ebenso in England, Frankreich und Italien. In ganz Europa. Der ČSR geschah, wie es in den längst ausgearbeiteten Plänen der Militärs eingezeichnet war. Sie mußte bis zum 10. Oktober die fraglichen Landesteile Böhmens, Mährens und Schlesiens räumen. So wie im Frühjahr in Österreich, feierte die Wehrmacht im Herbst 1938 auch in Sudetenland einen Blumensieg. Polnische Truppen erlebten ihren kleinen Blumensieg, als sie in das Olsa-Gebiet des ehedem Österreichisch-Schlesien einrückten. Die Slowakei bekam ihre Autonomie von Prag. Nachher die Karpatho-Ukraine (und mit dem Namensteil Ukraine gleich die Endbestimmung als Teil der Sowjetunion). Und am 4. November überschritten ungarische Truppen zum ersten Mal die 1918 Ungarn gezogene Grenze, um der eben erst unabhängig gewordenen Slowakei einiges Land abzuknöpfen. Im November 1938 werden die Ungarn weiter vorrücken, und der Reichsverweser Admiral von Horthy wird auf einem »weißen Schimmel«, wie eine Wiener Zeitung schrieb, in Kaschau einreiten.
All das war für die alten Verbündeten der Westmächte nicht ermutigend. Zumal der französische Botschafter in Berlin dem italienischen Außenminister während der Tage von München anvertraute: »Voilà, comme la France traite les seuls alliés qui lui etaient resté fidèle.«
Und in der Tat: Man hat im Herbst die demokratischen Tschechen

noch mehr en canaille behandelt als im Frühjahr die kleriko – faschistischen Österreicher. Hitler war Trumpf. Selbst dem Botschafter der USA in Berlin kamen Tränen in die Augen, als er mit Blumen gratulierte. Ob auch sein Chef, US-Präsident Roosevelt, geweint hat, ist nicht bekannt. Das Ganze ging unter in einem Meer von Versöhnlichkeit und Rührseligkeit. Es war, als hätten zwei Duellanten plötzlich ihre Duellwaffen weggeworfen, sich umarmt und dabei vergessen, daß eine Pistole losgegangen ist und einen Dritten schwer verletzt hat. Am 30. September 1938 zeigte der Chamberlain dem Hitler ein von ihm verfaßtes Papier. Darin stand, man sei überzeugt, daß das deutsch-englische Flottenabkommen von 1935 und das nunmehrige Abkommen von München symbolisch für den Wunsch sei, daß die beiden erwähnten Völker nie wieder Krieg miteinander zu führen dächten. Et cetera. Der Hitler ließ sich das Ding übersetzen, schrieb unmutig sein Adolf Hitler darunter, und der Chamberlain signierte um so freudiger. Gut, daß der Hitler vor diesem Akt dem Mussolini ohne Umschweife gesagt hat: »Im übrigen wird der Tag kommen, wo wir uns vereinigt mit England und Frankreich werden schlagen müssen.«

München ging nicht vorbei, ohne daß in Prag der dortige Ministerpräsident, nicht mehr dieser Milan Hožda, im Prager Radio sagte, alles sei jetzt aus und vorbei. Schweigend und trauernd, verlassen und gebrochen, versinke die ČSR in der Dunkelheit.

Diese Dunkelheit wich einer völligen Nacht, und dies eher, als die Tschechen ahnten. Der Hitler sah sich um den Einzug in Prag geprellt. In Prag, wo sich unter der Metropolitankirche zu Sankt Veit die Gräber von vier deutschen Kaisern und eines deutschen Königs befinden. Es wurmte ihn, daß sich die Tschechen in ihrer Rest-Tschechei derartig ruhig und korrekt verhielten, daß es schwer halten würde, einen Zwischenfall herbeizuführen und auszunützen. Das kam auch daher, daß nach dem Beneš ein gewisser Hacha, Emil Hacha, Staatspräsident wurde. Den Hacha konnte der Hitler womöglich noch weniger leiden als den Beneš, obwohl der Hacha wieder den Beneš nicht leiden konnte. Denn der Hacha hat vor 1918 in

Wien im k. k. Verwaltungsgerichtshof gedient und sich den Ruf eines hervorragenden Fachmannes geholt. Und jetzt war der halberte Österreicher Präsident der ČSR. Als es endlich so weit war, daß den Slowaken die Autonomie von Prag nicht mehr genügte, sie ihren unabhängigen Staat haben wollten und an der Grenze zu Ungarn Zwischenfälle entstanden, wurde der Hitler gewahr, daß diesmal, im Jahre 1939, der Mai in den März fiel und er losschlagen mußte. Der fast siebzigjährige Hacha kränkelte. Das Schicksal hätte ihm bei den Aufregungen, die ihm bevorstanden, einen gnädigen Tod bescheiden sollen. Aber nein. Dieses Schicksal machte dem Hitler immer anständige Menschen gestellig, wenn er einen fertig machen wollte und konnte. Und also fuhr der Hacha im März 1939 nach Berlin. Seine Tochter, die dem alten Herrn zur Hand sein mußte, versah man mit Blumen und Bonbons und schob sie in ein Hotel ab. Der Hacha aber kam nachts auf die Scherbank. Es war 1 Uhr 15 Minuten, am 15. März 1939, als der Hitler den Hacha bei sich in der Neuen Reichskanzlei empfing. Der kleine Mann war noch ganz verschreckt von jener Ehrenbezeigung, die ihm von der Ehrenwache der Leibstandarte im Hof der Reichskanzlei erwiesen worden war; lange Kerle, die bei der Blickwendung über den verdammten Tschechen hinwegsahen, als wäre der für sie nicht vorhanden. In der Umgebung des Hitler fiel der tschechische Akzent, mit dem der Hacha sein gewohntes Deutsch sprach, auf. Wahrscheinlich befanden sich aber in diesem Zuschauerraum einige, die ihre Muttersprache in Wort und Schrift bei weitem nicht so gut beherrschten, wie dieser Tscheche aus Kakanien. Der gestand, er hätte schon längst den Mann sehen und sprechen wollen, dessen Ideen er lese und verfolge. Nämlich den Hitler. An sich gehöre er nicht zu den Politikastern. Unter Beneš sei er Außenseiter gewesen. Er habe Bedenken gehabt, sein jetziges Amt anzutreten. Nun liege ihm aber das Schicksal der ČSR auf und er wolle es in die Hände des Führers legen.

Was der Tscheche verschwieg, war die Tatsache, wonach ihm bekannt war, daß im Moment deutsche Truppen bereits in die Rest-Tschechei eingerückt waren. Der Hitler wußte, daß der Hacha das wußte. Und der Hacha wiederum wußte, daß der Hitler wußte, daß er, der Hacha wußte, was der Hitler wußte. Aber keiner sprach von den Würfeln, die schon gefallen waren. Der alte Mann aus Prag hatte im Moment gar nichts zur Hand als jene Notlügen, die man ihm einmal im Beichtstuhl vorgeworfen, aber leicht verziehen hat. Nicht dieses Lügen beunruhigte den Hacha, sondern der Abfall der Slowaken. Obwohl, er gestand es dem Hitler, die meisten Tschechen froh seien, dieses Volk vom Hals zu haben, und er selbst, der Staatspräsident eines Staates von Tschechen und Slowaken, diesen abfallenden Slowaken keine Träne nachweine. Aber: Ohne Slowaken keine Tschechoslowakei. Der Hitler ließ sonderbarerweise den Hacha reden und reden. So wie eine Katze die Maus nicht gleich verzehrt, sondern mit ihr Haschen spielt, ehe es zur Mahlzeit kommt. Dann sagte er, es täte ihm leid, den alten, kranken Mann bemüht zu haben. Er, der Hitler, habe keinen Haß gegen die Tschechen. Aber es müsse jetzt zu einer ganz anderen Einstellung in Prag gegenüber den Deutschen Platz greifen. Und dann kam der Monolog. Die Aufzählung aller Übeltaten der Tschechen seit Adam und Eva bot Stoff genug dazu. Da hätte eben der Hitler die Hände von der ČSR zurückziehen müssen und dem ungarischen Gesandten gesagt, er, der Hitler, halte niemanden zurück.

Noch ehe im Hacha die alte Antipathie eines k. k. Beamten gegen die präpotenten Ungarn aufquellen konnte, hatte ihm der Hitler schon den Fanghieb versetzt: Schon seien Truppen der deutschen Wehrmacht in die ČSR eingerückt, und das alles geschähe, um die ČSR in das Reich einzugliedern. Den Hacha hätte bald der Schlag getroffen und es wäre, wie angedeutet, ein schöner und rechtzeitiger Tod gewesen. Aber er mußte sich anhören, daß der Göring ein schweres Amt trüge. Daß es dem Generalfeldmarschall furchtbar leid täte, Prag zu bombardieren. Wenn die Tschechen es sich aber einfallen ließen, den Westen zu Hilfe zu rufen, dann werde er der Welt die hundertprozentige Wirkung seiner Luftwaffe zeigen. Der Hacha suchte nach Atem. Es war gut, daß er sich zusammen mit seinem Gesandten in Berlin in ein Nebenzimmer zur Beratung unter vier Augen zurückziehen konnte.

Nachher tat es dem Göring leid, daß er dem Hacha mit schwerstem Geschütz gekommen war; dieser erlitt nämlich tatsächlich einen

Anfall von Herzschwäche und der Leibarzt des Hitler mußte dem alten Herren eine seiner in ganz Berlin wegen ihrer guten Wirkung berühmten Spritzen verpassen. Verdammt noch' mal, wäre das peinlich gewesen, wenn der alte Tscheche im Haus des Führers abgekratzt wäre; zumal man sich hätte fragen müssen, wer dann die Kapitulationsurkunde der ČSR auf der Stelle an seinerstatt unterschrieben hätte. Nur gut, daß man den Hacha schon längst dazu gebracht hatte, in Prag jeden Widerstand der Armee gegen die einrükkende Wehrmacht zu verhindern. Um 3 Uhr 55 morgens gab man dem Hacha eine Feder und er unterschrieb. Das vom Hitler längst vorbereitete Papier enthielt einen Zusatz, wonach jeder Widerstand gegen die einrückende Wehrmacht schwerste Repressalien zur Folge habe. So auch Vergeltungsschläge der Luftwaffe. Der Göring hat also doch nicht nur geflunkert, wie er später in Nürnberg, dann allerdings schon Hauptkriegsverbrecher in den Augen der Sieger von 1945, sagen wird.

Schneegestöber und Regen gingen über die Zitadelle Mitteleuropas nieder, als am 15. März 1939 der Hitler nach Prag fuhr. In Wien hat er sich im Frühjahr 1938 doch gescheut, Quartier in der Hofburg oder in Schönbrunn zu nehmen. Anders in Prag. Er zeigte sich am Fenster der während der österreichischen Zeit ausgebauten königlichen Burg und ließ sich dort von Prager Studenten, von deutschen Studenten, bejubeln. Nachher sah er auf die Stadt herab. Den neben ihm stehenden Reichspressechef Otto Dietrich fragte er: »Haben Sie Nachrichten über militärische Bewegungen in Frankreich, der Sowjetunion oder über die Mobilmachung der englischen Flotte?«
Der Reichspressechef konnte verneinen.
»Ich habe es gewußt«, schloß der Hitler, »in vierzehn Tagen spricht kein Mensch mehr darüber«.

Es fing die Zeit an, in der das nationalsozialistische Dogma: Hitler ist Deutschland und Deutschland ist Hitler, eine furchtbare tatsächliche Bedeutung für den weiteren Fortgang der Ereignisse bekam. Nach der Liquidierung der Rest-Tschechei hörte der Hitler noch eine Weile hinaus in die schnöde Welt der Feiglinge und Dummköpfe. Von einigen Unken, die fortfuhren, in den Abwässern der Politik herumzuplätschern, abgesehen, schien der Rest der Welt über das Schicksal der Tschechen hinweg zur Tagesordnung gegangen zu sein. Die Frist von zwei Wochen, die sich der Führer selbst als äußerstes Ausmaß einer Tschechenkrise gesetzt hatte, verging. Da bekamen viele, nicht nur in Deutschland, den Eindruck, es stimme doch mit jenem anderen Dogma, wonach der Führer immer recht hat. So vergingen der März und der April 1939 und es kam der Mai dieses Jahres. Jener Monat, in dem man schon gewohnt war zu erwarten, daß sich im Umkreis des Hitler irgendetwas tut. Diesmal war es der Abschluß eines Militärbündnisses mit Italien, jenes Achsenbündnisses, das auch Stahlpakt genannt wurde. Der Mussolini schickte seinen Schwiegersohn und Außenminister, Graf Galeazzo Ciano, in die Reichshauptstadt, damit dieser zusammen mit dem RAM das Abkommen unterfertige. Ciano hatte um diese Zeit noch jenen präpotenten Gesichtsausdruck, der viele Österreicher verleitete zu sagen, sie würden dem Grafen am liebsten mit Goiserern, also mit genagelten Bergschuhen, stundenlang im Gesicht herumsteigen. Prompt fiel der Gast aus dem Süden auf den Propagandarummel hinein, der in den Straßen Berlins zu diesem Anlaß stieg. Meinte er doch, die vielen Berliner seien aus freien Stücken, also spontan gekommen; das glaubte er an der Wärme ihrer Gefühlsausdrücke zu erkennen. Nun waren die Berliner auch in jenen Tagen weder doof noch dämlich; um nicht in den Verdacht zu kommen, sie seien spontan gekommen, um am Straßenrand zu jubeln, nannten sie fortan die Wegstrecke, auf der solche Empfänge zelebriert wurden, die Via Spontana. Der Graf aber war nicht nur dämlich, sondern auch verantwortungslos. Jedenfalls vermerkte er bei sich: »Ich habe noch nie einen ähnlichen Vertrag gelesen. Es ist wahrhaftiges und richtiges Dynamit.« Trotzdem setzte er seinen Namen unter das Papier.

Am 31. Mai 1939, also ziemlich lang nach Ablauf der Frist, die sich der Hitler selbst in Prag gesetzt hat, nahm im englischen Unterhaus der Chamberlain das Wort. Diesen sonderbaren Staatsmann hat der Hitler nie ganz ernst genommen, denn der Engländer hatte nichts gemein mit dem Heldentyp der angelsächsischen Rasse. Nach der vom Generalfeldmarschall Göring zuweilen gebrauchten Unterscheidung gehörte der englische Premierminister nicht zu den Schießern, sondern zu den Scheißern. Auch die Engländer jubelten im Frühjahr 1939, nach der Liquidierung der Rest-Tschechei, dem Chamberlain längst nicht mehr so zu wie im Herbst 1938. Sie waren sich nicht mehr gewiß, ob Appeasement um jeden Preis auch Peace in our time gewährleisten würde. Viele Menschen in aller Welt, nicht nur die vom Hitler immer schärfer verfolgten Juden, waren inzwischen zur Ansicht gekommen, es sei auf die Dauer nicht gut, den Hitler bei der Ansicht zu lassen, er dürfe so oder so mit dem Rest der Welt umgehen, ohne dabei auf Widerstand zu stoßen. In England wünschte sich, außer in den Reihen der dortigen Faschisten, den Black Shirts, niemand mehr einen Typ wie den Hitler für den Krisenfall. Und der uralte liberale Lloyd George bemühte sich, seine früheren Ansichten betreffs des Hitler in Vergessenheit zu bringen.
Wie gesagt: Am letzten Tag des letzten friedlichen Mai in Europa auf Menschengedenken, ergriff der Chamberlain im Londoner Unterhaus das Wort. Noch immer hing er an seinem Prinzip, wonach es im Politischen kein Problem geben soll, das nicht auf friedliche Weise gelöst werden kann. Selbst inmitten der Spätkrise des zugrundegehenden Europa wollte er mit dem Altersstarrsinn seiner Generation noch immer nicht einsehen, daß derlei politische Me-

thoden im Umgang mit Typen wie den Hitler oder den Stalin selbstmörderisch sein müssen. Andererseits war der Chamberlain amtierender Ministerpräsident seines Landes und daher verhalten, irgendwie bei Erwähnung der Macht der Ideen nicht ganz auf die nicht zu übersehende Gewalt der Tatsachen zu vergessen. Und da man sich schon an den Fingern einer Hand die Monate abzählen konnte, wann nach der Liquidierung der Rest-Tschechei für den Hitler das Problem Polen und dessen quer durch Deutschland gezogener Korridor zur Ostsee aufs Tapet kommen wird, sah sich der Chamberlain gezwungen, auch ein Wort zum Problem Polen zu sagen. Der Premierminister gehörte zu jenen Typen in der Politik, die sich jahrelang in den Hintern treten lassen, um dann plötzlich mit einem einzigen Fußtritt mehr Unheil anzurichten als andere Staatsmänner mit laufenden Grobheiten von Fall zu Fall. An jenem Tag im Mai 1939 stand er da, wie ein hoher Fahnenmast, an dem keine Fahne gehißt ist. Der Westen hatte nämlich kein Banner. Da stand nur ein alter Mann, dessen wackelnder Kopf auf einem Altmännerhals saß, dessen Gewirr von Sehnen und Adern und Venen das unschöne Symbol des Gewesenen ist. Und doch hat das Schicksal diesen Mann ausersehen, dem Hitler zu sagen, daß eine unsichtbare mächtige Hand schon die Sanduhr umgedreht hatte, die bisher dem Hitler so viele gute Tage zugemessen hat; daß der Sand dieser Uhr jetzt in eine Leere rieselte, die nicht mehr lange die guten Zeiten des Hitler anzeigen wird. Gesagt hat der Chamberlain: »Im Falle irgendeiner Handlung, die eindeutig die Unabhängigkeit Polens bedroht und auf Grund derer die polnische Regierung es für lebenswichtig erachtet, sich mit ihren Streitkräften zur Wehr zu setzen, sieht sich die Regierung Seiner Majestät gezwungen, mit ihrer ganzen Kraft der polnischen Regierung sofort Beistand zu leisten. Sie hat der polnischen Regierung eine entsprechende Erklärung gegeben.«

Noch nie hat vorher England einem Staat in Ostmitteleuropa und angesichts möglicher Kriegsgefahr Carte blanche gegeben. Unbeschränkte Vollmacht für einen Krieg auf Kosten der Weltmacht England. So gesehen war der italienische Außenminister Graf Ciano denn doch nicht so blöde wie der Chamberlain, der nicht ahnte, daß er am letzten Maitag 1939 die Zündschnur legte und es der Regierung in Warschau überließ, diese zu zünden und die fragliche Dynamitladung in die Luft zu sprengen. Sind 1914 die Großmächte in einen Weltkrieg gestolpert, so gingen sie 1939 diesen Weg mit Vorbedacht. Wie um das Raubtier, als das man den Hitler noch immer im geheimen in angelsächsischen Ländern ansah, zu reizen, gab man nacheinander auch Griechenland, Rumänien und der Türkei ähnliche Garantieerklärungen wie Polen. Und jenseits des Atlantiks zählte US-Präsident Roosevelt in einer Rede gleich eine ganze Liste von Staaten in Europa und Asien auf, deretwegen er vom Hitler die Erklärung verlangte, wonach der Führer und Reichskanzler nicht daran dächte, sie à la Rest-Tschechei zu bedrohen. So entstand vor dem geistigen Auge des Hitler das Bild einer Wiederholung jener Einkreisung Deutschlands, die man schon einmal, im ersten Weltkrieg kennengelernt hat. Der Hitler wird sich vom Westen abwenden, im Osten einen furchtbaren Bundesgenossen gewinnen und diesem die Tür nach Mitteleuropa weit aufmachen. Noch waren für den Hitler die Russen keine Untermenschen und er ließ sich vom US-Präsidenten nicht gerne Dinge hineinsagen, in denen von Hunnen und Vandalen die Rede war. Nachdem der Ordnung halber der US-Präsident Roosevelt dem Hitler nachträglich noch depeschierte, was er in einer Rede angedeutet hatte, schien es auch dem Hitler an der Zeit zu sein, ein deutsches Wort zu sagen. Für derlei Anlässe stand ihm das Gebäude der ehemaligen Krolloper in Berlin zur Verfügung. In diesem Theater wurde seit dem Brand des Reichstagsgebäudes im Jahre 1933 in gewissen Abständen das Stück: Der Hitler und sein Reichstag, gegeben. Eine Aufführung ohne Dialoge, dafür aber mit einem langen Monolog des Hitler und dazugehöriger Geräuschkulisse. Und so ist damals der Hitler dem Chamberlain und dem Roosevelt nach deren Auslassungen betreffs Deutschland gekommen:

»Wenn nun England heute in der Publizistik und offiziell die Auffassung vertritt, daß man gegen Deutschland unter allen Umständen auftreten müßte und dies durch die uns bekannte Politik der Einkreisung bestätigt, dann ist damit die Voraussetzung für den Flottenvertrag beseitigt.«

So also fiel eine bisherige Säule der deutschen Aufrüstung, jener 1935 mit England geschlossene Flottenvertrag, demzufolge England nicht länger die in Versailles den Deutschen auferlegten Rüstungsbeschränkungen stützte und die Wiederaufrüstung des Reiches hinnahm. Und weil der Hitler gleich alles in einem Aufwaschen machen wollte, zerriß er auch den deutsch-polnischen Nichtangriffspakt aus 1934, mit dem er sich damals im Osten eine Pufferzone gegenüber der Sowjetunion sichern konnte. Es war, als würde das, was der Hitler seine Vorsehung nannte, seinen verwöhnten Schützling verlassen und diesen dem Unheil überantworten.

Nachdem derlei in Berlin, London und Washington geschehen war, konnte es sich in Moskau der Stalin aussuchen, ob er es in Zukunft mehr mit den Faschisten in Berlin oder mit den Kapitalisten im Westen halten wird. Rußland hatte nämlich auch noch einige Rechnungen zu kassieren. Da waren jene Gebiete Ostpolens, die sich schon im 18. Jahrhundert die Zarin Katharina die Große bei den drei Teilungen des alten Königreichs Polen angeeignet hatte. 1917 haben die Mittelmächte den Großteil dessen dem bolschewistischen Rußland abgenommen und einem im Entstehen begriffenen neuen Polen zugewendet, hoffend, die Polen würden ihnen im Endkampf 1917/18 beistehen. Indessen zeigten die Polen nachher dem Reich und Österreich-Ungarn eine lange Nase und holten sich im Verein mit den Siegern von 1918, was einmal Berlin und Wien bei besagten Teilungen Polens an sich genommen haben. Der Hitler hat dann 1939 den Sowjets so viel Land in Ostpolen überlassen, daß die Westgrenze Rußlands wieder wie schon 1795 an Brest-Litowsk herankam. Die Russen sind ein gedächtnisstarkes Volk. Sie haben im Verlauf ihrer Geschichte viel politische Ideen verfochten; ihre nationale Substanz hielten sie jedenfalls immer gut in Ordnung.
Die Polen aber bekamen ein flaues Gefühl. Eingekeilt zwischen dem Hitler und dem Stalin, entstand unter ihnen die Formel 1939: »Mit den Deutschen (gehend) riskieren wir unsere Freiheit, mit den Russen unsere Seele.«
Seelen interessierten weder den Stalin noch den Hitler. In der Sowjetunion hatte man die altrussische Zählung der Dorfbevölkerung

nach Seelen längst aufgegeben und für den Hitler gab es nur eine deutsche Seele. Ehe sich die Polen versahen, waren sie schon in dem Rutschgelände, das 1918 nach dem Untergang der Habsburgermonarchie in Mittel- und Ostmitteleuropa entstanden ist. Und in dem man meistens nicht selbst regiert, sondern von irgendwelchen Landfremden regiert wird. Im Wettlauf nach Moskau kamen die Engländer und Franzosen besser vom Start als der Hitler. Während letzterer von vorsichtig in den aus Moskau abfließenden Wässerchen des Politischen herumstochern ließ, saßen die Westler schon in Moskau mit den Bolschewisten am Verhandlungstisch. Damals waren es nur mehr drei Wochen bis zum Ausbruch jenes Krieges, der die Ordungsnummer 2 in der Serie der Weltkriege trägt.

Der sowjetische Verteidigungskommissar und Marschall der Sowjetunion, Klimt Woroschilow, hatte ein gutes russisches Gesicht; er sah mit seinen klugen Augen den Admiral, der aus London kam, und den General aus Paris an und wurde skeptisch. Der englische Marineur sah in seiner sichtlich ungewohnten Zivilkleidung aus wie ein miesepetriger Gewerkschaftssekretär, der mit seinen Lohnforderungen nicht voran kommt; der Franzose hinwieder wirkte wie ein Mann aus der Provinz, der 'mal in die Hauptstadt fährt, um sich zu verlustieren, weil er allerhand vorhat.

Der Russe entblätterte die vagen Vorschläge und Vorstellungen der Westler wie eine Artischocke. Ihm wurde bald klar, daß der Westen die Sowjets bloß als einen bissigen Dorfhund an der Kette haben wollte; einen Hund, der die benachbarten Polen nicht beißt und den Hitler davon abhält, in Polen einzudringen. Auf die unabwendbare Notwendigkeit, daß im Fall eines gemeinsamen Krieges gegen den Hitler eine mit dem Westen verbündete Rote Armee ein Durchmarschrecht in Polen haben müßte, ließen sich die Militärs zur See und zu Land nicht ein. Sie und alle Westler wußten, daß die Polen nach jahrhundertelangen Erfahrungen bei Auseinandersetzungen mit den Russen diese so wenig im Land haben wollten wie etwa die Pest. Das Reden am Verhandlungstisch in Moskau zog sich in die Länge, und es kam nichts heraus, was für die Sowjets von Wert gewesen wäre. Da mischte sich der Stalin ein wenig ins Gespräch:

»Wieviel Divisionen wird Frankreich Deutschland gegenüberstellen?« fragte er den französischen General.
»Ungefähr hundert«,
erwiderte dieser.
»Und wieviel wird England entsenden?«
fragte der Georgier den englischen Admiral. Der Marineur zögerte; nicht wegen mangelnder Sachkenntnis, sondern wegen der unausbleiblichen Blamage, die mit seiner Auskunft verbunden war:
»Zwei, später noch zwei.«
Jetzt erteilte der Stalin den Westlern eine jener Unterrichtsstunden in simpler Mathematik, bei denen es um die Sinnfälligmachung dessen geht, was die Wiener watscheneinfach nennen. Simpel, wie eine Ohrfeige:
»So, so. Zwei und später noch zwei. Und wissen Sie, wieviele Divisionen wir an die Front schicken sollen, wenn Rußland gegen Deutschland Krieg führt?«
Der Engländer dachte nach und erinnerte sich seiner in London erhaltenen Instruktion, um dann zu sagen:
»Na, vielleicht dreihundert.«
Das wäre ein schlechtes Geschäft für den Stalin gewesen. Zumal dieser zugleich ein anderes Eisen im Feuer hatte.

Den Spähern und Fratschlern des Hitler ging es überhaupt nicht um offizielle Verhandlungen in den modern aber geschmacklos adaptierten Büros im Kreml. Seit Juli 1939 saß ein Vortragender Legationsrat des RAM mit einem Gewährsmann Moskaus öfters bei Tisch. In Berlin. Mal bei Ewert, mal andernorts; wo es sich am Weißen Tisch viel besser reden ließ als im schönsten Büro der Welt. Beide Herren schätzten die Speisefolgen und die Weinkarten besagter Lokale, und sie kamen sich näher. Näher, als in Moskau der französische General und der englische Admiral an den russischen Marschall herankamen. Und während in Moskau die Westler mit ihrer Prozedur bald auf die Kriechspur der Verhandlungsstraße gerieten, eröffneten sich in Berlin dem Vortragenden Legationsrat Perspektiven, an die auch nur zu denken dem konservativen Beamten nie in den Sinn gekommen wäre. Was aber hätten sich erst die deutschen Kommunisten in den KZ des Hitler oder im ärmlichen Exil in der Sowjetunion gedacht, wenn ihnen etwa folgende Ansicht bekannt geworden wäre, die in Berlin ein Genosse einem verdammten Faschisten beim Wein erklärte:

»Man hat in Moskau volles Verständnis für den innenpolitischen Kampf des Nationalsozialismus gegen den Kommuismus. Wir verstehen aber nicht, warum Deutschland auch außenpolitisch die Gegnerschaft zur Sowjetunion gesucht hat.«

Noch war es nicht so weit, daß der RAM nach seinem ersten Besuch im Kreml seinen Parteigenossen erklären wird, er hätte sich unter den alten Bolschewisten gefühlt wie unter alten Nationalsozialisten. Besagter Vortragender Legationsrat war ein Parteigänger des Hitler aus jüngster Zeit und er war außerdem so gut erzogen, daß er bei der immerhin bemerkenswerten Eröffnung des Bolschewisten keine Miene verzog. Das mit den Nationalsozialisten und den Kommunisten verstand er überhaupt nicht, ging ihn nichts an. Und im übrigen fehlte ihm der Instinkt, der ihm hätte eingeben müssen, daß derlei Auslassungen, wie sie sein russischer Kollege eben gemacht hatte, in Zonen einer Politik über doppeltem Boden führen: Ein oberer Boden, der aus glatt gewichstem und scheinbar trittfestem Parkett besteht, und darunter einer, auf dem man leicht einbrechen kann, um dann in die Abgründe der Gefängnisse der Bolschewisten zu fallen. Nach dem im Sommer 1939 noch bevorstehenden Krieg, sozusagen nach Tisch, wenn es keine Essen mit den Deutschen in guten Lokalen mehr geben wird, werden die Deutschen erfahren, wie leicht man im Umgang mit den Bolschewisten in Teufels Küche kommen kann. Um es nachher in besseren Tagen des Wohlstands alsbald wieder zu vergessen.

So aß man sich in Berlin durch den Berg der Probleme, und Mitte August 1939 kam der Gedanke auf, es wäre nicht schlecht, wenn sich der Hitler und der Stalin zu einem Jagdausflug mit separierter Strecke finden würden. Wohin sollte die Jagd gehen? Ins Polnische. Und anstatt sich weiterhin zu Zeiten gegenseitig mit Schrot den Hintern zu bepflastern, fing der Hitler an, in Moskau an Ort und Stelle zu drängen. Da erfüllte sich binnen einer Woche das Schicksal der Alten Welt:

Am 14. August 1939 stellt der Woroschilow den Westlern die Gret-
chenfrage: Und wie haltet ihr es mit dem Durchmarsch der Roten
Armee in Polen, falls es zum Krieg mit dem Hitler kommen sollte?
Gleichzeitig engagierte sich der Stalin in allerlei Kontakte in Berlin.
Am 15. August redeten die Westler den Polen zu wie einer kranken
Kuh, sie möchten sich doch nicht so absolut gegen einen Einmarsch
der Roten Armee in Polen sperren. Aber die Polen erwiderten unterm 19. August, sie könnten sich nicht auf ein derartig riskantes
Experiment einlassen. In Warschau weiß man eben über Russen
besser Bescheid als im Westen. Und die Polen des Jahres 1939 ahnten, daß die Russen, wären sie erst einmal in Polen, dieses Land auf
Menschengedenken hinaus niemals mehr verlassen würden.
Da aber die Polen wohl oder übel auf die vom Hitler versprochenen
billigen Arrangements sowie spätere Garantien des Führers zugunsten Polens ebenfalls verzichteten, geriet die internationale Lage
alsbald an jenen Punkt, an dem die Carte blanche des Chamberlain
vom 31. Mai 1939 ihre furchtbare Bedeutung bekam; sie mußten
sich gleichzeitig gegen die Deutschen und gegen die Russen wapp-
nen, und in beiden Fällen bekamen sie, das war nicht zu vermeiden,
die Russen ins Land. Gleichzeitig zogen sie damit England, ob dieses nun wollte oder nicht, in den Krieg.
Die Welt drehte sich. Deutsche und Russen kamen mit Wirtschafts-
verhandlungen, die vielmehr tarnten, zu Rand, und am 20. August
1939 depeschierte der Hitler allerurgentest nach Moskau, der Stalin
möge doch weitermachen. Tags darauf kam die Einladung des RAM
nach Moskau.
Am 21. August 1939 um 22 Uhr oo, die Deutschen hörten nach dem
Abendprogramm im Radio nochmal die Spätabendnachrichten des
Großdeutschen Rundfunks, kam es heraus: Die Reichsregierung
und die Sowjetregierung waren übereingekommen, miteinander einen Nichtangriffspakt zu schließen. Zur Unterzeichnung des Ab-
kommens wird sich der RAM am 23. August nach Moskau begeben. Für viele alte Nationalsozialisten und für noch mehr nichtna-
tionalsozialistisch gesinnte Deutsche war das so, als hätten sie eben
davon gehört, man habe den Papst in Paris im Moulin Rouge gesehen. Man ging schlafen, aber man schlief schlecht in dieser Nacht.

Jetzt war es auch zwecklos, daß die Polen, ganz geheim, erklärten, sie könnten sich im Falle eines Krieges mit dem Hitler ein Zusammengehen mit den Russen vorstellen. In Moskau riß das Reden der Westler mit dem Marschall Woroschilow ab.

Viel ist in jenen Tagen in den Wind gesprochen worden. Professionals und Amateure der Diplomatie engagierten sich für eine Erhaltung des Friedens. Der Chamberlain schrieb dem Hitler einen Brief, in dem er auf die fragliche Carte blanche aufmerksam machte, gleichzeitig aber alles Mögliche für den Fall einer diplomatischen Bereinigung der zwischen dem Reich und Polen sowie England aufgetretenen Probleme versprach. Der Hitler redete schon von einer Mobilisierung in Deutschland.

Am 23. August 1939 unterschrieben der Ribbentrop und der Molotow in Moskau den Hitler-Stalin-Pakt. Danach wird dem Hitler nicht nur das 1919 an Polen verlorene Danzig samt dem polnischen Korridor durch Westpreußen zufallen, sondern ganz Polen westlich des Bugs; den Rest dieses Landes wird der Stalin unter Kontrolle nehmen. Während der Molotow mit seinem bourgeoisen Gesicht aus der Zeit vor 1914 den Vertrag unterzeichnete, stand hinter ihm der RAM, unschlüssig, ob er verschmitzt oder beschämt lächeln sollte. Zur Linken des RAM stand der Stalin, zur Rechten die Rechte Hand des Stalin in militärischen Dingen: Der Armeegeneral und Chef des Generalstabs der Roten Armee Šapošnikov. Immer noch trug er jenen vor dem letzten Krieg modern gewesenen Popo-Scheitel. Ehedem Stabsoffizier der Armee des Zaren, ist er nachher als Militärspezialist in die Dienste der Bolschewisten getreten, um alsbald deren Leiter der operativen Verwaltung der Roten Armee zu werden. Er war schon von seiner Todeskrankheit getroffen, aber immer noch firm genug, um nach dem Ende dieser Jagdgemeinschaft mit dem Hitler an der Seite des Stalin die furchtbare Krise der Roten Armee im Winter auf 1942 zu bestehen. Mit dem Mißtrauen des Überläufers schielte er zum RAM hin, der mit einigem Stolz sein goldumrahmtes Ehrenzeichen der NSDAP trug.

Den Vertrag in Händen berichtete der RAM in Berlin über seine Erfahrung im Umgang mit Männern »mit den starken Gesichtern«, denen er in Moskau begegnet ist.

Das war am 24. August. Tags darauf war der Hitler entschlossen, noch am selben Tag den Angriff auf Polen zu beginnen. Es störte ihn, daß der Paktabschluß in Moskau weder in London noch in Paris eine politische Krise hervorrief, sondern nur eine Bekräftigung jenes Versprechens, das der Chamberlain schon am letzten Maitag Polen gegeben hat.

Und jetzt erlebte der Hitler zum ersten Mal, wie das ist, wenn man an der Seite Italiens in einen Krieg gerät. Vormittags am 24. August hörte man aus Rom, der Duce sei entschlossen, mit dem Hitler zu marschieren. Am selben Nachmittag ließ der, wie man sagte, nervenstärkste Mann Italiens verlauten, sein Land werde nicht eingreifen, wenn der Krieg durch einen Angriff des Hitler auf Polen ausgelöst würde. Dann wieder hörte man von Aspirationen Roms auf jugoslawische Gebiete in Dalmatien und Kroatien. Schließlich kam heraus, daß der Duce erst Krieg führen wird können, wenn ihm der Hitler die Kriegsausrüstung der italienischen Streitkräfte komplettiert haben wird. Die diesbezügliche Liste wird sich bald als so umfangreich erweisen, daß der Hitler bis zum Sankt Nimmerleinstag hätte liefern können, ohne daß sich der Duce kriegsbereit gefühlt hätte.

Es gefiel dem Schicksal, den Krieg noch ein wenig zappeln zu lassen. Der Hitler machte England einen etwas vagen Bündnisvorschlag, sofern man ihm nur nicht in Polen in die Hand falle. Und während in Rom der Duce bereits darauf verzichtet hatte, mit dem Vehikel des Hitler in einen Krieg zu fahren, erklärte der RAM noch immer schneidig:
»Nun, dann werden wir ohne die Italiener Krieg machen.«
Dieweil gab der Hitler am 25. August 1939 um 15 Uhr 02 den Befehl zum Angriff auf Polen. Zwei Stunden später erfuhr er die Nachricht vom Abschluß des englisch-polnischen Beistandspaktes: Greift Hitler Polen an, wird England zuschlagen. Eine halbe Stunde später wußte der Hitler, daß er diesmal mit dem Duce keinesfalls rechnen kann. In der Umgebung des Hitler, die die Räume der Neuen Reichskanzlei bevölkerte, entstand Nervosität. Da rief der Hitler nach dem Chef des Oberkommandos der Wehrmacht, General Kei-

tel. Als dieser ein wenig blaß aus dem Arbeitssaal des Hitler trat, sagte er zu den wartenden Militärs:
»Der Vormarschbefehl muß sofort widerrufen werden. Der Führer braucht Zeit zu Verhandlungen.«
Und das Unwahrscheinliche gelang noch: Der Widerruf in letzter Stunde kam durch bis in die höchstgelegenen Täler der Karpathen und überall hin, wo nur mehr eine papierdünne Wand zwischen Frieden und Krieg bestand. Um nicht schwächlich zu erscheinen, nahm der Hitler den 31. August als nächsten Termin seines Angriffs in Aussicht. Das war, als der Göring den Hitler mahnte:
»Glauben Sie, daß die Lage in vier oder fünf Tagen anders aussehen wird?«
Alles wäre vielleicht nicht so schlimm geraten, wären in einer Stunde wie dieser nicht von der polnischen wie von der deutschen Seite Greuelnachrichten in der Kriegspropaganda ausgestreut worden. Daß es nach 1919 in Polen den Volksdeutschen nie gut gegangen ist, hat man damals in Paris nie ernst genug genommen. Dort hatte man sowieso keine Sympathien für die Boches und daher noch weniger für Typen, die in Polen lebten und deutsch sprachen. Darüber schrieb am 27. August 1939 der Hitler dem französischen Ministerpräsidenten in einem Brief:
»Wie würden Sie als Franzose handeln, wenn durch irgendeinen unglücklichen Ausgang eines tapferen Kampfes eine Ihrer Provinzen durch einen von einer fremden Macht besetzten Korridor abgetrennt würde... und die in diesem Gebiet lebenden Franzosen nun verfolgt, geschlagen, mißhandelt, ja bestialisch ermordet würden?«
Aber derlei Vergleiche konnte sich kein Franzose anhören. Denn es war undenkbar, daß Frankreich irgendeinen Gebietsteil an eine andere Macht abließ oder Verfolgungen französischer Volksgruppen im Ausland dulden würde, ohne mit einer konkreten Revanche zu anworten. Auch den englischen Botschafter brachte der Hitler in hellen Zorn, als er diesem ins Gesicht sagte, diesem sei es wahrscheinlich gleichgültig, wieviele Deutsche von Polen massakriert wurden.

Inzwischen machte der RAM in Diplomatie. Er beantwortete eine mündliche Intervention des englischen Botschafters in Berlin, man möge doch die deutsche Minderheit in Polen von weiteren Sabotageakten abhalten, mit dem Hinweis, derlei sei eine unverschämte Lüge der polnischen Regierung, und er lehne es überhaupt ab, mit der englischen Regierung über dieses Thema zu reden. Anstatt Ordnung in ihr Gespräch zu bringen, gerieten der RAM und der Botschafter in Rage. Es hat nicht viel gefehlt und der RAM hätte den Botschafter Seiner Britischen Majestät hinausbefördert, wie einmal jener Gesandte des Großen Friedrich, der einen unerwünschten Abgesandten des Heiligen Römischen Reiches Deutscher Nation von seinen Bedienten die Stiege hinabschmeißen ließ.

In der Sache ging es um ein Problem, das zwischen den Streitteilen nicht lösbar war: Der Hitler wollte, daß ihm die Warschauer Regierung einen Bevollmächtigten schickte, mit dem er dann so umspringen hätte können wie im Frühjahr 1939 mit dem unglücklichen Staatspräsidenten der Rest-Tschechei Hacha. Aber gerade dieser Gefahr wollte Polen unbedingt aus dem Wege gehen. Wann immer es zum Letzten in den Verhandlungen in Berlin kommen würde, immer wollte sich Warschau auf die am 31. Mai von Chamberlain gegebene Carte blanche verlassen können. Also: keinen Schritt näher nach Berlin ohne vorherige Konsultation Londons, ohne sichere Gewähr, daß die Carte blanche voll gesichert blieb. Am 31. August 1939 um ca. 13 Uhr 00 suchte der polnische Botschafter in Berlin um einen Termin beim RAM an. Zwar war er nicht der zum Vertragsabschluß Bevollmächtigte, den sich der Hitler wünschte, um ihn à la Hacha fertigzumachen. Indessen war der polnischen Regierung immer noch daran gelegen, den dünn gewordenen Faden nach Berlin nicht zum Reißen zu bringen. Der Pole sollte mit dem RAM ein Play for time versuchen. Sich in keine sachliche Erörterung der Forderungen des Hitler an Polen einlassen. Nur kurz andeuten, man erwäge in Warschau, ob man dem Rat Londons folgen und in direkte und bindende Verhandlungen mit Berlin treten sollte. Das Ergebnis dessen werde man London und nicht etwa Deutschland mitteilen.

Der Göring hatte dafür gesorgt, daß das diesbezügliche Telegramm Warschaus an London aufgefangen und entziffert wurde.

Es dauerte bis 18 Uhr 15, bis der polnische Gesandte endlich auf seine Bitte vom Mittag zum RAM gebeten wurde. Der RAM ließ sich erst gar nicht auf das gedachte Triple-Konzert Warschau–London–Berlin ein. Er fragte kurz:

»Haben Sie Vollmacht, mit uns sofort über die deutschen Vorschläge zu verhandeln?«

Vorschläge, besser gesagt: Forderungen, die bis dahin weder in London noch in Warschau offiziell bekanntgegeben worden waren, die aber in aller Welt und von jedermann, der Lust hatte, zerredet und kommentiert wurden. Jedenfalls erwiderte der Pole dem RAM:

»Nein.«

»Dann hat es keinen Zweck, daß wir uns weiter unterhalten.«

Das geschah am 31. August 1939, nachdem die Deutsche Wehrmacht schon seit 12 Uhr 40 den Befehl zum Angriff auf Polen für den folgenden Tag um 4 Uhr 45 hatte.

In einer Woche wird der polnische Botschafter und Gesprächspartner des RAM aufgehört haben, ein Mensch zu sein; wird auch er zu einem Volk von Untermenschen gehören.

Die Nacht auf den 1. September 1939 war erfüllt von unheimlichen Aktivitäten. Nur in London hatte man schon aufgegeben, und als der dortige französische Botschafter spätnachts den englischen Außenminister in dessen Büro zu erreichen versuchte, um einen lahmen Vermittlungsvorschlag des Duce anzubringen, wurde ihm bedeutet, Lord Halifax habe sich schon nach Hause begeben. In Paris aber arbeiteten die Beamten des Außenministeriums am Quai d'Orsay die ganze Nacht durch; schon entstand in den elektrisch beleuchteten Büros das Zwielicht eines frühen Sommermorgens, da verbreitete sich die Nachricht, die Deutschen seien bereits in Polen eingerückt. In Rom kamen Nachrichten aus Berlin, daß beständig Informationen im Umlauf gehalten werden, denenzufolge Polen die deutschen Forderungen abgelehnt hat. Um die gleiche Zeit verlautete der Warschauer Rundfunk so, als wäre es amtlich, der deutsche Überfall auf Polen sei zu erwarten. Da war es für den Reichspropagandaminister höchste Zeit, nach Schluß des Abendprogramms des Großdeutschen Rundfunks vom 31. August 1939 in

den Straßen Extrablätter verteilen zu lassen, in denen schwarz auf
weiß stand:
»Polen hat abgelehnt. Krieg bevorstehend!«
Am 1. September 1939 um 10 Uhr 07 betrat der Hitler den Sitzungssaal des Reichstags in der Krolloper. Wer ihn in diesem Moment erblickte, wußte gleich, das alles entschieden und Krieg war. Denn
der Hitler trug nicht, wie üblich, die braune Uniformjacke der
Amtswalter der NSDAP, sondern einen feldgrauen Rock, das Ho-
heitsabzeichen des Reiches, wie bei der SS vorgeschrieben, am linken Oberärmel.
Schon um 11 Uhr war im Reichstag der Monolog samt Einbeglei-
tung durch den Präsidenten Göring sowie Absingen der Lieder der
Nation vorbei. Der Hitler strebte zurück in sein Büro, um zu erfahren, wie man in London und Paris auf den Kriegsausbruch
reagierte.
Millionen Männer und Frauen und Kinder hatten im Radio – meistens in Gemeinschaftsempfängern – alles gehört. Wie der Hitler von
dem feigen Überfall polnischen Militärs auf den deutschen Sender
Gleiwitz sprach und davon, daß nun schon polnische Soldaten auf
deutschem Gebiet herumschössen. Und dann war ein Ausschrei des
Hitler im Pandämonium des Beifalls der Abgeordneten fast erstickt:
»Und von jetzt ab wird Bombe mit Bombe vergolten!«
Eigentlich hatten die Leser des VB die Sache mit dem Überfall auf
den Gleiwitzer Sender vor dieser Rede des Hitler ganz anders gelesen. Nicht polnische Soldaten waren über die Reichsgrenze gekommen, vielmehr waren es nach der Version des VB Insurgenten,
also so etwas wie Aufständische aus dem eigenen Land. Tatsächlich
handelte es sich weder um reguläres polnisches Militär noch um Insurgenten, sondern um bedauernswerte Insassen deutscher KZ.
Diese steckte man in polnische Uniformen, führte mit ihnen das
Theater eines Überfalls auf den deutschen Sender aus, um nachher
die KZler sofort zu liquidieren. Die Leichen dieser Unglücklichen
blieben liegen, quasi als Beweis dafür, daß Polen tatsächlich das
Ganze auf deutschem Boden angerichtet hat.
Jedes bei Kriegsausbruch zuviel geredete Wort kann sich bei
Kriegsschluß als Verhängnis erweisen. So geschah es dem Hitler, als

er am 1. September einen Satz in den Reichstagssitzungssaal hinein-
schrie, den die Deutschen nie vergessen werden:
»Ein Wort habe ich nie kennengelernt, es heißt: Kapitulation...
Der Umwelt aber möchte ich versichern: Ein November 1918 wird
sich niemals mehr in der deutschen Geschichte wiederholen.«
Hierin hat der Hitler nicht geirrt. Die ärmliche Chance des 9. November 1918 wird dem Reich nicht mehr zuteil werden.

Der erste Kriegstag ging in Deutschland nicht zuende, ohne daß für
die nächsten Jahre ein Fixpunkt im Tagesablauf entstand: Der erste
von unzähligen Wehrmachtsberichten. Der Bericht vom nächsten
Tag enthielt bereits konkrete Hinweise auf das Vorrücken des Hee-
res in Polen. Noch immer wollten die Westler in Warschau besagten
lahmen Vermittlungsversuch des Mussolini anbringen. Konferieren
anstatt Bataillieren. Aber die Polen verlangten Waffenhilfe von den
Westlern und kein Gerede über Konferenzen. Es kam so der dritte
Kriegstag, und der englische Botschafter in Berlin händigte dem
Chefdolmetscher des RAM ein befristetes Ultimatum aus:
Sollte die deutsche Regierung nicht jede Angriffshandlung gegen
Polen sofort einstellen und die in Polen eingerückten Truppen auf
das Reichsgebiet zurückziehen, dann werde bei Ausbleiben einer
zusagenden Note bis zum 3. September 1939 11 Uhr 00 englischer
Sommerzeit ein Kriegszustand zwischen den beiden Ländern be-
stehen.

Was dann folgen mußte, wollte der Hitler selbst nicht aussprechen
und so richtete er die Frage an seinen RAM. Der brauchte kein Prophet zu sein, um ein wenig dasig zu sagen:
»Ich nehme an, daß die Franzosen uns in der nächsten Stunde ein
gleichlautendes Ultimatum überreichen werden.«

Und also hatte der Hitler jetzt selbst am Hals, was er stets als Ergebnis der stümperhaften Politik der Reichsregierung von 1914
bloßgestellt hat: Die Gefahr eines Zweifrontenkriegs in Ost und
West. Und es überkam seine Palladine so große Besorgnis, daß sich
der Göring nicht enthalten konnte, in diesen unheil'gen Hallen dü-
ster zu sagen:
»Wenn wir diesen Krieg verlieren, dann gnade uns der Himmel!«
Aber Gott war nicht jener Popanz einer Vorsehung, die der Hitler

zuweilen für sich in Anspruch nahm. Gott wird nach diesem äußersten Exzeß des freien Willens, den er den Menschen ja geschenkt hat, nicht erscheinen, um mit einem Palmwedel die Erzeugnisse des bösen Willens der Menschen vom Tisch zu fegen.

Ohne irgendwie auf die Unterstützung der Roten Armee angewiesen zu sein, wurde der Feldzug gegen Polen der erste in einer Serie von Blitzkriegen und Blitzsiegen des Hitler. Die Sowjets kamen nur ins Land, um unzählige Polen in die Gefangenschaft abzuführen; und den größten Teil des ihnen in die Hände gefallenen polnischen Offizierskorps das Jahr darauf bei Katyn zu liquidieren und die Leichen im Wald zu verscharren. Es war dies der erste Massenmord in diesem Krieg.

Nachdem die polnische Armee aus dem Feld geschlagen war, konnten sich die Militärs des Hitler und des Stalin über die von den Diplomaten vorbereiteten Karten beugen, um die Demarkationslinie zwischen der sowjetischen und der deutschen Besatzungszone in Polen im einzelnen festzulegen und danach die Dislokation ihrer Truppen im besetzten Land zu vollziehen. Und so ereignete es sich zum ersten Mal: Ein zweigeteiltes Land ohne eigene Regierung, Besatzungszonen und Demarkationslinien, die zwei Welten voneinander trennen. Es wird dieses Schema einmal in aller Welt als momentane Lösung unlösbarer Probleme verwendet werden. In der Festung Brest-Litowsk, von den Deutschen im Ersten Weltkrieg zum ersten Mal erobert, 1939 zum zweiten Mal, um 1941 ein drittes Mal gegen heftigen Widerstand sowjetischer Truppen genommen zu werden, paradierten die Wehrmacht und die Rote Armee. Polen war für diesmal verloren. Der deutsche Panzergeneral Guderian und sein sowjetischer Kollege Brigadegeneral Kriwoschein nahmen am Defilierpunkt den Vorbeimarsch der Truppen ab. Der drahtige Russe lachte nicht schlecht an jenem 22. September 1939. Denn Rußland hatte wieder, fast ohne Schwertstreich, einen großen Teil dessen zurückbekommen, was es schon bei den Teilungen des alten Königreichs Polen an sich reißen konnte. Was es 1917 wegen der Nachgiebigkeit des Lenin verlor, um es 1939 dank der deutschen Faschisten endgültig einzustecken. Dazu noch jenes Rotrußland, das einmal österreichisch gewesen ist und das 1914 die Armeen des Zaren nicht halten konnten. Überhaupt brachte die Jagdgesellschaft des Hitler und des Stalin reiche Beute für die Sowjets. Nach Ostpolen fielen Litauen, Lettland, Estland, ferner Bessarabien sowie Teile der Bukowina und Finnlands – letzteres allerdings erst nach blutigen Kämpfen – an Stalin. Alle diese weiten Gebiete, über deren Erwerb durch die Sowjetunion für immer der Schatten der Hitlerfreundschaft liegen wird, werden auch nach 1945 von den westlichen Besiegern des Hitler und wieder eine Generation später auch von einer Regierung des freien Westdeutschland den Sowjets als rechtens erworben bestätigt werden.

In Posen, das seit 1939 wieder zum Reich gehörte, lebte unter der deutschen Besatzung ein pensionierter Universitätsprofessor. Nunmehr polnischer Untermensch, war der Genannte einmal Sektionschef, nachher sogar Minister des bestandenen k.k. Ministeriums für Kultus und Unterricht in Wien. 1911 verlieh ihm Kaiser Franz Joseph die Würde eines Geheimen Rats. Unter dem letzten Kaiser Unterrichtsminister, blieb er Schöpfer jener österreichischen Lehrerdienstpragmatik, die zu ihrer Entstehungszeit ein großer Gewinn für die Lehrerschaft wurde, die in dem riesigen Raum zwischen dem Rhein und dem Pruth Unterricht hielt. Dieser Pole hieß Ludwig Ćwiklinski. Er lehrte zum Schluß an der Universität Posen, und die Prüflinge wußten, daß man dem alten Herren eine Freude bereitete, wenn man ihn trotz der Änderung der Verhältnisse mit Exzellenz anredete. Gott war dem Greis gnädig und er nahm ihn bald nach dem Polenfeldzug zu sich. Die Familie ließ eine Traueranzeige drucken, auf der unter anderem vermerkt war, was der gewesene Exzellenzherr des alten Kaisers einmal gewesen ist. Da kamen sie bei der GESTAPO schlecht an. Mochten sich die Österreicher zu ihrer Zeit mit solchen Untermenschen eingelassen haben. Damit war es für alle Zeit vorbei; die Traueranzeige riß man in Fetzen und hielt die Beerdigung unter strenger Kontrolle.

Polen und Russen waren für den Hitler, solange er Pakte mit ihnen schloß und daraus seine momentanen Vorteile zog, natürlich noch keine Untermenschen. Nach dem Polenfeldzug sanken die Polen rasch in den Abgrund für Untermenschen. Im Reich zur Arbeit eingesetzte Polen mußten, so wie Juden, an der linken Brustseite einen auffallenden Fleck tragen, damit Menschen sie als Untermenschen unterscheiden konnten und sich nicht etwa ein Mensch erdreistete, einen Untermenschen menschlich zu behandeln. Was ja nun leider doch zuweilen geschah.

Der Reichsführer SS Heinrich Himmler machte sich Gedanken, wie man aus den Polen des nunmehrigen Generalgouvernements rassisch brauchbares Menschenmaterial heraussieben könnte. Er warf eine Menge Polen durch das Sieb seines Ausleseverfahrens, behielt sich die guten als sogenannte Beutegermanen und warf die schlechten in besagten Abgrund. Untermenschen eigneten sich, so wie in späteren, mehr demokratischen Zeiten die sogenannten Gastarbeiter, sehr gut dazu, Arbeiten zu verrichten, für die sich ein zivilisierter Mensch, zumal ein Stadtmensch, nur mehr ungern hergibt. Den Bodensatz des polnischen Volkes, Intellektuelle oder verdächtige Individuen, schob man ab in Konzentrationslager. Für solche Lager gab es in den sogenannten Weiten des Ostens viel Platz, und also schuf man alldort auch Lager für Juden, die man im ganzen Machtbereich des Hitler fing; um sie in diesen unheilvollen Sack zu stopfen. Bis die Zeit der Endlösung der Judenfrage in Europa kam.

Nun verbindet sich mit der Chiffre KZ die unheilvolle Vorstellung, als handle es sich dabei um eine Erfindung der Deutschen oder jenes Himmler, der an sich eher ein zur Grausamkeit neigendes Dreiviertelhirn war. Der Himmler und seine Bürokraten und Büttel haben das KZ-System ins Gigantische entwickelt. Die Idee des Ganzen ist keine deutsche.

Ehe es im 19. Jahrhundert wieder ein Deutsches Reich gab, entstand eine Urform des KZ in den USA. Das war während jenes Bürgerkriegs, den damals in den sechziger Jahren die US-Nordstaaten gegen die konföderierten Südstaaten führten. Trotz ungeheurer materieller Überlegenheit der Nordstaaten waren die Heere der Südstaaten die längste Zeit siegreich. Weil die Generale des Nordens anfangs meistens nur Stümper waren, die sich mit ihrer materiellen

Überlegenheit in Massakern austoben. Diese stümperhafte Art der Kriegsführung hatte aber für den Norden einen Erfolg, den die Konföderierten nicht ausgleichen konnten: Die Menschenreserven des Südens waren mit der Zeit erschöpft. Da war es kein Wunder, daß man dort an die Gefangenen in den Lagern des Nordens dachte, die man zu Hause gut hätte brauchen können, während sie hinter Stacheldraht vielfach verkamen. Die Innenpolitik des demokratischen Nordens kam dem Süden zu Hilfe. Es war den Zeitungsleuten in New York und andernorts bekannt, daß gefangene US-Soldaten in Lagern im Süden einer Vernichtung preisgegeben waren. Das Gefangenenlager bei Andersonville im Südstaat Georgia bekam einen unheilvollen Ruf, etwa so wie später das Lager Dachau. Die eher als ritterlich geschätzten Südstaatler waren, was das Quälen von Kriegsgefangenen betraf, nicht weniger zimperlich als etwa bei der Haltung von Negersklaven. Mit einem Wort: Man ließ sich das Ganze nicht viel kosten, und in Andersonville kamen mit der Zeit 13 000 Nordstaatler unter bemerkenswerten Umständen um. Das hing mit der Anlage des fraglichen Cage, also Kriegsgefangenenlagers, zusammen: Um das Lager verlief ein doppelter Zaun. Zwischen dem ersten und dem zweiten Zaun gab es die berüchtigte dead – fence – line. Wer sich dieser Todeslinie von innen näherte oder sie gar berührte, wurde ohne weiteren Anruf von Scharfschützen niedergemacht. Man muß bedenken, daß es damals noch keinen Starkstrom gab, mittels welchem man später, und auch nicht erst in Deutschland, denselben Effekt ohne dramatisches Abschießen erreichen wird. Mitten durch das Lager floß ein Bach, der einmal Teil einer idyllischen Landschaft war. Jetzt, im Bürgerkrieg, wuchs an beiden Ufern des Baches kein Gras mehr. Da und dort stand am Bachrand eine Latrine, deren Abfluß in das Bachwasser ging. Der Bach lieferte auch Waschwasser und mehr hangwärts Trinkwasser. Wie gesagt, die Todesrate in Andersonville war enorm hoch, und die Journalisten im Norden klagten den amtierenden US-Präsidenten Abraham Lincoln an, daß er nicht imstande sei, seine Landsleute aus dieser Hölle herauszuholen. Das wäre an sich möglich gewesen: Man hätte den Konföderierten bloß für jeden ihrer gefangenen Soldaten ein oder zwei gefangene Konföderierte aus den Lagern des Nordens zum Austausch überlassen müssen. Das aber hätte das Menschenreservoir des Südens wieder ein wenig aufgefüllt, und die Massaker des langsam zuende gehenden Bürgerkriegs hätten sich noch mehr in die Länge gezogen. Immer ist es im Existenzkampf eines Volkes die Frage, wo Humanität in Einzelfällen umschlägt in Unmenschlichkeit an allen. Der Terror des Südens gegen seine Gefangenen schlug in der Campagne zur Wiederwahl des US-Präsidenten Lincoln jedenfalls in Politik um. Besagte Zeitungen wetterten gegen die Wiederwahl Lincolns, solange sich dieser nicht zu dem fraglichen Gefangenenaustausch entschloß. Lincoln ließ sich nicht breitschlagen; und so konnte er die Massaker auf den Schlachtfeldern wenigstens rascher zu einem Ende bringen. Aber die Headlines mancher Zeitungen: Get the boys home, war quälend für ihn.

Gefangene, die Andersonville überlebten (von ihnen gibt es ausgezeichnete Fotos), glichen aufs Haar jenen KZ-Insassen, welche die US-Army später einmal in Dachau und andernorts befreien wird. Davon hat man viel erfahren. Vom Grauen in Andersonville erfuhr damals der Rest der Welt wenig; man interessierte sich in jener Zeit mehr für blutige Indianerkämpfe in Nordamerika. Der Lagerkommandant von Andersonville, der eingewanderte Schweizer Heinrich Wirz, wurde nach Kriegsschluß als Kriegsverbrecher verurteilt und aufgehängt. Auch davon gibt es eine gelungene Bilddokumentation, die jener von Nürnberg 1946 gleicht. Und während der Wirz am Galgen starb, sang die Menge den Schlager: Remember Andersonville. Es hat, um es nicht zu vergessen, auch im Norden Gefangenenlager gegeben, in denen ähnliche Zustände wie im Süden herrschten. Derer vergaß man nach der bedingungslosen Kapitulation der Südstaaten gegenüber den Nordstaaten. Und wo es keinen Kläger gibt, gibt es bekanntlich keinen Richter. Also blieben gewisse Kriegsverbrecher des Nordens, die in der modernen Zivilisation des Westens das System der »Verbrannten Erde« als Mittel modernen Terrors bei der Kriegführung erfanden, natürlich ohne Strafe.

Das Modell Andersonville wurde eine Generation später im Kolonialkrieg auf der Insel Kuba weiterentwickelt. Aber in diesem Fall waren die Herren der sogenannten Concentrados nur reaktionäre, klerikale Spanier, Anhänger der Inquisition und als solche durch die Schwarze Legende der Angelsachsen längst bloßgestellt. Diese Spanier verbrachten aufsässige Kubaner in besagte Concentrados, bis die USA die Insel eroberten und unter ihre Kontrolle brachten. Welch letztere zuende war, als ein gewisser Fidel Castro seine Militärdiktatur über Kuba errichtete.

Um die Zeit, als sich die Sache mit den Concentrados in Kuba ereignete, geschah auf der südlichen Hemisphäre, was zur Vollendung der Methode eines KZ gehört. Es soll hier nicht erzählt werden, wie damals der englische Imperialismus sich des später so heiß umstrittenen Rhodesiens bemächtigte und wie er die beiden Burenrepubliken Oranje und Transvaal liquidierte. Weil sich in den letzteren Staaten Gold und Diamanten fanden, dermalen reichste Fundstätte der Welt.

Den Buren, holländisch für Bauern, also Farmer, lag weniger an Edelsteinen und Gold als an ihrem Land und ihrer Art zu leben. Als Agrarier waren sie im aufkommenden Industriesystem, so wie ehedem die Spanier, nur reaktionär, bigottisch und dem Fortschritt im Weg. Die beiden Staaten zu okkupieren, machte dem englischen Berufsheer keine Schwierigkeiten. Aber dann, als das Land, das Veldt, wie die Buren sagten, zum Kampffeld der burischen Partisanen wurde, kamen die Engländer arg in den Harnisch. Immer haben englische Politiker Partisanen, die gegen die Feinde Englands kämpften, sehr hoch geschätzt und nach Kräften unterstützt. In Südafrika aber gingen sie mit diesem aufsässigen, sturen Buren – Volk ohne Gnad' und Barmherzigkeit um.

Sie schossen die Viehherden der Buren mit Maschinengewehren nieder, zerstörten die Farmen und zerstückelten das ganze Land mit Stacheldrahtzäunen in Compounds, quasi in Groß-KZ. Die Männer, deren man habhaft wurde, brachte man in Lager auf den Inseln Sankt Helena und Ceylon. Frauen und Kinder ließ man im Land, schuf für sie die ersten richtigen concentration camps, wörtlich Konzentrations-Lager. Die Buren waren ein kleines Volk. Zuletzt hatten sie 35000 Mann im Veldt. Die englischen concentration camps brauchten keine Massenvernichtungslager zu sein. Man überließ das Ganze eher Mutter Natur.

Ging man dort unten im früheren Burenland einen flachen Hügel hinan, dann sah man zuerst nur die hohen Halme des Steppengrases, die sich im leichten Wind anmutig wiegten. Nichts schien auf die Unheimlichkeit jenes Orts rechtzeitig aufmerksam zu machen, die seit der letzten Jahrhundertwende besteht. Damals, als 26 000 Frauen und Kinder – verglichen mit 35 000 Kombattanten der Buren – in concentration camps umkamen. Erst wenn man, hangwärts höher gekommen, zu Boden schaute, sah man die Erinnerung daran: Flach liegende Grabsteine. Darauf Namen. Weibliche Vornamen. Aber auch männliche, wie: Jan, Marinus, Christian, Piet et cetera. Keiner dieser männlichen Verstorbenen wurde älter als 14 Jahre; denn alle anderen Jungs, die ein Gewehr tragen wollten und konnten, kamen nicht in die Lager, kämpften im Veldt mit den Männern zusammen. Um Mißverständnissen vorzubeugen sei wiederholt: In Südafrika gab es keine organisierten Vernichtungslager. Man überließ es den unabänderlichen Gesetzen der Natur, alldort zu walten: Seuchen, Unterernährung, Kindersterben sowie die Art der Unterbringung der gefangenen Wehrlosen brachten Fleisch und Gebein wieder zu Asche und Staub.

Diese Buren waren, wie gesagt, rückständig. Sie haben die in ihren Staaten lebenden Neger sowie Negereinwanderer nicht getötet, wie das etwa in Nordamerika den Indianern vom Atlantik bis zum Pazifik geschah. Sie werden sich daher einmal von den USA sagen lassen müssen, daß das von ihnen zivilisierte Land nicht ihnen gehört, wie das Land der USA den Amerikanern. Vielmehr wird man sie den Gesetzen des Busches unterwerfen.

Im alten Wien gab es für die Buren viel Sympathie. Obwohl deren Land so fernab lag, und die Wiener mit den Buren, wäre man ihnen begegnet, nur schwer in menschlichen Kontakt gekommen wären. Aber in dieser Stadt, in der vieles, was unverständlich und unaussprechlich ist, in Musik transponiert wird, geschah derlei auch im Falle der armen Buren. Einer setzte sich hin, schrieb den Text zu einem Lied der Buren, und ein anderer hatte im Nu die Melodie dazu

hingefetzt. Die Wiener Werkelmänner merkten ihre Chance: Sie
ließen das Burenlied in ihr Programm aufnehmen, stellten bei ihrer
Produktion jeweils eine Gipsbüste des populären Präsidenten von
Transvaal »Ohm Krüger« auf ihr Werkel; und werkelten den Schlager so lange, bis alle mitsingen konnten (und reichlicher gaben):

Das sind die Buren von Transvaal,
Sie leben dreimal hoch, sie leben hoch.

Zwanzig und mehr Jahre später saßen einige dieser Buben der Jahrhundertwende beisammen. Und um sie waren wieder Buben, die
zuhörten, was die Männer von ihren Erlebnissen in russischer
Kriegsgefangenschaft erzählten. Von epidemieverseuchten Lagern,
von Erdlagern, vom Hungern, vom Sterben unzähliger ausgemer-
gelter Gefangener, und von Wachen, die oft grausam waren. Insbesondere dann, wenn das Lager unter die Kontrolle jener österreichischen Deserteure kam, die als Tschechische Legionäre bereits Alli-
ierte der damaligen Westler waren. Diese Heimkehrer sahen merkwürdig grau und verfallen im Gesicht aus; frühzeitig gealtert. Viele
ältere Zuhörer, die nie in Gefangenenlagern gelebt hatten, glaubten
manches nicht von den Erzählungen über Grausamkeiten der russischen Wachen, der Legionäre, zuletzt der Bolschewisten, die die
Gefangenen in ihre Rote Armee pressen wollten; und es jenen, die
nicht mit den Bolschewisten gemeinsame Sache machen wollten,
arg entgolten haben. Immerhin, es kamen zu viele aus Rußland,
zumal aus Sibirien, nie mehr heim, und jene, die vergebens auf ihren
Heimkehrer warteten, waren bei den Erzählungen der Heimkehrer
nicht so skeptisch wie die Nichtbetroffenen.
Erst viele Jahre später hat ein Russe namens Alexander Solschenizyn drei dicke Bücher über das System der Gefangenenlager im bolschewistischen Rußland geschrieben. Daraus ergab sich, daß die
Bolschewisten mit ihren Kriegsgefangenen meistens nicht schlechter umgesprungen sind als mit eigenen Landsleuten, zumal mit jenen, die als politische Gegner der Bolschewisten hinter Stacheldraht
kamen. Und nach 1945 war die Zahl derer, die gegenüber Erzählungen von Rußlandheimkehrern skeptisch blieben, bei weitem gerin-

ger als nach 1918. Aber es war nach 1945 im vierfach besetzten Österreich nicht gut, Erfahrungen aus sowjetischen Lagern in der Öffentlichkeit zu erzählen. Das war so etwas wie Neonazismus. Übrigens: Auch besagter Solschenizyn, dessen Romane Weltbestseller wurden, verlor viel von seinem Leserpublikum in der Freien Welt des Westens, als er anfing, mehr dokumentarisch belegt als poetisch, über das riesige Archipel der Lager in der Sowjetunion zu schreiben.

Lange vor dem Polenfeldzug hatten sich der Reichsführer SS und einige seiner engsten Mitarbeiter mit dem Terrorsystem des Bolschewismus beschäftigt, ehe ihnen ähnliche Aufgaben während des Zweiten Weltkriegs zufielen. Da klappten sie die diesbezüglichen Bücher zu und gingen zur Praxis über.

Und über den sogenannten Arierparagraphen aus dem Jahr 1933, damals Handhabung einer Säuberung des Berufsbeamtenwesens im Reich, errichteten sie einen babylonischen Turm von Scheußlichkeiten und Grausamkeiten, an die kurz zuvor kein Deutscher auch nur gedacht hätte. Was in Rußland dem Lenin, dem Trotzkij und dem Stalin gut war bei der Liquidierung ihrer Gegner, das taugte offenbar auch dem Himmler samt Konsorten bei der Besorgung ihres Geschäftes. Einen riesigen Haufen Liquidierter gesehen zu haben und dennoch »anständig« geblieben zu sein, das war für den Himmler zuletzt Kriterium für anerkennenswerte Haltung.

Der Stalin überlebte den Hitler und den Himmler. Und wie im Fall des Hochverrats, war nach 1945 auch die Gefahr einer Verfolgung wegen Massenmords eine Frage des Datums. So knüpfte man also Deutsche wegen Verbrechen im Krieg auf, ließ aber eigene Verbrecher für die derlei Untaten verliehenen Orden tragen. Terror oder Gegenterror bekamen ihren Stellenwert als Verbrechen oder Heldentat, je nachdem, ob der Betroffene Deutscher oder Nicht-Deutscher war. Die Deutschen henkte man. Das System, welches Terror wie Gegenterror bejaht, blieb und erreicht im Laufe einer Generation Dimensionen, von denen man sich 1945 noch keine Vorstellung machen konnte. Schließlich wurde auch der Staat dem Terror der gesetzesunterworfenen Verbrecher unterworfen.

Und Stalin fing an, die Juden in seinem Herrschaftsbereich nicht länger genehm zu halten. Das änderte vieles.

Als der Hitler die Rest-Tschechei liquidierte, lebte der gewesene k. u. k. Linienschiffsleutnant in Brünn, sohin im Protektorat Böhmen und Mähren. Als ein deutschblütiger Mensch konnte er, obwohl Protektoratseinwohner, optieren, was hieß: Um den Erwerb der Reichsbürgerschaft einkommen. Von dem gewesenen Offizier erwartete man ein solches Begehren. Im konkreten Fall gab es allerdings ein unüberwindbares Hindernis: Der gewesene Marineur hatte in jener längstvergangenen Zeit vor 1914 eine Frau geheiratet, die nach den »Nürnberger Rassengesetzen« Volljüdin war. Ihr drohte, was damals allen Juden schließlich drohte. Jedenfalls konnte sie als Jüdin keine Reichsbürgerin sein oder werden. Wohl gab es in dieser Hinsicht Ausnahmen. Vor allem in Fällen von prominenten Künstlern, deren Eheskandal mit einer Jüdin man nicht in der Öffentlichkeit breittreten wollte. Diese Frauen wurden, wie es im Volksmund hieß, Ehrenarierinnen.

Einmal war Brünn eine Stadt in der Monarchie, in der Deutsche und Tschechen und Juden zusammenlebten, ohne daß es die später üblich gewordenen Chinesischen Mauern zwischen Völkern und Konfessionen und Rassen gegeben hätte. 1905 noch gelang in Mähren ein Interessenausgleich zwischen Deutschen und Tschechen, der Vorbild hätte werden können im alten Österreich. Indessen die Monarchie zerbrach. Un der gewesene Linienschiffsleutnant, U-Bootskommandant und Ritter des Militärs - Mariatheresienordens war froh, in Brünn eine Heimat zu haben, in der noch ein wenig Vorkriegsaura vorhanden war. Nachts, wenn er in seinem Haus an der Tischnowitzer Eisenbahn wach lag, hörte er gerne auf den Maschinenlärm der alten Dampflokomotiven. Und das Maschinengeräusch erinnerte ihn an alte Zeiten, da er zur See fuhr. Alle solche Erinnerungen und das ungestörte Leben in der Familie war mit einem Schlag zuende, als der Hitler das Protektorat schuf. Der Marineur versuchte, einen ihm gut bekannten Kameraden, den damaligen ungarischen Reichsverweser, früher k.u.k. Konteradmiral, für seinen Fall zu interessieren; hoffend, dieser würde als quasi Ver-

bündeter des Hitler helfen können. Indessen, sei es daß der Konteradmiral nicht helfen konnte, sei es, daß er es sich wegen einer Judengeschichte nichts beim Hitler verderben wollte, kurzum: dieser Bittgang des Linienschiffsleutnants zum Konteradmiral führte zu nichts. Da machte sich der Marineur auf einen anderen Weg. Im Krieg, in jenem ersten Krieg, hat er Kameraden von der deutschen U-Bootwaffe kennengelernt. Einer wurde Ritter des Ordens Pour le mérite und sozusagen verschwägert dem Ritter des Militär-Mariatheresienordens. Er wußte, daß dieser Waffenkamerad dermalen in Berlin, im Oberkommando der Kriegsmarine diente. In einem Brief deutete er sein Problem vorsichtig an. Postwendend kam die Einladung in die Reichshauptstadt. Noch war jene Zeit, in der man, unterscheidend von der nationalsozialistischen Luftwaffe, vom deutschen Heer und von der kaiserlichen Marine sprach. Das Wiedersehen mit dem zum Kapitän zur See aufgerückten alten Kameraden war für den Besucher aus Brünn ein Labsal. Er sprach sich rückhaltlos aus und zum ersten Mal seit jener furchtbaren Erkenntnis von dem Unheil, das über seiner Familie schwebte, fühlte sich der Österreicher wieder innerlich mehr frei.
»Gemacht«,
sagte der Preuße. Und dabei dachte er an jene im Kreis seiner Ordensbrüder, die einigen Kontakt mit den Herrn von »drüben« hatten und ihn in Notfällen ausnützten. Abends saßen einige Herrn, die den Besuch des Österreichers honorierten, mit diesem beim Wein beisammen. Man ging, und zwar nicht bloß mit ausgesuchtester Höflichkeit und mit Takt, der Malaise des Gastes aus dem Weg. Der gewesene Linienschiffsleutnant spürte die alte Herzlichkeit wieder und fing an zu hoffen. Dann aber senkte sich die ganze Tristesse, die ihm zukam, schwer auf ihn. Sein Gastgeber bemerkte es; das Boot der Freunde legte ab und man ging hinein in die Stadt Berlin. Vor dem Hotel sagte der Kapitän kurz:
»Also auf morgen. Wäre gelacht, wenn wir Ihnen diesen verdammten Wisch nicht beschaffen könnten.«
Es verging eine Nacht. Vor dem Hotelfenster war nicht der gewohnte Lärm der Tischnowitzer Eisenbahn. Und im Zimmer herrschte eine Fremdheit, die der nunmehr ortsgebundene Mari-

neur nicht mehr gewohnt war. Die ihm so unausstehlich wurde, daß er auf und davon ging, bevor man im Speisesaal das Frühstück servierte. Stundenlang ging er straßauf, straßab, um seine Erwartung in Müdigkeit zu ertränken. Um 16 Uhr 00 stand er vor dem Büro des Kapitäns im Oberkommando der Kriegsmarine.

Als der Österreicher ins Zimmer trat, stand der Preuße auf. Sie sahen einander in die Augen und sie ersparten sich, des langen und breiten darüber zu reden, daß auch dieser Weg umsonst gegangen war. Dem Preußen war hundeelend zumute, der Österreicher war sterbensmüde. Der Handschlag zum Abschied war wie die Kondolenzerweisung an einem offenen Grab. Der Österreicher verließ das Kommandogebäude und überdachte, was ihm sein Kamerad von früher erzählt hatte. Ritterlichkeit von gestern sprang nicht mehr über die neuen Grenzen der neuen Zeit. Für einen von den früheren Kaiserlichen, der mit einer Jüdin lebte und sie nicht verlassen wollte, bestand kein Verständnis. Der Kerl sollte sich eben überlegen, wie man das jetzt regelt, um weiterhin offiziersmäßig leben zu können. Eine Scheidung wurde in einem solchen Fall ohne weiteres gewährt.

Der Österreicher fuhr heim nach Brünn. Während der Bahnfahrt überlegte er unzählige Versionen der bevorstehenden Aussprache mit seiner Frau. Für ihn stand fest, daß auch er nicht um die Option einkommen wird; um, so wie seine Frau, als Protektoratsangehöriger zusammen mit seiner Familie zu leben. Dann aber kam alles ganz anders. Seine Frau sah ihm, so wie er dem Kapitän, in die Augen und empfand und wußte sofort, was in einem solchen Moment das ganze Unglück ausmacht. Aber sie war stark genug, um die Stunden eines letzten Tages zu bewältigen. Die beiden sprachen über alte, unnennbar schöne Zeiten, über das Glück und die Freude ihrer Ehe. Mit keinem Wort reflektierte sie auf seine Bereitschaft, seinerseits auf die Option zu verzichten. Sie weinte nicht. Sie blieb zärtlich. Und dem Kriegshelden überlegen. Am nächsten Morgen aber war sie tot.

Nach Kriegsausbruch hat man den gewesenen Linienschiffsleutnant, so wie viele frühere Offiziere der Kaiserlichen, eingezogen. Die Jüdin störte nicht mehr den Anblick dieses Monuments eines hochdekorierten, in der Tradition der U-Bootwaffe erzogenen Marineurs. Einmal teilte man den Österreicher einer Dienststelle in Rom zu. Er stieß auf Denkmäler von Seesiegen der Italiener über die österreichische Flotte, von denen ihm nichts bekannt war. Wie riesige Denkmäler standen die Anker eines noch nach dem Umsturz versenkten österreichischen Schlachtkreuzers protzig zu den Seiten eines Amtsgebäudes. Dem Linienschiffsleutnant schien das, als würde einer mit einem falschen Gebiß renommieren. Aber seit dem Tod seiner Frau waren auch die Bande zu seinen Waffenkameraden der deutschen Kriegsmarine gerissen. Er paßte einfach nicht in den Auf- und Grundriß dieser Zeit. Es war ihm recht, daß man ihn die ungewohnte Uniform wieder ausziehen ließ.

Das war damals, als man in Berlin das Grab eines auch mit dem Pour le mérite dekorierten Fliegers des Ersten Weltkriegs verwüstete. Denn dieser war Jude. Und also durfte es für ihn auch kein Grabmonument geben. Das Ende des Krieges erlebte der Marineur an Land, in Brünn. Eines Tages sah er Vorpatrouillen der Roten Armee längs des Bahndammes der Tischnowitzer Eisenbahn vorgehen. Das Gefecht kam zum Stillstand. Die Rotarmisten plünderten leerstehende Häuser, einer pochte ans Fenster der Wohnung des alten Marineurs und verlangte ein Glas Wasser. Er bekam es, warf das Glas weg und liquidierte mit Hüftschuß den gewesenen k. u. k. Linienschiffsleutnant. Da waren für diesen und seine Frau alle Grenzen gefallen und eine Ewigkeit löschte alles Menschliche.

In der Großen Französischen Revolution nach 1789 hat ein Robespierre einen immerhin respektablen ehemaligen königlichen Richter zur Hand, um Politik mittels der Guillotine machen zu können; ohne sich selbst mit Blut zu bekleckern. Dieser Richter hieß Fouquier-Tinville. Auch Lenin, selbst adelig nach Herkunft und demnach in seinem Gehaben, nahm sich als Diktator Rußlands nicht etwa einen geschulten Massenmörder und Berufsverbrecher zum Gehilfen bei der Ausrottung von Millionen Russen. Um die Majorität dermaßen zu terrorisieren, daß sie sich von einer Minderheit diktieren ließ. Für derlei Verrichtungen und Operationen am Körper des russischen Volkes zog er klugerweise einen Nichtrussen heran: Felix Edmundović Dsersinski, polnischer Aristokrat, nachher Organisator der berüchtigten TSCHEKA und ihres Mordunternehmens.

Solche Vorbilder entstanden im Bolschewismus, als der Himmler, ein im Krieg zuspätgekommener Brillenträger, noch mit einigem Erfolg Hühner züchtete und auf den Markt brachte; und er von den Exzessen einer gewissen Vererbungslehre noch keine Ahnung besaß.

Bekam Fouquier-Tinville in dem ehemaligen Angehörigen des Oratorianerordens Joseph Fouché einen in mehreren Regimen erfolgreichen Experten des Polizeiterrors, den richtigen Gehilfen, dann stieß der Himmler auf den geschaßten Marineoffizier Reinhard Heydrich. Von letzterem wird man nach 1945 oft behaupten, er hätte jüdisches Blut in sich gehabt. Heydrich, ferner das Dreiviertelhirn Adolph Eichmann und ein gewisser Rudolf Höß haben die Großleistungen bei der Liquidierung des Judentums mittels Gaskammern und Krematorien vollbracht.

Kein Wunder, daß der von den Westlern dem Hitler im Jahre 1939 erklärte Krieg den Charakter eines Kreuzzuges gegen das Böse an sich bekam. Aber auch der Hitler wollte seine Kreuzzüge gegen Untermenschen und das Böse. Heute sind die Kreuzzüge des Mittelalters nicht mehr das im Geschichtsunterricht, was sie zu Zeiten waren, da der Hitler in Linz die Unterrealschule besuchte und einen ihm für Lebenszeit zusagenden Geschichtslehrer fand. Nicht alle nahmen im Mittelalter das Kreuz, weil es Gott so gewollt hat. Gewisse Typen ritten aus England, Frankreich und Deutschland, aber auch zum Beispiel aus Venedig fort, um sich etwas zu holen. Einige dachten an Ruhm und Abenteuer. Andere rechneten mit den sagenhaften Schätzen des Morgenlandes. Und viele hatten einfach genug von der Alltäglichkeit des christlichen Abendlands, den dark ages, wie nachher die Angelsachsen das Finstere Mittelalter nannten. Der Kreuzzug gegen den Hitler stand unter einem harten und unausweichlichen moralischen Gesetz: Rache als Genugtuung und Abschreckung sowie als Gewähr für künftige Sicherheit und Freiheit.

Jahrelang, bis 1945, schleppten die Soldaten aller kriegführenden Staaten die von ihnen millionenfach verfluchte Gasmaske mit sich. Verflucht, weil es sich erwies, daß, im Gegensatz zum Ersten Weltkrieg, Gift oder Reizgase in diesem Krieg tatsächlich nicht zur Kriegführung verwendet wurden. 1925 taten sich viele Staaten zusammen, um die Gefahr eines solchen Pandämonium hintanzuhalten. Einiges von der Erinnerung an den Gaskrieg mag in Franklin Delano Roosevelt, Staatssekretär im Kriegskabinett Wilsons, wohl vorhanden gewesen sein, als er sich nach dem neuerlichen Kriegseintritt der USA zunächst dagegen sträubte, den Befehl zur Herstellung von Atombomben zu geben und Atombomben für den Einsatz im Luftkrieg bereitzuhalten.

Indessen die Zeit drängte, die Herstellung von Atombomben war ein komplizierter und kostspieliger Vorgang, und es war die Entscheidung des US-Präsidenten fällig: Geld für Atombomben oder für den Ausbau der Marine und der Luftwaffe. Da war es der hochberühmte Physiker und Nobelpreisträger Albert Einstein, der den US-Präsidenten in aller Form und unter Einsatz seines ungeheuren wissenschaftlichen Renommees dazu brachte, nicht länger mit der Herstellung von Atombomben in den USA zu warten. Genaues wußte auch Einstein nicht, aber es schien ihm denkbar, daß der Hitler womöglich schon seine Atombombe im Arsenal seiner Wunderwaffen hatte. Und dazu kam, daß ein Monopol der USA auf dem Gebiet der Kriegführung mit Atomwaffen die moralische Instanz dieser Weltmacht als Vormacht einer neuen Friedensordnung unanfechtbar machen könnte. Vielleicht würde der Horror vor den Wirkungen der Atombombe genügen, um in Zukunft dem Kriegführen ein Ende zu machen.

Und also wurden in den USA die ersten Atombomben hergestellt und zwei davon nach dem Ende des Hitler über den japanischen Städten Hiroshima und Nagasaki abgeworfen. Die beiden Bomben töteten unzählige Menschen, aber sie töteten auch den zweiten Weltkrieg.

Einstein stand auf dem Höhepunkt seines, zumal in den USA, unangefochtenen Ruhms, als er anfing zu grübeln und sich mit einem Gedanken zu beschäftigen, den er einmal ausgesprochen hat:

»Wenn ich gewußt hätte, daß es den Deutschen nicht gelingen wird, die Atombombe zu bauen, so hätte ich keinen Finger gerührt.« Als die Welt, und auch Einstein, von den Massakern in Hiroshima und Nagasaki erfuhr, gab es längst keine Bedrohung der Welt durch den Militarismus der Deutschen. Hitler war tot und also brauchte er nicht zu erleben, wie das Geheimnis des Baues von Atomwaffen an die Sowjets verraten wurde. Dann aber wurden die letzten Übel aus dem Grauen des Atomkrieges noch ärger als die ersten. Sie reichen aus, um nicht nur Klassen und Rassen auszurotten. Sie sind imstande, die ganze Welt gleich mehrmals zu zerstören. Der Humanismus ist seinem Höhepunkt nahe.

Zu Mittag gab es dicke Suppe, nachher schmackhaft zubereitete Buchweizengrütze mit gekochtem Fleisch, zum Schluß Kompott und Obst. Sagte früher der Russe, er nähre sich von Kohlsuppe und Buchweizengrütze, dann hatte dieses Mahl die volkhafte Bedeutung, die dem Anlaß zukam. Der Gastgeber hatte einen leutseligen Tag. Er sprach fleißig dem von ihm bevorzugten grusinischen Wein zu, und es hätte ihn gefreut, wenn auch seine Gäste diesen Geschmack mit ihm geteilt hätten. Diese aber hielten sich an Getränke, wie sie im Land umher gebraucht werden.

Diese schön verlaufene russische Tafel ereignet sich an einem Samstag im Februar 1941 in einer Datscha, die mitten in der Schneelandschaft, nahe der Hauptstadt Moskau stand. Hausherr war der Stalin. Als Gäste waren gekommen: Der Volkskommissar für Verteidigung Timoschenko, Marschall der Sowjetunion, ein anderer Marschall namens Kulik sowie einige Gewährsmänner des Stalin aus dem Politbüro seiner Partei. Wichtigster, aber bei weitem nicht ranghöchster oder einflußreichster Gast war der Armeegeneral Schukow, Chef des Generalstabs der Streitkräfte der Sowjetunion. Letzteren hat es wenig Mühe und Entschiedenheit gekostet, dieses, wie man im Westen sagen würde, Arbeitsessen zustandezubringen. Den vorangegangenen Ärger abgerechnet, war aber für Schukow eine solche Runde an einem Weißen Tisch mehr als mit Essen verbundene Arbeit. Ihm schmeckte das Essen so gut, daß er die Menuekarte zeitlebens nicht mehr vergessen hat. Obwohl er zuweilen einen schlechten Geschmack auf der Zunge hatte. Nicht des Essens wegen, sondern umständehalber.

Bei vorangegangenen taktischen und operativen Erwägungen war Schukow nämlich zu dem Schluß gekommen, daß der Zustand der Verteidigungsmaßnahmen der Sowjetunion, namentlich an deren

Westgrenze gegen die Deutschen, schwere Mängel aufwies. Ihn beunruhigte, daß der Hitler in Ostpreußen, im besetzten Polen, aber auch in Südosteuropa Streitkräfte versammelte. Und daß im Vergleich dazu die Westgrenze der Union ungleich schlechter besetzt war. Diesen mißlichen Zustand hat Schukow dem Timoschenko eindringlich vor Augen gehalten. Timoschenko hat den ehemaligen, mit zwei Georgskreuzen ausgezeichneten Kavallerieunteroffizier der zaristischen Armee ernst angeschaut und dann gemeint, er sähe die Lage ähnlich. Aber bei der momentanen Wirtschaftslage wäre für die Landesverteidigung nicht mehr herauszuholen. Schukow ärgerte dieser Einwand. Er achtete diesen Sohn eines ukrainischen Bauern, der sich im Bürgerkrieg gegen die Weißen emporgedient hatte; der aber, obwohl erst sechsundvierzig Jahre alt, schwerfällig war. Die einen schoben das dem Verstand des Marschalls zu, andere hielten ihm zugute, daß er schwerhörig war und Verständigungs- und andere Schwierigkeiten eines Schwerhörigen hatte. Nur, so Schukow, dürfe man derlei Mängel nicht zum Schaden der Armee ausschlagen lassen. Also bohrte er weiter und der Timoschenko spürte, daß der Generalstabschef ihm nicht die notwendige Durchschlagkraft gegenüber dem Stalin zutraute. Erst meinte er, die Sache sei längst mit dem Stalin besprochen, dann räumte er ein, es sei ja möglich, daß Schukow selbst seine Bedenken an höchste Stelle vortrug. Wenn er seine Ausführung binnen zehn Minuten zuende brächte. Das wurmte den Generalstabschef, und er sagte dem Timoschenko:
»Was kann man in zehn Minuten schon berichten? Es handelt sich hier um Dinge von höchster Tragweite, die einer sofortigen ernsten Überlegung bedürften. Man müßte doch einsehen, wie wichtig diese Fragen schon geworden seien, und es müßten momentan die notwendigen politischen Maßnahmen betroffen werden.«
Der Timoschenko lenkt ein:
»Im großen ganzen ist Stalin ja informiert. Also bemühe dich, auf die Kernprobleme einzugehen.«
Schukow schwieg; aus Höflichkeit. Kernproblem war momentan die Tatsache, daß der zuständige Volkskommissar offenbar nicht

imstande war, jenes Mehr für die Armee herauszureißen, das die Lage erforderte. Hingegen arrangierte der Timoschenko, daß der Generalstabschef zu Tisch beigezogen wurde im Haus des Stalin. Nach dem Essen stieß auch der Außenkommissar Molotow zur Gesprächsrunde. Der war ganz erschreckt, als er gewahr wurde, es handle sich um die Gefahr eines Krieges mit dem Hitler. Und Schukow erkannte andererseits, daß fürs erste die Gefahr nicht von den Deutschen drohte, sondern von dem Mangel an Wachsamkeit und Entschiedenheit im eigenen Land. Der Molotow fiel dem Generalstabschef, als dieser soeben mit seinen Darlegungen dabei war, die Spätkrise am Vorabend eines Krieges zu beschreiben, polternd ins Wort:

»Sie meinen doch nicht etwa, daß wir mit den Deutschen Krieg führen werden?«

Die an der Tafel waren fast alle Russen. Und also war ihnen ein Krieg gegen die Deutschen, die fast immer Verbündete der Russen waren und fast deren natürliche Bundesgenossen, eine unbehagliche Vorstellung. Auch wenn die in Berlin Faschisten und sie selbst Bolschewisten waren. Der Molotow hat zudem im August 1939 zusammen mit dem RAM den sehr nützlichen Vertrag zur Vierten Teilung Polens unterzeichnet. Und es lag ihm trotz inzwischen eingetretener Verstimmungen und Enttäuschungen noch immer im Sinn, in dieser Jagdgesellschaft noch einige gute gemeinsame Strecken zu erlegen. Das weite Land, das die Sowjetunion seit 1939 zurückgewonnen hatte, kostete nicht viel Blut. Und der Hitler hatte in voller Loyalität dem Westen gegenüber die Mauer gemacht, als sich der Stalin der Reihe nach Ostpolens, Litauens, Lettlands, Estlands, Teile Finnlands sowie Bessarabiens bemächtigte.

Gewiß – im November 1940 ist der Hitler mürrisch und abweisend geworden, als der Molotow in Berlin die Hand auf Rumänien, Bulgarien und die Dardanellen ausstreckte und Finnland in Gefahr geriet, nur mehr eine nominelle Souveränität zu bewahren. Aber deswegen gleich einen Krieg mit den Deutschen anfangen? Da war es doch besser, die Deutschen, die sich im Kampf gegen England eine Schlappe eingewirtschaftet hatten, sich nach Südwesten hin austoben zu lassen. Wäre der Hitler erst Herr der Straße von Gibraltar, dann würde er wohl eher wegen der Dardanellen ins Gespräch kommen. Der Stalin wollte das rein militärische Gesprächsthema nicht in derlei außenpolitische Großraumkonzepte abgleiten lassen. Oder seine eigenen Karten auf den Tisch legen. Er schnitt den Wortwechsel zwischen dem Außenkommissar und dem Generalstabschef mit einem herrischen »Geduld!« ab. Und so bekam Schukow die volle Gelegenheit, seine Ansichten über den Stand der Verteidigung im Westen der Sowjetunion gründlich darzulegen. Dazu hatte er eine Menge zu sagen. Der Stalin hörte zu, so wie ein Bauer einem Gespräch über Ernteaussichten folgt, und rauchte dabei mit großer Bedächtigkeit seine Tabakspfeife. Im Gegensatz zu Timoschenko bekam er alles mit, was der Generalstabschef darlegte. Er sagte kein Wort von Bedeutung, als er seine Gäste entließ. Sicher ist dieses russische Mahl nicht umsonst gewesen. Denn der Stalin warf sich später mit seiner Kraft auf den Hebelantrieb des Schwungrads der riesigen Maschinerie einer Militärmacht von Weltrang. Und wenn es auch kein sogenannter Quickstart wurde, die Deutschen werden in diese Maschine geraten und ihre Sache wird einen schlechten Verlauf nehmen.

Schukow aber schien es, als liefe die Zeit den Russen davon. Er drang darauf, in den grenznahen Wehrkreisen die Reservisten einzuberufen. Was immer er wollte, er vermißte momentan bei Stalin jenes stets wache Mißtrauen, das diesen zu einem großen Politiker machte. Die Zeit kam, in der sich die Engländer in die Sache mischten und das Gerücht verbreiteten, der Hitler plane einen Überfall auf die Sowjetunion. Damals sagte der Stalin zu Schukow: »Da sehen Sie! Uns schreckt man mit den Deutschen und die Deutschen schreckt man mit uns. So hetzt man uns gegeneinander.« Es muß um dieselbe Zeit gewesen sein, daß der Stalin aus Japan, wo einer seiner besten Spione auf die dortige deutsche Botschaft angesetzt war, Angaben über Absichten des Hitler bekam, die schwerwiegend waren. Ein Deutscher, ein gewisser Sorge, schickte Informationen, die, konkret wie sie waren, verblüfften. Da hieß es zum Beispiel, der Hitler würde spätestens um den 15. Juni 1941 losschlagen. Der Stalin knurrte:

»Man kann dem Geheimdienst nicht alles glauben.«
Der 15. Juni verging und es gab keinen Krieg mit Deutschland. Da lief am 20. Juni ein deutscher Feldwebel zur Roten Armee über. Der Deutsche behauptete fest und steif, am 22. Juni würde der Hitler einen Krieg mit der Sowjetunion anfangen. Der Timoschenko und der Schukow verfügten sich zum Stalin, um Sofortmaßnahmen anzuregen. Aber man redete und zerredete alles und zerstritt sich zuletzt über die Frage, ob der Überläufer etwa ein Provokateur wäre. Noch saß der Respekt vor den Blitzkriegen und Blitzsiegen der Deutschen allen in den Knochen. Daß aus dieser fabelhaften Armee ein Portepeeunteroffizier zu der seit dem Krieg mit Finnland mit spärlichem Ruhm bedeckten Roten Armee überlief, war doch merkwürdig. Und der mißtrauische Stalin meinte daher:
»Ob uns die Deutschen diesen Überläufer nicht unterschoben haben, um einen Konflikt zu provozieren?«
Der Timoschenko hielt daran fest, daß dem Feldwebel zu glauben sei. Und Schukow wies darauf hin, der Hitler warte nicht erst auf eine Provokation, er sei entschlossen, morgen früh zu marschieren. Andere stießen zu dem Gesprächskreis; aber auch diese, Militärexperten und Männer des Politbüros, konnten den Stalin nicht mißtrauisch machen und zum Handeln bringen. Dieser setzte die Pfeife ab, sah um sich und fragte: »Was sollen wir machen?«
Der Timoschenko, sonst, wie gesagt, nicht der Schnellste, wenn es galt, rasche Entschlüsse zu fassen, sagte diesmal sofort mit großer Entschiedenheit:
»Wir müssen die Truppen der Grenzwehrkreise in höchste Kampfbereitschaft setzen.«
Stalin erwiderte darauf nicht konkret, sondern forderte den Generalstabschef auf, seinen Entwurf für Sofortmaßnahmen zu verlesen. Alle hörten mit gespanntester Aufmerksamkeit zu, alle waren überzeugt von der Notwendigkeit sofortigen Handelns. Alle bis auf einen: Stalin. Diesem wollte und konnte niemand zuvorkommen mit einem Urteil. Der Stalin aber setzte seine Pfeife wieder an und meinte dann, eher beiläufig:
»Eine solche Warnung ist verfrüht. Vielleicht läßt sich die Sache mit den Deutschen friedlich regeln.«

Hatte der Stalin im Moment, so wie ein guter Fechter, eine zweite Intention, die er bei dieser Parade noch verbarg? Nun, die Toten haben immer Unrecht. Die Teilnehmer an der historischen Gesprächsrunde vom Juni 1941 starben der Reihe nach. Schukow kam in die Lage, als Überlebender seine Version eine Generation später zu schildern. Das geschah in einer Zeit, in der Stalins Reputation längst arg zerzaust war und man sich auch in der Sowjetunion an dem Toten die Schuhe abputzen konnte. Zumal die Darstellung des Schukow die angebliche Harmlosigkeit der Militärpolitik seines Landes in der Zeit vor dem Krieg mit dem Hitler unterstreicht; diesem letzteren aber die ganze Bösartigkeit aggressiver Kriegsabsichten zuschiebt. Derlei dem Hitler in jedem Fall und im maximalen Ausmaße zuzumuten, gehört aber zur sogenannten geschichtlichen Wahrheit, wie sie in der Zeit nach 1945 maßgebend wurde.

Der Mann, der da mit der veralteten Kurzschrift nach Gabelsberger seine Tagebucheintragungen machte, sah im Licht der Schreibtischlampe aus, wie ein Gymnasiallehrer für das Fach Mathematik aus der Zeit vor 1914. Da war der Bürstenschnitt der Haare, der randlose Zwicker und der absolute Ernst, den kein noch so origineller Pennälerscherz zu einem Lächeln bringen konnte.

Der Schreibende war kein Schulmann. Er war momentan Chef des Generalstabs des deutschen Heeres. Generaloberst Franz Halder.

Alles, worin die Feinde Deutschlands das Böse im Deutschen, zumal in der Art des Hitlerismus und des Prussianismus konzentriert vermeinten, ging dem Halder ab. Er war kein Preuße, sondern aus Bayern gebürtig. Kein Junker, sondern Sohn aus bürgerlicher Familie. Kein in Kadettenanstalten gedrillter Militär, sondern Spätberufener als Soldat; nahe an die vierzig Jahre, als er endlich als Hauptmann in die Reichswehr der Weimarer Republik übernommen wurde.

Vielleicht war es das Professorale, das Über – der Situation – in der Klasse – stehen, das ihn befähigte, eine eben gehörte Entscheidung von weittragender Bedeutung frei von Emotionen zu analysieren; und davon kurze Eintragungen in sein Tagebuch zu schreiben. Das Datum der fraglichen Abfassung war der 30. März 1941, der Tag ein Sonntag. Soeben hatte der Hitler Weisung gegeben, das vom Bündnis mit den Achsenmächten abgefallene Jugoslawien möglichst rasch zu zerschlagen. So wie ein Bahnhofsvorstand einen Lokalzug abfertigt, ehe er die Strecke frei gibt für einen internationalen Fernzug, geschah das. Der fragliche Fernzug war der Feldzug gegen Rußland.

Wenn einem die Ohren nach einem dröhnenden Monolog des Hitler gellten und das Hirn kaum das Ungeheuerliche erfassen konnte, war es immerhin eine verstandesmäßige Leistung, einen Extrakt dessen, knochendürr, in ein Tagebuch hineinzuschreiben. Zweieinhalb Stunden hat der Hitler diesmal für seine Auslassungen gebraucht. Hat er die Lage nach der Niederwerfung Frankreichs im Vorjahr sowie das Scheitern des Angriffs auf England noch einmal vor Augen geführt. Um dann zu sagen: Jetzt sei er daran, die Sowjetunion niederzuwerfen. Und das dürfe er nicht länger aufschieben. Denn in etwa vier Jahren würden die USA und die Sowjetunion mit einem Höchstmaß militärischer Rüstungen auf dem europäischen Kriegsschauplatz erscheinen. In vier Jahren, also 1945. Als wenn der Hitler unbewußt einen Teufel an die Wand gemalt hätte. Momentan meinte er, die russische Frage müsse bis dahin längst bereinigt sein. Nur dann käme Deutschland in die Lage, seinerseits mit einer Höchstleistung allen Bedrohungen aus dem Westen, in der Luft wie auf den Meeren, erfolgreich entgegenzutreten.

Und so sollte Rußlands Macht zu Land zerschlagen werden: Man wird die Rote Armee an einer Front zwischen der Ostsee und dem Schwarzen Meer dermaßen in Kämpfe verstricken, daß die Masse der Russen sich nicht mehr der Umklammerung durch die Deutschen entziehen kann. Schwer geschlagen und zerstreut, würde die Rote Armee nachher nie mehr imstande sein, den Deutschen einen organisierten Widerstand entgegenzusetzen. Wird es dann so weit sein, dann brauchte man von den 120 deutschen Divisionen, die der Hitler gegen die Russen ansetzen wollte, nur mehr höchstens 60, um das eroberte Land unter Kontrolle zu halten. Der Rest der Wehrmacht würde vorläufig demobilisiert und die Männer in die Rüstungsindustrie geschickt, um für den Endkampf gegen den Westen das notwendige Kriegsmaterial zu schaffen. Vorsichtshalber wird man noch, quer durch das ewig unzuverlässige Spanien des Franco, auf Gibraltar stoßen, um die Engländer aus dem Mittelmeer auszusperren. Auf diesen riesigen Prospekt malte der Hitler immer wieder winzige Details, etwa solche betreffs der russischen Panzer und ihrer Kanonen. Details, mit denen er Berufssoldaten, seine Generalität in Erstaunen versetzen konnte.

Mit den Zügen der nur manchmal durch Kürzel unterbrochenen ausdruckslosen und phantasielosen Gabelsbergerstenographie brachte sodann der Mathematikprofessor, der ein Generalstabschef und Nachfolger des Großen Moltke war, die Phantastereien zu Papier, so wie man in naturgeschichtlichen Übungen ein Kleintier seziert und Venen sowie Adern verfärbt, um dem lebenspendenden Blut auf die Spur zu kommen und zu notieren:

Hier das deutsche Volk. Drüben das soziale Verbrechertum, das eine ungeheure Gefahr für die Zukunft sein könnte. Also Kampf mit denen drüben. Ein weltanschaulicher Kampf, nicht bloß einer der Militärs. Die Sache im Osten dürfte kein Krieg zwischen Soldaten werden. Schluß mit Vorstellungen von der Kameradschaft, die früher auch zwischen Feinden fortbestand. Denn diesmal ging es um einen Vernichtungskampf. Sollte das den Deutschen nicht gelingen, dann käme der kommunistische Feind ohnedies in 30 Jahren, also 1971, wieder. Sohin unter keinen Umständen ein Krieg, der letzten Endes doch die Fortexistenz des Feindes konserviert.

Ja – und da war die Vernichtung der kommunistischen Kommissare in der Roten Armee, überhaupt der russischen Intelligenz. Die Truppe müßte sich mit denselben Mitteln verteidigen, mit denen sie der Feind angreifen wird. Dabei müßten Kommissare und GPU-Verbrecher als solche behandelt werden.

So. Zwei Grundsätze für den Ostfeldzug strich der Generalstabschef in seiner Tagebuchaufzeichnung noch heraus:

Erstens: Der Kampf im Osten wird sich sehr unterscheiden von dem im Westen. Im Osten wird Härte, um der Zukunft willen, Milde sein.

Und zweitens: Generale und militärische Führer müßten von sich das Opfer verlangen, eigene Bedenken zu überwinden.

Noch einen Moment lang überblickte der Generalstabschef seine Eintragungen. Er vermerkte ein Mittagessen des Hitler im Kreise seiner Generale. Ohne Hinweis auf das Menü. Es war eben ein Arbeitsessen in einem jener Offizierskasinos neuer Bauart, die die Behaglichkeit eines Wartezimmers beim Zahnarzt haben. Genug. Da war noch etwas. Es hat Wortmeldungen gegeben. Da war ein Einwurf des deutschen Panzerspezialisten Heinz Guderian. Der war offenbar davon betroffen, daß sich der Hitler mit größter Selbstverständlichkeit über frühere Ansichten hinwegsetzte. Ansichten, nach denen er die deutschen Staatsmänner und Militärs von 1914 als Stümper hinzustellen pflegte, weil sie das Volk in einen Zweifrontenkrieg in Ost und West stolpern ließen. Guderian war Preuße, soldatisch erzogen und darnach in seinem Wissen ausgerichtet. Ihm lag nicht der Gedanke, daß es das Schicksal des Reiches in der europäischen Mitte war, unter dem Druck aus Ost und West zu existieren und in dieser Balance der Pivot des Kontinents zu sein. Es gab damals in Wien einen Historiker, der solche immerhin auch in strategischer Hinsicht bedeutsame Theorien verfolgte. Aber, wo kämen Militärs hin, wenn sie außer dem Wust der anfallenden Fachliteratur auch noch derlei spinöse Ideen eines Geschichtsprofessors studieren würden. Der Hitler hielt von derlei jedenfalls nichts.

Am 22. Juni 1941 waren es genau ein Jahr und neun Monate her, seit im September 1939 der damalige General der Panzertruppen Guderian und der sowjetische Brigadekommandeur Kriwoschein die Parade der siegreichen deutschen und sowjetischen Truppen in der Festung Brest – Litowsk abnahmen. Nachher haben sich die Deutschen hinter die vom RAM ausgehandelte, quer durch Polen verlaufende Demarkationslinie zurückgezogen, und die Sowjets hatten die Festung für sich. Jene Festung, in der man ihnen 1918 den schmachvollsten Frieden zudiktiert hat, der Rußland seit der Tatarenzeit zugemutet wurde.
Am frühen Vormittag des 22. Juni 1941 beobachtete der Guderian von einem etwa 15 Kilometer nordwestlich der Festung Brest – Litowsk gelegenen Beobachtungsturm aus das Feuer der deutschen Ari auf die Festung, die Angriffe der Stukas sowie den schließlichen Übergang der Panzer über den Bugfluß. Es waren Panzer, die ur-

sprünglich für die auf England angesetzte Landungsoperation der deutschen Wehrmacht gedacht waren. Gleich hinter den Panzern ging der Guderian selbst über den Fluß. Sein Sturmboot kam nicht ins Feuer. Drüben stieg er in seinen Befehlspanzer, um möglichst rasch an die Spitze der raumgreifend vordringenden 18. Panzerdivision zu kommen. Wie immer es im Moment um die Führung der Roten Armee stand; die Schützen dieser Armee übertrafen an Standhaftigkeit alles, was die Wehrmacht vorher im Krieg gegen Franzosen und Engländer mitbekommen hatte. Der Guderian selbst mußte es erleben, daß zwei seiner Offiziere, die ein Schützennest der Roten kurz fertig machen wollten, im Feuer der Rotarmisten fielen. Jedenfalls erfüllte die Rote Armee eine Erwartung des Hitler: Sie entzog sich in den grenznah geführten Kämpfen nicht dem Zugriff der Deutschen. Sie war, das stellte sich bald heraus, nicht zum Kampf vorbereitet; oft wurden ihre Truppen in Ortsunterkünften überrascht. Gestellt, kämpften diese Untermenschen heroisch, wie man einmal gesagt hätte. Die in der Zitadelle eingeschlossenen Verteidiger von Brest – Litowsk leisteten den einsamen Widerstand der Tapfersten, ehe sie sich nach Wochen ergaben. Dazu der Guderian, dem dieser Widerstand seinen durch die Stadt führenden Nachschub blockierte:

»Das kann man nur bewundern.«

Trotzdem: Am Abend des 22. Juni waren Vorausabteilungen der Truppen des Guderian schon hundert Kilometer tief in sowjetisches Gebiet eingedrungen. Dem Guderian gegenüber kommandierte der Timoschenko. Seine Panzer kämpften gegen die des Guderian, wie 1914 die Heereskavallerie der Kaiserlichen gegen die MG der Russen. Aber wenige Monate später werden die sowjetischen Panzerführer vom Guderian gelernt haben, wie man Panzerverbände führt: Klotzen, nicht kleckern. Momentan fürchtete der Timoschenko, er würde den drohenden Stoß ins Herz, auf Moskau, nicht parieren können. Kämen die Deutschen erst einmal über die Beresina oder gar über den oberen Dnjepr, dann – der Marschall wollte bis zuletzt diese Konsequenz nicht aus – denken – dann wäre Smolensk nicht zu halten. Von Smolensk bis Moskau waren es zwar immerhin noch dreihundertundfünfundsiebzig Kilometer. Würden aber die Deutschen so wie bisher weitermachen, dann hätten sie hinter Smolensk nur mehr den weitaus kürzeren Teil ihres Vormarsches auf die Hauptstadt hinter sich. Am 3. Juli aber hatten die Deutschen bereits ihren Brückenkopf über die Beresina erkämpft. In dieser Krise warf der Timoschenko sein bestes Stück, eine im Mittelabschnitt der Front noch nie gesehene und erprobte Waffe, dem Feind entgegen.

Der Opfergang der 1. Moskauer Schützendivision gegen die aus dem Brückenkopf Borissow ostwärts vorstoßenden Deutschen war umsonst. Was blieb, war für die Rote Armee eine schmerzhafte, aber nicht vergeblich erhaltene Lektion in moderner Panzertaktik; für die Deutschen die Begegnung mit besagtem besten Stück: mit dem T 34.

Der Guderian selbst sah bei diesem Anlaß zum ersten Mal dieses »Miststück«, wie einer der Panzergrenadiere der 18. Panzerdivision den sowjetischen Kampfwagen in störrischem Grimm nannte. Der Perfektionismus der Deutschen machte sich über das Ding her und lieferte eine ganze Liste von Fehlern, die offenbar an der Waffe – abgesehen von der Taktik der Sowjets – dran waren: Vor allem die langsamere Schußfolge, in der Panzer der Deutschen dreimal schneller waren; so konnten letztere die größere Reichweite des T 34 unterfahren. Das war wieder Folge davon, daß im T 34 der Richtschütze zugleich Kommandant war, also zugleich am Geschütz und am Ausguck beschäftigt. Und jede Einheit sowjetischer Panzer hatte nur ein Funkgerät beim Kompanieführer. Verglichen mit dem, was man deutsche Werkmannsarbeit nannte, war der T 34 ein Rüpel. Der Guderian aber konnte nur die ideale Form der Waffe bewundern und deren mächtige Kanone bestaunen.

Hier hatte der russische Untermensch keine Wunderwaffe geschaffen. Dafür aber ein Ding, das – wie auch andere sowjetische Maschinenwaffen – den ganzen Krieg über dem Landser äußerst gefährlich kam. Und oft in ihm den Wunsch hervorrief: Hätten wir nur auch so ein Ding. Waffen, die von der deutschen Rüstungsindustrie bei allem technischen Geschick niemals in einem derartigen Konzentrat simpler Zweckmäßigkeit in endlosen Serien hervorgebracht wurden, wie zum Beispiel im Falle des T34, der zuletzt in Massen das Kampfgelände überschwemmte, im russischen Winter, der in Sand und Schlamm unverwüstlich blieb oder doch in der Krise des Infanteriekampfes dem deutschen Landser so zu sein schien.

Nicht der T34 wurde im Sommer 1941 für die Deutschen das Schicksal. Das zu sein behielt sich der Hitler selbst vor. Er hielt den Stoß auf Moskau an. Aus Erwägungen, die nicht kalt zu sein schienen: Schon hörte der Hitler auf Stimmen in seiner Umgebung, der Guderian kratze nur mehr an den Russen herum. Längst sei es an der Zeit, die seit dem 22. Juni unablässig hastenden und von ihren Führern gehetzten Panzerdivisionen aufzufrischen. Mal 'ne Pause einzulegen war nicht in den Plänen des Hitler. Von anderem abgesehen, hätten in einer solchen Pause die Panzermänner nicht nur Zeit zum Warten, sondern auch zum Denken gehabt. Und schließlich erfahren, daß es hinten keinen Nachersatz an Waffen und Gerät für ihre Waffe in nennenswertem Ausmaße gab. So wie sie ausstaffiert waren, schon recht ruppig und wohl auch zerrupft, müßten sie also Moskau nehmen oder – es sein lassen.

Vorerst ersparte der Hitler dieses Warten und Denken. Er drehte den Stoß von Moskau ab; nach Süden hin, in die Ukraine. Für den Guderian wurde der 23. August eine Stunde der Wahrheit. Einer Wahrheit, die ihm keine Neuigkeit war, deren Vernachlässigung durch den Hitler aber dem Panzermann geradezu beängstigend war. Damals waren es schon vier Jahre her, seit der Guderian in Friedenszeiten sein aufsehenerregendes Buch »Achtung! Panzer!« herausbrachte. Der Hitler hat dieses dem Panzeralarm entnommene Avertissement: Achtung! offenbar überhört oder einfach nicht auf seine Pläne bei der eigenen Aufrüstung bezogen. Damals vielleicht verständlich für den Laien. Schon dem Verleger ist die Schätzung des Guderian, wonach dieser den Sowjets bereits in Friedenszeiten über 15000 Panzer zumutete, unausstehlich und für das Prestige des Führers beleidigend gewesen. Und also stand im Text des Buches nicht die Zahl 15000, sondern 10000. Selbst diese Zahl schien dem Hitler hanebüchen; sie übertraf ja um ein mehrfaches jene, die dieser 1941 gegen die Russen ins Feld stellen wird.

Im August 1941 tat der Hitler noch ein übriges. Er zerriß die Panzergruppe des Guderian – aber auch andere – und fing an zu klekkern, anstatt zu klotzen. Freilich, zum Klotzen war bald zu wenig Substanz mehr da. Einmal mehr kam es den Eindringlingen in Rußland vor, als ginge es ihnen wie einem Kübel Wasser, dessen Inhalt, in einer Wüste verschüttet, binnen kurzem versiegt.

So wie von der Tischrunde, die im Februar 1941 in der Datscha des Stalin tafelte, zuletzt nur einer übrig blieb, der ausplaudern konnte, nämlich Schukow, überlebte jenes historische Gespräch vom 23. August 1941 als letzter der Guderian. Denn: Schon am 20. Juli 1944, beim Attentat auf den Hitler, fiel dessen Chefadjutant; zwei weitere Anwesende vom August 1941, Feldmarschall Keitel und Generaloberst Jodl, wurden 1946 als Hauptkriegsverbrecher in Nürnberg gehenkt. Und also wurde die Aussage des Tatzeugen Guderian zuletzt unwidersprechlich. Ihm blieb der Ruf, er hätte den Stoß ins Herz, auf Moskau, auch damals verlangt; der Hitler aber wollte die Eroberung der Ukraine; aus politischen, geographischen, verkehrstechnischen und wirtschaftlichen Gründen. Vom Militärischen ganz abgesehen. Und also hat der Guderian das Fazit des Hitler überliefert:

»Meine Generale verstehen nichts von Kriegswirtschaft!«

Und so verhielten die Deutschen erst einmal im Mittelabschnitt der Front in Rußland und der ganze Wust riesiger Kesselschlachten verlor sich in den unendlichen Weiten der Ukraine bis in deren Weizensteppen.

Es war längst Herbst, als an der Front vor Moskau der Stoß ins Herz ein zweites Mal angesetzt wurde. Schukow nennt den 13. Oktober als Datum der an allen Zufahrten nach der Hauptstadt der Sowjetunion aufs neue beginnenden Kämpfe. Am 15. Oktober, also zwei Tage später und lange vor der Krise der Schlacht um Moskau, bekam der Stalin aus Tokio von dem dortigen roten Spion Richard Sorge eine wichtige Information: Die japanische Regierung denke nicht daran, in einen Krieg gegen die Sowjetunion einzutreten. Am 17. Oktober wurde in Fernost, in Wladiwostok, damit begonnen, die 78. Schützendivision der Roten Fernostarmee einzuwaggonieren, um sie mit der Sibirischen Eisenbahn quer durch einen Kontinent an die sowjetische Front vor Moskau zu instradieren. Und am Tag nach Allerseelen 1941, am 3. November, traten die ersten Verbände dieser Division bei Istra, fünfzig Kilometer nordwestlich von Moskau, ins Gefecht.

Richard Sorge ist Prototyp eines kommunistischen Revolutionärs. Als Sohn einer wohlhabenden Berliner Familie aufgewachsen, erlebte er 1914 den Kriegsausbruch als Gymnasiast. Er verließ das Gymnasium, um sich, so wie der Bildermaler Hitler, als Kriegsfreiwilliger zu melden. Sorge gehörte zu den Überlebenden jenes Angriffes von Freiwilligenregimentern gegen die Engländer in Flandern, von denen im Herbst 1914 aus der Obersten Heeresleitung gemeldet wurde: »Junge Regimenter stürmten unter dem Gesang des Deutschlandliedes die Stellungen der Engländer und nahmen sie.«
An der Ostfront eingesetzt und dort verwundet sowie mit dem Eisernen Kreuz von 1914 ausgezeichnet, erlebte Sorge im Lazarett, was er die Wende in seinem Leben bezeichnet: Er stürzte sich in eine tiefe Gemütsbewegung. Was hieß, daß er sich in eine jüdische Krankenpflegerin verliebte, deren Vater – ein überzeugter Marxist – den jungen Sorge im Gefolge von dessen junger Liebe zu einem Umdenken und Neudenken bewog. Der Junge machte, noch immer in Feldgrau, sein Abitur und fing an, so wie in München der junge Toller, in Kiel zu studieren. Dort bezog er von Professor Kurt Gerlach, Sohn einer reichen jüdischen Familie in Berlin, eine gründliche Verfestigung seiner marxistischen Anschauungen. Alles, was der junge Sorge bisher erlebt, erfühlt und erlernt hatte, schien ihm wertlos, verglichen mit der Welt, die sich ihm neu eröffnete. Im Umsturz 1918 stand er in den Reihen der Linksradikalen. 1924 ging er nach Moskau und wurde dort unter der Nummer 0049927 Mitglied der örtlichen Gliederung der KPdSU (Bolschewiki).
Seine konsequente Linksabschwenkung vom Liberalismus zum Kommunismus fiel weder an der Hochschule, wo er sich in einer akademischen Laufbahn versuchte, noch in den Redaktionen liberaler Tageszeitungen, für die Sorge arbeitete, auf. Man nahm ihm seinen jungenhaften Radikalismus, mit dem er angeblich nur deut-

sches Spießbürgertum bekämpfte, gerne und irgendwie belustigt ab. Dann kam er in Verfolg eines Auftrags aus Moskau nach Ostasien. Immer noch schrieb er für angesehene liberale Tageszeitungen sowie für das in Amsterdam erscheinende »Algemenn Handelsblad« und für die renommierte »Frankfurter Zeitung«. Nach 1933 schlüpfte er ohne Schwierigkeiten in die Auslandsorganisation der NSDAP. Als legitimierter Parteigenosse und als äußerst trinkfester Kumpan gewann er in Kreisen der deutschen Botschaft in Tokio verläßliche Ausschwätzer. Zuletzt wurde er dem Botschafter selbst, Berufssoldat im Rang eines Generals, gut Freund' und Bruder. Der General fiel daher aus allen Wolken, als ihm am 22. Oktober 1941 die japanische Polizei vertraulich eröffnete, sein Intimus Sorge sei als Spion Moskaus festgenommen worden. Wie Männer nun einmal in ihrer Freundestreue sind, ließ auch in diesem Moment der General von seinem Sorge nicht ab, besuchte er ihn in der Haft.
Jedenfalls hat Sorge buchstäblich innerhalb der letzten ihm gesetzten Frist, eine Woche vor der Verhaftung, die für Moskau so wichtige Information betreffend die Kriegslage in Fernost, durch seinen Funker, einen deutschen Genossen, absetzen können. Erst 1944 wurde Sorge in Tokio hingerichtet. Er hat es noch erlebt, man hat es ihm nur nicht gesagt, daß knapp vor seinem Tod die Rote Armee zum ersten Mal in Ostpreußen die Reichsgrenze überschritt und Hitler am Ende war. Erst zwanzig Jahre nach dem Tod Sorges hat sich Moskau in aller Öffentlichkeit zu ihm und seinem Wagnis bekannt. 1964 wurde ihm posthum der Orden »Held der Sowjetunion« verliehen. Und so gehört Sorge zu den Revolutionären, über deren Grab nicht der Fluch, wonach die Toten immer unrecht haben, gellt, sondern der Triumph:
»Und ihr habt doch gesiegt.«

Die Männer des Stoßtrupps vom Pionierbataillon 62 sagten nicht mehr: lausig kalt oder Scheißkälte. Bei einer Außentemperatur von minus 45 Grad und mehr gaben sie es auf, für derlei Exzesse des russischen Winters spezielle Bezeichnungen zu erfinden. Der Krieg ging auch unter diesen extremen Verhältnissen weiter, als seien die Männer aus Wittenberg bloß auf einem Winterausflug, dem ein

Abend in warmer Stube folgt. Hier war auf nichts dergleichen zu hoffen, obwohl in nächster Nähe eine Stadt mit vielen Zehntausenden Wohnungen bestand; jene Stadt, die der Hitler um jeden Preis in Besitz bekommen wollte.

Das Heer des Hitler, das diese Stadt Moskau erobern sollte, sah manchmal aus wie eine Räuberbande. An Ausrüstungs- und Bekleidungsstücken besaß der Landser nicht mehr, als er im vergangenen heißen Sommer, zu Kriegsbeginn, am Leibe oder beim Troß hatte. Daher hatten die Pioniere alles, was sie bisher in Katen, Magazinen oder weiß Gott wo ergattern konnten und Schutz vor der Kälte bot, am Leib. Ohne diesen Wust von Textilien, der sie fast unbeweglich machte und ein Paradies für Läuse und Ungeziefer war, hätte sie längst der Teufel geholt. Lägen sie irgendwo mit abgefrorenen Gliedmaßen oder tot und platt gewalzt von den Kettenfahrzeugen.

Dazu kam eine Verpflegung, als befände man sich in Hitzeferien, als hätte man nur Appetit auf Eis. Das Brot gefroren und nur im gehackten Zustand, in Brocken, genießbar. So wie dereinst die Enkel der Überlebenden dieser Stunde ihre Eislutscher genießen werden, lutschten ihre Großväter im Hochwinter auf 1942 die steinhart gefrorene Butter oder Margarine. Der Darm machte unter diesen Umständen nicht mehr mit, wurde undiszipliniert und zuweilen roch man so einen Haufen meterweit gegen den Wind. Und immer wieder die Gefahr des Versagens der Waffe im Ernstfall. Weil das Waffenöl nicht schmierte, sondern einfror. Und weil unter dem Wust von Männer- und Weiberkleidern der Mann nicht mehr genug behend sein konnte, um rasch in Anschlag zu gehen und gezielt zu feuern.

So also zogen die Pioniere aus Wittenberg, der Stadt Luthers, in den ersten Dezembertagen des Jahres 1941 ein in die russische Stadt Chimki. Sie wußten, daß sie sich nahe von Moskau, etwa nordwestlich der Stadt, befanden. Nichts wußten sie von anderen Stoßtrupps, die bis zu den Endstationen der Tramway der russischen Hauptstadt kamen, um dort allerdings vergeblich auf einen Zug in die Stadt zu warten. Den Pionieren hätte Chimki genügt, auf Moskau hätten sie in diesem Winter verzichtet. Diese kleine Stadt mit einigen tausend Wohnungen wäre kein schlechtes Winterquartier gewesen. Aber nie wird das deutsche Heer Chimki durchschreiten. Und die vom Pionierbataillon aus Wittenberg, die überlebten, werden erst viel später erfahren, daß die Männer ihres Stoßtrupps jene Deutschen gewesen sind, die bis auf nächste Nähe an den Kreml herankamen. Nur mehr 16 Kilometer, sage und schreibe sechzehn Kilometer, lagen zwischen dieser äußersten Spitze des Stoßes auf Moskau und dem Kreml. Und so, wie im Spätsommer 1914 die Väter der Pioniere fast bis an Paris herangekommen sind, kamen die Söhne im russischen Spätherbst 1941 bis an Moskau, fast bis an Moskau. Dieses zweimalige »fast« haben in beiden Fällen die Überlebenden teuer bezahlt, und ihr Reich ist zuletzt darüber zugrunde gegangen. Gott sei Dank haben die Pioniere von Chimki nie erfahren, wie sich um diese Zeit der Hitler das Kriegführen in Rußland weiter vorstellte. Kein Schritt zurück dürfe freiwillig gemacht werden. Als ob es nicht schon gleichgültig war, ob einer in der vor ihm oder in der hinter ihm liegenden Eiswüste zugrunde ging. Und da war der Auftrag an die zerstückelte Front, durchgebrochene Feindverbände im Hinterland zu vernichten. Wie weitab war dieses Hinterland von jenen, die vorne aushielten. Abends sah man zuweilen, scharf abgehoben gegen den Himmel, endlose Kolonnen deutscher Gefangener, die, einzeln abgefallen, irgendwo im Osten untergingen. Meistens ohne Hoffnung auf Wiederkehr.

Und da ein besonders gefährlicher Auftrag des Hitler: Gefangenen ihre Winterkleidung zu nehmen, preisgegebene Gehöfte rücksichtslos niederzubrennen. Das Niederbrennen besorgte der Feind, ehe er noch da war, um den Eindringlingen in der gnadenlosen Winterlandschaft jede Zuflucht zu Wärme und Licht in den Nächten zu nehmen. Den Pionieren hätte geschaudert, wäre der Befehl wegen der Winterkleidung der Russen zu ihnen gedrungen. Sie wußten, daß jedes Stück russischer Uniform, das sie im Falle der Gefangennahme am Leib hatten, sicheren Tod bedeutete. Waren ihnen nicht bei 45 Grad minus Landser begegnet, denen die russische Kavallerie die aus Stroh gemachten Schuhe abgenommen hatten, um mit dem Stroh ihre Pferde zu füttern; und die man nachher, ohne Bedeckung, barfuß laufen ließ. In einen sicheren Tod.

Drei Monate stand das deutsche Heer nach Blitzkriegen und Blitzsiegen diese Winterschlacht im Osten, wie es nachher offiziell hieß,
durch. Wer überlebte, ob weit hinten in warmen Stuben oder vorne
am Feind, bekam eine Medaille an einem roten Band, das nur mehr
schmale weiße und schwarze Streifen hatte. Den Gefrierfleischor-
den, wie Landser sagten. Erinnerung an die größte Tat, die das Heer
durchstand. Bis im März 1942 die Front wieder stand.
Derweilen hatte der Hitler seine Sorgen an anderen Fronten.

Am 20. Dezember 1941 landete auf dem Feldflughafen des Führer-
hauptquartiers eine deutsche Maschine. Ihr entstieg der Oberbefehlshaber der 2. deutschen Panzerarmee, der Guderian. Er kam aus
der Schneewüste am Oberlauf des Don, südlich von Moskau. Im
Hauptquartier des Hitler hatte sich einiges verändert. Nach dem gescheiterten Stoß auf Moskau hat der Oberbefehlshaber des Heeres
gehen müssen. Dessen Arbeit, das bißchen operative Führen, traute
sich der Hitler, so en passant, auch zu. Und also war jetzt der Hitler
Oberkommandant derer im Osten, ohne daß ihm dabei ein Generalfeldmarschall im Wege stand.
Der Guderian sah mit seinem hellen Blick in die Augen des Hitler.
Der sah ihn unverwandt an, und beide Männer wußten, daß sie einander fremd geworden waren. Zwischen ihnen stand im Moment
das, was der Guderian bei seinem Flug hinter sich ließ und an dessen
grausames Schicksal der Hitler gar nicht erinnert werden wollte. Es
könnte sonst ein Tropfen Menschlichkeit überquellen. Eben des-
setwegen stand aber der Guderian vor ihm. Ohne des langen und
breiten herumzureden, kam der Guderian auf den Kern der Sache:
Die von ihm in der anhaltenden Winterschlacht geführten Truppen
mußten zurückgenommen werden, um nicht in einem zur Verteidigung ungeeigneten Gelände nutzlos geopfert zu werden, sondern
den Raum auszuspielen, damit sie Verteidigungsstellungen gewän-
nen.
Kaum hatte der Guderian das ausgesprochen, da unterbrach ihn ein
scharfes
»Nein«
des Hitler. Nein, das verbat sich der Hitler. Aber der Guderian fuhr

unbeirrt fort. Wies darauf hin, daß nur so unersetzliche Truppen erhalten werden könnten. Der Harte Kern des Heeres von 1939.
Wieder wußte der Hitler besser Bescheid:
»Dann müssen Sie sich in den Boden einkrallen und jeden Quadratmeter verteidigen.«
Nach dem Krieg werden manche Militärhistoriker dem Hitler zugute halten, daß seine Kampfmethode und nicht die des Guderian den Zusammenbruch der Ostfront vereitelt hat. Wären die Landser einmal ins Rennen gekommen, es wäre ein Rückzug aus Rußland geworden, wie der des Großen Napoleon anno 1812. In jener Stunde aber mußte sich der Hitler vom Guderian anhören:
»Das Einkrallen in den Boden ist unmöglich. Weil dieser eineinhalb Meter tief gefroren ist und wir mit unserem kümmerlichen Schanzzeug nicht mehr in die Erde kommen.«
»Dann müssen Sie mit schweren Feldhaubitzen eine Trichterstellung schießen. Wir haben das im Ersten Weltkrieg in Flandern auch gemacht...«
Im Ersten Weltkrieg. In Flandern, wo auch im Hochwinter alsbald aus der Tiefe Wasser emporquillt. Damals, als pro Division nur sechs Kilometer Frontbreite zu verteidigen waren, jetzt aber, im Osten, zwanzig, manchmal vierzig Kilometer pro deutscher Division.
Darum erwiderte der Guderian:
»Ich habe noch je Division vier schwere Haubitzen mit etwa fünfzig Schuß. Und die brauche ich zur Abwehr des Russen.«
Ungerührt der Hitler:
»Halten! Halten, wo gerade die Truppe steht!«
Während der Hitler das herausstieß, dachte der Guderian an seine Männer und ihr Leben und Sterben in der Eiswüste. Über letzteres hier in der wohltemperierten Stube so richtig zu reden, fiel ihm schwer. Denn er war Soldat, nicht der Dichter der Ostfront, der Worte für Situationen finden und erfinden konnte, um Wahrheiten sinnfälliger zu machen. Und außerdem, der Guderian war Preuße, der Hitler aber dachte geradezu fritzisch, indem er fortfuhr:
»Glauben Sie, daß die Grenadiere Friedrichs des Großen gerne gestorben sind? Und dennoch war der König berechtigt, das Opfer ih-

res Lebens zu verlangen. Ich... ich, ich halte mich gleichfalls berechtigt, von jedem deutschen Soldaten das Opfer des Lebens zu verlangen.«

Da wollte der Soldat Guderian dem Hitler menschlich kommen: »Wer die Lazarette mit den Erfrorenen gesehen hat, weiß, was das zu bedeuten hat.«

Und der Hitler: »Sie haben eben zuviel Mitleid mit den Soldaten. Sie sollten sich mehr absetzen von vorne. Glauben Sie mir, aus der Entfernung sieht man die Dinge schärfer.«

Wollte der Hitler überhaupt dieses Elend schärfer sehen? Ging es ihm nicht wie dem Verteidiger des Isonzo im Ersten Weltkrieg, der, ein serbisch-krowotischer Dickschädel, es vermied, das Leben und Sterben der Kaiserlichen vorne mitanzusehen; weil er sonst sein Kommando abgegeben hätte? Der Guderian sagte aber zum Hitler: »Es ist meine selbstverständliche Pflicht, die Leiden der Soldaten zu lindern. Es ist schwer, daß unsere Männer keine Winterkleidung haben.«

Tja, Winterbekleidung war für den Kreuzzug Barbarossa, so die Tarnbezeichnung für den Ostfeldzug, nicht vorgesehen. Nach dem Zeittableau des Hitler wäre ja dermalen der Krieg im Osten aus, die Masse des Heeres schon daheim und nur mehr Besatzungs- sowie Sicherungstruppen in Rußland vonnöten. Und was die Winterbekleidung betraf, so wußte es der Hitler natürlich auch besser: »Der Generalquartiermeister hat gemeldet, daß die Winterkleidung angewiesen ist.«

»Zugewiesen«, korrigierte der Guderian, »ist sie schon, aber vorne ist sie noch nicht eingetroffen.«

Und so kam das Gespräch auf die im September und Oktober von der Truppenführung angeforderte Winterkleidung; auf die damalige Ablehnung dieses Antrags; auf den jetzigen Mangel an Lokomotiven für den Nachschub an die Front und die gänzlich unzulänglichen Verkehrsverhältnisse im russischen Hinterland der Front. Und daß das Zeug weitab läge, zum Beispiel in Warschau. So versackte die nötige Verständigung zwischen dem Guderian und dem Hitler. Und nachher, bei Tisch, holte sich der Guderian erst recht eine Abfuhr, als er dem Hitler einblasen wollte, sich doch mit einer mehr fronterfahrenen Umgebung zu versehen und nicht mit Männern, die 1918 zuletzt vorne gewesen sind. Jetzt durchschaute der Hitler diesen Guderian: Der wollte ihm, dem Hitler, seinen Generalstabschef des Heeres verdrängen, wo sowieso bekannt war, daß der Guderian diesem nicht grün war. Unerhörte Einmischung. Der Guderian meldete sich ab. Aber den Hitler wurmte es: »Diesen Mann habe ich nicht überzeugt.« Dem Hitler kam der unmittelbare Vorgesetzte des Guderian zuhilfe. Ein kluges Köpfchen. Einer, der nicht wie der Guderian beim Hitler etwas riskierte. Der den Guderian in einen Befehlsnotstand brachte. Der vom Fleck weg dem Guderian die trotzig angebotene Enthebung vom Frontkommando verschaffte. So wurde der Guderian binnen 48 Stunden sein Kommando los und er fuhr, mit einer unermeßlichen Last auf dem Gewissen, ab. Richtung Heimat. Es hätte ihm auch schlechter gehen können. Wie einem anderen Panzerführer. Auch in dessen Fall zog sich besagter Heeresgruppenkommandant bei einem Rückzug aus der Affaire, überließ es dem dortigen Generalobersten, von der ganzen Wut des Hitler getroffen zu werden. Als ungehorsamer Feigling gebrandmarkt zu werden. Ohne Pension und Uniform infam kassiert zu werden. Der also Gemaßregelte kam nachher in den Kreis der Männer vom 20. Juli 1944. Nach dem Attentat auf den Hitler zum Tod verurteilt, wird man ihn, aufgehängt an einer Klaviersaite, langsam strangulieren; diesen qualvollen Tod filmen, damit der Führer wenigstens das Filmbild vom Ende solcher Kreaturen sich ansehen konnte. Rache, Rache, Rache. Ohne Ende.

Wer glauben möchte, Geschichte wiederhole sich dennoch, dem scheint das Tun des Hitler Recht zu geben.

Am 2. Dezember 1812, sieben Jahre nach seinem Triumph über Russen und Österreicher beim mährischen Austerlitz, gab der Große Napoleon auf dem Rückzug seiner Großen Armee aus Rußland sein Bulletin Numero 29 heraus. Hatte er zuvor gemeint: »Ich werde alles sagen. Es ist besser, man erfährt die Einzelheiten von mir selbst als von Privatpersonen«,

so schrieb er ins Bulletin eigentlich wenig Wahres vom Untergang einer Armee, die beim Einmarsch in Rußland eine halbe Million Mann besaß. Was er in dem russischen Städtchen Molodečno zu Papier brachte, war eine Serie von meisterhaft formulierter Anklagen, Entschuldigungen sowie Selbstlobes, die in dem Satz gipfelte: »La santé de S. M. n'a pas jamais été meilleur.«

Auch der Hitler fand nach dem Scheitern seines Stoßes auf Moskau eine Gelegenheit, seinen Berlinern zu demonstrieren, daß seine Gesundheit niemals besser gewesen war. Ein verfehlter Glaube, es stimme nicht mit seiner Gesundheit, hätte zu Schwachheiten verführt, die es nicht geben durfte, solange er lebte. Und also stellte sein Reichspropagandaminister Joseph Goebbels unter ausdrücklichem Hinweis auf das gute äußere Aussehen des Hitler diesen den Berlinern in deren Sportpalast vor. Am 30. Jänner 1942, neun Jahre nach der Machtergreifung des Hitler.

Schon kursierten unzählige Gerüchte von dem, was im Osten geschah. Frauen warteten seit Monaten auf Feldpost ihrer Männer und Söhne. Das Heer hatte jetzt den Hitler selbst als Oberkommandierenden. Gab es denn keine Generale mehr, die dieses deutsche Heer, bestes Erbe preußischer Traditionen, führen konnten? Davon sprach der Hitler nicht. Er erinnerte ausführlich, wie schwer vor 1933 sein Kampf um die Macht war. Und verglichen mit diesen innerpolitischen Machtkämpfen sei – manchen stockte der Atem – der jetzige Kampf Großdeutschlands mit seinen äußeren Feinden viel leichter. Dies gesagt, stellte der Hitler, nach Absetzung des bisherigen Feindbildes Numero 1, Winston Churchill, die nunmehrige absolute Verkörperung des Bösen vor: Jenen US-Präsidenten Franklin Delano Roosevelt, dem der Hitler während seiner Katastrophe vor Moskau den Krieg erklärt hatte. Vom Roosevelt war es nicht weit zu den Juden. Vor zwei Jahren, bei dem gleichen Anlaß, hatte der Hitler den Juden die Vernichtung angedroht. Damals waren schon in jener Reichskristallnacht die Tempel im Reich niedergebrannt und den Juden ihr Schicksal mit schrecklicher Gewißheit vor Augen geführt. Tod den Wehrlosen. Jetzt, 1942, sprach der Hitler von der Vertreibung der Juden aus Europa. Wohin? Er sagte es nicht. Die Betroffenen wußten es: In jene Lager im Osten, aus denen es keine Wiederkehr gab.

»Auge um Auge, Zahn um Zahn«,
zitierte der Hitler aus dem Alten Testament. Rache, Rache nicht nur
mehr als Genugtuung, sondern als Sicherheit vor der Weltmacht des
Judentums vermeint. Wieder verirrte sich Hitler dann in Details
und Drohungen, verwirrte er die Zuhörer, die schon so gespannt
waren auf die einzig fällige Antwort des Tages: Wann wird Schluß
sein? Und da sprudelte der Hitler etwas dazu heraus:
»Wie dieses Jahr ausgehen wird, ich weiß es nicht... Ob darin der
Krieg ausgehen wird, kann niemand sagen... Aber ich weiß: Wo
der Gegner antritt, werden wir ihn in diesem Jahr wieder schlagen...«
Aus. Die Apotheose. Die Lieder der Nation. Und dann fegte
Marschmusik die Massen aus der Arena, hinaus in die verdunkelte
Reichshauptstadt. Man wird weiter marschieren, marschieren,
marschieren.

Für den Hitler ging es 1942 längst nicht mehr bloß um die Sorgen
des Guderian. Der Stoß auf Moskau war abgeschrieben. Der An-
griffswahn, der ihn im Vorsommer in die Weizensteppe der
Ukraine geführt hat, wird ihn in diesem Sommer bis in den Kaukasus und an die untere Wolga locken. Über den Kaukasus hinweg,
hinunter ins Zwischenstromland Vorderasiens, durch Palästina an
den Nil; dort, vielleicht schon früher, werden ihm die siegreichen
Kämpfer des Afrikakorps entgegenkommen. Ein Aufstand der
Araber gegen die Engländer wird deren Reich aus den Angeln heben. Nachher wird man die Welt neu verteilen. Dafür brauchte der
Hitler über sechzig Divisionen fürs erste. Ein Drittel davon Rumänen, Italiener, Ungarn, Slowaken, Kroaten. Während aber die Versammlung und Bereitstellung dieser Truppen geschah, schlug im
Westen zum ersten Mal der Eisenhammer des Bombenterrors der
Westmächte zu.
Schon gleich nach Kriegsbeginn hat das Bombardieren von Städten
begonnen. Englische Fehlabwürfe, die auf dänisches Gebiet fielen.
Deutsche Bomben auf England. Bombenkrieg als Teil der Blitz-
kriege des Hitler. Erste Vergeltungsschläge des Westens. Nachher
verschwand die deutsche Luftwaffe hinterm Horizont im Osten in

Rußland. Und dann, am 31. Mai 1942, hat es der englische Bomber-chef Sir Arthur Harris geschafft, die Skepsis des Churchill widerlegt und das System des sogenannten strategischen Bombens in die Tat umgesetzt. 1000 Flugzeuge für den Angriff auf eine deutsche Stadt. Es war nicht leicht, alle dazu notwendigen Flugzeuge der englischen Marine, den Flugschulen und weiß Gott wem zu entreißen. Dazu die organisatorischen und navigatorischen Probleme eines solchen, noch nie in der Geschichte dagewesenen Monsterunternehmens. Die offene Frage: Wie groß der Zerstörungseffekt und wie groß die Zahl der Ausfälle an Flugzeugen und Personal? Alle diese Fragen beantworteten Sir Arthur und dessen Mitarbeiter mit dem Argu-ment des Erfolgs. Als Städte kamen Köln in erster Linie und andere Städte West- und Nordwestdeutschlands in Betracht.

Nur neunzig Minuten dauerte der Terrorangriff auf Köln. Eine un-wahrscheinlich kurze Zeit, vergleicht man dazu die Zeit, die man etwa an der Ostfront brauchte, um vierhundertundsechzig Men-schen zu töten, etwa fünfzigtausend Wohnungen zu zerstören und eine moderne Großstadt in Terror und Angst zu versetzen. Bei die-sem Vergleich muß berücksichtigt werden, daß der Ausfall der eng-lischen Angreifer nur 3,3 Perzent betrug. Das war ein anderes Kriegführen, eines das sich lohnte. Zwar revanchierten sich darauf die Deutschen mit einem jener Angriffe, die fortan die Engländer Baedekerangriffe nannten: Fünfzig Bomber über eine englische Stadt.

Noch während die englischen Verbände auf dem Heimflug von Köln waren, rief Sir Arthur den eben in den USA weilenden engli-schen Ministerpräsidenten Winston Churchill an. Churchill hatte wegen des möglichen Preises dieses sogenannten strategischen Bombens gebangt. Jetzt aber war Sir Winston restlos überzeugt. Kein Vergleich zwischen Kosten und Effekt. Man wird bloß das Sy-stem vervollkommnen müssen, es zu einem täglichen Ereignis in Deutschland machen. Dann wird die Wirkung nicht ausbleiben. Denn es war Terror ohne die ernste Gefahr eines Gegenterrors der Deutschen. Und so neu. Bis zu jener Mainacht des Jahres 1942 hat-ten die Kölner zwar schon 270 Alarme wegen früherer Angriffe der Royal Air Force gehabt. Aber jetzt erst, angesichts der zwölftausend Brandstellen in ihrer Stadt, setzte die Massenflucht der Kölner ein.

Bombe mit Bombe vergelten wollte der Hitler im September 1939, bei Kriegsausbruch. Einmal hat er vom Ausradieren englischer Städte gesprochen. Jetzt fing das Ausradieren der mitteleuropäischen Kulturlandschaft durch englische und amerikanische Bomber, bald bei Nacht und bei Tag, an.

Im Osten aber zogen die Deutschen an die Wolga zu der Stadt Stalingrad und in den Kaukasus.

Der Sommer verging. Auf dem höchsten Berg im Kaukasus wehte die Reichskriegsflagge. Aber die Ölquellen der Russen am Südabhang und erst recht das Zwischenstromland waren fern, blieben fern. In Stalingrad wehrten sich die Russen in einem Kampf, der um so härter wurde, je mehr die Zerstörung der Stadt fortschritt und in dem Trümmermeer fast nur mehr der Infanteriekampf von Haus zu Haus tobte und zählte. Und dann geschah die Wende.

Der Herbst kam und Mitte November 1942 war es so weit: Die Sowjets durchbrachen die Stellungen der 3. rumänischen Armee am Don; nachher die der 4. deutschen Panzerarmee; binnen weniger Tage war die Gefahr einer Einkesselung der 6. deutschen Armee in Stalingrad eine unabwendbare Tatsache. Und während der Hitler noch tobte, es käme kein Schiff mehr die Wolga hinauf, nie würde man Stalingrad preisgeben, stand schon das Gespenst vor aller Augen: Stalingrad wird ab einem bestimmten Tag nicht mehr haltbar für die Deutschen. Gegen dieses Unabwendbare stemmte sich ein krankhafter Trotz des Hitler.

Während über Stalingrad ein Fanal brannte, erfüllte sich auch am Don das Schicksal der Bundesgenossen des Hitler. Bald trieb man die überlebenden Deutschen aus Stalingrad in einen Todesmarsch quer durch eine Schneewüste. Nur 5000 von fast einmal hunderttausend Marschierern kamen aus den Todeslagern in der Sowjetunion heim. Am Don aber stieß die scharfe Waffe der Roten Armee tief und tödlich in das faulende Fleisch einer Front, die einmal das Aufgebot Europas gegen den Kommunismus sein sollte. Im Sommer waren Ungarn, kaum besser ausgerüstet als ihre Väter 1914,

331

quer durch die Weizensteppe an den Don gezogen. Jetzt hasteten Überlebende davon vor der Reiterei der Sowjets. In der schauerlichen Landschaft des russischen Hochwinters tauchten Gestalten italienischer Alpinis auf. Unglückliche Verbündete in einer Katastrophe, der selbst deutsche Verbände nicht mehr Herr wurden. An aufgegebenen Verladebahnhöfen standen inmitten eines Wusts ineinander verkeilter Heeresfahrzeuge zuweilen weiße Sanitätsfahrzeuge. Die mit jenem Roten Kreuz, das der Roten Armee nichts bedeutete. Längst hatte das Stöhnen und Hilferufen in den Sankras aufgehört. Einige dieser Vehikel menschlichen Unglücks haben die letzten vorbeikommenden Landser mit geballten Ladungen in die Luft gejagt. Aus Gnad' und Barmherzigkeit, um den Unglücklichen zu ersparen, daß die Sieger sie hinaus in den kalten Schnee warfen oder Ärgeres anstifteten. Es war eine Zeit, in der viel von den Todesmärschen der Gefangenen die Rede war. In den USA schrieben die Zeitungen ein wahres nationales Epos vom Leiden und Sterben der amerikanischen Soldaten, welche die Japaner im Corregidor-Tunnel von Bataan auf Manila fingen. Nachher durch den Dschungel trieben. Mit Staunen sah die Welt der Farbigen, was für Elendsgestalten ihre früheren Herren doch sind, wenn man ihnen die Affen wegnimmt, um sie barfuß, in zerfetzten Uniformen, in irgendeinen Pferch zu treiben. Das, ja das wollten sie auch einmal tun, wenn ihnen die Umstände günstig sein werden und ihnen irgendwer Waffen dazu in die Hand geben wird. Deutsche trieb man jetzt in Todeslager, die fernab irgendwo auf jenem Kontinent lagen, der Rußland heißt. Und auf der anderen Seite nicht nur Amerikaner, sondern Engländer, Holländer, Franzosen. Die Sowjets lehrten die neue Kampfesmethode. Indem sie an die Spitze ihrer Erfolgsmeldungen die Zahl derer aufzeigten, die sie töteten. Nicht die Überwindung des Gegners zählte, man muß ihn töten, damit es nicht mehr so viele von seiner Art gibt. So wie in Kriegen gegen die Indianer Nordamerikas nur ein toter Indianer ein guter Indianer war, ist es gekommen, daß auch nur der Deutsche gut war, der schon sein Leben verloren hatte. Und so auch betreffs der Juden. Aber nein: nicht einmal ein toter Jude durfte mehr sein als eben ein Jude.

Daß es selbst in dieser Hölle der Unmenschlichkeit zuweilen Menschen gab, die ihr Mensch-sein nicht vergaßen, mochte eine Hoffnung sein für jene, die überlebten. Aber bald nach eben diesem Krieg wird es in allen Teilen der Welt viel mehr Kriege geben, als es je in einem vergleichbaren Zeitraum der Neuzeit vor 1945 gegeben hat. Kriege, um der Freiheit willen. Jener äußersten Freiheit, in die der freie Wille des Menschen, den Gott ihm gab, gerät. Wenn der Mensch gottlos wird und seinen Bund mit den Teufeln eingeht.

Nicht alle Verbündete der Deutschen verliefen sich in der Schneewüste des Hochwinters 1943. Im Norden der Ostfront kämpften Freiwillige aus einem fernen Land im Süden gegen die Bolschewisten. Hinter ihrer Front, nahe dem Stabsquartier des Divisionsnachschubführers, hatten sie einen Friedhof ihrer Gefallenen angelegt. Da standen Kreuze mit seltsamen Namen: Manuel Sanchez Calatrave. Carlos Lopez Cebaco. Sebastian Navarro... aber der Rest des Namens war schon mit dem Querbalken in ein Vergessensein, in russische Erde gesunken. Hier wurden Spanier beerdigt. Männer der Infanteriedivision des deutschen Heeres mit der Nummer 250, allgemein nur die Blaue Division genannt.

Eine Division, die standhielt, während schon Fronten schütter wurden und zerbrachen. Im Februar 1943 gingen drei Divisionen der Roten Armee die drei Grenadier-Regimenter der Spanier an. Mit sechzig T 34 und einhundertsiebenundachtzig Geschützen. Es gab da für die Roten eine alte Rechnung zu begleichen. Der linke Flügel der Spanier hing bald in der Luft und die Roten griffen an den Flanken und in der Front an. Im beginnenden Handgemenge nutzten die schweren Waffen der Angreifer nichts. Sie hätten Freund und Feind vernichtet. Die Spanier wehrten sich mit Spaten, Dolchen und Handgranaten. Dabei verlor ihr Füsilierbataillon von zehn Mann deren neun. Aber die Stellung verloren sie nicht. Letzte Reserven retteten den Tag: Zwei Radfahrerkompanien, zwei Pionierkompanien, zwei Batterien.

No paseran.

Im Reich schien der Frühling den mit Stimmungsberichten beschäftigten Männern des SD – des Sicherheitsdienstes der SS – trübe zu kommen. So ein Ding wie Meinungsforschung auf angeblich wissenschaftlicher Grundlage drehte man damals noch nicht. Man holte einfach die Leute aus und meldete nach oben, so gut und so lange das Zeug hielt. Äußerlich verhielten sich ja, so der SD, die Volksgenossen noch ruhig. Was zu fehlen schien, war der rechte Glaube an den Endsieg. Wenn von Terrorangriffen und Zerstörung von Wohnvierteln die Rede war, schwiegen die Zivilisten. Eher ließen sie ein Wort fallen, wenn man sich dumm stellte und etwa fragte, wie das erst werde, wenn nicht bloß die Engländer, sondern die Amerikaner über die deutschen Städte kommen würden. Mit einem Mal war das ferne Amerika ein Begriff. In Tunis hatte eine deutsche Armee kapituliert, viele Männer waren drüben in den Staaten in Gefangenenlagern. Gott sei Dank weit vom Schuß und nicht in den Händen des Iwan. Überhaupt: Man wollte sich vorstellen, es müßte doch möglich sein, mit den Amerikanern einen Kompromiß zu finden.

Da tat der US-Präsident Roosevelt der deutschen Kriegspropaganda einen guten Dienst. Im Jänner 1943, nach der niederschmetternden Niederlage im Osten, hörte man im Reich, der US-Präsident Roosevelt habe es in der marokkanischen Stadt Casablanca auf einer Konferenz mit den Engländern durchgesetzt, daß es für die Deutschen nichts anderes mehr gäbe als eine bedingungslose Kapitulation. Das trieb auch jene, die nicht, wie die im Osten, ein gnadenloser Krieg in ihrem verzweifelten Widerstand bestärkte, in letzte Anstrengungen; Anstrengungen, die sie mit dumpfer Resignation das Leben unter den Bombenteppichen der Westalliierten ertragen ließen.

Die Männer vom SD berichteten, man hoffe, nein, man erwarte für den Sommer 1943 wieder eine deutsche Offensive im Osten. Ist es bisher nicht in jedem Jahr so gewesen? Der Rhythmus des endlosen Krieges übertönte jede Vorstellung von einer Zeit nach dem Krieg. Frieden um jeden Preis, nein, das haben die Alliierten dem Volk ihrer Feinde nicht als lockende Vorstellung beibringen können.

Im Osten hörten die Landser seltsame Gerüchte von neuen, unheimlichen und unbekannten Superwaffen des Hitler. Sie rätselten, wie diese Dinger aussähen, die diesem Ding hier, dem Krieg, ein Ende machen sollten. Stratosphärengeschütze. Darunter konnte sich ihre Generation noch nichts vorstellen. Aber: Geschosse mit komprimierter Luft, deren Detonation eine Druckwelle entläßt, die dem Feind alle Innereien zerreißt. Und Raketengeschosse; einige wenige erinnerten sich daran, daß die Österreicher derlei schon vor hundert Jahren verwendeten.

Selbst ständig vom Tod in allen Formen bedroht, kannte zuweilen die Phantasie der Landser kein anderes Ziel, als sich vorzustellen, wie mit einem Schlag der Krieg ein Ende finden könnte. Denn eines war klar: Der Iwan würde nie aufhören, ehe er nicht selbst in Berlin stand. Und die Endlosigkeit des Schreckens wurde den Landsern unausstehlicher als das drohende Ende mit Schrecken. Auch darin folgten sie, unbewußt, dem, was der Hitler 1938 dem inzwischen verstorbenen englischen Ministerpräsidenten Chamberlain erklärt hat. So verging der ominöse Mai und noch der Juni. Aber am 7. Juli 1943 meldete man aus dem Oberkommando der Wehrmacht, das deutsche Heer sei im Raum von Kursk wieder zum Angriff angetreten. Eine halbe Million Mann hat der Hitler dazu versammelt, andere Fronten, nicht ohne Gefahr, von Truppen entblößt; im Süden den Mussolini seinem Geschick, dem Eindringen der Alliierten in Italien, überlassen. Es ging um einen spektalulären, weniger um einen operativen Erfolg. Die Moral der Truppe und in der Heimat mußte gehoben werden, ehe womöglich die Rote Armee sich einen neuen riesigen Sieg erkämpfte.

Was aber der Hitler und niemand verhindern konnte, war die Tatsache, daß die geplante Offensive bereits verraten war, ehe die Befehle aus dem Führerhauptquartier heraußen waren. So kam es, daß die Deutschen, deren Stärke die Flanken eines sowjetischen Frontvorsprungs treffen und die Roten mit einem Zangengriff abzwacken sollte, just auf die längst massierte Übermacht der Roten Armee an diesen Stellen stieß. Noch einmal bekam es den Anschein, als würde sich die Durchschlagskraft des Heeres bewähren. Aber, den roten Stier geradezu an den Hörnern zu fassen und ihn niederzuzwingen, dazu reichte es nicht mehr. Der Stoß der deutschen Panzer brachte schwere, unersetzliche Verluste, die sich noch steigerten, als sowjetische Panzerverbände, die längst nicht mehr kleckerten sondern klotzten, ihrerseits angriffen. Da zerbrach die deutsche Zange und der Name der Stadt Kursk stand nahezu gleichwertig als ein Symbol neben dem der Stadt Stalingrad. Als Chiffre für endgültig verlorene Hoffnungen.

Noch einmal konnte sich das deutsche Heer in seiner Masse dem Zugriff des Feindes entziehen und sich, zurück über den Dnjepr, in der Tiefe des russischen Raumes vorläufig verkrümeln. Mit ihm kamen riesige Herden mitgetriebenen Viehs, Pferde, Rinder. Nicht nur getriebene Russen, sondern unzählige, die eher mit den Deutschen fliehen als die ihrigen als Sieger begrüßen wollten. Den Ukrainern, die blieben, hat ein Kommissar namens Chruschtschow, ein schauerliches Strafgericht für Kollaborateure, oder was dafür galt, bereitet.

Der 1941 begonnene Briefwechsel zwischen Churchill, dem Stalin und dem Roosevelt nahm im Sommer 1943 einen höchst erfreulichen Charakter an. Vereint schüttelten sie am deutschen Zwetschgenbaum, und es fielen die reifen Früchte. Am Tag, an dem bei Kursk noch einmal das Donnerwetter der Deutschen über die allerdings wohlvorbereitete Rote Armee niederging, bekam der Stalin die erfreuliche Nachricht, es befänden sich bereits eine halbe Million Amerikaner und Engländer auf den Gewässern des Mittelmeeres, um mit der Invasion in Sizilien zu beginnen. Zweitausendachthundert Schiffe gegen Rom.

Am 10. Juli, die Schlacht bei Kursk war auf einem Höhepunkt, gingen die westlichen Alliierten zum ersten Mal auf dem Boden Italiens an Land. Es kamen Wochen, in denen der Stalin ein schlechter Briefschreiber war. Als dieser aber am 9. August wieder dem Churchill schrieb, hatte sich die Welt von gestern um ein mächtiges Stück gedreht. Oder besser: Es gab diese Welt eigentlich nicht mehr. Vieles stand nicht mehr am gewohnten Platz, vieles wird nie mehr dahin kommen.

Kriegserfolge der Alliierten im Osten und Süden ließen es geboten erscheinen, sich 'mal an einen Tisch zu setzen und sich über die zu erwartende riesige Beute einige Gedanken zu machen. Ehe es, wie oft bei Koalitionskriegen, wegen des Felles des Bären zu einem Streit kam, ehe dieser vollends verreckt war. Aber der Stalin dachte wohl, er müsse nach seinen anfänglichen Mißerfolgen im Krieg noch viel gewaltiger als Sieger dastehen, bis er denen im Westen das abverlangen wird, was ihm dann diese nicht mehr versagen werden können. So bedankte er sich aufs freundlichste für die immer umfangreicheren Hilfslieferungen des Westens; sandte mal einen Gratulationswunsch für Siege der Westalliierten oder für gelungene Bombenschläge auf das Reich. Und wartete auf das nahe Ende des Mussolini, jenes Mannes, der einmal vom Sozialismus abfiel, um der Welt das erstaunliche Experiment des Faschismus als erster vorzuführen.

Derlei Erwartungen standen um diese Zeit noch immer in krassem Gegensatz zu momentanen Zukunftsplänen des Reichsführers SS Heinrich Himmler. Unübersehbare Erfolge der Roten Armee bei der Wiedereroberung russischen Landes waren für diesen nicht viel mehr als momentane Zwischenfälle, die nicht den Blick auf großartige Perspektiven trüben durften. Etwa:

»Wenn die SS zusammen mit den Bauern dann die Siedlung im Osten betreiben wird, großzügig, ohne jede Hemmung, ohne jedes Fragen nach Althergebrachtem, dann werden wir in zwanzig Jahren die Volkstumsgrenzen um fünfhundert Kilometer nach Osten hinausschieben.«

In zwanzig Jahren, im Jahre 1963, werden die Sowjets ihre Einflußgrenze von 1939 um mehr als tausend Kilometer nach Westen, bis an die Elbe, verschoben haben.

Der 24. Juli 1943 wurde für die Römer in jeder Hinsicht ein heißer Tag. Nach der Landung der Alliierten auf Sizilien warteten sie Tag für Tag darauf, daß endlich ihre Friedenshoffnung sich erfülle.

Als der Mussolini an jenem Tag erwachte, konnte er jene Lethargie, die ihn jetzt zuweilen befiel, nicht abschütteln. Er flüchtete sich in den Routinebetrieb seines Amtes, brachte so einen Vormittag hinter sich, der noch ihm gehörte. Dann hatte er Zeit, in der Villa Torlonia die Stunden bis 17 Uhr zu verbringen. Für diese Stunde hatte er vor zwei Tagen den Großen Faschistischen Rat einberufen; einen Rest jener innerparteilichen Demokratie, den seit Lenin die meisten Diktatoren nie ganz vom Hals bekamen; der Hitler ausgenommen. Ehe er die Villa verließ, küßte er seine Frau Rachele, deren wacher Instinkt ihr eingab, ihren betrügerischen Gatten vor seinen politischen Freunden zu warnen. Der aber schlug solches Reden seiner Frau in den Wind:

»Es wird schwierig sein, aber ich glaube, daß sie mir folgen werden.«

Immerhin hatte er für jenen Tag, ganz ausnahmsweise, seine Geliebte, die Petacci, in ein Nebenzimmer des Palastes an der Piazza Venezia bestellt, allwo der Rat tagen wird. Als der Duce den Tagungsraum betrat, erhoben sich die Ratsmitglieder, um dem Mussolini, viele taten es ein letztes Mal, den Römischen Gruß zu erweisen. Denn das hier war kein letztes Abendmahl, bei dem ein einziger Verräter mit zu Tisch saß. Längst war entschieden, daß eine Mehrheit unter den Ratsmitgliedern jenem Graf Grandi folgen würde, der mit dem Herzog Acquarone, Minister des königlichen Hauses, und dem Herzog von Addis-Abeba, Marschall Badoglio, den Plan für den Sturz des Duce fertig hatte. Nachher wird man, wie in vielen Koalitionskriegen, die das Haus Savoyen führte, die Front wechseln, um in den Reihen der Sieger den Untergang der verfluchten tedeschi zu überdauern. Den Verschwörern, keiner vom Format jener, die einmal einen Julius Caesar umbrachten, war die Tagesform des Duce willkommen: Er sah mißgestimmt, müde und wohl vom Wetter geschlagen drein, ließ sich in seinen Armstuhl am Präsidium fallen. In diesem Moment entstand jene lautlose Stille, die gilt, wenn sich vor der ersten Szene eines Dramas der Vorhang hebt. Nach diesem 24. Juli hat Mussolini noch viele Reden gehalten, die selbst in den Wochen seines Untergangs zahllose Zuhörer begeisterten. An diesem seinem dies ater verließ ihn aber die Gewalt der Rede und er hub an:

»Hört mich an ... und versteht mich nicht falsch, was ich euch jetzt sagen werde. Ich werde mich kurz fassen.«

Nichts, was neu gewesen wäre, folgte. Alle kannten die Lage, und einige waren im Raum, die waren weit besser informiert als ihr Duce. Sie interessierte nicht, was der Duce über den Verfall der Moral sagte, den er im Lande feststellen wollte. Diese andere Moral war ihnen nämlich sehr günstig, weil sie dem Duce keinen Halt mehr bot. Mochte der Mussolini seine Theorien über die Ursachen der militärischen Niederlagen haben, die Armee loben, die Generale aber und insbesonders den Generalstab anklagen; weil letztere die Befehle des Duce und Oberkommandierenden der Streitkräfte nicht befolgten. Schon war er, der Duce, bei den Schwächeren. Und, es war ein Anfang, da erhob sich ein Faschist der ersten Stunde. Der Marschall de Bono, einer der Quadrumviri der Partei. Er stellte sich, ohne Einschränkung, vor die Armee. Der Mussolini ließ dann eine ganze Weile den Stecken, mit dem man ihn niederschlagen wird, im trüben Wasser der Diskussion treiben. Ein früherer Sozialdemokrat klagte zum Beispiel nicht die Generale an, sondern jene Italiener, die kein Vertrauen zu den Deutschen mehr hatten. Viele Anklagen, wenig Ruhm dem Duce.

Der Mussolini griff später mit Sätzen ein, wie sie um diese Zeit der Hitler gerne verwendete, um die Moral aufzubessern. Immer hätte es in seinem Kampf Rückschläge gegeben, erinnerte der Duce; zuletzt aber hätte er stets gesiegt. Es wäre unrecht, jetzt von einem Krieg des Mussolini zu reden und nicht von einem Krieg Italiens gegen seine Feinde. Ebenso könnte man den Krieg, den 1859 der damalige Ministerpräsident gegen die Österreicher anzettelte, einen Krieg des Grafen Cavour nennen. Man tat es aber nie, weil es ein Krieg Italiens war. Kriegführen sei nie populär, erinnerte der Duce. Dann meinte er noch, er wolle im Moment bloß, daß man sich in gewohnter Disziplin hinter ihn stelle und den Meckerern kein Gehör schenke.

Dem Grafen Grandi sagte diese Rede zu. Sie überzeugte nämlich niemanden, der schon zweifelte, und sie war geeignet, manchen, der noch firm hinter dem Duce stand, schwankend zu machen. Nur gut, daß es den Freunden des Duce nicht gelungen war, diesen dazu zu bringen, diesen Haufen von Großwürdenträgern davonzujagen und die Verräter zu arretieren. So konnte sich der Graf erheben und einfach entgegenhalten: Politik hänge von Tatsachen ab. Und jetzt erweise es sich, daß die Tatsachen die bisherige Politik widerlegt hätten. Die Parolen der Faschistischen Partei zögen nicht mehr, gingen in der Öffentlichen Meinung unter. Das Volk erwarte, daß sich des Königs Majestät anstatt des Duce wieder jener Befugnisse bemächtige, die ihm, dem König, ehedem zustanden. Und das war die ultima ratio des alten Faschisten Graf Grandi: »Möge die Partei untergehen, wenn nur Italien lebt.« Genau genommen war das ein versteckter Antrag auf Selbstauflösung der Partei. Noch immer hätte der Duce ein Rollkommando seiner Miliz einsetzen und die Verräter festnehmen lassen können. Aber er tat das nicht. Ihm war Geschwätz, das er sich sein Leben lang anhören mußte, zuwider. Im Grunde war es immer nur Gerede, was er da im Umgang mit Anarchisten, dann mit Sozialisten, dann mit Nationalisten und zuletzt immer wieder mit Faschisten anhören, widerlegen und auslöschen mußte. Diese Lumpen, die hier im Saal wie Aasgeier herabschwebten, ekelten ihn. Erst als sein eigener Schwiegersohn, sein Protektionskind, der gewesene Außenminister Graf Ciano, den Hitlerismus angriff und jede Bündnisverpflichtung den tedeschi gegenüber bestritt, zog der Duce seine Mundwinkel verächtlich herab; sagte er, was sich die meisten dachten, ohne es jetzt noch dem Mussolini zugute zu halten: »Vom ersten Tag, als du mein Haus betreten hast, hast du mich verraten.«

Langsam fiel der Verputz von diesen Ruinen des Faschismus. Alte Kämpfer, die lange an der Kette lagen und sich mästeten von dem, was der Mussolini ihnen zuwarf, fingen an, aus ihren zahnlosen Mäulern zu bellen. Und weil kein Verräter es gerne hat, als Verräter gebrandmarkt in die Geschichte einzugehen, fand einer für die neue Lüge ein neues, ehrenvolles Wort: Nicht von Abfall und Verrat dürfe jetzt die Rede sein, sondern von: Gegenkampf. Sehr gut. Gut auch, weil jede Verräterei mit einem Wort, einem womöglich bisher unerhörten Wort beginnt. So zog sich das Gerede bis Mitternacht hin. Der Mussolini gähnte und meinte, man sollte vertagen. Nein, nein, nur das nicht. Der Graf Grandi hatte am Nachmittag sowieso gebeichtet; nicht seine Lüge, sondern in der Angst, es könnte ihm und nicht dem Duce an den Kragen gehen. Dem Duce war es recht, daß man eine Viertelstunde lang unterbrach. In diesen fünfzehn Minuten sammelte Graf Grandi eilfertig jene neunzehn Unterschriften für seinen Antrag; nur bei neun Männern holte er sich eine Abfuhr.

Als der Duce beim Austreten war, erfuhr er auf dem Abtritt dieses Ergebnis: Alle militärische Macht des Duce zurück an den König. Und dann wurde die Abstimmungsmaschinerie in Bewegung gesetzt, so als hätte es nicht zwanzig Jahre lang nur die Prozedur à la Mussolini gegeben. Ein Antrag, dem Duce das Vertrauen auszusprechen, fiel. In diesem Moment des Abstimmungsverfahrens nahm der Mussolini noch einmal das Wort: »Ich weiß... Hohe Würdenträger, die in den meisten Fällen schändliche Nutznießer meines Systems waren, machen sich an mich heran; an mich, der sich selbst nie bereichert hat. Aber ich vertraue dem König. Er ist immer loyal zu mir gewesen, so wie ich ihm loyal gedient habe.«

Es war schon am 25. Juli 1943, 2 Uhr, als über den Antrag des Grandi abgestimmt wurde: Alle Macht zum Kriegführen an den Kriegsgewinner, den König von Italien und Albanien, Kaiser von Aethiopien. Jeder stimmte mit Namensnennung. Wieder stimmten neunzehn für den Antrag des Grandi. Nur mehr sieben stimmten dagegen. Zwei enthielten sich der Stimme. Jetzt wechselte man die Front nicht mehr in Wochen oder Tagen oder Stunden, sondern, im Bedarfsfall, binnen Minuten.

Aller Augen richteten sich auf den Mussolini. Noch immer hätte er den Haufen arretieren lassen können, die Verräter an eine Mauer stellen und über den Haufen schießen lassen. Aber es war aus mit ihm, und also handelte er nicht länger als Faschist, sondern wie der Obmann eines bürgerlichen Vereines: »Wer überbringt den Antrag dem König«, fragte er. Und, wie aus der Pistole geschossen das Wort des Grandi: »Du!«

Dies gesagt, verließ der Graf eilends den Sitzungssaal, um sich sofort in ein sicheres Versteck zu begeben. Der Mussolini aber fuhr heim. Seine Frau sah ihm beim Kommen in die Augen. Sie, die für alle bösen Tage da war, während die guten Stunden der Petacci und anderen Weibsstücken gehörten. In der Tat, es stand schlecht um Benito.

Noch einen ganzen Vormittag werkelte der Duce am 25. Juli in

Routinearbeit. Dann erreichte ihn ein Ruf vom königlichen Hoflager, er möge morgen bei Seiner Majestät vorsprechen. Nein, der Duce hatte es eilig, in das Messer zu rennen, das ihm entgegengehalten wurde. Heute wollte er den Gang machen. Das verwirrte die andere Partei, denn es mußte, wie man sehen wird, einiges zwecks notwendiger Anwendung der Gewalt der Tatsachen geändert werden. Schließlich bekam der Duce seinen Termin: Am 25. Juli 1943, um 17 Uhr 00. Neun Jahre nach jenem Tag im Juli 1934, an dem er, beim Tod des Dollfuß, gegen den Hitler seine Truppen an die Grenze geschickt hat.

Ach ja, verlautete vom Hoflager: Der Duce möge nicht in Uniform erscheinen. Verständlich: Man hätte sich schwerer getan, den Mussolini in der Uniform des Oberbefehlshabers der königlichen Streitkräfte von den königlichen Carabinieri verhaften zu lassen. Die Arretur eines Zivilisten ist nun einmal eine leichtere Sache.

Letzte Audienz beim König. Der Duce wunderte sich nicht mehr, daß ihn dieser Zwerg an Leib und Geist einfach absetzte; als Oberkommandant und Ministerpräsident. Und er ihm, dem bisherigen Protektor der Monarchie, den Schutz der Familie des Mussolini zusagte. Warum Schutz? Der Mussolini erfuhr es in dem Moment, als er nach der Audienz die Villa Savoia verließ. Man arretierte ihn. Die Königin, eine Montenegrinerin ärgerte das, denn in ihrem Land ist es nicht Brauch, einen Fremden, mag er willkommen sein oder nicht, unter dem eigenen Dach zu arretieren. Derlei bringt Unheil.

Und auf dieses Unheil brauchte besagter Zwerg nicht zu warten. So wie seinen montenegrinischen Schwiegervater, brachten ihn 1946 die nunmehrigen siegreichen Mächte um Krone und Land. Es nutzte nichts, daß die Italiener im ehemaligen Königreich beider Sizilien lieber einen König behalten als eine Republik bekommen wollten. Die Fortschrittlichen, die nach dem Faschismus americano leben wollten und die Kommunisten im Norden entschieden die Abstimmung. Und der König von Italien mußte sein Land verlassen, um als depossedierter Herrscher fortan die Gastfreundschaft jenes König Faruk von Ägypten in Anspruch nehmen, der sich früher so gerne in Rom verlustiert hatte. Afrika wurde das Exil des Zwergs.

Guillotiniert hat man den Mussolini nicht. Die Deutschen holten ihn aus seiner Gefangenschaft heraus und erlaubten ihm, in dem bis 1945 von ihnen besetzten Norditalien einer Sozialistischen Republik ein Gepränge zu geben. Als 1945 alles zusammenbrach, holten sich die Kommunisten den Mussolini. Ihn und seine Geliebte zersiebten sie während eines Transportes vor dem Tor einer Villa. Nachher holten sie die beiden Leichen, sowie die anderer Großfunktionäre des Faschismus, nach Mailand. In jene Stadt, wo der Mussolini vor knapp einem halben Jahr noch Hunderttausende mit einer Rede in Begeisterung versetzen konnte. Jetzt hängte man ihn und die Kadaver seiner Rotte auf an dem Gestänge einer Tankstelle; Kopf nach unten, den Kittel der Petacci schamhafterweise um die Knie gebunden. Er, der Mussolini, bekam noch einige Schüsse ab. Nicht so der Grandi. Er entging allen Gerichten, die es zwischen 1943 und 1945 in Italien gab. In Brasilien fing er dann einen Handel mit amerikanischen Importgütern an und wurde noch einmal wohlhabend.

Der Hitler beobachtet das alles. Er erfuhr vom Ende des Mussolini, ehe ihn selbst der Tod antrat. Und versprach sich: Meinen Leichnam werden die Hunde nicht bekommen. Und jedem Verräter, den ich vor meinem Tod in die Hände kriegen werde, soll es verdammt übel ergehen. Mich werden keine Grafen und Herzöge und Marschälle mit Erfolg verraten. Auch kein König. Sie werden ja erleben, was sein wird, wenn es einmal den Hitler nicht mehr gibt in Europa.

Langsam zwar, aber mit unablässiger Entschiedenheit und Folge-
richtigkeit stießen die Armeen der Flankenmächte aus Ost und
West gegen die Mitte der Alten Welt vor. Wie dürre Zweige und
Blätter fielen die vorpostierten Verbündeten und Parteigänger des
Hitler ab. Bis zuletzt nur mehr ein Stumpf dessen übrig blieb, was
ein Jahrtausend lang Mitte und Ordnungsmacht in Europa gewesen
ist. Um diese Zeit hat einer, der aus dieser Mitte stammte und dessen
Vorfahren Deutsche waren, mit wünschenswerter Klarheit gesagt,
was es mit besagtem Stumpf eigentlich auf sich haben sollte. Der
Mann hieß Clement Gottwald, er war Führer der tschechischen KP
und befand sich im Troß der Roten Armee.
Es ging damals für die Kommunisten nicht einfach um die Liquidierung des Hitlerismus. Die Ziele des Stalin und seiner Parteigänger
waren viel weiter und höher gesteckt. Hätte man bloß die Hitlerty-
pen liquidiert, wäre immer noch das übrig geblieben, was für
Kommunisten der harte Kern des Ganzen ist: Unzählige Menschen
in Europa, für die der Kommunismus unter keinen Umständen eine
Alternative zum Hitlerismus war.
Zornig und mit einem Rest von Enttäuschung vermerkte der Gottwald, die Bourgeoisie hätte es zu lange und zu gut verstanden, sich
selbst als das ganze Volk einer Nation auszugeben; die Kommunisten aber außerhalb dieser Volksgemeinschaft, als bloße Agenten
einer fremden Macht, des Sowjetimperialismus, zu stellen. Und
deswegen könne es in einer Stunde wie dieser nicht einfach um den
Fang und die Liquidierung größerer oder kleinerer Kollaborateure
des Hitler gehen. Man müßte vielmehr verstehen lernen, daß die
Ausrottung von derlei Subjekten zugleich die scharfe Waffe ist, mit
der man die Wurzeln und die Äste der Bourgeoisie abhacken kann.

Bis von dem ganzen Gewirr von Ästen und Zweigen nur mehr ein bloßer Stumpf übrig bleibt. Dabei sei es nebensächlich, ob sich vorher diese Bourgeoisie, oder Teile derselben, gegen den Hitler gestellt haben. Eher müsse man sagen, daß man mit den früheren bourgeoisen Gegnern des Hitler schließlich größere Scherereien haben wird als mit jenen, die sich als Verräter und Kollaborateure ohnedies bloßgestellt haben; und demnach alles verwirkten.

Wie immer es sein möge: Das unerbittliche Gericht gegen Verräter und Kollaborateure wird die scharfe Waffe des Kommunismus gegen alle seine Feinde sein. In Frankreich hat man gleich nach der Landung der Alliierten mit den Massenmorden unter Gegnern des Kommunismus angefangen. Wer aber ist als Bourgeois zu behandeln? Jeder, der kein Kommunist ist, jeder, der nicht den Kommunismus als Alternative zum Hitlerismus bejaht.

Den Freunden des US-Präsidenten Roosevelt, von der Stätte derlei Geschehens durch den Atlantischen Ozean getrennt, gefielen derlei Sprüche und Methoden nicht schlecht. Zumal der Stalin im Umgang mit Bourgeois es vermied, die fraglichen Methoden in Zusammenhang mit der Tatsache der Bourgeoisie zu erwähnen und dann immer nur vom Faschismus und dessen Ausrottung sprach. Daß einmal sie selbst, die Amerikaner, von den Kommunisten als die ärgsten Bourgeois hingestellt und dem Verderben preisgegeben würden, war um 1945 in den USA nur jenen bekannt, die auch dort schon zum Kommunismus bekehrt waren.

So wie im Osten gab es auch im Westen eine Formel, besser: ein wahres Epos über den Untergang der Alten Welt. Ein westlicher prominenter Kriegsberichterstatter zitierte in seinem Schlußwerk über den Zweiten Weltkrieg »Struggle for Europe« ein sinnfälliges Zitat aus »Samson Agonistes«. Wie wundersam es für die lange Unterdrückten und Gerechten ist, wenn Gott eine unwiderstehliche Gewalt in die Hände ihrer Befreier legt. Daher Samson: Der jüdische Held im Kampf gegen die Philister. So wie der gehörnte Siegfried hat auch er eine verwundbare Stelle seiner Unüberwindlichkeit. Verlor Samson sein Haar, verlor er seine Kraft. Mit List raubte man dem Helden sein Haar, blendete ihn und überließ ihn dem Schicksal. Aber Samsons Haare wuchsen und seine Kraft kehrte wieder. So bat der Blinde einen Knaben, ihn zu der Säule zu führen, auf welcher der Tempel der Philister ruhte. Und diese Säule umfing der Held mit ganzer Kraft, riß sie ein und mit der Säule das Gemäuer, das die Philister erschlug. Um jene Gerechten und lange Unterdrückten, die nach 1945 zusammen mit Bourgeois und Philistern in neue und viel schwerere Unterdrückung und Ungerechtigkeiten gerieten, haben sich die Sieger von 1945 eigentlich wenig gekümmert. War erst die Säule der Alten Welt geborsten und zerstört, dann konnte der Rest so bleiben, wie es gekommen war: Ausgeliefert der unüberwindbaren Übermacht aus Ost und West.

Im November 1943 war es auch für den Stalin an der Zeit, seinen westlichen Bundesgenossen 'mal an den Zahn zu fühlen. Man traf sich im besetzten Iran und dort in der Sowjetischen Botschaft in Teheran. Ehe man sich zu dritt an den Verhandlungstisch setzte, wollte der Roosevelt eine delikate Sache, die den Stalin sicher interessierte, in Abwesenheit des Churchill mit Uncle Joe unter vier Augen aushandeln: Es ging um die Zerstörung des Kolonialbesitzes der europäischen Mächte und um das Erbe, das daraus sowohl Washington als auch Moskau in Asien und Afrika zufallen konnte. »Liquidierung des Kolonialismus« war für dieses Vorhaben ein äußerst humanes Schlagwort.
Zuerst strich der Roosevelt dem Stalin um den Bart. Er erkundigte sich, was wohl die Ursache für das momentane Auf-der-Stelle-Treten der Roten Armee sei. Der Stalin aber antwortete, was inzwischen auch der Hitler eingesehen hatte, daß man nämlich im Schlamm des Ostens nicht Krieg führen kann. Kulantest bot der Roosevelt ein Douceur an: Er wird den Hitler zwingen, dreißig oder vierzig Divisionen von dessen Ostfront abzuziehen, um der Invasion der Westmächte im Westen und Südwesten des Kontinents zu begegnen. Das gefiel dem Stalin, und er hinwieder zeigte Verständnis dafür, als ihm der Roosevelt jetzt erklärte, es sei auch nicht ganz ohne, etwa zwei Millionen Mann auf einer Strecke von zweitausend Meilen, über den Atlantik hinweg, zum Einsatz in Europa zu bringen.
Was will er, dachte der Stalin. Denn der Roosevelt kam mit einer

neuen Delikatesse: Nach dem Krieg werde man die ungeheure Transportflotte aus der Kriegszeit an die Vereinten Nationen, insbesondere auch an Rußland, verteilen. Dagegen hatte der Stalin nichts und er meinte zudem, sein Land könnte für die USA ein bedeutender Markt werden.

Was will er, dachte der Stalin immer noch. Ha, da war es. Der Roosevelt erzählte von Gesprächen, die er auf der Reise nach Teheran mit dem chinesischen Generalissimus Tschiang Kai-Scheck geführt hatte. Da verzog der Stalin den Mund und meinte, die Truppen dieses Herren hätten sich im Krieg gegen die Japaner schlecht geschlagen. Davon, daß sich der Schützling Stalins, nämlich Mao Tse-Tung, sehr lässig an diesem Krieg beteiligte und seine Kommunisten in Reserve hielt, sprach der Stalin natürlich nicht. Im Moment mußte er dem Amerikaner gegenüber aufmerksam und mißtrauisch bleiben; denn dieser erklärte, er werde dem Tschiang Kai-Scheck dreißig Divisionen ausrüsten und nachher weitere dreißig Divisionen. Der Stalin dachte bei sich, daß es seinem Schützling Mao schwer werden wird, seinem Gegner Tschiang diese Waffen abzunehmen, um damit die Macht in China zu erkämpfen, besagten Generalissmus aber dahin zu vertreiben, wo der Pfeffer wächst.

So en passant kam man in der Neuen Sprache auf den unglücklichen Libanon zu reden. Den Libanesen hatten die Franzosen eine Verfassung geschenkt, so sagte man damals, und die Demokratie der Libanesen war dabei fast überhaupt nicht strapaziert worden. Verständlich, daß letztere die ihnen auferlegte neue Freiheit ein wenig für ihre eigenen Bedürfnisse adaptieren wollten. Da hätte man, so der Roosevelt, die Regierung des Landes samt dem neuen Staatspräsidenten wieder verhaften müssen. Aber jetzt sei dort alles in Ordnung, meinte der Roosevelt. Ohne streiten zu wollen, frug der Stalin, ob diese Ordnung nicht etwa auch eine Folge dessen war, daß die Engländer ein Ultimatum gestellt haben. Das konnte der Roosevelt nicht in Abrede stellen. Er bemerkte aber, es sei halt überhaupt schwer mit dem De Gaulle. Auch der Stalin würde mit diesem langen Franzosen keine Freude haben. Der Stalin erwiderte mit der ausgesuchtesten Höflichkeit, er hätte noch nicht das Vergnügen gehabt, die persönliche Bekanntschaft De Gaulles zu machen. Ach, seufzte der Roosevelt, die Franzosen seien ein so gutes Volk, doch brauchten sie neue Führer, die nicht älter als vierzig Jahre sind. Der Stalin sah die französische Frage etwas anders, er redete davon, die Franzosen seien daran, die Alliierten zu betrügen. Mit anderen Worten: De Gaulle steckte seinen Kurs nicht nach dem Roten Stern ab. Roosevelt kam jetzt mit der Mitteilung, er werde elf französische Divisionen ausrüsten, im Moment schlecht an. Da konnte es sich der Stalin nicht verkneifen, den Franzosen vorzuwerfen, führende Kreise dieses Volkes seien daran, mit dem Hitler zu kollaborieren. Ob er im Moment die Regierung des Generals Pétain in Vichy meinte, die immerhin die Anerkennung Roosevelts genossen hat; oder jene Franzosen, die die Liquidierungsaktionen kommunistischer Partisanen im Lande ebenso fürchteten, wie die Rollkommandos der Deutschen, kam im Gespräch nicht klar zutage. In Indochina, so meinte der Stalin, dürfe es jedenfalls nie mehr zur Errichtung der von den Japanern zerstörten europäischen Kolonialherrschaft kommen.

Das klang grausam in den Ohren des Roosevelt. Denn während seine GIs den Japanern mühsam deren Eroberungen in Ostasien wieder abknöpften, genoß der Stalin die Annehmlichkeit, von den Japanern völlig unbelästigt, seine Kräfte gegen die Deutschen zu richten. Und überhaupt: Man wird die von den Japanern in Indochina eingerichtete neue Staatlichkeit der Vietnamesen genau unter die Lupe nehmen. Oh, gewiß. Denn der Stalin hatte schon seine Statthalter für diese künftigen kommunistischen Staaten in Ostasien bei der Hand.

Was will er, dachte der Stalin noch immer. Und jetzt kam es heraus. Dem Roosevelt paßte die ganze Sache mit dem Kolonialismus der Europäer nicht. Er schlug dem Stalin eine internationale Kommission vor, welche die Lage in den bisherigen Kolonien prüfen sollte. In diesem Moment fiel dem Stalin der Groschen, und die Automatik des Sowjetimperialismus begann zu surren. Er fand dieses Vorhaben ganz ausgezeichnet. Denn so bekam er in aller Form und ohne gleich mit subversiven Methoden kommen zu müssen, eine Handhabe, sich in den Kolonien der Bourgeois umzusehen und umzutun.

348

Im Moment sprach der Roosevelt vom Kolonialismus, unter welchem die Inder zu leiden hatten. Und darüber spräche man zuerst einmal besser in Abwesenheit des Churchill. Indien sei eben der wunde Punkt Sir Winstons. Aber in Indien müsse etwas geschehen. Und Leute, die nicht unmittelbar in die Frage der Unabhängigkeit Indiens verwickelt seien, könnten darin am besten befinden. Der Stalin dachte in diesem Moment gleich an die Sowjetunion, ohne diesen Gedanken auszusprechen. Aber er meinte, von solchen Unbeteiligten dürfe man sich mehr Objektivität versprechen. Der Roosevelt wollte sich ohnedies in Indien eine künftige Neuordnung vorstellen, für die ihm das sowjetische Muster die beste Lösung zu sein schien.

Da wurde dem Stalin klar: Es ging jetzt nicht bloß mehr um eine Neuverteilung der Macht über Europa, sondern um die Verteilung der ganzen Welt. Und er nahm sich vor, den Roosevelt zunächst einmal in seinem Ungestüm gewähren zu lassen. Mochte dieser wegen der Kolonien mit seinen kapitalistischen Kollegen Churchill und De Gaulle in Mißhelligkeiten geraten. Er wußte noch immer nicht, was der Roosevelt eigentlich wollte; was er, der Stalin, angesichts solcher enormer Chancen wollte, war ihm klar. Er wird seine Finger in dieser Omelette lassen und jedem auf die Finger schlagen, der sich dabei mit der Kochkunst des Georgiers nicht vertrug.

Der Rest der Welt erfuhr unterm 1. Dezember 1943, was die Großen Drei in der iranischen Hauptstadt so dachten: Daß sie einig und geschlossen im Krieg und Frieden sein wollten. Daß die Truppen des Hitler vernichtet werden müßten. Daß zu diesem Zweck die Generalstäbler der Großen Drei zusammenarbeiten werden. Nachher, nach dem Hitler, soll es auf Generationen hinaus einen dauerhaften Frieden geben, denn es wird eine Weltfamilie demokratischer Länder entstehen. Was man in Washington und Moskau unter Demokratie verstand und welches Modell man den Deutschen aufzwingen wird, wurde nicht gesagt. Nur soviel: Nach dem Ende der Tyrannei des Hitlerismus würden die Völker der Erde nach ihren eigenen, verschiedenartigen Wünschen und ihrem Gewissen leben können. Eine heile Welt war sichtlich im Kommen. Und so schieden die Großen Drei aus dem besetzten Iran, dem man es unlängst ausgetrieben hatte, nach eigenen Wünschen mit den Deutschen zu gehen. Was die Welt nicht erfuhr, wäre damals interessant gewesen. Jetzt nach Jahrzehnten hört es sich nur mehr an wie alte Geschichten, die niemand mehr hören möchte, weil man ohnedies die ganze Bredouille daraus am Hals hat. Der Roosevelt meinte, man müsse Deutschland in fünf Teile zerschlagen. Hamburg, der Kieler Kanal, das Ruhrgebiet und die Saar gehörten überhaupt am besten unter internationale Kontrolle. Dem Stalin gefiel diese, für ihn wenig ergiebige Lösung nicht. Er meinte, für eine differenzierte Behandlung der Deutschen könne er ganz und gar nicht sein. Diese schlügen sich unterschiedlos mit den Truppen der Roten Armee aufs verbissenste. Nur die Österreicher würden bei der Gefangenennahme schreien, sie seien keine Deutschen, sondern Österreicher. Indessen würden letztere gleichermaßen in Empfang genommen. Sir Winston roch in späteren Gesprächen zu dritt den Braten des Stalin und meinte so beiläufig, ob der Generalissimus ein zerstükkeltes Europa vorziehen würde. Ob die Aufteilung Deutschlands denn etwas mit Europa zu tun habe, wollte der Stalin mit gutgespielter Überraschung wissen. Gleich war der Roosevelt wieder mit seiner Lieblingsmethode zur Lösung unlösbarer Probleme zur Hand: Eine Kommission. Ja, eine Ministerkonferenz. Und wo sollte sie tagen? In London. Dem Stalin war die Wahl dieses Ortes wurscht. Er wird sein Nein in London ebenso unerschütterlich ausdrücken wie etwa im Kreml. Und dann kam Polen auf die Scherbank. Davon später.

In jenem Jahr 1944, in dem die Strategie des Hitler vollends durch die Gewalt der Tatsachen widerlegt wurde, vollbrachten die Landser im Osten Leistungen, die weit über jenen stehen, deretwegen man einmal von Blitzkriegen mit -siegen der Wehrmacht gesprochen hat. Die Rote Armee verstand es bereits, so wie der Hitler im Jahre 1941, ganze Armeen der Deutschen zu zerschlagen. Aber es brauchte noch viele Monate, bis sie ihren kostspieligen Stoß auf die deutsche Reichshauptstadt führen konnte.

Noch einmal herrschte über dem russischen Land der 1941 vom Stalin ausgegebene Befehl »Verbrannte Erde«. Diesmal ausgeführt von den Truppen des Hitler. Uralte Bindungen rissen. Russische Frauen flüchteten zusammen mit ihren Kindern und den noch marschfähigen Greisen vor der brennenden Erde und der brennenden Rache der Roten Armee. Die Erde dröhnte vom Hufschlag unzähliger von den Deutschen requirierter Pferde. So, als käme wieder eines der riesigen Reiterheere aus dem Inneren Asien über Europa. Noch immer gab es unzählige Russen, die zwar den Hitler haßten, aber lieber mit den Deutschen in einen drohenden Untergang stürzen wollten als in die Hände der Kommissare vom Schlag eines Nikita Chruschtschow.

Kein Strom, keine Erdbefestigung und keine vom Glück beflügelte strategische Königsidee wird die Rote Armee mehr aufhalten. Das zu wissen, es als schwere Last des eigenen Gewissens mit sich zu schleppen und doch immer wieder Kehrt! zu machen und alle Gewehre auf den gnadenlos andrängenden Feind zu richten, blieb das Geheimnis dieser Stunde. Dessen letzte Ursache weder Militärs noch Historiker, noch Psychologen, noch Schicksalsdeuter aller Art enträtseln werden können. Dann, wenn das hier alles vorbei sein wird.

Rückten Heimaturlauber zur Fronttruppe ein, so geschah ihnen, daß sie noch auf dem Transport gewahr wurden, wie weit die Front seit ihrem Urlaubsantritt nach dem Westen verschoben worden war. Denn plötzlich kamen sie an eine Sperre und vor ein Plakat zu stehen, mit dem allen Urlaubern befohlen wurde, sich sogleich da und dort bei einem Oberleutnant X oder einem Hauptmann Z zu melden. Wo sie dann Versprengte und dergleichen trafen, die von vorne kamen und ihnen von einem Durchbruch der Roten Armee erzählten und von den vielen Panzern, mit denen der Iwan alles zu Brei rollte. In einer Stunde wie dieser wurden Versprengte nicht etwa erst ausgefragt, ob sie nicht Deserteure seien; und Urlaubern wurden nicht die Gründe ihrer Urlaubsüberschreitung abgefragt. Man ließ den Haufen antreten, gab Munition aus, hängte diesem ein MG, einigen anderen einen Granatwerfer an, so derlei vorhanden, und auf gings, dem Iwan und dem unheimlichen Dröhnen der Artillerie entgegen. Ein solcher rasch aufgestellter Haufen bot wenig Halt. Panzer überrollten ihn. Waren diese weit genug hinten, riskierten die Überlebenden das Würfelspiel mit dem Iwan: Ob dieser sie gleich umlegen wird, um die Zahl der getöteten Faschisten im Heeresbericht aufzuputzen; oder ob er sie in eines jener Gefangenenlager bringen wird, vor dem nicht wenige in den Selbstmord flüchteten.

Sie kommen, sie kommen, sie kommen. Gemeint waren die Amerikaner und Engländer, die am 6. Juni 1944 in der Normandie in Frankreich landeten. Und die Russen, die am 22. Juni ihren Hauptangriff gegen die deutsche Heeresgruppe Mitte zwischen der Düna und den Pripetsümpfen begannen. Der Roten Armee gelang ein durchschlagender Erfolg und ein großer Fang: 28 Divisionen des deutschen Heeres, mehr als die Hälfte derer im Mittelabschnitt, wurden zerschlagen, 350000 Deutsche marschierten in die Gefangenschaft. Am 28. Juli nahm die Rote Armee Brest-Litowsk. Der Ostfeldzug wurde noch einmal, vom Punkt seines Ausbruchs beginnend, geführt; diesmal in umgekehrter Richtung. Es wird nicht mehr lange dauern und Vorausabteilungen der Russen werden zum ersten Mal in Ostpreußen die alte Reichsgrenze überschreiten. Da war es keine Kunst der Überredung, die Rumänen dazu zu bringen, fortan nicht auf die Russen, sondern auf die Deutschen zu schießen. Und in ganz Mitteleuropa, vor der endgültigen Niederlage der Deutschen, jenen Horror zu verbreiten, der stockkonservativen Staatsmännern eingab, es lieber mit dem Stalin zu versuchen als im Gefolge des Hitler einem sicheren Tod entgegenzugehen. Man wird sehen.

Nicht, daß alle Deutschen das Unheil, das jetzt knüppeldick über sie kam, nicht insgesamt gespürt hätten. Aber, ob Front oder Heimat, jeder kümmert sich in solchen Fällen zuerst und nur um den Frontabschnitt, an dem ihn höchstpersönlich der Tod bedroht. Und in der Heimat war der nahe Feind nicht der Iwan oder der Ami, sondern der Terror des sogenannten strategischen Bombens der Westalliierten. Unter diesem Terror entwickelte sich ein neuer Lebensrhythmus. Das Volk in der Heimat, das waren außer wenigen

unabkömmlichen Männern nur mehr Alte. Die Frau geriet unversehens in eine nie gekannte Emanzipation. Kinder wuchsen in einer vaterlosen Gesellschaft heran. Wenn von der Autorität, von den Nazis, gesprochen wurde, hörten diese Kinder in diesem Zusammenhang immer häufiger das Wort Scheiße. Es gab nicht gerade eine sexuelle Revolution der einsamen Frauen und der eben mal fern vom Schuß befindlichen Landser. Aber es kam eine andere Moral auf: Genießen wir den Krieg, denn der Friede wird schrecklich sein. Es nützte wenig, daß immer wieder auf das Wort des Führers hingewiesen wurde:
»Das Jahr der Invasion wird dem Gegner an der entscheidenden Stelle eine vernichtende Niederlage bringen.«
Wenn aus dem Osten plötzlich die Feldpost von nahezu einer halben Million Männer ausbleibt und aus dem Westen die von Zehntausenden, dann erzeugt das unter den Frauen daheim eine Gewißheit, gegen die nichts mehr aufkommen konnte. Wäre der Feind im Westen nicht so erbarmungslos gewesen wie der Roosevelt; und der im Osten nicht eben so, wie man von den Erzählungen der Landser, denen der Horror vor diesem gnadenlosen Osten manchmal hochkam, erfuhr, es wäre alles anders gekommen. Anders, als es just um diese Zeit ein Rest der Konservativen in Europa in einem vergeblichen Aufbäumen gegen den Hitler versucht hat.

Sie, Adelige, Offiziere, Priester, fingen an, gegen den Hitler zu konspirieren. Konspiration gehört nicht zu den Methoden des Konservativen Prinzips. Sie ist dem Konservativen nur dann gestattet, wenn er dafür den Preis seines eigenen Lebens, dessen Vernichtung, bedingungslos anbietet.
Einige dieser Männer hatten in diesem ihnen so ganz ungewohnten Tun schon vor dem Krieg begonnen. Wenn man bedenkt, welcher Mut einige Jahrzehnte später den Nonkonformisten unter den Kommunisten zugute gehalten wird, dann kann man den sittlichen Ernst dieses damaligen Aufbegehrens unter dem Schatten der Guillotine vielleicht heute verstehen.
Andere, die um Deutschlands willen anfangs beim Hitler mitmachten, wurden später hellsichtig, manche sehr spät, die meisten zu

spät, weil man unter der Bedrohung einer bedingungslosen Kapitulation schwer den Umsturz proben kann. Winston Churchill, im Krieg immer ein guter Hasser der Deutschen, wird später einmal, wenn alles vorbei und das Opfer der Konservativen umsonst gewesen sein wird, diese Männer zum Edelsten rechnen, was in der Geschichte der Völker je hervorgebracht wurde. Wie immer es damals gewesen sein mag: Ohne Hilfe der Ermunterung von außen, derer sich viele dieser Männer um Deutschlands willen geschämt hätten, wagten sie Kopf und Kragen; ein Leben in verhältnismäßiger Annehmlichkeit, wenn man das allgemeine Los im Krieg als Vergleichsmaßstab nimmt. Es waren keine Hungernden; nicht einmal Machthungrige. Denn ihre Klasse oder Kaste oder Clique, wie immer sie fast unterschiedslos heruntergerissen wurde, gehörte zu den Eliten von gestern. Zu einer Elite, die im Versinken um eines moralischen Prinzips willen noch einmal aufbegehrte.

So ereignete es sich am 17. Mai 1943, daß der frühere Oberbürgermeister der Stadt Leipzig und Reichskommissar für die Preisüberwachung in der Übergangsära der beginnenden dreißiger Jahre, einen Brief schrieb. An einen General der Infanterie, der seit 1940 Chef des Allgemeinen Heeresamtes im Oberkommando der Wehrmacht war. So wie man einmal, zu Kaiserzeiten, als ein gewesener Bürgermeister einer großen Stadt einem General ohne weiteres schreiben konnte, man sei wegen der Lage, in der sich das Reich befand, in Sorge. Es müßte etwas geschehen. In jenem Jahr 1943 war derlei beschriebenes Papier, ein Brief also, unter Umständen gut für ein schnelles Gericht und den Verlust des Kopfes.

Der Briefschreiber, der so maßlos gegen ein erstes Gesetz der Konspiration verstieß, hieß Carl Goerdeler. Der General, der sich seltsamerweise auf diesen gefährlichen Murks einließ, Friedrich Olbricht. Wohl wurde der Brief nicht durch die Reichspost befördert; aber über den Ausgang einer derartigen Methode des Konspirierens konnte nur der im unklaren sein, der zeitlebens Konspiration und Konspirateure nie gemocht hat.

In dem fraglichen Brief ging der gewesene Oberbürgermeister und eventuelle Nachfolger des Hitler die Schilderung der Lage, so wie er sie sah, mit selbstzerstörerischer Offenheit an: Sollte man zuwarten, bis noch mehr Menschen und unersetzliche Güter vernichtet werden? Die Kapitulation einer deutschen Armee in Tunis müßte doch zu denken geben. Solche Niederbrüche hat es in der deutschen Geschichte seit den Tagen des Großen Napoleon nicht gegeben. Und dann appellierte der Zivilist an den Offizier namens der Humanität die damals außer Kurs war. Er erinnerte an die Zahl der auf Befehl zu Tode gebrachten Zivilisten, Frauen, Männer und verschiedensten Völker, namentlich russischer Kriegsgefangener. Wie hoch diese Zahl war, konnte der Goerdeler nicht wissen. Ihn trieb das Wissen um die Massenvernichtung Wehrloser, die mit den primitivsten Gefühlen wilder Völker nichts gemein hatte, zum Handeln. Der gewesene Kommunalpolitiker schien überrascht, daß das deutsche Volk derlei mit einer Passivität ertrug, die, zumal was die Arbeiterschaft betraf, ihm unverständlich war.

Noch dachte der Briefschreiber nicht an Gewaltanwendung. Er war bereit, selbst vor den Hitler hinzutreten und sich mit seiner Ansicht zu stellen. Wissend, daß dieser Versuch böse enden konnte, bat er den General, nachher dafür zu sorgen, daß auch wirklich gehandelt wird. Politische Voraussetzungen zu einem solchen Vorgehen seien vorhanden. Der General möge aber prüfen, ob sich obwaltende technische Schwierigkeiten überbrücken ließen. Obwohl für die Gewaltlosigkeit des gedachten Vorgehens, vergaß der geschulte Jurist nicht, was er einmal beim Studium der Pandekten gelernt hat: Es sei von Rechts wegen gestattet, der Gewalt Gewalt entgegenzusetzen.

Die auf höherer Warte Stehenden sahen im Frühjahr 1944 viel deutlicher, welche Katastrophen aus Ost und West auf das Reich zukamen. Die Zahl derer, die mitmachen wollten, wuchs, jetzt stießen auch von links her Männer, die Gewähr boten, zur Schar. Wer aber – zum Unterschied von Kommunisten – dermaßen ungeschickt konspirierte, mußte damit rechnen, daß es Opfer geben würde, ehe die Ausführung in Sicht war. Schon im Jänner 1944 wurden einige aus dem Kreis um die Witwe des letzten Leiters des Außenressorts im kaiserlichen Deutschland, des Grafen Solf, verhaftet. Der Kreisauer Kreis um den Nachfahren des Großen Moltke wurde gesprengt. Anfangs des Sommers ging man quasi mit Fangnetzen über das Reich her, und wenn es auch viele Unschuldige traf, es gingen genug in dieses Netz des Reichsjustizministers, so die beiden Sozialisten Leber und Reichwein, die unersetzlich blieben; der evangelische Pfarrer Dietrich Bonhoeffer und der Jesuitenpater Alfred Delp. Manchmal schien es, als läge ein seltsames Verhängnis über diesem geheimen Deutschland: Generalfeldmarschall Rommel, auf dessen Person und Haltung einige Hoffnungen gesetzt wurden, fiel an der Invasionsfront in Frankreich einem Fliegerangriff zum Opfer, mußte ins Lazarett.

Der siebenunddreißigjährige Claus Graf Stauffenberg ging seinen steilen Weg in ein freiwillig gewähltes Martyrium. Er kam aus der Jugendbewegung der Nachkriegszeit. In ihr fand er neuen Halt, nachdem seine in Diensten des württembergischen Hofes gestandene Familie den Zusammenbruch des Jahres 1918 mitmachte. Der junge Stauffenberg entzog sich der Verzweiflung der Alten ebenso wie den Exzessen einer politisierenden Jugend. Sein größter Lehrmeister in Jugendtagen war der Dichter Stefan George. Der religiöse Glaube – er war Katholik – blieb ihm bis in den Tod gewahrt. Erst wollte er Architekt werden. Nach dem Abitur änderte er seinen Entschluß; für viele unerwartet, trat er als Fahnenjunker in die Reichswehr der Weimarer Republik ein. Seit dem Tag der Machtergreifung des Hitler am 30. Jänner 1933 umwitterte ihn das Gerücht, er hätte an diesem Tag sich an die Spitze einer begeisterten Menge gestellt und wäre mit dieser durch seine Garnisonstadt gezogen. Später, im Prozeß nach dem Attentat auf den Hitler, wurde ihm vom Gericht eine solche Haltung absolut abgesprochen. Der Graf hatte sich aus Berufung für den Dienst als Soldat entschieden, und aus dieser Grundhaltung muß alles verstanden werden, was er angesichts der frühen Ära des Hitler tat und dachte: Er sah, wie der Hitler mit den Methoden der Demokratie die Demokratie aus den Angeln hob, ohne daß ihn das ganze Parteiwesen und der Staatsapparat daran hindern konnten. Andererseits erkannte er die eigentliche Stärke der Hitlerbewegung: Ihren Kampf gegen das System von Versailles, dessen Ungerechtigkeiten nicht nur auf Deutschland lasteten. Und, nicht zuletzt, er verkannte nicht die sozialen Taten des Hitler, die, vielleicht im letzten Moment, Deutschland vom Rand des Kommunismus wegrissen. Nach Kriegsausbruch wurde seine Kritik an Hitler schärfer. Er übersah nicht, daß alles Detailwissen und der Instinkt des Hitler nicht über dessen fachliche Mängel als Militär hinwegtäuschen durften. Für den Grafen war der Rußlandfeldzug kein Kampf gegen Untermenschen, sondern die entscheidende Auseinandersetzung mit dem Kommunismus. Solche Grundsätze mußten ihn mit herrschenden Ansichten in Konflikt bringen, zum Beispiel damals, als er bei der Aufstellung von Verbänden russischer Freiwilliger herangezogen wurde. Im Sinne der Ostpolitik des Hitler waren solche bewaffnete Haufen von Untermenschen nur dazu da, die schmutzigste Arbeit bei der Liquidierung des Untermenschentums zu besorgen. Der Tag mußte kommen, an dem der Graf einsah, es sei seine moralische Pflicht als Soldat, Befehlen im Verfolg gewisser Taten des Hitler Widerstand entgegenzusetzen. Durchaus soldatisch erzogen, tat er sich schwer bei diesem Umdenken.

Zunächst führte ihn sein Schicksal weitab, ins deutsche Afrikakorps. Als er mit Kameraden Abschied von Berlin feierte, wurde er in seinem Übermut unvorsichtig. Und der besorgte Kellner warnte die Herren, es säßen auch »andere Herren« im Lokal. Weitab vom Konspirieren, lernte er, anderer Leben nicht aus eigenem Übermut aufs Spiel zu setzen.

In Afrika erlitt er jene schwere Verwundung, die ihn außerstande setzte, fortan eine Schußwaffe zu gebrauchen. Daher: Keine Pistole beim Attentat auf den Hitler, sondern die Bombe. Aber, wenngleich er während seines Genesungsurlaubs auf Männer vom Kern derer vom 20. Juli 1944 stieß, war es für ihn noch keine ausgemachte Sache, selbst den Anschlag auszuführen. Zwischen seinem katholischen Glauben und dem Tyrannenmord stand eine Gewissensentscheidung, mit der er lange nicht fertig wurde. Zunächst arbeitete er systematisch an einem Plan: Einen Offizier gestellig zu machen, der die Möglichkeit hatte, ins Führerhauptquartier zu kommen und den Hitler zu töten. Nicht weniger schwierig war es, aus dem Ersatzheer Truppen bereitzustellen, um nachher die Machtergreifung abzusichern.

Manchmal gab es unerwartete Schwierigkeiten. Goerdeler zögerte, Kader aus Kreisen der früheren Gewerkschaften mobil zu machen. Überhaupt schienen die Politiker mit ihren Entscheidungen manchmal arg ins Stocken zu geraten. Bis zuletzt blieb es unentschieden, ob und wie man sich nach dem Ende des Hitler mit dem kommunistischen Osten einlassen sollte. Viele hofften, die meisten eher gefühlsmäßig, auf die Amerikaner. Das rasche Vordringen der in Frankreich gelandeten Westalliierten drängte denn auch schließlich zur Tat. Nicht Appeasement mit dem Westen, sondern zuerst die von Deutschen ausgeführte rettende Tat der Selbstreinigung. Der fortschreitende militärische Zusammenbruch in West und Ost stellte Soldaten vor eine quälende Gewissensfrage: Das radikale Aufbegehren gegen den Obersten Befehlshaber der Wehrmacht angesichts einer derartigen äußeren Not des Reiches war für die Männer des geheimen Deutschland von 1944 nicht so selbstverständlich wie ehedem für Engländer, Franzosen und Russen. Letztere haben in historischer Stunde nicht gezögert, ihr Staatsoberhaupt dem Wohl des Volkes und Landes zu opfern. Deutsche waren derlei nicht gewohnt. Und da war die Gefahr des Entstehens einer neuen Dolchstoßlegende. Wird man nach 1944 nicht so wie nach 1918 sagen, eine frontferne Clique wäre der kämpfenden Truppe in den Rücken gefallen; hätte geputscht, während der Landser vorne sein Leben einsetzte.

Etwa drei Wochen vor dem 20. Juli 1944 wußte es einer aus dem engeren Kreis um Stauffenberg:

»Claus denkt daran, die Sache selbst zu machen.«

Der Graf dachte in äußerster Gefahr nicht mehr, einen Offizier gestellig zu machen; er wird sich selbst seinem Schicksal stellen.

Die Geschichte des mißglückten Attentas, das der Stauffenberg am 20. Juli 1944 im Führerhauptquartier auf den Hitler ausführte, der gescheiterte Anlauf des militärischen und zivilen Aufstands in Berlin und andernorts, die Niederwerfung dieses Versuchs und das Ende derer, die es versuchten, kennt alle Welt. Ehe die Nacht dieses Tages wich, waren in der Reichshauptstadt schon die ersten Todesurteile über Verschwörer verhängt und vollstreckt. Das war die

Stunde, in welcher der Gerichtsherr sich so sehr seines Offiziers-kameraden Stauffenberg schämte, daß er aus Verachtung dessen Namen bei der Urteilsverkündung nicht mehr zu wissen vorgab. Das Urteil war kaum ausgesprochen, da führte man die Verurteilten hinunter in den Hof des Kommandogebäudes in der Berliner Bend-lerstraße. Was dort geschah, hatte etwas von den makabren Liqui-dierungsmethoden an sich, mit denen seit 1917 in Rußland liqui-diert wird. Nicht nur, daß die nächtliche Szene von den Scheinwer-fern der LKWs ausgeleuchtet wurde; es liefen auch einige Motoren, und wenn auch das Motorengeräusch nicht das Knattern des Ge-wehrfeuers übertönte, so erstickte es doch fast die letzten Worte de-rer, die so wie der Stauffenberg in den Tod gingen. Man stellte den Grafen an die südliche Wand des Hofes, und in den Feuerbefehl an das Exekutionskommando schrie der Stauffenberg den Kameraden von der anderen Seite zu:

»Es lebe das heilige Deutschland.«

Andere glaubten zu hören: Das heimliche Deutschland, Ideal des Grafen aus Jugendtagen. Wie immer dieser zuletzt redete und wie lange und verschieden über seine Tat in Deutschland geredet wird: Für ihn war dieser Tod die Erfüllung des Auftrags, den er sich selbst einmal stellte:

»Ich glaube, daß der Himmel denen gnädig ist, die in Erfüllung ih-rer Aufgabe sterben.«

Nur diesen einen Tag lang mußten die Männer in den Staatskanz-leien der Alliierten bangen, es könnte den verdammten Deutschen zuletzt doch noch die rettende Tat einer Selbstreinigung gelingen; ehe sie in die ihnen zugedachte Maschinerie einer bedingungslosen Kapitulation gerieten. Nicht auszudenken, wenn es die Konservati-ven in Deutschland damals geschafft hätten; sie, die doch in den sel-ben Gully gehörten wie die Nazis samt ihrem Hitler. Letzterer li-quidierte alle solche geheime Sorgen seiner früheren Gesprächs-und Vertragspartner in West und Ost. Er ließ die Typen vom 20. Juli 1944 mit den ausgesuchtesten Martermethoden zu Tode beför-dern, dieses Geschehen in Bild und Ton festhalten, so daß nicht nur er, sondern auch die Sieger von 1945 nachher betrachten konnten, wie damals derlei Pack endete.

Noch gaben die Konservativen angesichts des Bolschewismus nicht auf. Nur elf Tage nach dem 20. Juli in Deutschland schlugen sie in Polen zu. Und das angesichts des schauerlichen Untergangs der Juden im Warschauer Ghettoaufstand vom April 1943 und eines Trümmermeers dieser sterbenden Großstadt, unter dem die Gebeine unzähliger Kämpfer faulten. Fünf Tagemärsche war die Rote Armee nur mehr von Warschau entfernt. Sie führte im Troß die Kader eines kommunistischen Regimes über Polen mit.

Die in London amtierende polnische Exilregierung gab Auftrag, nicht erst auf den Einmarsch der Sowjets in Warschau zu warten, sondern die Hauptstadt, den Sitz der Regierung des Landes, vorher selbst zu befreien. Vielen Polen stand in einer Stunde wie dieser vor Augen, was die Sowjets nach ihrem Einfall in Polen im Jahre 1939, später, 1940, mit gefangenen polnischen Offizieren getan haben, deren Leichen sie im Wald bei Katyn verscharrten.

So wie in Berlin war auch in Warschau ein Graf der Mann des Schicksals. Im Ersten Weltkrieg hat er noch als Ulan bei den Kaiserlichen gedient und an der Seite der verbündeten Deutschen gekämpft. Jetzt, 1944, wird er mit der ganzen Wucht eines unterdrückten und herabgewürdigten Volkes die Deutschen, Verbündete der Russen von 1939, angreifen und ihnen die Kontrolle über die Hauptstadt entreißen. Alle politischen Gruppen im Lande waren für den Aufstand. Auch die Kommunisten, die nachher den Grafen verleumden werden. Und – die Stunde schien dem Unternehmen günstig zu sein. Nach dem Zusammenbruch der deutschen Heeresgruppe Mitte strömten Tag und Nacht rückwärtige Einheiten und Trosse durch die Stadt. Das Bild eines geschlagenen Heeres. Je mehr das Ansehen der Deutschen sank, desto mehr stieg der erneute Selbstbehauptungswillen der Polen.

Der polnische Graf hieß Tadeusz Komorowski. Gebürtig aus der ehemals österreichichen Judenstadt Tarnopol, sah er im Sommer 1944 aus, wie im Sommer 1914 ein Oberst bei den Ulanen der Kaiserlichen ausgesehen haben mochte. Kein Dutzendgesicht, eines, das die Geschichte seiner Nation immer wieder geprägt und verfestigt hat.

Als Chef vom Dienst der polnischen Heimatarmee, also jener, die nicht unter englischem oder sowjetischem Befehl stand, führte er einen nom de guerre: Bór, also Wald. Seine Waldarmee, seine Armee im Untergrund, wollte der Graf auf dreimal hunderttausend Mann schätzen. Am 31. Juli 1944, zu der Stunde des Arbeitsschlusses in Warschau, schickte er seine unauffälligen Melderinnen los, um den Unterführern den Befehl zum Aufstand unerkannt zu überbringen. Der Befehl war kurz gefaßt: »Morgen nachmittag 5 Uhr – x.« Tags darauf erging ein allgemeiner Befehl des Grafen an die Öffentlichkeit. Nach fünf Jahren sollten die Soldaten der Heimatarmee ihre Waffen zum offenen Kampf gegen die Deutschen erheben. Im Kampf möge man sich erinnern, was während dieser Jahre an Polen und den Polen geschehen ist. Als der Graf den Befehl unterschrieb, dachte er an den verzweifelten Widerstand gegen den Blitzkrieg der Deutschen im Herbst 1939 und an die Folgen der Niederlage. An die Massaker dieses Aufstands der Warschauer Juden im Mai 1944 und die noch viel grausameren Folgen dieses mißglückten letzten Versuchs vor dem Untergang. Und an die möglichen Folgen dessen, was er jetzt mit seinem Namen vor seiner Nation zu verantworten hatte. Würden nach so vielen geschehenen Grausamkeiten seine Landsleute dem Befehl gehorchen, würden sie in die Versammlungsräume einrücken?

Sie kamen. Frauen und Kindern, die nicht unter den Aufständischen verbleiben wollten, wurde von den Deutschen freier Abzug gewährt. Und dann durchzogen die ersten Patrouillen der polnischen Heimatarmee, ausgerüstet mit leichten Infanteriewaffen, die Straßen der zur Verteidigung ausgewählten Stadtteile. Die Jungen, die 1939 noch nicht dabei sein konnten, wurden angesichts des Feindes im Waffengebrauch ein wenig geschult; den Rest würden sie selbst erlernen. Viele Greise mußten abgewiesen werden, sie blieben aber und sorgten zusammen mit Frauen und Kindern für den Nachschub- und Verpflegungsdienst. Da und dort war einer, der stolz die alte Uniform eines Offiziers der Gebirgsjäger trug und dazu die Eispickel; die allermeisten kämpften in Räuberzivil, mit der zweifarbenen Armbinde. Im Nu waren Barrikaden aufgerichtet, die Verteidigung im Häuserkampf organisiert. Und so, wie im Frühjahr 1945 Hitlerjungen gegen die Sowjets kämpften, kämpften im Spätsommer 1944 halbwüchsige Polen gegen die Deutschen. Waffen aller Staaten, deutsche, österreichische, sowjetische et cetera wurden hervorgeholt. Es entstand die Schwierigkeit, daß es mehr Gewehrträger als Gewehre, mehr MG-Schützen als MGs gab. Am schwersten taten sich die Aufständischen mit ihrer psychologischen Kriegführung. Die Deutschen kamen ihnen nämlich mit einer nicht zu übersehenden Wahrheit: Der Graf und seine Armee kämpften verlassen von den Verbündeten in Ost und West. Das Ganze paßte nicht mehr recht ins Konzept der künftigen Sieger. Man hatte das alte Polen seiner Kleider beraubt und darüber schon in den internationalen Konferenzen das Los geworfen. Typen wie besagter Graf eine war, wurden nicht nur in Moskau mäßig geschätzt, auch in Washington bestand kein Bedarf für sie. So ist das tausendjährige Polen also zugrunde gegangen, um im Kleid der kommunistischen Volksrepublik zu erstehen.

Die aufständischen Polen massakrierten nicht die Landser, wie es etwa in Jugoslawien die Partisanen des Tito taten. Und die Deutschen erkannten die Kämpfer auf der anderen Seite als eine reguläre Truppe der Warschauer Exilregierung an. Es blieb so viel Kriegsrecht gewahrt, wie in diesem Krieg ohne Gnade an anderen Fronten, im Westen zumal, noch galt. Zwei Monate und einen Tag dauerten die Kämpfe. Und eben diese Zeit ließ sich die von Osten kommende Rote Armee, um den Deutschen die Ausrottung dieses reaktionären Exzesses zu überlassen und nachher mit ihrem Regime zu kommen. Es wurde September. Der Graf hatte deutsche Kapitulationsangebote abgelehnt, da erschienen viermotorige Kampfflugzeuge aus dem Westen. Warfen eilfertig und schusselig Nachschubgut ab und versorgten so meistenteils die Deutschen. Noch einmal verfestigte sich die deutsche Ostfront in Polen. Die Rote Armee marschierte am Ort, kam erst im folgenden Jänner, 1945, über die Weichsel.

Da schickte denn der Graf die Präsidentin des Polnischen Roten Kreuzes zu den Deutschen. Als Parlamentärin. Ein deutscher PK-Fotograf, einer aus einer Propagandakompanie, hat die Gräfin Tarnowska in dem Moment ins Bild bekommen, als ein SS-Offizier der Parlamentärin die übliche schwarze Binde vor die Augen legte. Und so blieb für alle Zukunft der Ausdruck in den Augen einer Polin, die einen solchen Gang tun mußte, der Nachwelt verborgen. Sicher verbirgt das Tuch keine Tränen. Denn der Mund der Gräfin ist fest geschlossen. Nicht verkniffen oder schmerzlich verzerrt. Seltsam steht die Dame da: Ganz in schwarz. Marschstiefel an den Beinen. Schwarze Handschuhe. Ein schwarzes Ridikül in der linken Hand, deren Arm die verfluchte Weiße Binde als Zeichen der Kapitulation trägt. In guter Ordnung marschierten der Graf und die Reste seiner kämpfenden Truppe in die Gefangenschaft. Der Reichsführer SS Heinrich Himmler wollte diese Männer nun nicht als Untermenschen ansehen und behandeln. Er hatte so seine Gedanken; wollte den Grafen sprechen. Dieser aber kam nicht, wollte als Kriegsgefangener unter den anderen Gefangenen bleiben. So blieb ihm vielleicht für diesen tragischen Moment und die erste Zeit nachher das Wissen von dem erspart, was betreffs seines Landes unter den Großen Drei ausgehandelt und beschlossene Sache war.

Kehren wir noch einmal an jenen Beratungstisch zurück, von dem schon vorher, bei der Erwähnung der Konferenz zu Teheran, die Rede war. Roosevelt wollte, daß die polnische Frage in Zusammenhang mit der deutschen erörtert werde. Gleich wandte der Stalin ein, er für seinen Teil wolle von der seit 1939 in London im Exil amtierenden polnischen Regierung nichts wissen. Diese stünde mit den Deutschen in Verbindung. Worin? Der Stalin wollte nicht im Haus des Gehenkten vom Strick reden, von den in Katyn ermordeten Polen; einen Fund der Deutschen, von dem die Exilpolen absolut nicht glauben wollten, daß diese auf russischem Gebiet gefundenen Toten von den Faschisten ermordet wurden. Und noch mehr: Diese Heimatarmee bringe Partisanen um, erzählte der Stalin. Da könne es keinen Zweifel geben: Mit dieser Regierung stünden die Deutschen in Verbindung und er, der Stalin, habe dabei nichts zu suchen.
An sich hätte jetzt Winston Churchill das zum Gegenstand bemer-

ken sollen, was er später in seinen mit dem Nobelpreis ausgezeichneten Kriegserinnerungen zu Papier bringen wird. Aber in diesem Fall hätte er gleich die Beziehungen mit Moskau abbrechen können und sich wahrscheinlich zugleich die Feindschaft des Roosevelt zugezogen; welch letzterem es sehr gut gefiel, daß seine amerikanischen Landsleute den Stalin Onkelchen nannten, nämlich Uncle Joe. Und also ging Sir Winston die polnische Frage ein wenig hintenherum an. Er erinnerte, sein Land sei wegen Polen in diesen Krieg geraten. Indessen sähe er ein, daß es historische Unterschiede zwischen den Engländern und Russen betreffs Polen gäbe. Stalin ging in Lauerstellung. Aber Sir Winston glitt in galanter Manier über die Tatsache des Überfalls der Sowjetunion auf Polen im Jahr 1939, im Verein mit dem Hitler, hinweg. Er, Sir Winston, habe die Lage Rußlands bei Kriegsbeginn sehr gut verstanden und nicht erwartet, daß die Sowjetunion damals ihre Existenz aufs Spiel setzte. Und dann kam der Engländer auf sein beliebtes Beispiel mit den drei Streichhölzern zu sprechen: Wie er einmal vor den Stalin drei Streichhölzer auf den Tisch legte. Eines, das die polnische Ostgrenze von 1939 markiert, eines rechts davon, das die sowjetisch-deutsche Demarkationslinie in Polen darstellt, und ein drittes links davon, das die polnische Westgrenze gegen das Reich aus 1919 bedeutet. Man nehme das erstgenannte Streichholz weg und lege es links vor das letztgenannte. So käme die sowjetische Westgrenze dahin, wo sie schon der Hitler haben wollte; für den so erlittenen Gebietsverlust im Osten wird Polen durch Gebietsgewinne im Westen, auf Kosten der Deutschen, kompensiert.

Der Stalin wollte das mit den drei Streichhölzern genauer erklärt haben. Mit der polnischen Exilregierung in London, die sich der Hetze des Hitler gegen die Sowjetunion angeschlossen hatte, wollte er nichts mehr zu tun haben. Von Katyn sprach er nicht. Wohl aber von einer anderen polnischen Regierung, die zum aktiven Kampf gegen die Deutschen aufruft. Hatte er etwa in petto, was Graf Komorowski im folgenden Sommer tun wird? Ach, beileibe nicht. Er sprach es nicht aus, aber er dachte an ein kommunistisches Regime in Polen. Und er verlangte von den Westmächten schlankerhand,

auch sie mögen ihm jenen Gebietsgewinn der Sowjetunion in Ostpolen zuerkennen und bestätigen, der ihm 1939, dank seines Bünd-
nisses mit dem Hitler, zufiel. Da meinte der englische Außenminister, es handle sich wohl um die als Ribbentrop-Molotow-Grenze
bekannte Linie. So beiläufig antwortete der Stalin, der Engländer
möge sie nennen, wie er will; er, der Stalin, halte diese Grenze für
gerecht und richtig. Da hat Sir Winston glaublich nichts mehr gesagt.

Sie rissen die Holzkreuze, die über den Grabhügeln standen, heraus
und verbrannten sie. Dann wälzten sie die Grabhügel flach oder ließen es Russinnen händisch besorgen. Nichts sollte die ankommende Rote Armee daran erinnern, daß hier faschistische Hunde
begraben sind. Zwei Millionen und dreimal hunderttausend solcher
Gräber ließen die Deutschen in Rußland zurück. Beim Vormarsch,
als sie in die Ukraine einrückten, fanden sie dort noch die recht gut
instand gehaltenen Gräber der Vätergeneration aus 1918. Die Russen haben sie geachtet und zuweilen gepflegt. Jetzt aber sollte die
russische Erde nicht einmal die Leichen der Deutschen dulden. Und
daher die Zerstörung der Gräber, ehe die Toten entdeckt wurden.
Während im Osten schon die Katastrophe über das deutsche Heer
hereinbrach, kursierte eine umfangreiche Biographie des Großen
Napoleon. Verfaßt von einem höheren Funktionär der NSDAP.
Man vermutete, und man vermutete zu Recht, daß der Autor dieses
Buch nicht ohne Billigung von allerhöchster Stelle herausgebracht
hatte. Die Persönlichkeit Hitlers, des Größten Feldherrn aller Zeiten, reizte geradezu zum Vergleich mit Napoleon, der demnach unter dem Hitler rangierte. Indessen war es nicht dieser unausgespro-
chene, aber durchaus transparente Vergleich, der Interesse erweckte. Da war vielmehr das unrühmliche Ende der Großen Armee des
Napoleon in Rußland, 1812, und der nachfolgende Sturz des Kaisers. War Rußland in solcher Schau das Grab des Hitlerismus?
Nein, nein, verwahrt sich der Autor schon im Vorwort. Denn nicht
in der russischen Schneewüste will der Autor die Ursache des Sterbens der Macht Napoleons gefunden haben; auch nicht in der unablässigen Gegnerschaft Englands; sondern im Verlieren gegen die

ungeheure dynamische Kraft des deutschen Volkes in der Zeit seiner Befreiungskriege. Darnach blieb angesichts der ungeheuren Übermacht, die aus West und Ost auf das Reich zukam, nichts als Hoffnungslosigkeit. Man warf den Schmöker weg.

Das muß um die Zeit gewesen sein, als die Ostpreußen, zum ersten Mal seit 1915, wieder das Herannahen russischer Armeen hörten. Geschützfeuer zuerst, dann Gefechtslärm. Dann sahen sie Trosse, manche in derart säuischer Ordnung, daß die Alten sich fragten, ob derlei Unordnung jetzt bei Preußens Brauch sei. Der Landesstallmeister Ostpreußens fragte damals beim Gauleiter in Königsberg an, ob es nicht ratsam wäre, das Gestüt von Trakehnen vor den Russen in Sicherheit zu bringen. Ein menschliches Wesen durfte es ja nicht wagen, derlei Vorsorge für sich zu beanspruchen. Es wäre wegen solcher Feigheit womöglich ums Leben gekommen, ehe die Rote Armee ins Land kam. Nun, der Gauleiter, berühmt unter dem Namen Erich Koch und als einer der Untäter in den besetzten Ostgebieten, war immer noch bummelwitzig. Er ließ verlauten: Kämen die Russen ins Land, da könnten ja die Trakehner im Wettlauf mit russischen Panzern ihre Leistungsfähigkeit unter Beweis stellen. Also nichts dergleichen. Nur der unablässige Strom von Heeresfahrzeugen, oft mit Gütern beladen, die früher ein Schirrmeister mit einem Fußtritt in den Graben befördert hätte. Panjewägelchen, treueste und verläßlichste Begleiter der Landser im Osten. Und Russen, Litauer, viel Intelligenz anderer Ostvölker, die schon einmal die Besetzung ihres Landes durch die Sowjets erlebt hatten und nicht ein zweites Mal zwischen die Mahlsteine des Klassenkampfes kommen wollten.

Und dann kam die 1. Infanterie-Division heim. Das ostpreußische Infanterie-Regiment Numero 1, das bis zuletzt bei der Verteidigung der Karpathen gegen die Rote Armee dabei war. Was für ein verlorener Haufen: Die Division hatte auf dem Rückzug die Geschütze verloren. Die Männer sahen aus, als kämen sie aus der Hölle. Sie hatten trotzdem gebeten, sie aus der Front in Ungarn zu ziehen und sie in ihrer Heimat Ostpreußen gegen die Russen einzusetzen. Sie wußten warum.

Es wurde Oktober, bis die Rote Armee ins Land kam. Nach Grenzkämpfen fiel die deutsche Front zurück auf Nemmersdorf und Goldap. Ein erfolgreicher Gegenstoß befreite noch einmal das Land. Nach dem, was die Landser in wiedereroberten Orten sehen mußten, brauchte es fortan wohl kaum mehr einer gegen die Rote Armee gerichteten Greuelpropaganda. Die künftigen Sieger kamen als Rächer, die an Deutschen genommene Rache sollte Unrecht, das im Krieg den ihrigen angetan wurde, ausgleichen. Jahrzehnte später hat der in Ostpreußen eingesetzte Artillerieoffizier der Roten Armee, Alexander Solschenizyn, beschrieben, wie das so zuging: Wären damals die Mädchen Deutsche gewesen, jeder hätte sie vergewaltigen und erschießen können. Und das wäre so etwas wie eine kriegerische Tat gewesen. Wären es Polinnen oder verschleppte Russenmädel gewesen, dann wären ihnen die Kleider vom Leib gerissen, ihnen auf die Schenkel geklopft und sie nackt über die Felder gejagt worden. Et cetera.

Fast zur selben Zeit betraten die Truppen der Westmächte zum ersten Mal deutschen Boden. Als sie an Aachen herankamen, verlangten sie von der Besatzung die übliche bedingungslose Kapitulation. Und da sie darauf nicht die erwartete Antwort bekamen, zerbombten sie erst einmal die Stadt. Nach einigen Tagen zog ein Haufen Landser in zerrissenen und staubigen Uniformen ab in die Gefangenschaft. Ihnen entgegen kamen Greise, Frauen und Kinder, die unter der Weißen Fahne in die Stadt, in ihre Stadt, heimkehren wollten. Wie Butter durchstießen die Amerikaner und Engländer jenen Westwall, den Hitler im Jahre 1938 das größte Verteidigungsbauwerk aller Zeiten genannt hat.

Und doch: Weder in zerbombten Städten im Westen, noch in der geschändeten Landschaft des Ostens erfüllte sich in jenem Herbst 1944 das Schicksal der Deutschen. Unter Ausschluß der Öffentlichkeit einigten sich damals Vertreter der alliierten Großmächte über die künftigen Grenzen der Besatzungszonen in Deutschland nach dem Krieg. Insbesondere über die Zerstückelung der Reichshauptstadt Berlin. Dann wurde dieses Abkommen über die Zonen durch eines über die Kontrolleinrichtungen im besetzten Deutschland ergänzt. Englische Militärs, die damals ihre Regierung darauf aufmerksam machen wollten, daß damit einer russischen Aggressivität in Europa in einem gefährlichen Umfang Raum gegeben würde, mußten sich eine scharfe Zurechtweisung seitens ihrer Regierung gefallen lassen. In den USA gab es damals weder in militärischen noch zivilen Kreisen derlei absurde Bedenken. Viele Intellektuelle, die auch im Krieg Zeit und Muße hatten, vor allem aber mit dem Hitler abrechnen wollten, setzten sich hin und brachten ihre Vorhaben betreffs Nazideutschland zu Papier. Unter diesen Entwürfen bekam der Henry Morgenthaus jr. legendäre Bedeutung. In ihm gab es großartige Perspektiven. Etwa die Rückversetzung des schon hochindustrialisierten Deutschlands in die Zustände eines primitiven Agrarlandes. Oder: das strikte Verbot von Musikkapellen und das Abspielen von Militärmärschen und anderen Märschen. Eine Vorhut des Nachkriegs-Psychologismus hatte bereits die Finger in dieser Omelette. In diesem Sinn die Rücksichtnahme auf die Kriegsmüdigkeit der Amerikaner: Man wird ihre GIs nicht als Besatzungstruppen in Nazideutschland lassen, sondern sie raschest heimbefördern und demobilisieren. An ihrer statt sollten russische, französische, polnische, tschechische, griechische, jugoslawische, norwegische, holländische und belgische Truppen treten.

Aber derlei Papierkram der Intellektuellen bedeutete nichts im Vergleich zur jener Gewalt der Tatsachen, mit der die Großen Drei alsbald über die Deutschen herfielen.

Ort dieses Tuns war der frühere Zarenpalast Livadija bei Jalta auf der Halbinsel Krim. Die Zeit: 4. bis 11. Februar 1945. Eben war die Offensive der Roten Armee in Ostmitteleuropa und in Deutschland richtig in Schuß gekommen. Also hieß der Stalin seinen Armeegeneral Antonov den Gästen aus dem Westen aufzuzählen, was die Sowjets seit dem 15. Jänner 1945 an Land unter Kontrolle gebracht hatten. Es war eine lange Liste. Zudem hörte man, es seien neuerdings 45 deutsche Divisionen zerschlagen, hunderttausend Faschisten in die Kriegsgefangenschaft abgeführt worden. Und das wichtigste: Dreimal hunderttausend Deutsche hat man bei dieser Gelegenheit getötet.

Nachher blieb nur ein Wunsch der Roten Armee übrig: Die Westalliierten sollten baldigst die Städte Berlin und Leipzig zerstören. Sir Winston kramte wieder einen der alten Pläne aus dem Ersten Weltkrieg hervor. Damals sollte sich eine siegreiche italienische Armee und eine siegreiche serbische Armee im Becken von Laibach treffen und von dort aus die Habsburgermonarchie aus den Angeln heben. Wie konnte er nur annehmen, daß Stalin auf derlei längst nicht mehr den Machtverhältnissen entsprechenden Kram einging? Was Ost- und Südostmitteleuropa betraf, wollte der Stalin alle Fragen im kleinen Komitee mit seinen kommunistischen Gewährsmännern aus diesen Ländern besprechen; richtiger: diesen sagen, woran sie in Zukunft waren. Da hatte England nichts dabei zu schaffen.

Nach diesem verfehlten Vorfühlen wollte am nächsten Tag Sir Winston die Frage der Zukunft Deutschlands aufs Tapet bringen. Gab es überhaupt eine solche Zukunft, da es doch so gut wie entschieden war, daß es für Deutschland keine Gegenwart mehr gab. Für den Stalin war eine Zukunft Deutschlands keine Frage. Wie es mit diesem Land stehen wird, das stand in seinen Plänen fest.

Und wieder wollte Sir Winston auf seine Erfahrungen aus 1918 kommen. Da fuhr ihm aber der sowjetische Botschafter Majskij gehörig in die Parade. Das ganze jetzige Übel mit den Deutschen käme ja daher, daß man diesen nach 1918 nicht Sachleistungen auferlegt, sondern Geld abverlangt hat. Geld, daß übrigens diese Deutschen ohne weiteres hätten aufbringen können, wenn man sie gehörig 'rangenommen hätte. Statt dessen hätten aber die Engländer, Amerikaner und Franzosen schließlich den Deutschen Geld geliehen, und so hätte das Übel begonnen: Anstatt Reparationsleistungen zu entrichten, hätten die Deutschen sich wieder aufgerappelt und die anderen um ihre Forderungen betrogen.

Da gab der Roosevelt dem Churchill zu verstehen (und der sah es auch ein, ja er bekannte sich selbst dazu), daß derlei nach dem jetzigen Krieg sich nicht wiederholen würde.

An diesem Punkt der Übereinstimmung angelangt, konnte Majskij fortfahren und feststellen, die von der Sowjetunion den Deutschen zugedachten Reparationslieferungen seien angemessen; sie entsprächen nüchternen und realistischen Berechnungen. Diese Runde war vollends an die Sowjets gefallen, als gesagt wurde, es könne keinen Disput darüber geben, daß Moskau Sitz der zukünftigen Reparationskommission sein müsse. So wie nach 1918 die Hauptstadt des damals am meisten im Krieg zerstörten Frankreichs, Paris.

Churchill war hinterm Ziel dieses Laufes nicht ganz wohl. Er meinte, diese Frage könne er nicht ohne einen diesbezüglichen Beschluß seines Kabinetts endgültig bereden. Auch das Parlament müsse befinden. Da konnte es sich der Stalin nicht verkneifen, mit gespielter Bonhomie zu sagen, das englische Volk werde doch nicht den aus dem Krieg als Sieger heimkehrenden Ministerpräsidenten Churchill abwählen. Und schon hatte der Stalin den Teufel, der den Churchill in wenigen Monaten tatsächlich verjagen wird, an die Wand gemalt. Denn die Sozialisten in England waren fest daran, so wie der Krieg vorbei war, Sir Winston und seine Konservativen aus der Regierung des Landes zu vertreiben.

Der Roosevelt, seinem Tode unheimlich nahe, wollte nach diesem Krieg einen Frieden von fünfzig Jahren gesichert wissen. Kein Krieg bis 1995. Nach der Entwaffnung der gewerbsmäßigen Kriegstreiber Deutschland und Japan, konnte derlei keine Utopie sein.

Und dann stieg in Umrissen die Gestalt der Vereinten Nationen, des verbesserten Völkerbundes ex 1919, aus den Beratungen. Ein Sicherheitsrat dieser weltumspannenden Organisation wird so arbeiten, daß jede Beschlußfassung in derselben unmöglich wird, wenn auch nur eine der drei Großmächte ihr Veto einlegt. Niemand dachte im Moment an das liberum veto im Reichstag des früheren Königreiches Polen, das Polen zur Untätigkeit im Politischen verdammte und es zum Opfer seiner Nachbarn gemacht hat.

Ohne an besagtes liberum veto zu denken, kamen die Großen Drei jetzt an das vertrackte polnische Problem. Roosevelt, der im Moment vielleicht tatsächlich Kopfschmerzen hatte, meinte, diese polnische Frage habe der Welt im Laufe von fünfhundert Jahren Kopfschmerzen bereitet. Seufzend warf Sir Winston ein, man müßte jetzt eben dafür sorgen, daß diese Frage nie mehr der Welt Kopfschmerzen bereite. Ja, schloß der Stalin, das müsse man unbedingt. Damit basta für diesen Tag.

Und so fing der nächste Tag mit der Erörterung der polnischen Frage an. Stalin spielte mit einem Blatt voller Stecher. Um die leidige Ribbentrop-Molotow-Grenze aus 1939 aus dem Gespräch zu halten, meinte er, die jetzige Westgrenze der Sowjetunion entspräche bis in Details jener Linie, die nach 1918 ein Engländer vorgeschlagen hat: George Nathanael Curzon, Marquess Curzon of Kedlestone. Eine solche Persönlichkeit aus der Geschichte der englischen Politik und Diplomatie mußte dem Churchill einfach gewährbietend sein.

Na, und was die Polen gegenüber dem Status 1939 im Osten verlören, würden sie im Westen gewinnen; von den besiegten Deutschen. Eine künftige Westgrenze Polens entlang der Oder und der Neiße. Auch wegen einer Kooptierung von Angehörigen der Londoner polnischen Exilregierung in die von Stalin im Lande eingesetzte, könnte man reden.

Sir Winston brachte einen bemerkenswerten Gesprächsbeitrag: Bisher seien sechs bis sieben Millionen Deutsche im Krieg umgekommen. Bis Kriegsende würden noch ein bis anderthalb Millionen dazu kommen. Er, Sir Winston, schlage durchaus nicht vor, mit der Vernichtung der Deutschen aufzuhören. Da meinte der Stalin leutselig, in den Teilen Deutschlands, in die jetzt die Rote Armee käme, gäbe es kaum eine deutsche Bevölkerung. Es war so, als würde man nach einem Waldbrand sagen, es gäbe ohnedies keine Bäume; warum sich also Gedanken wegen der früher gestandenen Bäume zu machen. Der Roosevelt hörte sich das an. Sir Winston wollte am nächsten Tag weiterreden.

Tags darauf kam das Gespräch aber zuerst auf die Vereinten Nationen; dermalen noch keine Nachkriegsorganisation, sondern, wie 1919 der Völkerbund, die Assemblee der künftigen Sieger. So war das.

Der Roosevelt ging nachher glatt auf die Vorschläge des Stalin betreffs der künftigen Grenzen Polens ein. Sir Winston machte sich an die Autopsie des 1939 zugrunde gegangenen Polen. Er sah dessen Heil in freien demokratischen Wahlen. Innerlich grinsend sagte der Stalin, die Polen würden selbstverständlich freie Wahlen haben. Wenn es keine Katastrophe an der Front gäbe. Er hoffe allerdings, daß sich die Alliierten nicht von den Deutschen schlagen lassen. Wer die Zwischentöne der seltsamen Rede des Stalin vernehmen hätte können, wäre sich längst bewußt geworden, zu welchem Ende das mit Polen trieb. So aber ging wieder ein Tag zu Ende, und man hatte noch immer kein gemeinsames Papier betreffs des unglücklichen Polen.

Und da, am nächsten Tag, ließ der Roosevelt die Katze aus dem Sack: Jene unter vier Augen gedachte Kommissionierung der Kolonien und überhaupt die prinzipielle Infragestellung des bisherigen Kolonialismus. Der künftige Kolonialismus des Kapitalismus des Westens und jener mittels der Bolschewisierung aus dem Osten machte alte Kolonialmächte überflüssig. Zum Herrschen in Übersee wird man künftig keine Kolonialtruppen brauchen; die Welt wird sehen, wie das nach dem Krieg weitergehen wird. In Asien und in Afrika. Vielleicht auch in Lateinamerika, wo es heißen wird: money makes it.

Sir Winston glaubte seinen Ohren nicht trauen zu können, als er hörte, die Ständigen Mitglieder des Sicherheitsrates der Vereinten Nationen, dermalen nur 3, sollten Konsultationen wegen einer UNO-Treuhandschaft für koloniale und abhängige Staaten pflegen. Da warf Sir Winston in höchster Erregung ein, es werde nie zu einer Auktion des britischen Commonwealth und Empire kommen, solange die britische Flagge über einem dieser Territorien weht. Nie werde sich das Empire auf die Anklagebank eines internationalen Gerichtshofes setzen. Armer Sir Winston. In dreißig Jahren wird von diesem Empire kaum ein Stein noch auf dem anderen sein und dein Volk wird wieder jenes Inselvolk sein, das sich einmal aufmachte, Herr des Erdballes zu werden.

Die Ratgeber des Roosevelt, die diesem die Sache mit den Kolonien eingeblasen haben, beruhigten die Besorgnisse des Sir Winston wegen des Empire. Und was besagte Treuhandschaft betraf, so werde sich diese nur auf Kolonien der Feindstaaten beziehen. Da das Reich seit 1919 keine Kolonien besaß und Japan daran war, mit seinem Reich fürs erste zugrunde zu gehen, wäre die Frage am Platz gewesen, von welchen Feindstaaten die Rede war und welche Kolonien der Feindstaaten ins Auge gefaßt wurden. Aber Sir Winston ließ diesen Wust von Ansichten an ihm vorbeikollern, da scheinbar ohne Betreff für das Empire. Der Stalin meinte abschließend, er würde die Krim als Sitz der fraglichen Treuhandschaft über Kolonien anbieten. Seine Epigonen werden diese Tour nicht brauchen; sie werden einsickern, wo die alten Kolonialherren den Hut nehmen müssen.

Dann zog der Stalin geschickt die jugoslawische Frage ins Gespräch. So wie im Falle Polens konnte auch in diesem Fall der Stalin auf das Verständnis des Roosevelt hoffen. Man wird jene 1941 von den Deutschen ins Londoner Exil gejagte jugoslawische Regierung samt dem König Peter II. natürlich nicht mehr ins Spiel lassen. Mochten diese Exulanten einige Figuranten in das Regime des Kommunisten Tito schicken.

Sir Winston warf grollend ein, dieser Tito sei ein Diktator. Da platzte dem Stalin fast der Kragen. Das wäre ja noch schöner: Hier auf der Krim, in seinem Chateauschloß Typen, wie der Stalin eine war, als Diktatoren hinzustellen. Laut betonte er, Tito sei gar kein Diktator.

Und weil man schon wieder im Osten des Kontinents herumtat, kam Polen wieder aufs Tapet. In Polen müsse man auf freie Wahlen bestehen. Diese Erklärung war der US-Präsident seinen Wählern polnischer Herkunft einfach schuldig. Im übrigen ginge es bei der Beobachtung dieser Wahlen durch Gewährsleute nur um eine Geste, beruhigte der Roosevelt.

Sir Winston meinte aber sarkastisch, in Ägypten siege bei Wahlen immer die Regierung. Dieser Vergleich des kommunistisch gedachten Polen mit dem von jenem verkommenen König Faruk regierten Ägypten paßte dem Stalin gar nicht. Herausfordernd wollte er wissen, ob bekannt sei, wieviele Menschen in Ägypten lesen und schreiben können. Niemand kannte diese Zahl. Nun, meinte der Stalin, in Polen könnten 70 bis 75 % der Bevölkerung lesen und schreiben; könnten sich eine Meinung bilden und diese Meinung (nein, der Stalin erstickte nicht bei dem folgenden) auch äußern.

Da rutschte dem Churchill heraus, er hätte keine besonders hohe Meinung von den Polen. Das klang nicht gerade hitlerisch, schlug aber in dieselbe Kerbe. Unglücklicherweise wußte man aber in

Rußland betreffs Polen schon immer besser Bescheid als in London. Der Stalin wischte diesen unpassenden Satz Sir Winstons vom Tisch und wollte betreffs der sogenannten freien Wahlen gesichert haben, daß nicht alle Parteien Polens, wie es Sir Winston vermeinte, als wahlwerbende Gruppen zugelassen werden; sondern nur die antifaschistischen und antinazistischen. Der Churchill roch den Braten und meinte, ob anstatt »antifaschistisch« nicht besser zu sagen wäre: demokratisch. Der Stalin erwiderte, es gäbe ohnedies keine Gemeinsamkeit zwischen Demokratie und Faschismus. Wie es die Bolschewisten seit vielen Jahren mit der Demokratie in ihrem Lande hielten, war im Moment nicht gefragt.

Und da Stalin am Stechen war, brachte er Trumpf: Behandlung von Kriegsverbrechern. Sir Winston hatte bereits gefordert, man dürfe diese ohne vorheriges gerichtliches Verfahren nicht erschießen. Kulantest largierte jetzt der Churchill, indem er fragte, ob diese Verfahren juristisch oder politisch geführt werden sollten. Roosevelt warf ein, die Prozedur sollte nicht zu juristisch aufgezogen werden. Keine Berichterstatter, keine Fotografen. Dem Stalin war das wurscht, wenn er auch mitredete. Bei Tisch hatte er gemeint, man möge doch fünfzigtausend deutsche Offiziere über den Haufen schießen lassen. Dachte er dabei an die guten Erfolge bei der Liquidierung polnischer Offiziere bei Katyn? Nein, nein, keine Uneinigkeiten wegen der deutschen Kriegsverbrecher. Im Lager der Alliierten gab es ohnedies keine Kriegsverbrecher.

Geschickt lancierte der Stalin vor Torschluß noch einmal das mit den Reparationen der Deutschen. 20 Milliarden Dollar, das sei doch eine Summe, über die sich reden lasse. Natürlich keine Geldleistungen, Naturalleistungen. Und die zuständige Kommission mit dem Sitz in Moskau wird das weitere in die Wege leiten.

Der Westen war einverstanden. Und schon war Polen wieder auf dem Tapet.

Sir Anthony Eden lispelte, man würde jede Grenze bis zur Oder akzeptieren. Sir Winston baute weiter an der Brücke zum Kompromiß: Ja, England wäre mit dieser Grenze zu Deutschland einverstanden, wenn auch Polen dafür sei. Prima, dachte der Stalin. Die Polen werden mit der Odergrenze nicht einverstanden sein, weil sie anstatt des Oberlaufes der Oder die mehr westlich fließende Neiße als Westgrenze beanspruchten.

So kam der Schlußtag von Jalta. Der Stalin wußte, daß man Gästen ein Douceur auf den Weg mitgeben muß. Und also hatte er nichts dagegen, daß die Amerikaner und Engländer von ihren künftigen Besatzungszonen in Deutschland jeweils soviel ablassen werden, daß auch Frankreich seine Zone bekäme. Man fing an, sich puncto Courtoisie zu überbieten. Roosevelt hätte gerne dem Gastgeber das Recht belassen, als erster das Papier von der Krimkonferenz zu unterschreiben. Aber der Stalin meinte mit grimmigem Humor, er möchte die Gäste aus dem Westen nicht dem Vorwurf aussetzen, sie hätten ein vom Stalin bereits unterschriebenes Ding unterfertigt und er, der Stalin, habe diese Konferenz gesteuert. Also einigte man sich, in alphabetischer Reihenfolge zu fertigen. Churchill, Roosevelt und Stalin.

Und so ist das künftige Europa, das in den Brückenköpfen der USA und der UdSSR existieren wird, entstanden. Das wog mehr als die beschlossene Zerstückelung des ohnedies schon zu Boden geworfenen Deutschen Reiches. Für dessen Trümmer wird es ein Besatzungsregime von unbestimmter Dauer geben. Auf Menschengedenken werden sich die Deutschen daran gewöhnen müssen, fremdes Militär im Land zu haben; ja, dafür zu danken. Der von den Sowjets bereits begonnene Abtransport von Sachgütern aus Deutschland wurde als allgemeines Prinzip künftiger Reparationsleistungen anerkannt. Der Völkerbund, der sich 1940 erdreistete, die Sowjetunion wegen ihres Überfalls auf Finnland auszuschließen, wurde in den Gully geworfen. Dafür die Organisierung der Vereinten Nationen. Über die polnische Westgrenze wird man bei den Friedensverhandlungen Entgültiges regeln. In Jugoslawien wird der Tito irgendwelchen nichtkommunistischen Figuranten ein Gastspiel in seinem Regime gewähren. Eine ständige Konferenz der Außenminister der Großen Drei wird eingerichtet.

Daß man einig bis zum Endsieg gegen die Deutschen kämpfen wird, war eine Selbstverständlichkeit. Vergessen waren jene Pläne des Stalin, nach denen dieser noch bis ins Jahr 1944 daran dachte, sich mit dem Hitler zu arrangieren.

Und da war noch etwas sehr Wichtiges, was aber momentan die Öffentlichkeit nichts anging. Rußland, der Verlierer in seinem 1904/05 gegen Japan geführten Krieg, wird unter dem Stalin die Schmach der damaligen Niederlage rächen. So wie 1940 Mussolini nach der Niederlage Frankreichs im Krieg gegen die Deutschen knapp vor dem Ende der Kämpfe gegen Frankreich antrat, wird sich jetzt Rußland beim Endsieg über Japan beteiligen. Angeblich auf Bitten Roosevelts. Sicher zur Wahrung der sowjetischen Interessen im unermeßlichen chinesischen Raum. Dort werden in der Krise des Regimes Tschiang Kai-Schecks die USA diesen Generalissimus und Verbündeten im Krieg gegen Japan fallen lassen; der Stalin aber wird die KP Chinas unter Mao Tse-Tung in dem Riesenreich an die Macht zu bringen helfen. Und die freie Welt wird über diese Befreiung und Erhebung Chinas unter der Roten Fahne Beifall klatschen. So weit kam es am 11. Februar 1945 in Jalta auf der Krim im Süden der Sowjetunion. Es wird aber noch viel weiter kommen, ganz im Sinne des Stalin.

Oben war eine Frühlingsnacht. Der nächtliche Terrorangriff der Amerikaner auf die Reichshauptstadt Berlin war für diesmal vorbei. Längst war Entwarnung gegeben. Die Stadt brannte an vielen Stellen lichterloh. Andere Zerstörungen aus dieser Nacht wird man erst im Morgengrauen wahrnehmen können. Wenn die fahle Dämmerung neue Ruinen konturieren und durch unzählige leere Fensterhöhlen scheinen wird. Angehörige der Toten, Verschütteten und Vermißten sowie Frauen und Männer des Luftschutzdienstes waren schon in der tagtäglichen Nachtschicht. Suchten unter Trümmern nach Überlebenden, bargen kärgliche Reste unersetzlichen Hausrats, legten die Leichen von Frauen, Kindern und Greisen auf das Gehsteigpflaster. Manchmal hielt einer der Alten die Hand ans Ohr, um besser hinhören zu können. Aber noch war aus dem Osten kein Wummern der Front oder gar Gefechtslärm vernehmbar. Wenn sie aus dem Westen nicht schon am Vormittag kamen und die Russen scheinbar doch noch weiter ab standen, wird man sich nach getaner Arbeit einige Stunden aufs Ohr legen können. Bis zum nächsten Alarm.

Unten, im Führerbunker der Reichskanzlei, drang kein Laut in den Wohnraum des Hitler. Der Kammerdiener war schon entlassen, es begann das einsame nächtliche Dasein eines Menschen, der längst daran gewöhnt war, der deprimierenden Stimmung im Morgengrauen zu entfliehen. Der Wohnkomfort des Führers und Reichskanzlers blieb bescheiden. Ein Sofa, davor ein Couchtisch und zwei Fauteuils an die gegenüberliegende Wand gerückt sowie in der einen Zimmerecke Kästen. Mittelpunkt des Ganzen ein Wandbild. Friedrich der Große. Der Hitler saß lesend angesichts dieses Bildes. Einmal ist es für ihn Glück und Freude gewesen, dieses Portrait im Jahr 1934 in München zu kaufen. Seither hing es fast immer in

Sichtweite des Führers. In der Neuen Reichskanzlei, aber auch, seit 1939, im jeweiligen Führerhauptquartier; und also auch im letzten, im Bunker der Berliner Reichskanzlei. Im April 1945. Der Hitler las. Es hätte in diesem Fall des Lesens gar nicht mehr bedurft. Denn der Hitler kannte längst viele Absätze aus diesem Buch fast auswendig, so wie ein Unglücklicher die auf seinen Fall besonders zutreffenden Kapitel des Buches Hiob aus dem Alten Testament kennt. Für den Hitler waren längst Sätze, ja einzelne Worte genug Anregung für seine überquellende ungeheure Vorstellungskraft. Und mit dieser Kraft übertraf er bei weitem die literarische Kunst des Autors; des englischen Biographen Friedrich des Großen, Thomas Carlyle. In seinen letzten Lebenswochen ging es dem Hitler nicht um historische Tatsachen, die ihm längst geläufig waren. In ihm ist eine Illusion groß und beherrschend geworden. Da war er, der Größte Feldherr aller Zeiten. Und da war der Preußenkönig, größter Feldherr seiner Zeit. Nicht an die Stätten des Ruhmes Friedrichs des Großen zog es den Hitler. Er wollte den König in dessen Erniedrigung, Verlassenheit und Enttäuschung aufspüren. Um seinem Volk vorleben zu können, was dem Hitler längst geläufig war: »Gelobt sei, was da hart macht.«
Den niederschmetternden Erlebnisse jüngster Tage entsprechend, hat er sich die Partie vorgenommen, in der Carlyle seinen Helden am Vorabend der Schlacht von Torgau, 1760, also tröstet:
»Tapferer König, warte eine kleine Weile und die Tage deines Leidens werden vorüber sein; die Sonne deines Glücks steht schon verborgen hinter den Wolken und bald wird sie auf dich niederscheinen.«
Eigener Miserabilität an Leib und Seele bewußt, entstand vor seinen Augen ein Abbild seines Königs, wie es dieser selbst, und besser als soeben der Goebbels, beschrieben hat in einem Brief:
»Diese ganze Lebensart, diese ganze Ruhelosigkeit, die kein Ende nimmt, hat mich so alt gemacht, daß Sie Mühe haben werden, mich wiederzuerkennen. Auf der rechten Seite sind meine Haare grau; meine Zähne zerbrechen und fallen aus; mein Gesicht ist runzelig wie die Falbeln eines Weiberrocks, mein Rücken krumm wie ein

Bogen und mein Geist traurig und niedergeschlagen wie ein Mönch eines Trappistenordens.«

Einer Dame schrieb das der König. Und bis auf die keineswegs immer zutreffende Erwähnung betreffs des Trappistenmönches stimmte alles. Der Goebbels hat in jenen Tagen vom König ein wenig abgeschrieben und dann den kommenden Endsieg aufgezeigt; in dem der Hitler wie ein Phönix aus Trümmern emporsteigen wird. Der Hitler fraß die Grausamkeit der Selbsterkenntnis seines Königs in sich hinein. Seines Königs, denn niemals konnten Habsburger-Kaiser und Könige über dem Hitler sein. Nur dieser im Portrait vor ihm befindliche Preußenkönig war sein König.

Jetzt war der Hitler schon unterwegs mit seinem König, auf jenem weitausholenden Flankenmarsch über die Dömnitzer Heide, mit dem Friedrich der Große am Morgen des 3. November 1760 die Schanzen der Österreicher bei Torgau an der Elbe umging. Bis er, gegen Schneegestöber und Wind ankämpfend, die Straße von Torgau nach Wittenberg erreichte. Dort wollte er auf günstigerem Terrain den Feind angreifen. Was die Österreicher und ihren Armeekommandanten, den Grafen Daun, anging, so interessierten sie den Hitler nicht. Es gefiel ihm aber jener Sarkasmus, mit dem Friedrich der Große zuweilen über den Daun herzog:

»Die dicke Exzellenz hat sechzig Pfund Blei im Hintern.«

Für Sarkasmus hielt der Hitler, was in Wirklichkeit meistens ein Ärger seines Königs gewesen ist, wenn dieser wieder einmal dabei scheiterte, den Österreicher aus der Schanze zu schlagen. Denn Schanzen zu schlagen, sie bestens auszunützen und bis zur Uneinnehmbarkeit zu defendieren, das verstand der Daun wie kein anderer. Und also stand er mit seiner Armee wohlverschanzt in den Weinbergen und Weingärten der Ratsherren westlich der Stadt Torgau.

Lassen wir den Hitler bei seinem König. Für die Österreicher, fast alle Katholiken, hatte der Vorabend von Torgau, der 2. November, eine düstere Bedeutung. Die Allerseelennacht machte das fremde Land noch unheimlicher. Und fremd war ihnen die Stadt, in deren Marienkirche die Frau Luthers, die frühere Nonne, nahe der Lu-

therstadt Wittenberg bestattet ist. Das Jahr war schon spät. Schnee-
nässe, Kälte kamen zu der Leere. Gemeine wie Offiziere bei den
Kaiserlichen dachten, es wäre längst Zeit, in Winterquartiere zu
gehen und für einige Zeit das Kriegführen sein zu lassen. Um eben
diese Winterquartiere im Kurfürstentum Sachsen ging es aber bei
Torgau. Eine Niederlage bei Torgau hätte der Sache des Königs,
vielleicht diesem selbst, einen Todesstoß gegeben.
Der König war nämlich mit seinen Kräften in jeder Hinsicht am
Ende. Das war wieder ein Stichwort für den Hitler. Er dachte an die
unermeßliche Übermacht, mit der die Westmächte und die Sowjets
die Zange ansetzten, um den letzten Rest des Reiches in Stücke zu
zerquetschen. Nein, drüben bei seinen jetzigen Feinden konnte sich
der Hitler keine Vorstellung von deren eventueller Schwäche holen;
da wollte er lieber bei den Verlierern von 1760, bei den Österreichern einkehren; nacherleben, wie sie sich ihr endgültiges Schicksal
holten.

Am Abend von Allerseelen wartete der Daun allein in seinem Quartier auf die Rückkunft seiner Generale. Diese sollten noch einmal
die Stellungen abreiten, jedes Versäumnis, jeden Fehler glatt machen. Nach und nach kamen sie. Rapportierten in ihren Monturen,
die von den schweren Stulpstiefeln bis zu den Goldborten ihrer Ge-
neralshüte kotbespritzt waren. Tapfere Soldaten, der Kaiserin Maria-Theresia treu ergeben. Keiner Österreicher von Geburt und daher von jener Qualität des Österreichischen, das zum Beispiel dem
Wiener zuweilen abgeht. Sie wußten, daß kein anderer wie der
Daun den Preußenkönig zu schlagen oder abzuwehren verstand.
Der Daun hat ja dem König die erste große Niederlage in dessen
Laufbahn beigebracht. Jetzt tat es dem Grafen gut, von seinen Herren nur gute Rapporte zu hören. Weiteres überließ er seinem Generalquartiermeister, dem Grafen Lacy, zu erörtern. Als dieser fertig
war, erhob sich der Daun schwerfällig von seinem Feldsessel, legte
den rechten Zeigefinger auf die vor ihm ausgebreitete Gelände-
skizze und prüfte, ob alle seine Herren mit größter Aufmerksamkeit bei der Sache waren. Ja, die Herren waren sichtlich auf das
Kommende gespannt. Und der Daun:

»Hier, vor unserm linken Flügel, verläuft der Röhrichtgraben.«
Die Herren kannten diesen starken Punkt der eigenen Position. Der
Daun fuhr fort:
»Ein schweres Hindernis für die Preußen, dieser versumpfte Graben. Da ist nur ein Dammweg quer über den Graben, den sich die
Süpitzer Bauern gemacht haben, um einen kürzeren Weg in ihre
Weingärten zu haben. Auch für die Preußen ist das der kürzeste, der
einzig gangbare Weg auf unsere Schanzen. Ich habe daher unsere
dortige Position aufs äußerste verstärkt und den Offizieren einge-
schärft, nicht einen Mann, nicht eine Kanone von diesem Sperriegel
abziehen zu lassen. Bei Androhung der Gefahr für Kopf und Kragen. Mag da kommen, was da wöll.«
Das schien alles völlig klar zu sein. Zudem erwarteten die Herren,
der Preußenkönig selbst wird nicht diesen, sondern den rechten
Flügel angreifen. An dem werden sich die Preußen längst die Köpfe
blutig geschlagen haben, bevor der erste Preuße über den Röhrichtgraben kommt. Die Herren gingen. Der Daun war wieder allein.

Wie alle gebürtigen Wiener hatte es auch der Daun nicht leicht bei
den Kaiserlichen. Man schätzte mehr, zum Beispiel den Wallen-
stein, von dem noch immer nicht feststand, ob er nicht doch das
Haus Österreich an die Schweden verraten wollte; den Prinzen Eugen von Savoyen, dem man keines jener Malheurs, die jeder Große
zuweilen hat, angekreidet hat. Wenn aber er, der Daun, gegen die
Preußen den kürzeren zog oder mit der allergrößten Akkuratesse
manövrierte und dabei Zeit verlor, dann war in Wien Feuer am
Dach. Besonders wenn der Preußenkönig dem Daun aus einer mißlichen Lage entkommen konnte und man von diesem hörte:
»Der Daun hat uns aus dem Schach gelassen.«
Und jetzt soll der Daun die Sache seiner Kaiserin, wie 1757 bei Ko-
lin, aus dem Feuer reißen. Nachdem sein Konkurrent, der Laudon,
unlängst in Schlesien eine Niederlage von den Preußen bezogen hat.
Der Laudon. Dem der Preußenkönig Komplimente macht. Etwa,
wenn er ein dem Laudon zugedachtes Beförderungsdekret, das in
seine Hände fiel, auch seinerseits mit einem besonderen Kompli-
ment für seinen Gegner versah, um es ihm dann auf die gentilste

Manier zuzustellen. Nur gut, daß die Kaiserin dem Daun nicht ihr Vertrauen entzog und meinte, der Graf würde weitaus besser im Feld reüssieren, hätte er nur so gute Gehilfen wie sein Gegenüber, der Preußenkönig.

Weg von den Österreichern. Der Hitler war mit seinem König beim ersten Sturm auf die österreichischen Schanzen. Wie es die preußische Infanterie nicht schaffte und nicht die Kavallerie gegen die nachdrängenden Österreicher. Und letztere, vom Daun persönlich geführt, die Preußen immer weiter zurückdrängten, bis sich diese an einer Waldlisière halten konnten. Wenn da der Daun gewußt hätte, daß sein Großer Gegner schon das Schlachtfeld verlassen hatte, um in einer Dorfkirche zu meditieren, seiner wieder einmal aufkommenden Selbstmordgedanken Herr zu werden.

Das war die letzte große Stunde des Daun und der Österreicher überhaupt im sogenannten Dritten Schlesischen, im Siebenjährigen Krieg. Überzeugt, daß der Tag an ihn gefallen war, schickte der Daun seinen Generaladjutanten mit der Siegesmeldung nach Wien. Nachher mußte man ihn fast mit Gewalt aus dem Sattel heben, denn der Graf wollte seine Blessur nicht wahrhaben. Man schnitt die Schäfte seiner Stiefel auf, versorgte die Wunde am Bein und derweil hatte der Daun nur Interesse an seinen Verlusten und jenen der Preußen. Die hatten mehr. Erst dann ließ er sich auf einen Munitionskarren betten und in die Stadt bringen. Ein gewisser O'Donell sollte nach ihm kommandieren.

Der Hitler wieder war auf dem linken Flügel der Preußen, die unter dem Ziethen über den Röhrichtgraben hinweg mußten. Sich schwer taten und viel Zeit verloren. Aber dann fiel der Ziethen über die Österreicher her und auch der König griff im sinkenden Abend noch einmal an. Je mehr die Abwehr des Ziethen den Österreichern kostete, desto schwächer wurde ihr Widerstand gegen den König. Und da war dieser auf einmal in der Stellung und der O'Donnel versuchte mit einem Rechtsschließen den Tag zu retten. Aber die auf den Daun eingeschworenen Offiziere wollten nicht einen Mann und nicht eine Kanone vom Sperriegel am Röhrichtgraben abziehen lassen. Bis der O'Donell selbst einen gewissen Gneisenau anfuhr:

»Weiß Er denn nicht, daß Daun verletzt ist und ich im Kommando bin?«

Nein, das wußte der Gneisenau nicht. Aber er gehörte zu jenen, die sich bis aufs äußerste der Gefahr der Umzinglung durch die Preußen widersetzten und erst auf Befehl des Daun sich zurückziehen wollten. Die Woche zuvor ist dem Gneisenau in Schildau bei Torgau ein Sohn geboren worden. Man wird ihm als ersten Taufnamen den Namen Neidhardt geben. Auch dieser Gneisenau wird zuerst bei den Kaiserlichen dienen, bevor er sich bei Preußens höchsten Ruhm holen sollte. Als 1815 der Große Napoleon seine letzte und verderbliche Niederlage bei Waterloo erlitt.

Der O'Donell und der Lacy galoppierten hinein in die Stadt Torgau, saßen vor dem Marodequartier des Daun ab und hasteten in dessen Zimmer. Der Daun sah die beiden an, als sähe er eine doppelte männliche Kassandra vor sich. Dann schrie er:

»Was machen Sie da?«

Der Lacy antwortete:

»Die Preußen haben die Höhe bei Süpitz genommen!«

Jesus, Maria und Josef. Zuerst dieses gewohnte, damals noch ernst gemeinte Stoßgebet. Dann befahl der Daun, seinem Generaladjutanten sofort einen Kurier nachzuschicken, damit nicht eine falsche Siegesnachricht nach Wien käme. Erst dann wollte er den Rapport. Und so der O'Donell:

»Exzellenz waren kaum versorgt, da griff der König noch einmal unseren rechten Flügel an. Ich wollte dem durch ein Rechtsschließen begegnen. Aber die Offiziere am Sperriegel beim Süpitzgraben ließen nichts ab. Beriefen sich auf Exzellenz. Wußten nicht, daß Exzellenz verwundet waren und ich im Kommando.«

Da ließ der Daun den Kopf hängen. Faßte sich aber und befahl, sich mit einem raschen Rückzug der Gefahr einer Umklammerung durch den Feind zu entziehen. Nur nicht jetzt die Kaiserin um die intakte Armee bringen. Was er nicht ahnen konnte war, daß der dem Generaladjutanten nachgeschickte Kurier ein Launler war und also erst nach Wien kam, als dort der Sieg bei Torgau schon ausgiebig gefeiert wurde. Wie da die Wiener über den Daun redeten, nachdem sie dieser ihre Festesfreuden gestört hatte, konnte sich nur der Wiener Daun vorstellen. Der Daun aber hat sich mit der Order an den Gneisenau selbst ins Unglück abkommandiert.

Der Hitler schaute seinem König quasi über die Schulter, als dieser nachts auf dem Schlachtfeld bei Torgau, beim Schein einer Troßlaterne, seinem Minister für Auswärtige Angelegenheiten schrieb, wie die Bataille verlaufen ist. Ich habe die Österreicher besiegt, wollte Friedrich der Große anfangen aber das wäre zuwenig gesagt gewesen. Und also fängt der Brief an:
»Wir haben Daun und die Österreicher besiegt.«
Dann verfiel der innere Jubel und der König schrieb weiter:
»Die Nacht ist hereingebrochen, sonst würde ich Ihnen mehr von den näheren Umständen schreiben.«
Da war sie, die finstere Stunde einer Nacht, wie der Hitler dermalen eine erlebte. Und er hoffte, es wie sein König zu erleben:
»Wir haben viele Gefangene gemacht; ich weiß die Zahl nicht anzugeben. ... Aber begnügen Sie sich mit der Nachricht, so wie ich sie Ihnen gebe.«
So wie sie der König gab. Kein Wort darüber, daß in diesem blutigsten Massaker des Siebenjährigen Krieges die Preußen mehr einbüßten als ihre Gegner. Und daß der Ziethen die Sache seines Königs aus dem Feuer gerissen hat. Wo war der erste Siegesjubel im Leben des Königs, aus dem er selbst seinen »Mollwitzmarsch« komponierte? Der hochberühmte »Torgauer Marsch« hat mit dem historischen Ort nur in dem Punkt etwas zu tun, als sein Komponist dortselbst Schulmeister war. Und überhaupt: Torgau war kein Matt für die Kaiserlichen. Diesmal hat der König den Daun aus dem Schach lassen müssen und wer konnte wissen, wie sich das nächste Mal das Schicksal zeigen wird? Diesmal schrieb der König als gequälte Kreatur:
»Ich habe eine schmerzvolle, aber gefahrlose Verwundung an der Brust.«
Nach Torgau hat dieser Krieg den Financier Preußens, England, nicht mehr interessiert. Frankreich, Österreichs Verbündeter, hatte seine Schlachten in Übersee verloren, so wie vorher in Europa, und

wollte Frieden. Ohne Torgau 1760 kein Torgau 1945. Denn aus den Siegen Englands auf dem nordamerikanischen Kontinent wuchs jene Kraft und das Selbstbewußtsein derer in den dortigen Neu-Englandstaaten, das sie alsbald ermutigen wird, ihre Unabhängigkeit von London zu erkämpfen. Jener Washington holte sich in den Wechselfällen des Siebenjährigen Krieges seine Erfahrungen für den nächsten: Den Unabhängigkeitskrieg der Nordamerikaner.

England war immer perfide, dachte der Hitler während seiner nächsten nächtlichen Medidation unter dem Bild seines Königs. Als es damals, bald nach Torgau, Preußen die Subsidien entzog, gab es für den König nur mehr das Hoffen eines großen Spielers: Die Zarin von Rußland Elisabeth I., die der König eine Hure nannte, war schwer krank. Aber sie, die verläßlichste Bundesgenossin Maria Theresias, war ein Miststück, das nicht und nicht sterben wollte. Auf ihren Tod und ihren Nachfolger setzte aber der König alles. Dieser Nachfolger war, ehe er Zarewitsch wurde, Herzog von Holstein-Gottorp und residierte in Kiel. Er hieß damals Karl, nach einem schwedischen Großvater, dem berühmten Karl XII., und Peter, nach dem siegreichen Gegner dieses Schwedenkönigs, Peter den Großen von Rußland. Hätte die Geschichte verrückt gespielt, so hätte sie diesem Narren im Erbgang womöglich die Kronen Schwedens und Rußlands zugeschanzt. Indessen reklamierte die Zarin Elisabeth, seine kinderlose Tante, diesen Herzog für ihre Zwecke; als ihren Nachfolger. Einen Deutschen in russischen Diensten, Major Korff, schickte sie nach Kiel, um ihren deutschen Neffen, den dortigen Herzog, nach St. Petersburg zu schaffen. Das gelang mit ausnehmender Courtoisie. Aus dem Karl Peter Ulrich wurde ein Peter Fiodorović; zudem wurde dem Neukömmling die russische Sprache sowie der orthodoxe Katechismus aufgenötigt. Aus dem Herzog wurde ein Großfürst und Thronfolger.
Den Russen schien, als hätten sie nicht einen für sich acquiriert, sondern einen Preußen und Bewunderer des Großen Friedrich. Der Carević ging in preußischer Uniform einher, beschaffte sich aus Berlin die notwendigen Ordensdekorationen und brachte den Preußenkönig so weit, daß letzterer dem Großfürsten nachsagte:

»Er verehrt mich, wie Don Quichotte seine Dulcinea.«
Und weil der künftige Zar keine Freude an den berühmten russischen Garderegimentern hatte, rekrutierte er eine eigene Garde. Allerhand Dreckszeug, wie die Fürstin Draškova sagte. Als Drillunteroffizier holte er Sergeanten und Korporale aus Preußen. Diesen unterwarf er auch seine engeren Mitarbeiter, die täglich exerzieren mußten und die keine der derben Schimpfworte vergaßen, mit denen sich der künftige Zar auf dem Exerzierplatz als Kriegsmann bestätigen wollte. Männer, die so gerne den Buckel vor ihrem künftigen Zaren krumm machten, vertrugen es schlecht, mit der flachen Klinge eines über diesen Buckel zu kriegen. Und sie werden es ihrem Drillmeister einmal vergelten.

Der Großfürst geriet zu einer lächerlichen Figur. Die Zarin, wie gesagt ein Mordsweibstück, getraute sich schon, den Narren zur Räson zu bringen. Sie verordnete ihm ein Weib. Eine aus jenen vielen deutschen Fürstentümern, von denen zwölf auf ein Dutzend gehen: Anhalt-Zerbst. Ihr Vater war preußischer Kommandierender General und also ganz auf der Linie des Großfürsten. Ansonsten hatte die Zerbstische so gut wie nichts bei ihrer Heirat als ein Dutzend Hemden und vier Kleider. Wo doch erst unlängst die Garderobe der Zarin in Petersburg samt dreitausend Kleidern verbrannt war. Man half aus St. Petersburg für die Aussteuer der Generalstochter. Auch sie wurde nach ihrer Verheiratung an den Großfürsten übermalt und hieß fortan Katharina. Nachher die Große genannt.
Aber die junge Ehe geriet nicht. Und man wird das der Katharina zugute halten. Kam sie einmal ins Gemach ihres Mannes und mußte sehen, daß von der Decke eine am Hals aufgehängte tote Ratte hing. Ihr Gemahl, mit militärischem Tun beschäftigt, erklärte beiläufig:
»Man hat diese Mörderin justifiziert!«
»Aber ... aber ... warum denn das?«
stotterte die sonst nicht mundfaule Katharina.
»Ein Kriegsverbrechen«,
erwiderte der Gemahl kalten Tones. Und:
»Sie hat zwei meiner Grenadiere, die Wache standen, gefressen.«
Diese Grenadiere waren das Spielzeug des künftigen Zaren und hat-

ten Kleie als Zusatz ihrer Masse. Daher der Appetit der Ratte. Der Großfürst aber schloß:

»Ich ließ die Mörderin verfolgen, arretieren, vor Gericht stellen, nach Kriegsrecht aburteilen und justifizieren.«

Da verließ Katharina das Gemach und fing an, in politischen Dingen Wege zu gehen, deren Ziele ihrem Gemahl keineswegs genehm sein konnten.

So wie der Große Friedrich verachtete auch der Hitler Typen wie besagten Kronprinz. Aber im Spieleinsatz des Preußenkönigs war dieser Narr eine Art makabres Amulett. Starb Elisabeth I., wurde er Zar. Lange, so wie dermalen der Hitler, mußte der Preußenkönig auf das Ende seiner unversöhnlichen Gegnerin in St. Petersburg warten. Dann bekam er endlich die ersehnte Nachricht. Wie eine Fügung des Schicksals kam der Bote ausgerechnet nach Breslau zum König. Der Hauptstadt jenes Schlesien, dessentwegen Maria Theresia drei Kriege mit dem Preußenkönig führte. Jetzt war es da: das legendäre Mirakel des Hauses Brandenburg erwies sich als verläßlicher denn das Glück des Hauses Österreich.

Und da war das Datum: 18. Jänner. An einem 18. Jänner, anno 1871, wird man einen Nachfolger Friedrichs des Großen in Versailles zum Deutschen Kaiser ausrufen. Wie folgerichtig kam eins zum anderen. Besagter Narr stieg aus aus dem Bündnis mit Wien und wies seine Truppen an, nicht mehr auf die Preußen zu schießen, sondern auf die Österreicher. Damit war es aus mit den österreichischen Hoffnungen auf Schlesien. Es war dann schon gleichgültig, daß besagte Zerbstische, die Witwe und Nachfolgerin Peters, Katharina, nicht mehr zum russisch-österreichischen Bündnis zurückkehrte. Entstanden war die neue Achse Berlin-St. Petersburg, und erst 1914 überschritten wieder russische Truppen als Feinde in Ostpreußen die Grenze ihres Achsenpartners. Nach dem Abfall Frankreichs und Rußlands vom Bündnis mit Österreich stand Maria-Theresia ab 1762 allein ihrem furchtbaren Gegner in Berlin gegenüber. Dieser war daran, den Sultan zum Krieg gegen die Kaiserin zu bringen; ihm wäre der Teufel als Verbündeter recht gewesen, hätte er so Schlesien behaupten können. So aber kam das Patt zwischen dem König und der Kaiserin zustande. Friedrich der Große hatte sich im letzten Krieg um Schlesien dem drohenden Matt entzogen. Österreichs Vormacht im Reich geriet ins Wanken. Wer dachte da noch an den Narren und sein grausames Ende? Seine Mörder nur schrieben der Großen Katharina, daß der Tod des Narren für sie eine Tragödie war, die niemand im Westen so verstehen konnte:

»Unser Scheusal war krank. Wie haben wir daran denken können, die Hand gegen ihn zu erheben? Doch das Unglück ist geschehen. Er ist nicht mehr.«

Der Hitler glaubte, wie Friedrich der Große, an das Mirakel des Hauses Brandenburg. Der Goebbels hat mit dem Aberglauben eines von seinem religiösen Glauben abgefallenen Menschen diesen Wahn noch verstärkt. In diesem Wahnbild war die nunmehrige russische Zarin, deren Ende alle Gefahren vom Hitler abwenden sollte, männlichen Geschlechts: Der US-Präsident Roosevelt. Starb dieser Erzfeind, dann würde, so der Aberglaube, das Bündnis zwischen der Vormacht des Kapitalismus, den USA, und jener des Kommunismus, der UdSSR, ebenso zerbrechen, wie um 1762 das Bündnis Österreichs mit Rußland.

In der Tat: Nicht einmal der Stalin traute dem Roosevelt vollends. Unter dem 29. März 1945 erfuhr der auf seinem Kreuzzug in Europa befindliche Generalissimus der Westalliierten, Dwight D. Eisenhower, aus Moskau, die Rote Armee plane vorläufig keine größere Operation gegen Berlin; dieses habe seine frühere strategische Bedeutung verloren. Drei Tage nach diesem Täuschungsmanöver befahl der Stalin den Marschällen Schukow und Konjew, schleunigst den Operationsplan zur raschen Eroberung Berlins fertigzustellen.

So bekam der Hitler eine letzte Verschnaufpause auf seiner Hast in die Katastrophe. Der Doktor Goebbels aber machte sich auf, auch die Männer an der deutschen Ostfront von dem Mirakel des Hauses Brandenburg zu überzeugen. Um dahin zu gelangen, war es von Berlin aus kein weiter Weg mehr, etwa sechzig Kilometer. Bei Küstrin an der Oder hatte die Rote Armee schon ihre Brückenköpfe über den Strom. Nach den vernichtenden Schlägen, die das deutsche Heer seit dem Jänner 1945 im Osten erlitten hatte, war es ein wahres Wunder, daß die Generale des Hitler noch einmal eine Front im Osten verfestigen konnten. Aber derlei Wunder waren für den Hitler und den Goebbels banale Selbstverständlichkeiten, wie sie solche von jedem Deutschen unter allen Umständen und jederzeit erwarteten. Und indem beide das Mirakel erwarteten, achteten sie nicht mehr auf das Wunder vor ihren Augen. Gefragt war im Moment der Tod der Zarin.

Getrieben von solcher Wundergläubigkeit, vielleicht eher von einem teuflischen Fanatismus, begab sich also der Goebbels zum Stab des Oberbefehlshabers der 9. Armee. Der OB war, seinem Äußeren nach, längst kein fridericianischer General im Sinne der Vorstellung des Hitler. In seinem fast bodenlangen Mantel sah er eher aus wie ein zu den Landesschützen eingezogener Fahrer vom Bock. Einer aus der sogenannten Goebbelsspende: Spätrekrutierte vom Herbst 1944. Auf dem Kopf hatte er diese verdammte Österreichermütze Modell 43. Vor den kurzsichtigen Augen die Wehrmachtsbrille, welches Modell eine Generation später allgemeines Abzeichen der Hippiegeneration sein wird. Nichts an ihm war von dem, was der Große Friedrich für seine Soldaten haben wollte, damit sie sich als solche fühlen können.

Indessen war der OB kein eingepreußter Typ, wie der Hitler einer war. 1918 Leutnant in einem Grenadierregiment, hat er im Rußlandfeldzug als Stabsoffizier und General an allen Leidensstationen gestanden, die jeder Landser auswendig wußte. Vom Doktor Goebbels hätte sich der OB lieber keinen Exzeß dieses längst bekannten Redners erwartet; eher Nachersatz, Geschütze, Panzer und Munition, für deren Beschaffung der Goebbels als Generalstaatskommissar für den totalen Krieg einige Verantwortung trug. Indessen war dem OB längst geläufig, daß derlei nicht einmal der Hitler mehr zur Stelle hätte bringen können.

Mit leeren Händen gekommen, wollte der Doktor Goebbels wenigstens aus scheinbar übervollem Herzen etwas vom Schatz seines sturen Aberglaubens abgeben. Dazu besaß er ja sein Mundwerk, mit dem er jedem Preußen, selbst einem Berliner, überlegen war. Und also erzählte der den erstaunt aufhorchenden Offizieren im Stab des OB die Geschichte vom seinerzeitigen Tod der Zarin im Siebenjährigen Krieg. Nachher war es eine Weile still. Da riskierte einer der Herren eine Lippe und fragte den Reichspropagandaminister und Reichspropagandaleiter der NSDAP:

»Herr Reichsminister! Welche Zarin ist jetzt daran, in unserer Zeit zu sterben?«

Auf solche ins Detail gehende Fragen, die zu sehr die prophetische Kraft des Goebbels herausforderten, ließ sich der Doktor denn doch nicht ein. Also bot er dem Neugierigen einen Rebus an: »Ich weiß es nicht. Aber – das Schicksal hält alle Möglichkeiten bereit.«

Und dann fuhr der Doktor Goebbels zurück nach Berlin. Vorbei an den Plakaten mit der Drohung:

»Gehst Du zurück, marschiert der Tod in Richtung Heimat!«

Darunter der Abdruck einer Richtung Heimat zeigenden Sohle des Marschstiefels der Landser. Da und dort hingen zwischen zerstörten Häuserzeilen weiße Spruchbänder mit dem Glaubensspruch aus der Kampfzeit der Hitlerjugend:

»Uns geht die Sonne nicht unter!«

Der Goebbels achtete nicht auf derlei. Ehe das da gedruckt und aufgemalt wurde, war es ja längst in seinem Kopf als Propagandaidee fertig. Er sann und sann und ahnte nicht, daß der Stab seines Ministeriums mit einer fast unglaublichen Neuigkeit hinter ihm her war. Man hatte ihn damit auf dem Befehlsstand des OB verfehlt, jetzt den Doktor Goebbels im Strom der Flüchtlinge aus dem Osten zu suchen, wäre die Suche nach der Nähnadel im Heuhaufen gewesen. Es war geschehen: Die Zarin war plötzlich verstorben. Während eines Terrorangriffs auf die Reichshauptstadt wurde eine sensationelle Nachricht der immerhin als verjudet verdächtigten Londoner Reuteragentur aufgefangen, nach der der Roosevelt nun endlich doch dahingegangen war. Das offizielle Deutsche Nachrichten-Büro zögerte, diese Sensationsnachricht von sich aus weiterzugeben. Vorsichtshalber befaßte man das Reichspropagandaministerium. Auch dort glaubte man zuerst an irgendeine bewußte Irreführung der Deutschen. Denn das DNB vermittelte:

»Roosevelt ist gestorben.«

Schade, daß der Doktor Goebbels den Eingang dieser Nachricht in Berlin versäumte. Zumal fast gleichzeitig ein Anruf aus dem Führerbunker kam, wonach der Doktor sofort zum Hitler hätte kommen sollen. Man mußte sich gedulden. Bald wird der Goebbels zur Stelle sein. Und endlich fuhr der Wagen des Reichspropagandaministers an dem, was der bauliche Rest seines kriegszerstörten Ministeriums war, vor. Die Stadt brannte wieder an vielen Stellen. Aber die vom Stab des Goebbels hatten nur einen Drang: Ihrem Chef die längst erwartete Nachricht zuzuschreien. Und das taten sie auch unter Verwendung des Textes des DNB. Dem Goebbels aber ging nur die gewisse Transponierung dieses Satzes durch sein Hirn:

»Die Zarin ist hin.«

Laut sagte er mit einer Stimme, die ihm selbst fremd vorkam:

»Es ist nicht zu fassen.«

Mochten jetzt seine Mitarbeiter Sekt anfahren lassen. Er eilte ans Telefon, um im Zwiegespräch mit seinem Führer diese Nachricht erst einmal zu verkosten. Denn nur in der Gemeinschaft der Gläubigen hatte diese Nachricht jene mirakulöse Bedeutung, der Rettung in höchster Not folgen konnte. Der Doktor wartete, bis endlich aus der Tiefe des Führerbunkers das Gespräch mit seinem Führer kam. Auch in einem Moment wie diesem, verfehlte der Goebbels nicht das Rituale der Bewegung:

»Mein Führer!«

meldete er sich, um dann zu schweigen. Nichts, kein Atemzug war im Kopfhörer des Goebbelschen Apparats zu vernehmen. Kein Laut, keine Silbe, kein Wort, kein Satz. Er, der Goebbels, verstand den ehrfurchtsgebietenden Reflex seines Führers. Silentium strictissime angesichts des Waltens dessen, was für den Hitler die Vorsehung war. Lange dauerte es, bis aus der Unterwelt des Führerbunkers die beiden Worte kamen:

»Kommen Sie!«

Das geschah an jenem Freitag, den dreizehnten April eintausendneunhundertundfünfundvierzig. Zeit: Um Mitternacht. An einem Dreizehnten. Und an einem Freitag. Welches Omen! Der Hitler war jetzt tatsächlich seinen mächtigsten und unversöhnlichsten

Feind los. Eher hätte der Hitler mit dem Stalin, bis unlängst wenigstens, noch einen Ausgleich gefunden als mit dem Roosevelt. So hat sich am Böhmischen Gefreiten das Mirakel des Hauses Brandenburg wiederholt. Denn mit dem Nachfolger des Roosevelt, jenem Krawattenhändler aus dem Mittelwesten der USA, einem gewissen Harry S. Truman, wird man hoffentlich zu jenem Ausgleich kommen, der Berlin in letzter Stunde vor dem Zugriff des Stalin retten wird.

Tagelang wurde an den Filtern des Reichspropagandaministeriums gearbeitet. Es mußte gelingen, aus dem Wust der Meldungen und Kommentare zum Tod des Roosevelt jene verborgenen Ansätze der Wendung zum Guten herauszufiltern. Der Tod der Zarin mußte doch die programmierten Folgen haben. Nichts dergleichen blieb in den Filtern und feinsten Sieben hängen. Und da die an den Tod der Zarin geknüpfte Hoffnung erstarb, klammerte sich der Hitler an einen Strohhalm:
Sollten demnächst irgendwo in Mitteldeutschland die Vorhuten der Roten Armee mit jener der US-Armee zusammenkommen, dann wird das kein gewöhnliches Treffen von Verbündeten sein. Hat es nicht unlängst über dem Balkanluftraum, beim unvermuteten Aufeinandertreffen von sowjetischen und amerikanischen Kampfverbänden ein Luftgefecht mit Opfern auf beiden Seiten gegeben? Verhängsvoller Irrtum wurde gesagt. Quatsch. Die Vorsehung wird dem Hitler die für ihn günstigen Folgen eines solchen Treffens zu Lande nicht versagen.
Noch ging die Sonne nicht unter.

Zeitig am Morgen des 23. April 1945 ging Sergeant Alex Balter von der 6. US-Panzerdivision über seinen SCR 506, Welle 4160, auf Sendung. Immer wieder gab er durch:
»Amerikanische Streitkräfte nähern sich Süddeutschland. Russische Truppen! Bitte hören! Hier ist die Stimme eures amerikanischen Verbündeten. Wir befinden uns augenblicklich in Mittweida und erwarten das Zusammentreffen mit euch.«
Um o8 Uhr 20 wiederholte der Sergeant die Durchsage mehrmals.

Und plötzlich hörte er eine russische Stimme:
»Bravo Amerikanski, bravo Amerikanski.«
Dann aber kam ein deutscher Sender dazwischen, der unablässig die
Platte des Liedes:
»O du lieber Augustin... alles ist hin«
leierte.
Um 09 Uhr 30 kam der Sergeant, dessen Mutter Russin war, noch
einmal in Kontakt mit den Russen. Er konnte jetzt seinen Standort
genau nach Längen- und Breitengraden angeben. Auch dieser Kon-
takt wurde deutscherseits gestört; teils durch Musik, teils durch Pa-
rolen wie:
»Verfluchte Judenfreunde und Todfeinde Deutschlands!«
Dann wieder gleang es den russischen Sender einzufangen:
»Wo sind die Deutschen? Die warten wohl, bis sie am Verhungern
sind und dann werden sie in Massen sich ergeben.«
Die eigene Position wollte der Russe nicht angeben. Dafür wollten
sie eine genauere Positionsangabe vom Amerikaner. Mit der Orts-
bezeichnung Mittweida konnten oder wollten sie nichts anfangen.
Also nannte der US-Sergeant:
»Chemnitz.«
Das Gespräch ging hin und her. Kameraden heute, Brüder morgen,
wollten die Russen sein. Morgen sollte die Begegnung stattfinden.
Die Amerikaner sollten nicht weiter vorgehen, sondern an Ort ver-
harren. Und immer wieder die Aufmunterung an die 3. US-Armee:
»Morgen um acht Uhr werden wir uns einander nähern. Mehr als
das können wir jetzt nicht sagen. Eure russischen Kameraden schla-
fen nicht. Für uns gibt es noch viel zu tun.«
Oh, gewiß. Die Eroberung von ganz Mitteldeutschland.
Dazwischen eine deutsche Stimme:
»Keine Sorge, Amerikaner. Ihr werdet eure Freunde, diese russischen Verbrecher, schon kennenlernen.«
Der US-Sergeant gab den Wortlaut dieses Phonogramm nach oben
durch. Aber er erweckte nur Skepsis, zumal am nächsten Morgen
von der Roten Armee weit und breit nichts zu sehen war.

Das folgende spielte sich im Verlauf des 25. April 1945 im Raum zwischen der Mulde und der Elbe ab: First Lieutenant Albert Kotzebue von der G-Kompanie des 273. Infanterieregiments der 69. US-Division bekam Auftrag, jenseits des Muldeflusses in einem Umkreis von nicht mehr als zwei Meilen Durchmesser zu erkunden. Vielleicht würde er auf russische Truppen stoßen, mit denen sein Oberst Kontakt aufnehmen wollte. Der Oberleutnant verlud sein Kommando auf sieben Jeeps und fuhr los. Kaum ein anderer in der US-Armee wäre besser für die Herstellung dieses ersten unmittelbaren West-Ost-Kontakts in der Mitte Deutschlands und Europas geeignet gewesen als der Kotzebue. Sein Vater stammte aus Rußland, war amerikanischer Berufsoffizier, so wie dessen Vorfahren in der Armee des Zaren dienten. Viel bekam der Kotzebue zuerst nicht zu sehen. Es kamen deutsche Landser, die heilfroh waren, als man sie entwaffnete und einwies in das nächste Sammellager für POW der US-Army. Einige aus ihren Gefangenenlagern entwichene bisherige Gefangene der Deutschen erwiesen sich als blind und taub. Man bekam nichts Gescheites aus ihnen heraus, weil sie vor Freude besoffen waren. Um 17 Uhr 30 nahm der Kotzebue Funkkontakt mit seiner Einheit auf. Man wies ihn an, etwa drei Meilen weiter in der Runde sich umzusehen. Nicht darüber hinaus. Kurz danach fand der Kotzebue einen bemerkenswerten Hinweis darauf, daß die Russen nicht mehr ferne sein konnten. Hinter dem Ort Kühren traf er in einem Haus die Eltern und Kinder um den Eßtisch versammelt. Die Köpfe dieser einzigen im Ort verbliebenen Hausbewohner waren auf die Tischplatte gesunken. Die Deutschen hatten sich aus Angst vor den Russen vergiftet. Als es finster wurde, hielt der Kotzebue in Kühren an. Für den nächsten Tag sollte er wieder bloß drei Meilen weit vorgehen. Aber schon war er entschlossen, bis zur Elbe durchzustoßen. Vom Feind war hier nichts zu fürchten.

Am nächsten Morgen waren der Kotzebue und seine Männer etwa halbwegs zwischen der Mulde und der Elbe. Die Jeeps humpelten auf kotigen und zerfahrenen Bauernwegen durch feindleeres Land. Plötzlich erblickte der Kotzebue einen Kavalleristen in einer Uniform, die ihm von Abbildungen im Elternhaus bekannt war: Statt

der üblichen ushanka einen schwarzen Astracha papacha, zur ru-
bashka blaue Breeches mit den traditionellen breiten, diesmal roten,
Streifen des Kosaken. Und da ein Kosak des Zaren wohl nicht mehr
im Feld stand, mochte es einer von den Kosakenregimentern sein,
die von den Deutschen im Krieg aufgestellt wurden. Also drauf.
Aber der Russe erwies sich nicht als Feind. Er parierte sein Pferd im
Hof des Anwesens, das er eben leicht überplündern wollte. Der
Kotzebue und dessen russisch-sprechende Männer wollten von
dem Kavalleristen erfahren, wo dessen Einheit sei. Der aber sagte,
instruktionsgemäß, kein Wort darüber, wies nur mit dem Arm ostwärts. Im Nu waren die Amis in dieser Richtung in Schuß und bald
am Ufer eines breiten Stroms. Das also war die Elbe. Am Ostufer
konnte der Kotzebue Gestalten wahrnehmen. Durch seinen Feldste-
cher spähend, erkannte er einwandfrei russisches Militär. Solche im
Sonnenlicht glänzende Medaillen und Orden trug im Krieg keine
andere Armee. Kotzebue sah auf seine Armbanduhr: Es war 12 Uhr
05. Eine welthistorische Mittagsstunde. Die Amerikaner und Russen hatten Deutschland entzwei geschnitten.
Die Russen blieben vorsichtig. Der Fahrer des Kotzebue, ein gewisser Eduard Ruff (wie sein Oberleutnant deutscher Abstammung)
schoß jene zwei grünen Leuchtraketen ab, die angeblich als Signal
der Begegnung von amerikanischen mit russischen Truppen in
Deutschland vereinbart waren. Aber die Russen kamen bloß näher
an das Flußufer heran und starrten herüber zu den Amerikanern.
Da schrie Kotzebue über den Fluß: »Amerikanski!«
Keine Antwort. Dem Kotzebue riß die Geduld. Er ließ Befehl Befehl sein, machte Boote, die am Ufer angekettet waren, los, um mit
einigen seiner Männer zu den Russen hinüberzufahren. Mit ihm
war der genannte Ruff, ein gewisser Stephan Kowalski, der Russisch verstand, und einer mit polnischer Abstammung namens Joseph Polowski, der Deutsch verstand, zumal seine Vorfahren bei
Preußen gedient hatten. Dazu zwei weitere GIs. Als sie am seichten
Ostufer an Land wateten, kamen die Russen vorsichtig, dann aber
lachend und freudig entgegen. Man schlug sich gegenseitig auf die
Schultern. Der historische Kontakt war jetzt auch von Mensch zu
Mensch hergestellt.

Inzwischen kam auch der sowjetische Oberstleutnant Alexander T. Gariew, offenbar hochdekorierter Truppenoffizier. Auch Fotografen waren schon da, die eifrig ihre Bilder schossen. Ein dicker russischer Propaganda-Offizier erschien und lud die Amerikaner ein, elbeaufwärts zu kommen, um dort dem Kommandeur der 58. sowjetischen Garde-Infanteriedivision vorgestellt zu werden. Dem Kotzebue schien es an der Zeit, seiner Truppe Meldung zu machen: »Auftrag erfüllt. Vorbereitungen für das Zusammentreffen zwischen den Truppenkommandeuren hergestellt. Genauer Standort 87 – 17. Keine Verluste.« Uhrzeit 01 Uhr 30.

Und dann ging auf dem russisch gewordenen Ufer das Feiern los. Zwei Amerikaner und ein Engländer stießen zu dem Haufen und feuerten mit ihrer bereits hochgekurbelten Stimmung die anderen an. Für sie war die Zeit der Gefangenschaft bei den Deutschen und überhaupt der ganze Krieg aus. Sie soffen. Bevor sich der Kotzebue auf den Weg zum nächsten Gefechtsstand der Russen begab, zog er seine tropfnassen Schuhe und seine Socken aus, um barfuß in seinem Jeep das Trocknen dieser Dinger abzuwarten. So sah ihn dann der Kommandeur der 58. Garde-Infanteriedivision Generalmajor Vladimir Rusakov: Einen schlechtrasierten, zweiundzwanzigjährigen, bloßfüßigen Infanterieoffizier, in einem heruntergekommenen Aufzug, direkt aus dem Lager des Kapitalismus kommend. Aber dann wurde auf das Wohl des Truman, des Roosevelt (der schon fast vierzehn Tage tot war), des Churchill und immer wieder des Stalin angestoßen. Je mehr Oberoffiziere verschwanden, desto gelockerter wurde die Unterhaltung. Ein GI indianischer Abstammung zerrte eine russische Militärpolizistin (die als attraktive young lady beschrieben wird) aus dem Zimmer und hinab auf den Flur. Aber der Kotzebue gab ihm eines über den Schädel, und so entfiel vorläufig die nächste Steigerung in der West-Ost-Begegnung.

Bei der Truppe des Kotzebues gab es Mist. Sein Regimentskommandeur meldete dem ebenfalls deutschstämmigen Divisionskommandeur Generalmajor Emil F. Reinhardt und dieser wurde pflichtgemäß irritiert und konfus. Denn ihm war befohlen worden,

Vorpatrouillen nicht mehr als fünf Meilen tief ins Niemandsland zwischen Mulde und Elbe zu schicken. Der Kotzebue aber war mehr als 25 Meilen weit vorgestoßen. Da tat der Reinhardt, was ein guter Deutscher in einem solchen Fall zu tun pflegt: Er verhängte zuerst einmal Nachrichtensperre. Dann schickte er ein Aufklärungsflugzeug los. Inzwischen kam ein weiteres Phonogramm des Kotzebue:

»Vorbereitungen für Begegnung noch nicht abgeschlossen. Komme später.

Uhrzeit 16 Uhr 00.«

Um diese Zeit hatte auch schon eine andere Vorpatrouille des I. Bataillons sein Regiment unter dem Kommando des Leutnants William Robertson unmittelbar bei Torgau Kontakt mit den Russen aufgenommen. Dieser US-Offizier brachte eine Jeepladung Russen zu seinem Bataillonsgefechtsstand, darunter einige bisher kriegsgefangene Russen und Polen, die voll waren wie die Strandhaubitzen.

Auch das schien höheren Orts nicht die Art zu sein, in der man die historische Szene der Nachwelt überlassen konnte. Als der gute Reinhardt von diesem Kuddelmuddel erfuhr, glaubte er, verrückt werden zu müssen. Alles war befehlswidrig verlaufen. Da blieb dem Divisionskommandeur nichts anderes übrig, als seinem Corpskommandeur Meldung zu machen. Dieser hatte den guten deutschen Namen Huebner. Also geriet er in beträchtliche Aufregung und schob den Wust der Meldungen nach oben hin weiter.

Und so kamen die Meldungen auf den Tisch des Armeekommandanten, Generallieutenant Omar Bradley. Der grinste und sagte: »Danke. Wir haben lang genug gewartet. Die Russen haben es sich offenbar auf den bloß fünfundsiebzig Meilen zwischen der Oder und der Elbe ein wenig gut gehen lassen.«

Dann beugte sich Bradley über die Karte, dachte einen Moment nach und zirkelte den Namen der Stadt Torgau ein. Ihm waren die Details der Stories des Kotzebue und des Robertson wurscht. Man wird mit militärischen Zeremonien das Ganze im großen Stil arrangieren und dazu die News Officers samt ihren Medien einladen. Bei Torgau an der Elbe.

Und also waren die Russen und Amerikaner an der Elbe. Für den Moment hatten sie das Reich mit einem Ost-West-Richtung verlaufenden Schnitt in zwei Teile zerstückelt. Nachher wird man – und endgültig – den Schnittverlauf um neunzig Grad drehen und von der Ostsee bis zur Adria, quer durch Deutschland, ein Ding aufhängen, das schon der Goebbels vorausgesehen und bezeichnet hat: Den Eisernen Vorhang.

»Bis zur Elbe.« Schon in uralten Zeiten bedeutete das: eine Stoßrichtung mit ganz bestimmtem wichtigen Ziel. Bis zur Elbe und nicht darüber hinaus. Um die Zeit von Christi Geburt drangen vom Westen her, über den Rhein kommend, die Römer bis zur Elbe in Germanien ein. Später, während der Völkerwanderung, nachdem die früher ostwärts der Elbe ansässig gewesenen Germanenstämme nach Westen zogen, nahmen Slawen das leer gewordene weite Land zwischen Elbe und Weichsel in Besitz. Vor tausend Jahren war die Elbe in ihrem Mittel- und Unterlauf Teil der Ostgrenze des Reiches der Karolinger. Nachher trugen sächsische und fränkische Kaiser die Grenze des Reiches wieder weiter vor nach Osten, von wo aus einmal Germanen zu ihren Zügen nach Westen und Süden aufgebrochen sind. Unabhängig von der Macht der Kaiser entwickelte sich im 14. und 15. Jahrhundert in Preußen, Kurland, Livland, ja auf moskowitischem Gebiet, eine anders geartete deutsche Ordnungsmacht, gestützt auf die dortigen Kontore der Hansa.

Dem Niedergang des Deutschen Ritterordens nach der Zerschlagung seines Heeres bei Tannenberg, folgte im 15. Jahrhundert ein Aufstieg des Königreiches Polen. So kamen Teile Ostpreußens unter die Lehensherrschaft polnischer Könige. Schweden und Rußland rückten in den Ostseeländern ein, und um dieser Länder willen haben Polen und Russen und Schweden viele blutige Kriege untereinander ausgetragen. Immer fochten Deutsche in aller drei Länder Heere. Langsam verlor um diese Zeit das Reich innere Kraft, Länder und europäische Bedeutung. Im Westen fielen die Städte Metz, Poul und Verdun ohne Schwertstreich an Frankreich. Dann setzten die Könige von Frankreich eine Zange gegen die Mitte und den Kaiser an: Sie drängten von Westen nach Osten, der Sultan bedrängte die Kaiserstadt Wien von Osten her. Burgund, Lothringen und das

Elsaß mit der Stadt Straßburg fielen an die Krone Frankreichs. Im Kampf um Schlesien war das Reich bereits eine Farce. Als der Gesandte dieses Reiches dem des Königs von Preußen zu Beginn eines dieser Kriege die Reichsacht verkündete, ließ der Preuße den Repräsentanten des Reiches die Stiege hinunterwerfen. Und während es in der Alten Welt schien, als würden sich Preußen und Österreicher um einer einzigen Provinz willen, Schlesien, drei blutige Kriege liefern, fielen schon die großen geschichtlichen Entscheidungen in Übersee. Ohne daß Österreich und Preußen Anteil daran hatten. Es sei denn, Festlanddegen der Engländer oder der Franzosen zu sein. Während des Siebenjährigen Krieges riß England ganze Teile von Kontinenten unter seine Kontrolle. Als Frankreich diesen Kampf aufgab, war für England kein Grund mehr vorhanden, Frankreich mittels seines Festlanddegens Preußen im Schach zu halten. London und Paris arrangierten sich. Preußen verlor die englischen Subsidien und Maria-Theresia hatte seinen Verbündeten, Frankreich, los. Jetzt gingen nur mehr zwischen Österreichern und Preußen um der Vormacht in Deutschland willen die Streitigkeiten weiter.

So wie im Westen hielt es um die gleiche Zeit auch die riesige Flankenmacht im Osten, Rußland. Nachdem sich der beschriebene Narr von Wien losgesagt hatte, blieb für eine mäßig betrübte Witwe nur mehr die Bestätigung des damit vollzogenen Bruchs zwischen St. Petersburg und Wien zu tun übrig.

Der Große Friedrich aber, der Katharina die Große von Rußland im kleinen Comitee gerne eine Hure nannte (so wie ihre dahingegangene Schwiegermutter Elisabeth), fand im übrigen keinen Anstoß daran, mit besagtem Weibsstück eine tüchtige politische Jagdgemeinschaft einzugehen. Das langsam zugrundegehende alte Königreich Polen reizte den König und die Zarin zum Landgewinn; und sie holten sich, was sie nur greifen konnten. So rückte die Westgrenze Rußlands langsam, aber unaufhaltsam nach Westen hin vor: An den Bug, an die Weichsel und um 1914 bis nahe an die Oder. Zwei Springfluten gingen im 19. Jahrhundert über die europäische Mitte hinweg: Zuerst dehnte der Große Napoleon seine Macht aus bis an den Rhein, die Elbe, die Oder, die Weichsel, um dann mit einem Sprung über den Bug sich in Moskau den Keim der heimtückischen Todeskrankheit seines geeinten Europa zu holen. Das war 1812. Zwei Jahre später, 1814, rückten die Russen zusammen mit Österreichern und Preußen in Paris ein. Dann, 1815, entstand auf dem Wiener Kongreß die notdürftige Ersatzbeute eines Reiches, der Deutsche Bund, der 1866 bei Königgrätz unterging. Noch einmal entwickelte sich nach 1871 ein Zweites Reich der Deutschen zu einer starken Ordnungsmacht in der Mitte Europas. Im Herbst 1914 kamen seine Heere fast nach Paris, 1941 fast nach Moskau. Beide Male wurde dieses »fast« mehr als gescheiterter Erfolg; es steht jetzt für: Untergang der Europäischen Mitte, nach 1945 Zusammenbruch Europas in seiner bisherigen Weltbedeutung als zivilisatorische Vormacht der Kultur des Weißen Mannes. Mehr noch:

Während des siebenjährigen Krieges in Europa wuchs im Krieg Englands gegen Frankreich jenes Selbstgefühl und jener Selbstbehauptungswille der englischen Kolonialisten in den Neu-Englandstaaten Nordamerikas. Ohne Torgau 1760, kein Torgau 1945. Denn bald nach Torgau 1760 machten sich die Neu-Englandstaaten während eines langen Unabhängigkeitskrieges von London unabhängig. Ein gewisser Washington, der vorher im Dienst der Krone Englands sich im Krieg gegen Franzosen und mit deren verbündeten Indianerstämmen bewährt hatte, wird im Bündnis mit Paris die Engländer jenseits des Atlantiks aus dem Feld schlagen. Und das erste Oberhaupt eines Staates des Weißen Mannes sein, das kein König ist.

1917 und 1941 holten sich die Europäer die Amerikaner von drüben herüber; um nicht bloß den Deutschen Kaiser oder nachher den Hitler zu entmachten, sondern aus der Mitte des Reiches jenen Schutthaufen zu machen, der fortan auf unabsehbare Zeit Rest der Mitte der Alten Welt ist. Die Europäer taten das natürlich nicht mit voller Absicht. Dafür aber mit jener groben Fahrlässigkeit, aus der oft mehr Unheil entsteht als aus verbrecherischem, absichtlichem Tun.

Als der Hitler seinem Leben ein Ende bereitet hatte, die Reichshauptstadt Berlin von den Terrorangriffen und der Roten Armee im Endkampf zerstört, das Reich tot und zerstückelt war, wollten sich die Großen Drei noch einmal treffen, um die Verlassenschaft nach dem toten Reich abzuhandeln. Da war es gut, einen Ort der Verhandlungen zu haben, dessen Name schon die Bedeutung dieses Vorhabens aller Welt, insbesonders den Deutschen, sinnfällig machte. Erstaunlicherweise hatte das Schicksal dazu ein heiles Gebäude inmitten des Kampfgeländes um die Reichshauptstadt aufgespart. Noch dazu in Potsdam, mit welchem Ort die Vorstellungen der Sieger alles verbanden, was zerstörenswert war. An einem Tag von Potsdam hat es 1933 mit dem Hitler begonnen. Und in eben diesem Potsdam wird man 1945 die Leichenöffnung des Hitlerismus vornehmen.

Dabei hatte jene Aura, die sich in den letzten Tagen des Großen Friedrich in dieser Stadt verbreitet hat, wenig mit dem Hitlerismus gemein. Jenes geistige Klima am Ausgang des 18. Jahrhunderts glich eher jenem, in dem sich gleichzeitig das Leben des großen George Washington erfüllte:

Rationalismus und Freigeisterei, Freimaurerei und schöngeistige Causerien, über allem ein subtiler Kunstgenuß nach allzuviel im Feldlager verbrachten Jahren. Für den Georgier Stalin aber war an Potsdam nichts von dem, was einmal die Höfe von Berlin und Sankt Petersburg so innig verbunden hat und Achse europäischer Politik war.

Mit preußischen Traditionen hatte das Schloß Cecilienhof, in dem 1945 die Großen Drei tagten, wenig gemein. Wie eine fremdartige Enklave lag es in der Mark Brandenburg. Der Architekt Schulze-Naumann hatte 1911 der Laune einer Dame entsprochen, die es einfach chic fand, in Preußen eine Aura in einem englischen Landhaus zu erleben. Abgewandt vom Militarismus und dem erstarrten Gehaben einer Elite, deren jüngste Söhne und Töchter den unmodernen Klimbim ihrer Väter nicht ernst nahmen. Diese Dame, die letzte Kronprinzessin von Preußen, ist nie mehr Königin und Kaiserin geworden. Im Sommer 1945 hatte Sir Winston schon zu viel andere Sorgen am Buckel, um das seltsame Wiedersehen mit englischer Wohnkultur inmitten der Mark Brandenburg zu schätzen. Der neue US-Präsident Truman war froh, diesen Krieg demnächst mit Hilfe der Atombombe rasch zu einem Ende zu bringen, Exterieurs interessierten ihn nicht. Und der Stalin dachte nur an die technischen Möglichkeiten und Notwendigkeiten einer für ihn möglichst erfolgreichen Ausbeutung der Konferenz.

Von den Großen Dreien, die sich zum ersten Mal während des Krieges in Teheran trafen, hat nur der Stalin auch dieses letzte Treffen in Potsdam überstanden. Roosevelt war im Juli 1945 längst tot, und Sir Winston wird nur an den ersten neun Vollsitzungen teilnehmen, um nachher seinen Platz seinem sozialistischen Konkurrenten und Nachfolger als Premierminister Clement Attlee, Held im Spanischen Bürgerkrieg, zu überlassen. Fehlen wird in Potsdam auch eine der Hirnprothesen der Ära Roosevelt Alger Hiss, sowjetischer Spion, der noch in Jalta eine prominente Rolle in der Begleitung des US-Präsidenten spielte. Noch war Hiss nicht entlarvt. Er war seit Jalta um eine Stufe höher gestiegen und während der Tage von Potsdam eifrig damit beschäftigt, die erste Generalversammlung der Vereinten Nationen in San Francisco zu organisieren.

An sich gab es in Potsdam kein Substrat namens Deutsches Reich, ja selbst der Begriff Deutschland schien obsolet zu sein. Das, was einmal der Heidelberger liberale Staatsrechtler Georg Jellinek eine mit unmittelbarer Herrschaftsgewalt ausgestattete Gebietskörperschaft eines seßhaften Volkes genannt hat, war im Moment nicht vorhanden. Millionen Deutsche waren als Heimatvertriebene auf einer Wanderschaft, wie es seit der Völkerwanderung eine so großartige in Europa nicht gegeben hat; das Reich hatte aufgehört, eine

Gebietskörperschaft zu sein; und mit der unmittelbaren Herrschaftsgewalt hatten die Engländer gleich im Mai 1945 in der Stadt Flensburg Schluß gemacht. War das eine Gaudi für englische Tommies, als sie die letzte Regierung des Reiches, Admirale, Generale sowie Offiziere aller Grade, arretieren durften wie eine Gesellschaft von Falschspielern. Totlachen hätte man sich über jene Typen können, denen sie alles bis aufs Hemd ausgezogen hatten und die dann, mühsam ihre Blößen verbergend, angesichts drohender Läufe von Maschinenpistolen die Hände hoch hielten, um wenigstens ihr buchstäblich nacktes Leben nicht zu gefährden. So eine an Offizieren vollzogene Genugtuung widerfährt nicht oft einem Gemeinen, und man wird sich dieses Schauspiels einer vollständigen Degradierung und Demilitarisierung für spätere Zwecke im eigenen Land merken.

Kurzum, nach der Arretur der letzten Reichsregierung unter Großadmiral Dönitz gab es einfach keinen legitimierten deutschen Verhandlungspartner der Großen Drei. Schließlich war es ja auch einer der Gründe für die Beseitigung der letzten amtierenden Reichregierung gewesen, diese vor Beginn der Konferenz vollständig auszuschalten. Man wollte unter sich sein. Nichts anderes tun, als die bedingungslose Kapitulation der Deutschen vom Mai 1945 auszunutzen. Kurz gesagt: Man wird jetzt das Deutsche Reich zerstören, so wie vor einhundertfünfzig Jahren das alte Königreich Polen zerstückelt wurde und von den Landkarten verschwand.
Es war überhaupt eine Zeit, in der es leichter als sonst möglich war, große Reiche zu zerstören oder deren Charakter bis zur Unkenntlichmachung zu verändern. In Asien war der Stalin jetzt dran, das China des Generalissimus Tschiang Kai-Scheck außer Evidenz zu bringen. Hatte bei der offiziellen Feier der Begegnung an der Elbe bei Torgau neben dem US-Sternenbanner, dem Union-Jack und der Roten Fahne mit Sichel und Hammer auch noch die Fahne des Nationalen China geweht, so war dieses größte Volk der Erde, zugleich eines in den Reihen der Sieger, in Potsdam nicht vertreten. Die von den Westmächten in lässiger Weise versuchte Beiziehung Tschiang Kai-Schecks wurde vom Stalin abgelehnt. Und was der

Stalin ablehnte, verschwand von der Tagesordnung oder wurde in einen Sack ungelöster Fragen gestopft. Einmal wird man diesen Sack auf Verhandlungstischen ausleeren, und die Westmächte werden dann erkennen, daß sie fortan gegenüber der Sowjetunion noch schwächer geworden sind, als sie bereits in Potsdam waren.

Nachdem also Nationalchina dahin abgedrängt worden war, wo es der Stalin alsbald zusammen mit seinen Rotchinesen überfallen wird, gab es eine Frage der Verhandlungsprozedur: An sich folgt einem Krieg der Friede. Und der Friede wird auf einer Konferenz ausgehandelt. Wird es also auch nach dem Zweiten Weltkrieg eine Friedenskonferenz geben, so wie es 1919 eine in Versailles gab? Wenn ja, wer sollte sie einberufen? Sollte es eine Konferenz hic et nunc geben oder gleich einen Friedensvertrag mit dem ohnedies am Boden liegenden und wohl zu allem bereiten Feind? Kaum war der Stalin daran, diese heikle Frage gar noch zuzuspitzen, war sie schon in besagtem Sack verschwunden. In dem Sack mit der Aufschrift: Konferenz der Außenminister. In dieser Frage gab es für den Stalin keine Eile. Indessen wollte er gleich am ersten Verhandlungstag wissen, warum die Engländer beabsichtigten, die deutsche Kriegsflotte, sofern noch in Teilen vorhanden, zu versenken. Sir Winston meinte, diese Flotte sei eine gute Beute der Royal Navy, so wie ja auch die Sowjets den Deutschen im Krieg viel Kriegsmaterial abgenommen haben, ohne betreffs letzterem anderen Auskunft zu geben. Letzteres sagte er nicht ausdrücklich und also mußte er sich vom Stalin sagen lassen, daß das mit der deutschen Flotte nicht so ginge, wie es sich die Engländer vorstellten. Denn, wie käme die Sowjetunion dazu, daß die Engländer ihren Anteil an der erbeuteten deutschen Kriegsflotte versenkten und ihn damit dem Stalin entzogen?
»Kriegsinstrumente sind nun einmal furchtbare Dinge und es ist am besten, sie zu vernichten«,
erwiderte der Churchill etwas naiv. Für derlei Witze hatte aber der Stalin keinen Sinn und deswegen erwiderte er ärgerlich:
»Nein, nein. Wenn es Herr Churchill vorzieht, die deutsche Flotte zu versenken, dann mag er seinen Anteil auf den Meeresgrund

schicken. Ich aber bin nicht bereit, auf unseren Anteil zu verzichten.«

Damit war jenes Prinzip des Stalin und seiner Nachfolger eingeführt, das nachher immer und konsequent gehandhabt wurde. Wienerisch gesagte, meinte der Stalin: Was Dir gehört, gehört mir, was mir gehört, geht dich nichts an. Diesmal roch Sir Winston den Braten und sah ein: Mit der deutschen Flotte fing es an, um nachher mehr kein Ende zu haben, wann immer es um deutschen Besitz ging. Also wurde er stur:

»Die ganze deutsche Flotte befindet sich nun einmal in englischer Hand...«

Das und nicht mehr bot er an. Keine Geste, die die Frage offen ließ. Nichts. Und also wußte der Stalin diesmal, woran er war:

»Das ist es ja. Und hier ist ein Problem, das es zu lösen gibt.«

Aber schon war der große Sack zur Hand und das Problem der Flotte darin verschwunden.

Kein Wunder, daß der Stalin am nächsten Tag z'wider und grantig war. Ihn störten die Journalisten, die auf Stiegen und in Sälen des Schlosses recherchierten.

»Wer hat diese Leute überhaupt zugelassen?«,

wollte der Stalin wissen. Hereingelassen in die sowjetische Besatzungszone Deutschlands, hätte er sagen müssen. Aber schon kam Sir Winston auf die sanfte Tour:

»Ach, diese Leute muß man kraulen und beruhigen!«

Mochte der Engländer, dieser emporgekommene Journalist, so denken. Er, der Stalin, gab daheim solchen Existenzen Geld und Aufträge und dann, wenn sie nicht funktionierten, einen Tritt und wohl auch Ärgeres. Sir Winston aber wollte mit einem Bonmot die Sache aus der Welt schaffen:

»Ich werde mich als Opferlamm den Journalisten vorwerfen lassen, wenn Generalissimus Stalin mir verspricht, mich notfalls herauszuhauen...«

Hahaha. Dem Stalin hätten die Journalisten samt dem Churchill gestohlen bleiben können. Von Presseinformationen, die nicht in seinem Sinn getextet waren, hielt er überhaupt nichts. Aber da nahm

der US-Präsident, besagter Krawattenhändler aus dem Mittelwesten der USA, sein Amt als Beschwichtigungshofrat dieser Konferenz wahr. Man wird die Presseleute an die jeweilige Konferenzdelegation verweisen. Na, die sollen wagen, zu mir zu kommen, dachte wohl der Stalin.
Jetzt kam aber ein richtiges Papier auf den Tisch. Eine Gemeinschaftsarbeit der Außenminister der Großen Drei, nämlich eine veritable Tagesordnung. Punkt eins: Verfahren und Einrichtung bei den Friedensverhandlungen sowie Fragen aus Gebietsansprüchen. Punkt zwei: Vollmachten für den Alliierten Kontrollrat für Deutschland. Punkt drei: Die polnische Frage.
Natürlich hatte der Stalin Einwände gegen das fragliche Gemeinschaftswerk. Er spielte gleich groß an:
»Was ist, was bedeutet Deutschland?«,
hatte Sir Winston gefragt und darauf gleich den Stecher des Stalin bekommen:
»Deutschland ist das, was es nach dem Krieg ist. Ein anderes Deutschland kenne ich nicht.«
Die Westler redeten herum und sahen nicht vom Fleck weg ein, daß mit dieser Formel ihre Deutschlandpolitik für alle Zeiten kaputtgemacht war.
Sir Winstons Einwand:
»Könnten wir nicht von einem Deutschland ausgehen, wie es vor dem Krieg, also 1937, war?«,
kam schlecht an. Denn der Stalin konterte:
»Nein, das kann man nicht.«
Und dann, nach einer kurzen Pause:
»Deutschland, so wie es 1945 ist.«
Und bleiben wird, bis zum nächsten Mal, hätte der Stalin hinzufügen müssen. Aber der US-Präsident warf ein:
»Deutschland existiert faktisch nicht mehr!«
Das war radikaler gedacht, als es Stalin ausgedrückt hatte. Deutschland, fortan ein Nullum. Da schwebte leise der Geist des österreichischen Staatskanzlers Metternich in den Raum. Obwohl sicher nicht von anwesenden Liberalen und Marxisten zitiert. Metternich hat um die Zeit des Wiener Kongresses 1815 konstatiert: Italien ist

ein geographischer Begriff. Längst amtierte seither im ehemaligen Palais Metternich am Rennweg in Wien eine diplomatische Vertretung des geeinten Italien. Da war es ausgerechnet der Stalin, der an diesem Punkt ganz metternichisch zu argumentieren begann: »Deutschland ist, wie man bei uns sagt, ein geographischer Begriff. Wollen wir es so auffassen. Man darf jedenfalls von den Ergebnissen des Krieges nicht abgehen.«

Ergebnis dieses Krieges war, daß die Sowjets ganz Ost- und Mitteleuropa bis zur Elbe unter Kontrolle hatten. Truman, der Beschwichtigungshofrat aus den USA meinte, man müsse doch von irgendeiner Definition ausgehen, wenn man über Deutschland reden wird. Und:

»Ich meine, das Deutschland von 1886 oder 1937 ist nicht dasselbe wie das Deutschland von heute, 1945.«

1886. Um diese Zeit regierte Otto von Bismarck, und der Truman ist zwei Jahre vorher, 1884, zur Welt gekommen. Damals hatte das Reich noch den Rückversicherungsvertrag mit St. Petersburg, von dem die verbündeten Österreicher eigentlich nichts wissen durften. Und die Welt von 1937 war doch schon eingestürzt. Also konnte der Stalin aus guten Gründen sagen:

»Tja, es hat sich alles infolge des Krieges verändert. So und nicht anders faßt man bei uns zuhaus' das Ganze auf. Oder will man etwa im Sudetengebiet der Tschochoslowakei, wo die Deutschen die Tschechen vertrieben haben, wieder eine deutsche Verwaltung einsetzen?«

Eine heikle Frage für Sir Winston. Sein Parteifreund Chamberlain hat im Jahr 1938 in München die angebliche Vertreibung ja sanktioniert. Und die USA haben sich damals mit der »Vertreibung« abgefunden. Im übrigen haben nicht die Deutschen nach 1938 die Tschechen aus dem Sudetenland vertrieben, sondern die Tschechen haben nach 1945 die Sudetendeutschen in barbarischer Weise aus ihrem uralten Siedlungsgebiet verjagt. Die Westler ließen die Lüge des Stalin hingehen, und dieser sagte schließlich:

»Ausgehen kann man von überall... in diesem Sinn kann man auch vom Jahr 1937 ausgehen.«

Prächtig formuliert. Nicht vom Ausgangspunkt hängt ja das Ender-

gebnis der Deutschen fortan ab, sondern vom seither gewonnenen Resultat. Und das war günstig für den Stalin. Aber der Truman wollte es ganz genau wissen und fragte:
»Das Deutschland nach Versailles?«
»Nun ja« knurrte der Stalin, »sagen wir so als Arbeitshypothese zur Erleichterung der Arbeit«.
Eine Hypothese ist eine nicht bewiesene Annahme, eine Vermutung, eine Unterstellung. Für den Stalin derlei so viel wert wie ein Tinneff. Kaum dermaßen nichtssagend scheinbar zugestimmt, mekkerte der Stalin bereits neuerdings über dieses und jenes. Das war System. Er hielt die Westler mit tausend Kleinigkeiten auf und kam selbst gut vom Fleck. Die Taktik schien ihm notwendig zu sein, denn jetzt kam ein harter Brocken auf die Teller der Großen Drei: Polen.

Ehe der Stalin das Problem Polen richtig im Griff hatte, fing Sir Winston in der zudringlichsten Weise zu raunzen an. Wieviel Geld Polen die Engländer schon gekostet hat. Jetzt erst wieder die in englischen Diensten stehenden polnischen Truppen. Und erst die in London residierende polnische Exilregierung. In Warschau weigere man sich derzeit, zuzustimmen, daß eine englische Bank zwanzig Millionen Pfund, ehedem Besitz besagter Exilregierung, an die englische Regierung freigibt. Quasi als einen Kostenersatz für genannte Aufwendungen. Der Stalin fragte so beiläufig:
»Zwanzig Millionen Pfund Sterling?«
Etwa so viel, erwiderte Sir Winston, dabei habe England in den Jahren des Krieges einhundertundzwanzig Millionen Pfund Sterling für die Sache Polens ausgegeben. Der Stalin meinte, Sir Winston könnte sich die fraglichen zwanzig Millionen behalten, wenn er dafür die von der Roten Armee in Warschau eingeführte kommunistische Regierung des sogenannten befreiten Polen anerkenne.
Mr. Truman schaltete sich nach Erörterung eines ausführlichen Papiers, das Stalin zur Frage Polen vorgelegt hatte, wieder ein und meinte, es gäbe da keine Streitigkeiten. Eine neue Regierung in Warschau und freie Wahlen in Polen, davon sei doch schon in Jalta die Rede gewesen. Und dann stopfte man das Problem für diesmal

in den Sack mit der Aufschrift: Außenminister. Nie mehr wird es in Polen freie Wahlen geben. Und nie eine andere als eine von Moskau einexerzierte kommunistische Regierung in Warschau.

Die Verlustlisten des Zweiten Weltkriegs waren noch nicht abgeschlossen, als die ersten Kämpfe zwischen den Verbündeten der Großen Drei schon losgingen. Auf dem Balkan hatten sich Jugoslawen, Albaner und Bulgaren zusammengetan, um unter dem Roten Stern gegen Griechenland, dermalen noch unter englischer Kontrolle, herzufallen. Derlei auf Schloß Cecilienhof zur Sprache zu bringen, war nicht im Interesse des Stalin:
»Hier herrscht irgendein Mißverständnis«, wandte er ein, »wir müssen die Frage nicht hier auf der Konferenz besprechen. Ich habe sie nicht auf der Konferenz gestellt, sondern in einem Privatgespräch darüber gesprochen.«
Ja, in einem Privatgespräch hatte der Stalin die Sache aus seinem Gesichtswinkel gesehen Sir Winston vorgeworfen: Demnach seien die Griechen die Angreifer und die versammelten Bulgaren, Jugoslawen und Albaner die Angegriffenen. Gleich warf Mr. Truman ein, man werde diese Sache nicht hier besprechen.
Hingegen war der Stalin sehr dafür, eine Frage, die an sich mit dem Konferenzthema nichts zu tun hatte, ausgiebig zu erörtern. Zu dieser Frage, es handelte sich um Spanien, hatte er ein Papier verteilen lassen. Dem, was darin stand, hätte er nichts hinzuzufügen. Darauf Sir Winston:
»Die britischen Regierungen, die gegenwärtige und die vorige, hassen Franco und seine Regierung.«
Längere Auslassungen betreffs Demokratie und dem daran in Spanien bestehenden Mangel folgten. Auf das, was der Stalin wollte, nämlich die diplomatischen Beziehungen zu Spanien abbrechen, ging Sir Winston nicht ein. Offenbar schien es ihm aufgrund alter Erfahrungen, die speziell die Regierung Seiner Britischen Majestät stets in Spanien machte, besser, die Finger in der spanischen Omelette zu lassen. Um im geeigneten Zeitpunkt auf andere Weise das Regime des Franco zu liquidieren. Laut sagte er:
»Was die während des Krieges befreiten Länder anbetrifft, so kön-

nen wir dort nicht die Errichtung eines faschistischen oder eines Franco-Regimes zulassen. Doch hier (in Franco-Spanien) haben wir ein Land vor uns, das nicht am Krieg teilgenommen hat... ich hoffe, daß es gelingen wird, seinen Sturz (den des Franco) zu beschleunigen.« Wie denn? Auf diplomatischem Weg, meinte Sir Winston. Aber der Stalin wollte und wollte nicht den gegenwärtigen Zustand in Spanien anstehen lassen. Mochte der Abbruch diplomatischer Beziehungen ein starkes Mittel sein; der Bestand dieses Regimes sei gefährlich. Dabei handle es sich nicht um die in Rußland eingesetzt gewesene spanische Blaue Division. Das Regime sei die Gefahr. Er, der Stalin, mische sich nicht etwa in die Frage Portugal ein, wo auch ein autoritäres Regime bestand. Aber wenigstens eine gemeinsame Erklärung, wonach die Großen Drei nicht auf Seiten Francos stünden, müsse doch möglich sein. Sir Winston war dafür nicht zu haben, und also blieb für Mr. Truman nur übrig, wieder einmal festzustellen, es handle sich um einen Punkt, in dem keine Übereinstimmung zustande kam.

Was dem Stalin der Franco, war Sir Winston der Tito. Aber Jugoslawien war nach Beseitigung des Vorkriegsregimes und der Errichtung der Herrschaft des Tito und seiner kommunistischen Partei für Stalin ein verbündetes Land mit einer verfassungsmäßigen Regierung. So wie jedes von Kommunisten beherrschte Land. Wenn der Churchill diese Frage erörtern wollte, dann müßte die Vertretung des neuen Jugoslawien an den Tisch. So wie ehedem in Polen, gab es auch in diesem Balkanstaat zwei Regime: Das des Tito und den Rest eines, das im Exil den Krieg überdauerte. Und was das Titoregime anlangte, so hatte Sir Winston konkrete Beschwerden:
»Es gibt keine Wahlgesetze, die Versammlung des Rates ist nicht erweitert worden, die Gerichtsbarkeit ist nicht wieder hergestellt worden, die Verwaltung Titos wird von einer von ihm geschaffenen Partei-Polizei kontrolliert, die Presse wird ebenfalls kontrolliert...«
Und das alles Monate nach dem Tod des Hitler. Solche Ähnlichkei-

ten im Kreis der Großen Drei gelten zu lassen, konnte nicht Sache des Stalin sein. Also belehrte er Sir Winston, es ginge nicht um die von ihm vorgebrachten Anschuldigungen, sondern um die eventuelle Beiziehung jugoslawischer Vertreter hic et nunc. Prompt lief Sir Winston in die Falle. Anstatt über das Meritum seines Vorbringens zu sprechen, wollte er von dem Vorwurf, »Anschuldigungen« vorgebracht zu haben, entlastet sein. Ihm ginge es nur um »Beschwerden«.

Da gefiel es Mr. Truman gar nicht, einen Tito in einer Linie mit einem Franco zu sehen, und er meinte:

»Wir sind keine Gerichtsinstitutionen zur Klärung von Beschwerden über einzelne Staatsmänner…«

»Das ist eine richtige Bemerkung«,

belobigte der Stalin, und also war der Tito aus dem Schach, in das ihn Sir Winston mit den fraglichen Bemerkungen gebracht hat. Man wird die Volksdeutschen aus Jugoslawien vertreiben, Kroaten, Serben und andere Nationalitäten aber dermaßen unter Kontrolle nehmen, daß ihnen jede Lust an ihrem Antikommunismus vergehen wird.

Und so redeten und redeten die Großen Drei im Schloß Cecilienhof. Themen wurden aufgegriffen; fallen gelassen; wieder hervorgekramt; um dann, wenn der Stalin im betreffenden Fall unnachgiebig war, die Sache in den fraglichen großen Sack zu stecken. Die stärkste Weltmacht jener Tage, USA, warf in Potsdam nur sehr selten das ganze Gewicht ihres Ansehens und ihrer Macht so in die Waagschale, wie es der Stalin in wichtigen Dingen stets und mit größter Entschiedenheit tat. So etwas wie der ehrliche Makler von Potsdam zu sein und in den Konfrontationen der Ansichten des Stalin und jener Sir Winstons den Konflikt zu verhindern, war für Mr. Truman eine wichtige Aufgabe. Nur keine Wiederholung von Auseinandersetzungen zwischen Verbündeten wie 1919 in Versailles.

Fast gedankenlos gebrauchten auch die Westler längst die vom Stalin in den internationalen Sprachgebrauch der Sieger eingeschleusten Chiffren: antifaschistisch für prokommunistisch, antideutsch für prosowjetisch und demokratisch für volksdemokratisch. Und wie 1945 die Alten sangen, so zwitscherten eine Generation später die Jungen.

Am 20. Juli 1945, ein Jahr nach dem Tod des Stauffenberg in Berlin, kam Österreich in Potsdam auf die Scherbank. Im Gegensatz zu den restlichen Großen Zwei wußte der Stalin in Sachen Österreich recht gut Bescheid. Vor dem Ersten Weltkrieg hat er dort, in Wien-Meidling, eine Zeitlang gewohnt und sich mit dem Nationalitätenproblem der Habsburgermonarchie beschäftigt. Damals stand sein Bett nicht einmal tausend Meter weit von jenem des Kaiser Franz Josef entfernt. Und wenn der Stalin damals in der Früh zum Greisler ging, sah er immer das im schönbrunnergelb gefalbelte Kaiserschloß zuerst. Jetzt kam er mit ausgefeilten Vorschlägen betreffs Österreich. Und die Österreicher in Wien dankten ihm, daß er gleich nach der Eroberung der Stadt den Doktor Renner aufs neue mit der Bildung einer österreichischen Regierung betraute, anstatt sie einem bloßen Besatzungsregime zu unterwerfen, wie das im Reich geschah. Wenn also der Stalin in Potsdam die Westler bat, sie möchten doch die Regierung des Doktor Renner anerkennen, dann tat er bloß, was alle verantwortlichen Österreicher in Wien herzlichst wünschten.

Den Westlern trauten einige dieser damals verantwortlichen Österreicher nicht so recht. Es hieß, die Amerikaner hätten seltsame Pläne betreffs des Nachkriegsösterreich in Bänken. Und Sir Winston führte Klage darüber, daß die Rote Armee nicht die englischen Truppen in die ihnen zugewiesenen Besatzungszonen ließen. Der Stalin erwiderte, er wolle nicht darüber reden, daß zum Beispiel die Amerikaner mit ihren Truppen noch immer in dem von ihnen eroberten Mitteldeutschland stünden, obwohl dort längst das Besatzungsregime der Sowjets aufgerichtet sein sollte. Aber dann lenkte der Stalin ein:

»Im Gebiet von Berlin ist klüger gehandelt und die Frage der Besetzung (Sektoren) schneller gelöst worden als in Wien.«

Nach dem, was sich die Sowjets in Berlin, die Berliner Mauer eingeschlossen, nachher erlaubten, hätte man in Potsdam zugeben müssen, daß in Berlin der Stalin in seinem Interesse tatsächlich klüger und schneller gehandelt hat als in Wien. Aber Sehergaben besaß keiner in Potsdam und also überschlief man die Frage Österreich erst einmal in jenem Sommer 1945.

Am nächsten Tag konnte der Stalin Sir Winston wieder einmal ins Unrecht setzen und in die Defensive drängen. Ehe es der Engländer wußte, hatte der Stalin davon Kenntnis, daß die Vorhut der englischen Besatzungstruppen schon in Wien eingetroffen war. Und in der Steiermark brauchte nun einmal die Rote Armee Zeit, um sich die gewissen Kilometer über den Semmering nach Niederösterreich zurückzuziehen. Zwar hat die Rote Armee solche Marschstrecken oft und oft in zwei Tagesmärschen bewältigt, aber der US-Generallieutenant Omar Bradley hatte am Tag von Torgau schon recht: Es gibt Umstände, unter denen es sich die Rote Armee auf dem Marsch gut gehen läßt.

Weil aber Sir Winston dem Stalin einmal höflich kommen wollte, bedankte er sich bei diesem für die rasche Bereinigung der Besatzungsfragen in Wien. Da kam er aber schön an beim Stalin: »Was gibt es da zu danken? Wir sind verpflichtet, das zu tun!« Die Westler hätten sich denken können, ohne niet- und nagelfeste Abmachungen sollte man sich mit dem Stalin nicht einlassen. Indessen war um diese Zeit der politische Kredit, den Uncle Joe zumal in den USA besaß, so groß, daß man solche Haarspaltereien in Dingen, die ohnedies nur die verdammten Deutschen betrafen, nicht verstanden hätte.

Während vor den Fenstern des Schlosses Cecilienhof eine Welt einstürzte, türmten sich im Beratungsraum unter dem hohen Dach die ungelösten Probleme betreffs der Deutschen und Deutschlands zu Bergen auf. Wo wird dieses Volk ohne Grenzen in Zukunft seine staatlichen Grenzen haben?

Sir Winston wollte dem Stalin wegen der künftigen deutschen Ostgrenze besonders schlau kommen:
»Wie sollen im kommenden Winter die Berliner zu ihren Kohlen kommen, wenn die Stadt von der Lieferung schlesischer Kohle ab-

geschnitten sein wird? Und wie wird man die in Westdeutschland zusammengepferchten Deutschen, die vielen Flüchtlinge, versorgen, wenn im Osten den Deutschen ihre Agrargebiete genommen werden?«

Der Stalin übernahm es, dem Engländer die Augen zu öffnen: »Die Berliner beziehen doch seit jeher ihre Kohlen nicht aus Oberschlesien, sondern aus Torgau.« Was bedeutete das? Nun, Torgau wird deutsches, von der Roten Armee besetztes Gebiet sein; die Kohlengruben in Oberschlesien werden aber nie mehr zu Deutschland gehören, weil sie fortan in Polen liegen. Mr. Truman verstand nicht diese Fechtkünste des Engländers und des Stalin und er warf ärgerlich ein, es ginge hier nicht um Kohlen, sondern um die künftigen Grenzen Polens. Diese aber sollten erst auf einer Friedenskonferenz gezogen werden. Also mußte der Stalin auch dem Amerikaner die Augen öffnen: »Nein, nein. Ich verlange, daß entweder die Westgrenze (Polens) hier nach den Wünschen Polens gezogen wird. Oder, daß man die Polen hierher nach Potsdam einlädt.«

Jetzt stand Sir Winston an einer Wegegabelung: Er wollte, wegen der in London amtierenden polnischen Regierung, die kommunistische Regierung in Warschau nicht hierher holen lassen; andererseits zog in diesem Falle automatisch die Version, wonach den Polen blieb, was sie schon dank Moskau in Händen und den Deutschen entrissen hatten. An diesem Tag stimmte der Churchill noch nicht erklärtermaßen der letzteren Version zu. Aber der Hahn wird nur mehr dreimal am Morgen krähen und dann wird Sir Winston wieder einmal dem Stalin nachgeben.

Man redete über Palästina, nicht etwa über den Judenstaat, und andere Länder, und dann kam das Schicksal der deutschen Stadt Königsberg aufs Tapet. Nichts da, trumpfte der Stalin auf. Schon in Teheran sei beschlossen worden, welche Gebiete Ostpreußens samt Königsberg die Sowjets bekommen werden. Sir Winston erinnerte sich, daß man schon im Ersten Weltkrieg derlei Gebiete dem Zaren versprochen hat, um diesen für die Sache der westlichen Demokratien zu gewinnen. So wurde die Krönungsstadt der preußischen

Könige, die Stadt Kants, fortan russisch; so wie Danzig, die Geburtsstadt Schopenhauers, polnisch werden sollte. That 's it, stellte M. Truman ohne weitere geschichtliche Reflexionen fest. Wieder kam die Rede auf Österreich. Und noch einmal mußte sich Sir Winston beim Stalin bedanken, weil die Westler nichts getan hatten, um für die Verpflegung der Wiener Bevölkerung ihrer Sektoren vorzusorgen. Während der Stalin den Wienern wenigstens Erbsen und die deswegen aushaftenden Schulden verschafft hat. Anstatt eines Dankes in politicis wollte der Stalin auch in diesem Fall Entgelt in bar. Die Westler sollten die österreichische Regierung des Doktor Renner anerkennen. Aber in diesem Punkt dachten die Amerikaner noch anders; vielleicht in Zusammenhang mit Projekten betreffs eines süddeutschen Staates mit Einschluß Westösterreichs. Mr. Truman ließ sich also vorderhand Zeit und meinte, über Österreichs Regierung könnte man erst nach dem Einrücken von US-Truppen in den ihnen zugedachten Sektor Wiens reden. Dem Stalin, der Österreich fest unter Kontrolle hatte, war das nicht unwillkommen. Er besaß ja das Pfand und die Bürgen.

Manchmal lockerte sich die Stimmung in der Hohen Halle derart, das ein Lachen aufkam und die Protokollführer dieses historische Ereignis ausdrücklich vermerkten (während sie anderes zuweilen ausließen). Nun, betreffs Polen gab es nichts zum Lachen. Sir Winston wußte, daß ihm in diesem Fall nicht nur die Felle schon davongeschwommen waren, sondern er selbst die Pferde längst verkauft hatte. Stalin redete nicht erst von dem Spiel mit den Zündhölzern und von dem mit Sir Winston abgesprochenen Perzentsatz seines Einflusses in Ost- und Ostmitteleuropa. Er lächelte nur, wenn Sir Winston in Polen noch immer eine Enklave des Westens aufrechterhalten wollte. In dieser Hinsicht hat, längst bevor sich die Großen Drei in Potsdam zusammensetzten, der Doktor Goebbels mit seiner Vorstellung vom Eisernen Vorhang im Osten viel realistischer gedacht.

Der 25. Juli 1945 war Lostag für die Sudetendeutschen. Fest stand, daß der Stalin jenes östliche Gebiet der ČSR, in dem weder Tschechen noch Slowaken, sondern Ruthenen wohnen, bekommt. Und die Polen werden jenes Olsagebiet behalten, das sie 1938 dank Hitler den Tschechen entreißen konnten. Bei diesem Umstand war es selbstverständlich, daß die Tschechen 1945 im Westen bekamen, was sie im Osten verloren. Und zwar auf Kosten der Deutschen. Und da man zu den dreieinhalb Millionen Sudetendeutschen nicht noch Gebiete Bayerns oder Sachsens hinzubekommen wollte, jagte man einfach die Sudetendeutschen über die Westgrenze der ČSR von 1919, schuf man so ein fast leeres Land an der Grenze zum kapitalistischen Westen, das leichter unter Kontrolle zu halten war. Sir Winston sah in diesem Zusammenhang bloß hungrige Mäuler derer, denen die Tschechen nach ihrer Vertreibung aus dem Sudetenland nur das Taschentuch lassen wollten, damit sie darin ihre Tränen abtrocknen können. Also warf er abwehrend ein:

»Wir wollen sie (die aus der ČSR vertriebenen Deutschen) nicht in unserer Zone haben.«

Und der Stalin ungerührt und eisern:

»Das schlagen wir auch nicht vor.«

Mochten sie zum Kuckuck gehen, diese Sudetendeutschen. Aber Sir Winston hatte nun einmal seinen launigen Tag und also sagte er:

»Sie bringen ihre Mägen mit und mir scheint, die eigentliche Umsiedlung hat noch nicht begonnen.«

Nein, man hat diese Menschen wirklich nicht umgesiedelt. Man hat sie aus ihren Wohnungen und Besitztümern vertrieben wie Diebe und Räuber. Und damit nicht etwa gewartet, bis in Potsdam dazu die Genehmigung gegeben wurde. Der Stalin verschwieg, daß es die Tschechen so arg mit den Deutschen getrieben haben, daß Offiziere der Roten Armee gegen ärgste Grausamkeiten eingeschritten sind; Rotarmisten, die auch nicht zimperlich im Umgang mit Deutschen waren. Laut sagte der Stalin:

»Ich habe Nachricht, daß die Deutschen von den Tschechen rechtzeitig benachrichtigt und dann ausgesiedelt werden.«

Das genügte den Westlern. Nie mehr werden sie sich groß um Menschen kümmern, die von kommunistischen Eroberern aus ihrem Land vertrieben werden. Dann, wenn sich Handlanger des Stalin und seiner Nachfolger eines Landes bemächtigen, um es zu befreien. 1945 betraf derlei ohnedies nur damn'd Germans.

»Und was Polen betrifft«, fuhr der Stalin fort, »so haben sie noch anderthalb Millionen Deutsche zurückgehalten, um sie bei der Heimbringung der Ernte zu verwenden. Wenn die Ernte in Polen beendet sein wird, werden die Polen diese Deutschen sofort aus Polen evakuieren.«

Hier irrte der Stalin. Die Polen werden noch dreißig Jahre lang Deutsche an der Ausreise aus Polen hindern; sie als Faustpfand behalten und für ihre Auslieferung an Westdeutschland schließlich horrende Beträge verlangen. So wie früher mildtätige Orden den Algeriern und anderen mohammedanischen Staaten viel Geld zahlen mußten, damit diese die von ihnen gefangenen Christensklaven freigaben.

»Ach, was wird die Versorgung dieser ausgesiedelten Deutschen für uns eine Last sein«,

unkte Sir Winston. Diskret erinnerte der Stalin den Engländer an das, was die Polen unter den Deutschen zu erdulden hatten. Aber Sir Winston wollte nicht von Menschlichkeit reden, sondern vom Geschäft. Etwa: Ruhrkohle gegen Lebensmittel aus dem Osten, aus den russisch besetzten Gebieten. Das lehnte der Stalin kategorisch ab. Warum nicht, wollte Sir Winston wissen:

»Weil diese Gebiete zu Polen kommen«,

erwiderte der Stalin. So, jetzt war es heraußen. Und selbst die dümmsten Westler wurden gewahr, daß also die Frage der polnischen Westgrenze geregelt war, ehe – wie vereinbart – von einem Friedensvertrag die Rede sein konnte.

Als am 28. Juli 1945 anstatt des im Wahlkampf besiegten bisherigen englischen Premierministers Sir Winston Churchill dessen Besieger, der sozialistische Clement Attlee den Platz am Beratungstisch in Schloß Cecilienhof einnahm, waren noch immer vierzehn wichtige Fragen ungelöst. Sir Winston hatte zwar mit seiner Schlagfertigkeit die Diskussion belebt, dem Stalin indessen kaum eine Lösung abgerungen, bei der nicht der Vorteil dem Stalin zufiel. So ist es nach 1945 bei den von den Sowjets gesetzten faktischen Verhältnissen geblieben; und für den Westen und seine Staatsmänner blieb

in den folgenden Jahren nichts anderes übrig, als am Eisernen Vorhang und dergleichen zu scharren; oder krasses Unrecht in diplomatischer Verkleidung dem Rest der Welt als Neue Ordnung vorzuführen. Für das Entrée des Mr. Attlee hatte sich der Stalin ein Dessert vorbehalten:
Die Reparationsleistungen der Österreicher.
Zwar hat dieser Staat im Jahre 1939, als der Stalin im Bündnis mit dem Hitler einen Weltkrieg anzettelte, nicht mehr als Staat bestanden. Indessen gab es auch im kleinen Österreich Werte, deren sich der Stalin erst einmal bemächtigen wollte, ehe den Österreichern die schon während des Krieges in Moskau versprochene erneute Freiheit und Unabhängigkeit zurückgegeben werden sollte. Vorderhand genügte es dem Stalin, die Österreicher von den Deutschen zu separieren und möglichst viel Unfrieden dazwischen zu säen.
Mr. Truman riskierte eine Lippe und meinte, es werde schwer halten, aus den laufenden Produktionen in Österreich Reparationslieferungen herauszuholen. Nun ja, meinte der Stalin, und hielt sich eine Lösung in Reserve.
Langsam kam die Prozession in Zielnähe. Die Großen Drei hatten zwar so viele wichtige Probleme in den fraglichen großen Sack gestopft, daß derlei Konfliktstoffe für einige Kriege reichten; indessen geht auch die längste und scheinbar nutzloseste Prozedur einmal zu Ende. Der Stalin hatte seinen Teil und es bedurfte nur mehr dieses und jenes, um die verhandlungsmüden Westler loszuwerden.
Da war der Vorschlag des Stalin, die Westler sollten in ihren Besatzungszonen den Deutschen Reparationsleistungen an die Sowjetunion abzwacken. Und dazu hatte er, wie immer in solchen Fällen, auch gleich ein Papier, das er auf den Verhandlungstisch legte und zur Verteilung brachte. Mr. Attlee erwiderte mit dem ältesten Trick der Diplomatie: Er brauche Zeit für das Studium dieses Papiers.
Gleich fuhr ihm der Stalin sarkastisch in die Parade:
»Es ist natürlich nicht überflüssig, nachzudenken. Drei, vier, fünf Monate? Nur, daß eine Frist gesetzt wird.«
Darauf der Engländer:
»Sechs Monate.«

Das war, nachdem der Stalin als höchste Zahl die Zahl 5 genannt hatte, immerhin ein zahlenmäßiger Erfolg. Aber schon setzte der Stalin einen neuen Keil auf die geschlagene Kerbe: »Ich rechne damit, daß Herr Attlee unseren Antrag unterstützt.« Nein, nein, das wollte Mr. Attlee nicht gleich zusagen. Aber der Stalin gab nicht nach: »Ach, denken Sie mal nach und unterstützen Sie uns!« Jetzt wurde Mr. Attlee trotzig: »Ich habe gestern den ganzen Tag nachgedacht.« Da lachten die Konferenzteilnehmer wieder einmal auf Kosten der Deutschen; und der Russen, deren Land auch im Krieg furchtbar verwüstet worden war. Nur dieses Lachen war so gedankenlos, wie die Ostpolitik der Westler fortan sehr oft gedankenlos und rücksichtslos gegenüber den unmittelbar Betroffenen sein wird. Etwa bei der Endlösung der Vietnamfrage. Bekommene Lösungen kassierte der Stalin wortlos. Zusagen vermerkte er genau in seinem Operationskalender zur Ausbreitung der sowjetischen Kontrollmacht über die Erde. Und entschiedene Fragen löste er auf eigene Faust nach eigenem Gutdünken, so wie nur ein günstiger Wind wehte.

Und schon ging es, knapp vor Torschluß, wieder um die Westgrenze Polens. Der Sozialist Mr. Attlee fuhr stur auf den vorher von Sir Winston ausgefahrenen Geleisen des Verhandelns mit den Sowjets weiter. Und was Polen betraf, schlug er als Westgrenze dieses Staates gegenüber Deutschland vor:
Die Oder von der Mündung in die Ostsee (Brückenkopf bei Stettin) bis zur Einmündung der östlichen Neiße in diesen Strom und weiter die Neiße bergwärts.
Dieses Menue war dem Stalin nicht gargekocht. Er ließ es im Moment bei kleinem Feuer kochen, um es dann, wenn es ihm munden wird, einfach vom Herd zu nehmen und zu genießen. Im Moment schlug er gewandt eine kleine Finte. Was die Reparationsleistungen der Österreicher betraf, regte er an, diesen nur wegzunehmen, was sich als von den Deutschen stammendes Eigentum in Österreich befand. Das schien den Westlern nur recht und billig zu sein. Nicht

einzusehen, daß sich die Landsleute des Hitler womöglich noch an dem bereicherten, was gar nicht ihnen gehören konnte, sondern gute Beute der Sieger war. Sie, die Westler glaubten derlei schließlich entbehren zu können; aber die Sowjets mochten sich ruhig nehmen, was sie in ihrer Besatzungszone als sogenanntes Deutsches Eigentum vorfanden. Also etwa die von den Deutschen im Marchfeld fündig gemachten Ölfelder; den Privatbesitz derer, die man in der ehemaligen Ostmark jetzt wieder die Piefkes nannte und von denen man, trotz des damaligen Blumensiegs der Wehrmacht, nichts mehr wissen wollte; und natürlich alles, was die Deutschen in Österreich als Staatsgut besessen haben nach der Landnahme anläßlich des Anschlusses. In letzterer Hinsicht ist es also geschehen, daß das 1918 von der Monarchie hinterlassene Staatsgut als »Deutsches Eigentum« von den Sowjets vorläufig kassiert wurde. Man wird es einmal den Österreichern für teures Geld ablassen, wenn sonst nichts mehr in Österreich zu holen sein wird.

Im Moment waren die Westler froh, für irgendwelche Leistungen der ganz auf den Hund gekommenen Österreicher an die Sowjets nicht etwa ihr gutes Geld hinlegen zu müssen. Wie 1919, als man mit der rechten Hand den Österreichern wegnahm, was man vorher diesen mit der linken geben mußte, weil letztere ganz pleite waren und am verhungern.

Schon arbeiteten gewiefte Texter, Gewährsmänner der Großen Drei, am Kommuniqué der Berliner Konferenz, wie das Geschehen in Potsdam vorerst genannt wurde. Den Außenministern der Großen Drei blieb die Kontrolle über den großen Sack, in den ungelöste und unlösbare Probleme gestopft waren und weiter wurden. Die Deutschen wird man erst einmal entmilitarisieren; denn ihr Militarismus war es ja immer, der den Rest Europas in Unfrieden stürzte; ohne diesen Unfrieden der Deutschen wird es Frieden geben. So wie in Versailles wird man ihnen allein die ganze Verantwortung an den Greueln des letzten Krieges an den Hals hängen. Notorische Kriegsverbrecher wird man arretieren und mit ihnen abrechnen. Auf unterster Ebene wird man die Deutschen in einen Nachholunterricht in Demokratie schicken. Mit dem Reich werden sie nichts zu tun haben, weil es das Reich nicht mehr gab. Wieweit ein Alliierter Kontrollrat über ganz Deutschland regieren wird, mußte abgewartet werden. Dieses Regime über den Zonen betraf ein Deutschland, das man in Nord und Süd, Ost und West bis zur Unkenntlichmachung amputiert hat. Stalin wird dieses für ihn günstige Provisorium bis auf den St. Nimmerleinstag den Sowjets erhalten, denn einen Friedensvertrag mit dem, was nach dem Hitler blieb, wird es auf Menschengedenken nicht geben. Die Österreicher kamen mit einem kleinen Provisorium davon: Die Westler werden die Ausdehnung der Kompetenz der Regierung Renner auf ganz Österreich bei sich erwägen und nach ihrem Einrücken in Wien befinden. Und da war die Umsiedlung der Deutschen aus Polen und der ČSR. Von den unglücklichen Deutschen in Jugoslawien war nicht die Rede, sie kamen noch übler weg. Und man hatte den Mut, im Kommuniqué von einer geordneten Umsiedlung der Deutschen zu sprechen. Aug' um Aug'.

Im Ganzen: Ein Provisorium, das die Deutschen als ein schauerliches Definitivum über Menschengedenken hinaus auf sich haben werden.

Eindrucksvoll war, was man jetzt den Deutschen vor aller Welt ins Gesicht sagte:

»Die Alliierten führen die Besetzung Deutschlands durch, und das deutsche Volk beginnt, für die fürchterlichen Verbrechen zu büßen, die unter der Leitung derer begangen wurden, denen es zur Zeit ihrer Erfolge offensichtlich seine Billigung erbrachte und blind gehorchte.«

In dieser finsteren Stunde der deutschen Geschichte wurde zunächst den Deutschen nur eines klar: Mit dem Hitler war es aus. Man war in Teufels Küche geraten. Und man wird erst sehen, ob und wie man noch einmal davonkommen wird; erstmals als ein Überlebender, dann aber auch als ein Mensch in Deutschland, eines Landes, das insgesamt nicht mehr als Nation und Staat existiert. Über Trümmern, in denen die Gebeine vieler Unschuldiger faulten, wird man anfangen, Häuser zu bauen, zu arbeiten und zu überstehen. Nun ja, man wird sehen.

Es gab momentan keinen Namen in der Welt, der allenthalben mit mehr Abscheu genannt wurde, als der Name: Deutscher. Ein Deutscher, das war die Verkörperung des Bösen. Seine Besieger aber ein Optimum an Verkörperung von Idealen wie Freiheit, Menschlichkeit, Duldsamkeit, Friedfertigkeit und Gerechtigkeit. Es wird lange dauern, bis man derlei auch in den damn'd Germans von 1945 verkörpert sehen und anerkennen wird. Das Reich zu zerschlagen, war diesmal endgültig gelungen.

Das Reich der Deutschen ist nicht das erste in Europa gewesen, das man seit dem Altertum zerstört hat. Die Türken haben das Weströmische Reich und dessen Hauptstadt Konstantinopel erobert und über dessen Trümmer ihr osmanisches Großreich errichtet. Indessen sind damals die Türken, im Vergleich zu den Siegern von 1945, seltsam gnädig verfahren. Sie ließen den Griechen, nachher Bulgaren, Serben, Rumänen und Ungarn in den eroberten Gebieten deren nationale Kultur, machten keine allgemeine Zwangsbekehrung zum islamitischen Glauben. Gewiß, die so eroberten Länder mußten politische Unterdrückung und wirtschaftliche Ausbeutung auf sich nehmen und lange ertragen. Aber die neunmal Klugen aus diesen Völkern bekamen bald Einfluß und Rang am Hof des Sultans und je mehr die Türken herunterkamen im Laufe der Jahrhunderte, desto besser konnten sie die ehedem unterworfenen Völker an der Nase herumführen. Als 1919 die alte Türkei von der siegreichen Entente endgültig zerschlagen wurde, hatte es sich längst ergeben, daß die einmal dem Sultan untertänigen fremden Völker dieses Reiches ihr nationales Selbstbewußtsein und ihre Eigenständigkeit bis zur Errichtung ihrer modernen Nationalstaaten unversehrt erhalten konnten. Aber so waren eben die Türken.

Im 18. Jahrhundert wurde das alte Königreich Polen zerstört, sein Gebiet in drei Teilungen, an denen sich zweimal auch die Österreicher schadlos hielten, zwischen Rußland und Preußen zerstückelt. Nachher gab es keinen polnischen unabhängigen Staat mehr. Aber Polen war deswegen nicht verloren. Im habsburgisch gewordenen Galizien und Lodomerien zum Beispiel, mit der Universität Krakau, stand die polnische Kultur dieses grausame Transitorium durch. Bis im Ersten Weltkrieg die Mittelmächte den Polen über die ersten Schwierigkeiten einer staatlichen Neubildung hinweghalfen. Im Trigon der ältesten Universitäten Mitteleuropas: Prag 1348, Krakau 1364 und Wien 1365 entstand jener unverlierbare Kommunikationsraum, ohne den der jahrhundertelange feste Bestand der Donaumonarchie gar nicht denkbar gewesen wäre.

Italien war seit dem Ausgang des Altertums jahrhundertelang Experimentierfeld landfremder Ordnungsmächte. Deutsche, Franzosen, Spanier, zuletzt immer mehr England, teilten sich in der Kontrolle der Zustände auf der Apenninhalbinsel. Niemals aber wurde die Kulturtradition zugunsten jener der Fremden unterbrochen. Im Gegenteil: Wer immer in Italien Herrschaftsrecht ausgeübt hat, brachte großartige und unerläßliche Beiträge zur Gestaltung der eigenen Kultur mit heim. 1861, ins wiedervereinte Italien, mündete bruchlos die Kulturtradition dieses Volkes.

Den Deutschen nahm man 1945 die nationale Substanz, also mehr denn die Reste des seinerzeit im Westen aufgekommenen Nationalismus des 19. Jahrhunderts und dessen Auswüchse. Seit 1945 weht ostwärts der Elbe unablässig ein Wind in der sowjetischen Besatzungszone, in dem ein seltsamer Kulturalismus gerät: Die Legierung eines verderbten Preußentums mit einem totalitären Marxismus russischer Prägung. Im Westen – nichts dergleichen. Dort ist man froh, Preußen endlich los zu sein und zu beiden Ufern des Rheins einen erfolgversprechenden Amerikanismus zu erleben. Dieser Amerikanismus, den nachzuahmen die Deutschen durchaus in der Lage und willens sind, hat sich mit seinem Sieg von 1945 als derartig materiell wie ideell überlegen erwiesen, daß es nichts Besseres zu geben scheint, als ihn anstatt der bisherigen Rückständigkeit zu übernehmen. The American way-of-life, made in Western Germany, ist eine Sache für sich geworden und er wird von vielen Deutschen amerikanischer als in Amerika praktiziert. Nicht nur von den Deutschen, um es hier gleich zu sagen. Überall diesseits des Eisernen Vorhangs.

Vom Reich ist nicht mehr viel die Rede. Zuweilen eine gemütvolle Aufwallung, Nostalgie nennt man das mit einer Chiffre Made in USA. Aber in politicis ist derlei so etwas wie eine gefährliche

Sprengladung in den Fundamenten jenes Wirtschaftswunders, mit dem die Deutschen in Westdeutschland alsbald den Rest der Welt in basses Erstaunen versetzt haben; so wie sie Ordnung in das Trümmermeer von 1945 brachten.

In den siebziger Jahren, als die erste junge Generation der Ära nach Untergang des Reiches in Westdeutschland herangewachsen und politisch mündig war, konnte der sozialistische Bundeskanzler Willy Brandt in seinen Bemerkungen über den Tag hinaus souverän feststellen:

»Die Deutschen in ihrer Gesamtheit sind heute keine Staatsnation.«
Überhaupt müsse es als Nation nachsitzen. Wer wird da Schulerhalter sein? Wer wird die Lehrpläne machen? Wer wird lehren?

Was die Deutschen im menschlichen Bereich noch bindet, sind laut Willy Brandt: Familiäre Bande. Im geistigen Bereich: eine gemeinsame Geschichte und Kultur.

Basta.

Willy Brandt hat nicht nur kniend Abbitte geleistet für das, was mit der versuchten rettenden Tat des 20. Juli 1944 etwa ein Goerdeler in letzter Stunde wehren wollte: Die Tötung unzähliger Wehrloser. Der Kanzler aus Bonn hat auch, eine Generation nach den erfolgreichen gemeinsamen Jagdfreuden des Stalin und des Hitler, den kommunistischen Osten noch einmal und in aller Form in dem Besitz anerkannt, den der Stalin zu seiner Zeit und Gutfreund mit dem Hitler zur Strecke brachte: Ostpolen ex 1939, Litauen, Lettland und Estland ex 1940 und dazu Teile Finnlands und Rumäniens. Gebietserwerbungen Sowjetrußlands, die 1945 vor allem den Polen und den Tschechen abgegolten werden mußten; und um deretwillen Millionen Deutsche aus ihrer alten Heimat im Osten verjagt wurden; damit jene eine Gebietsentschädigung bekommen konnten, denen einmal der Stalin im Verein mit dem Hitler Land und Macht abgejagt hat.

Langsam sinkt der Schleier des Vergessens und Verkennens über derlei Geschichte aus jüngster Vergangenheit; über Geschichte, die nicht Gegenwart sein soll, die bewältigt, richtiger: überwältigt werden soll. Ob es diesmal ein heilsames Vergessen sein wird oder eines, das erneute tödliche Gefahren in sich hat, ist ungewiß. Die davon betroffenen Toten haben jedenfalls gleich mehrmals Unrecht bekommen.

So vergißt man:
Ein Tag im Osten. Die Kompanie hat einen verlustreichen, erfolglosen Angriff auf die Stellungen des Iwan hinter sich. Ein Rest des Haufens ist mit knapper Not wieder auf die alte Stellung zurückgegangen. Im Niemandsland zwischen den Stellungen der Feinde, auf Feldern, die seit Jahren nicht bestellt wurden, liegen die Toten der Kompanie. Man wird sie wohl nie mehr bergen und beerdigen können. Andere vom geschlagenen Haufen waren wohl noch am Leben; aber bereits als Gefangene drüben beim Iwan.
In der Nacht kam Verpflegung nach vorne. Und Post. Und längst fällige Marketenderware. Der Spieß machte eine neue, eine ganz anders lautende Stärkemeldung vom Rest der Kompanie und meinte zum Fourier:
»Den meisten Kram können wir wieder mitschleppen.«
Das war, rein rechnerisch gedacht, in Ordnung. Von der gestrigen Grabenstärke waren jene abzuzählen, die tot vor der Stellung lagen, und jene, die wohl umsonst schon auf Verpflegung beim Iwan warteten. Die Landser machten böse Augen. Der junge Leutnant, der noch nicht wußte, wie er den Fehlschlag verantworten wird, saß verdattert da. An ihm wird der Spieß keine Stütze für seine karge Verpflegungsausgabe haben. Und diese Typen hier, die werden wohl kaum gestatten, daß eine Krume und irgendein Kram der Marketenderware nach hinten kam. Was denn: Ausgegeben wird nach Tagesstärke, gleichgültig ob diese um 23 Uhr 30 oder vor dem Angriff erstellt wurde. Es war ein Tag wie viele andre im Osten, und jede Stunde eines solchen Tages zählte wie andere.
Der Spieß zündete sich und dem Kompanietruppenführer eine Zigarette an. Dann quasselten die beiden noch eine Weile, bis der Spieß seinem Fourier sagte:
»Gib den Scheiß aus!«
Und dann fingen Suff und Fraß an. Bis der letzte Rest verzehrbarer Marketenderware verdrückt war. Dann bliesen einige Landser die

hierorts gänzlich zwecklosen Präservative auf, die irgendein Idiot von einem Zahlmeister loshaben und ihnen angerechnet hat; bis die Dinger platzten; oder einer mit der Zigarette drankam. Nach und nach wurden alle voll im Bauch und ein wenig blau. Der Leutnant und einer mit einer Brille und den zwei Kordeln für Offiziersanwärter blieb in der MG-Stellung. Wer sich nicht hinfläzte, kam auf das Thema 1, später Sex genannt. Der Verlust des Tages wurde vergessen. Vergessen waren schon die Toten im Niemandsland, die bei der Kälte Gott sei Dank nicht so stinken werden, wie in der warmen Jahreszeit. Und die drüben beim Iwan, die mochten sehen, daß sie etwas zwischen die Zähne bekamen. Wer wußte, wann es mit unsereinem so weit war.

Ja, so war diese gottverdammte Schweinerei ausgegangen. Wer überlebte, konnte auf Kosten derer, die geblieben sind, sich besser verlustieren. Wenn er die Schnauze hielt und nicht auffiel mit dem unzulässigen Mehrbezug an Verpflegung und Marketenderware. Man fing nach 1945 an, zu vergessen. Um selbst zu überleben. Um sich vollzuschlagen und zu verlustieren. Mochten die drüben es mit den neuen Herren ausmachen, so wie ehedem unter dem Hitler. Wer das Maul nicht aufreißt, dem wird immer genug zum Fressen in dieses Maul gestopft, daß er überlebt. Überleben ist alles. Gott weiß, wie lange diese schöne Zeit dauern wird. Eine gute Parole für die Zeit nach dem Krieg. Provisorisch erst mal leben. Nachher sehen, was noch kommt.

Der österreichische Baron starb am 2. August 1945. Am Tag, an dem das Kommuniqué der Potsdamer Konferenz hinausging und es endgültig aus war mit der Reichshauptstadt und der Mitte der Alten Welt. Was für besagten Baron insoferne von Bedeutung war, als er viele Jahre in Berlin gelebt hat, um dort als Zweiundachtzigjähriger zu sterben. Nicht eben standesgemäß. Sondern in einem jener Mietshäuser, deretwegen das wilhelminische Berlin später von modern denkenden Menschen arg getadelt werden wird.
Die Sache mit dem Sterben des Baron war eine einzige große Schererei. Einen Sarg zu beschaffen, war um den 2. August 1945 in keiner Stadt Deutschlands eine leichte Sache und erst recht nicht in Berlin,

das so ziemlich alle Greuel des Krieges erlebt hat. Also schafften die Wohnungsinhaber den Leichnam vorerst aus der Wohnung, betteten ihn auf eine Pritsche, die sich in der Waschküche fand. Das ganze ereignete sich in Charlottenburg. Und der Baron hieß, besser nannte sich: E. N. von Reznicek, also mit den beiden Vornamen Emil und Nikolaus. Vornamen, auf die er zeitlebens nur mit den Buchstaben E und N hinwies; von Baron wollte er nichts wissen. Obwohl er sich nach dem allgemein üblichen Sprachgebrauch Baron hätte nennen können. Denn sein Vater ist der k. u. k. Feldmarschalleutnant Joseph Freiherr von Reznicek gewesen. Mütterlicherseits ging die Abstammung in noch viel höhere Kreise hinauf. Die alte Baronin Reznicek stammte nämlich aus fürstlichen Rängen im alten Rumänien; Fürst Gregoire Cozadini, Herr von Climesti, war ihr Schwager, und der ganze Clan gehörte zu jenen Fanarioten, die einmal in Byzanz, aber auch im türkischen Stambul, Namen und Rang besaßen. Ein unsinniger Zufall hat den alten Baron in diese Schwägerschaft gebracht. Der Vater des Feldmarschalleutnants ist nicht mehr gewesen als ein Regimentskapellmeister bei den Kaiserlichen und natürlich kein Baron. Aber auch dieser un-adelige böhmische Musikant hat seine Beziehung zur Geschichte gefunden. Er begleitete nämlich mit einer sogenannten Kleinen Harmonie der Regimentskapelle den Johann Strauß Vater auf dessen letzten Gang zu Grabe. Den berühmten Radetzkymarsch transponierte er, um ihn als Trauermarsch abspielen zu können.

Sein Sohn, der Offizier und General, ist durch die verflixte Neutralitätspolitik seines Kaisers, der es sich im Krimkrieg 1854 mit dem befreundeten Zaren verdarb, den Westlern aber verdächtig blieb, an die Moldau, also nach Rumänien gekommen. Mit einer österreichischen Besatzungstruppe. So fing es mit dem 1945 in Berlin verstorbenen Reznicek in einer Besatzungsära an, denn sein Vater heiratete die erwähnte Rumänin. Und sein Dasein endete auch wieder in einer Besatzungsära.

Der alte Baron war kein Kommißknopf. Als er sah, daß es mit dem Jusstudium seines Sohnes nicht weiterging, sagte er glatt:
»Studier' lieber Musik.«
Und das tat der junge Reznicek. Er studierte und dirigierte dann.

427

Bald hier, bald dort. Es kam eine Flaute, und er trat in die Fußstapfen seines Großvaters, des alten Böhm', indem er für drei Jahre Regimentskapellmeister des k. u. k. Infanterieregiments Numero 88 wurde. Noble amarantrote Aufschläge, gelbe, scheinbar goldene Knöpfe. Zeitweilig in Budapest garnisonierend. Indessen ging der junge Reznicek nicht den Weg der Regimentskapellmeister Komzák, Ziehrer und Lehár, die in der Silbernen Operette groß wurden. Überhaupt wich der junge Baron den Wienerischen Usancen aus, ging ins Reich, wie man damals sagte und nach Berlin. Er schrieb Opern. Die Ouvertüre zur Oper »Donna Diana« schrieb er im Nu hin und erwarb sich damit Unvergeßlichkeit. Manchmal experimentierte er im Atonalen, aber sowie das üblich wurde, hörte er auf. Er lebte im Kreis der Großen wie Felix Weingartner und Clemens Krauss et cetera.

Nichts davon war in jenem August 1945 von Bedeutung. Vier Tage nach dem Tod des Barons fiel auf die japanische Stadt Hiroshima die erste Atombombe. 260000 Japaner waren gleich tot. 100000 »nur« verwundet, soweit was man im Atomzeitalter noch von »verwundet« sprechen kann. Aber davon erfuhr der Baron nichts mehr. Er starb in einer alten Welt und er wurde nach Hiroshima in einer ganz anderen, die er wohl nie mehr verstanden hätte, beerdigt.

Ja, es gelang tatsächlich, für die Leiche in der Waschküche einen Sarg aufzutreiben. Ein in Berlin anwesender amerikanischer Kulturoffizier, ehedem in Wien und Berlin ansässig, stiftete 20 Liter Benzin. Und also konnte der symbolische Akt der Beerdigung des Emil Nikolaus Freiherrn von Reznicek stattfinden:

Auch ein mit amerikanischem Benzin betriebenes Leichenauto kam anfangs August 1945 nicht ohne weiteres von Charlottenburg zum Waldfriedhof Stahnsdorf. Das unter obwaltenden Umständen seltsame makabre Fahrzeug wurde vor Verlassen des Trümmerfelds der bestandenen Reichshauptstadt von einem sowjetischen Offizier angehalten. Der russische Major trat an die Fahrerkabine heran und meinte, es sei besser, wenn die Trauergäste, die in die Kabine gepreßt saßen – sieben an der Zahl – nicht bis zum Friedhof mitgingen. Er habe neue Mannschaft zugeteilt bekommen und er könne dieser Leute nicht Herr werden.

Auch die Leichenträger sollten lieber vorsichtig sein und ihre Schuhe, Socken und Anzüge auszuziehen, bevor sie sich in die sichtlich gefährdete Umgebung des Friedhofs wagten. Das taten diese Männer, weiß Gott. Und so trugen vier Berliner in Unterhosen und barfüßig den Sarg des österreichischen Baron über jene Grenze, zwischen zwei Welten, in die andere Welt, die heute hinter der Berliner Mauer im Osten existiert.

Und das ist weit, weit ab. So weit, wie die Dinge gedeihen mußten, bis in Potsdam die Akten betreffs des Hitler geschlossen wurden.

Und das Reich zerstört und Europa bis in die Grundmauern wackelig war.

1917

Sturz der Monarchie in Rußland.

USA erklären Krieg an das Deutsche Reich.

Spaltung der SPD auf deren Parteitag in Gotha: Linker Flügel bildet Unabhängige Sozialdemokratische Partei Deutschlands (USPD).

USPD und Spartakusbund (Rosa Luxemburg, Karl Liebknecht) organisieren Umsturz in Deutschland.

Oktoberrevolution in Rußland. Diktatur der Minderheit der Bolschewisten unter Lenin.

1918

Munitionsarbeiterstreik. USPD und Spartakusbund proben den Umsturz.

US-Präsident Wilson verlautet 14-Punkte-Programm für Nachkriegsordnung.

Auslaufen der deutschen Offensive in Frankreich, beginnender Rückzug des deutschen Westheeres.

Übergang der Initiative auf Ententeheere.

Ersuchen der Reichsregierung um Waffenstillstand.

Die Noten Wilsons und ihre Ziele betreffs Deutschland: Abschaffung des monarchischen Prinzips, völlige Demokratisierung, militärische Kapitulation.

Matrosenmeutereien nach russischem Vorbild auf der deutschen Schlachtflotte.

Umsturz in München. Kurt Eisner ruft die Republik in Bayern aus. König Ludwig III. flüchtet als erster deutscher Fürst.

Reichskanzler Prinz Max von Baden nimmt Abdankung des Deutschen Kaisers vorweg und übergibt seine Geschäfte an den Vorsitzenden der SPD, Friedrich Ebert.

Philipp Scheidemann (SPD) ruft in Berlin die Republik aus.

Flucht des Deutschen Kaisers in die Niederlande.

Abschluß des Waffenstillstands von Compiègne (Frankreich), Fortdauer der Hungerblockade über Deutschland.

Kaiser Karl I. verzichtet in Wien auf jeden Anteil an den Staatsgeschäften.

Ausrufung der Republik in Wien.

Einstimmiger Beschluß der Nationalversammlung in Wien für den Anschluß Deutschösterreichs an die »Deutsche Republik«.

Gründung der Kommunistischen Partei Deutschlands (KPD) unter Rosa Luxemburg und Karl Liebknecht unter Aufsicht des Bolschewisten Karl Radek (geb. in Lemberg, Österreich).

1919

Gründung der Münchner Ortsgruppe der KP unter dem bolschewistischen Beauftragten Max Levien.

Gründung der Deutschen Arbeiter-Partei (DAP) unter dem Vorsitzenden Anton Drexler.

KPD versucht in Berlin durch bewaffneten Aufstand der Wahl einer Verfassungsgebenden Nationalversammlung zuvorzukommen. Gustav Noske (SPD), Wehrbeauftragter der Provisorischen Reichsregierung, schlägt den Putsch mit Resten des alten Heeres sowie Freikorps nieder.

Landtagswahl in Bayern. Vernichtende Niederlage der Wahlpartei Kurt Eisners (3 von 180 Mandaten).

Wahl der Verfassungsgebenden Nationalversammlung im Deutschen Reich und deren Zusammentreffen in Weimar (Weimarer Republik).

Wahl der Konstituierenden Nationalversammlung in Deutschösterreich. Große Regierungskoalition unter Doktor Renner. Bestätigung des Beschlusses vom 12. November 1918: Deutschösterreich ist ein Bestandteil des Deutschen Reichs.

Ermordung Kurt Eisners in München. Sprengung des bayerischen Landtags durch Terror von Linksradikalen.

Rätediktatur in München. Zuerst unter Toller, Mühsam und Landauer, nachher unter den Bolschewisten Leviné, Levien und Axelrod.

Erste Geiselmorde in München: Rote Garden unter dem Stadtkommandanten und Kommandanten der »Roten Armee« Rudolf Egelhofer (ehem. Matrose) töten 10 Geiseln.

Eroberung Münchens durch Truppen der Reichswehr und der Freikorps unter Gustav Noske (SPD).

Diktat – Frieden von Versailles mit dem Deutschen Reich.

Diktat – Frieden mit Österreich in St. Germain (Anschlußverbot) – Weimarer Reichsverfassung mit Hinweis auf den Anschluß Deutschösterreichs in Artikel 61, Abs. 2.

Französischer Ministerpräsident George Clemenceau erzwingt mit ultimativer Drohung Widerruf des Anschlußprogramms der Verfassung von Weimar.

Versammlung der DAP im Münchner Sterneckerbräu. Hitler, V-Mann der Reichswehr, stößt zur DAP, Kooptierung Hitlers als 7. Mitglied des damaligen Vorstands der DAP.

Konstituierende Nationalversammlung in Wien beschließt wegen der Vorschriften des Diktats von St. Germain, das Wort »Deutsch« aus dem Namen des neuen Staates zu streichen sowie die bisherigen Bestimmungen über den Anschluß an das Deutsche Reich außer Kraft zu setzen.

Konforme Erklärung der deutschen Reichsregierung gegenüber den Siegermächten von 1918.

432

Erste Großversammlung der DAP im Münchner Hofbräuhaus. Hitler nutzt die Gelegenheit zur eigenmächtigen Verkündung der 25 Punkte des von anderen getexteten Parteiprogramms (später auch Parteiprogramm des NSDAP).
Umbenennung der DAP in NSDAP.
Tagung der nationalsozialistischen Parteien Deutschlands, Österreichs und der ČSR in Salzburg. Neuerliches Hervortreten Hitlers.
Wahl des österreichischen Nationalrats, Hitler als Wahlredner in Österreich.
Erwerb des »Völkischen Beobachters« (VB) durch NSDAP.

1921

Reparationsleistungen Deutschlands vorläufig auf 269 Milliarden Goldmark bemessen.
Massenagitation der NSDAP gegen das Reparationssystem der Siegermächte sowie gegen deutsche Erfüllungspolitiker (Novemberverbrecher).
Reichsregierung unter Joseph Wirth (Zentrum, »Roter Wirth«).
Hitler erzwingt in der NSDAP diktatorische Vollmachten für sich. Beginn des Sprachgebrauchs: Der Führer.
Ermordung des »Novemberverbrechers und Erfüllungspolitikers« Matthias Erzberger (Zentrum) durch Männer der rechtsradikalen Geheimorganisation OC (Organisation Consul). Darnach:
Ausnahmeverordnung des Reichspräsidenten. Konflikt zwischen dem Reich und Bayern, das sich weigert, einen dortigen, anders abgezweckten Ausnahmezustand aufzuheben. (*Außerordentliche Maßnahmen zur Herstellung der demokratischen Ordnung im Staat werden System.*)
Verhaftung Hitlers wegen Verdachts der Putschvorbereitung. Baldige Enthaftung wegen Mangels an Beweisen.
Saalschlacht im Hofbräuhaus zwischen Parteigängern des NSDAP und der SPD.
Seither Umbenennung der Turn- und Sportabteilungen der NSDAP in SA.

1922

Rascher Verfall der Markwährung.
Versuch der bayerischen Regierung, Hitler als lästigen Ausländer abzuschieben, scheitert am Widerstand der Rechtskreise.
Vertrag zwischen Deutschem Reich und Sowjetunion in Rapallo (Reichsaußenminister Walther Rathenau, Sowj. Außenkommissar Čičerin).
Ermordung Rathenaus. Erklärung des Reichskanzlers Wirth im Reichstag, der Feinde stehe (diesmal) rechts. Beginn der Polarisierung im Rechts-links-Konflikt.
Neuerliche vorübergehende Verhaftung Hitlers wegen Landfriedensbruch (Versammlungssprengung).

Sog. Berliner Protokoll bereinigen vorübergehend schwelenden Konflikt zwischen Reichsregierung und Bayern.

Österreich bekommt unter Kontrolle und Garantie des Völkerbundes internationale Sanierungsanleihe. Scharfer Widerstand der SDAP (Otto Bauer) u. a. wegen neuerlicher Unterwerfung unter das Anschlußverbot von Versailles.

Großdeutsche Volkspartei als Regierungspartei nimmt Verbotserneuerung im Interesse der unaufschiebbaren Sanierungsmaßnahmen der Koalitionsregierung Seipels hin.

Mussolinis sogenannter Marsch auf Rom.

Nationale Erhebung in der Türkei bahnt Diktatur Kemal Atatürks an.

Verbot der NSDAP in Preußen.

1923

Frankreich holt sich im Ruhrgebiet »Produktive Pfänder«. Französische und belgische Truppen besetzen das Ruhrgebiet zwecks »Erleichterung« der Arbeit der dahin entsendeten Fachmänner und Ausbeuter.

Reichspräsident Ebert und Reichsregierung verkünden wegen Ruhreinbruch »Passiven Widerstand«.

Bayerische Regierung verhängt Ausnahmezustand, um gleichzeitige Massenaufmärsche der politischen Linken und Rechten vermeiden zu können. Reichswehr (Hauptmann Ernst Röhm) drängt Hitler vom Putschversuch ab und deckt dessen Rückzieher. Hitler und verbündete Wehrverbände marschieren trotz Verbot auf.

Weihe der ersten Standarten der SA. Spektakulärer Erfolg Hitlers.

Schwere Schädigung des Ansehens der bayerischen Regierung.

Große Koalition in der Reichsregierung Gustav Stresemanns.

Abbruch des Passiven Widerstands gegen Ruhreinbruch.

Radikalisierung in Sachsen (links) und Bayern (rechts).

Verschärfung der Wirtschaftskrise in Deutschland. Markinflation bis zur praktischen Entwertung der Papiermark. Arbeitslosigkeit.

In Bayern wird Gustav von Kahr zum »Generalstaatskommissar« mit außergewöhnlichen Vollmachten zur Wiederherstellung der Ordnung betraut.

Reichspräsident kontert mit Verhängung des Ausnahmezustands für das ganze Reichsgebiet. Vollziehende Gewalt geht damit zum ersten Mal seit Bestehen des Zweiten Reiches auf Reichswehrminister und damit auf die Reichswehr (Chef der Heeresleitung Hans von Seeckt) über.

Reichstag nimmt von der Regierung verlangtes »Ermächtigungsgesetz« (Vergleich zu 1933) an. Daher Verordnungsgewalt der Vollziehung, auch unter Abweichung von Grundrechten, auf sozialem, wirtschaftlichem und finanziellem Gebiet.

Separatistenbewegung in der französischen Besatzungszone.

VB löst mit antisemitischen Äußerungen über Reichskanzler Stresemann sowie General von Seeckt sofortige Sanktion von Seeckts aus. Weisung an General von Lossow, Wehrkreiskommandant in München, VB zu verbieten. Von Lossow lehnt

Durchführung dieser Polizeiaktion ab. Von Seeckt setzt von Lossow wegen Befehls-verweigerung ab. Von Kahr setzt von Lossow wieder in sein Amt und nimmt Reichswehrtruppen in Bayern vorläufig »unter Pflicht«.
Einsatz der Reichswehr gegen Linksputsch in Sachsen. SPD (in Sachsen Koalitions-partner der Kommunisten) tritt darauf aus Berliner Regierungskoalition aus.
KP-Unruhen in Thüringen und Hamburg.
Zwiespältige Lage von Kahrs in München: Entweder mit dem Hitler gegen das System in Berlin oder mit der Berliner Regierung gegen die KP-Unruhen an der Nordgrenze Bayerns.
Hitlerputsch vom 9. November (zusammen mit Generaloberst Ludendorff).
Von Kahr bricht nachträglich ein vom Hitler erzwungenes Zusammengehen und läßt Hitlerputsch von Landespolizei mit der Schußwaffe unterdrücken.
Verhaftung Hitlers, später Verurteilung zu Festungshaft.
Verbot der NSDAP und der KPD durch von Seeckt.
Einführung der Rentenmark. 1 Rentenmark = 1 Billion Papiermark.
Beginn der Ära des Reichsaußenministers Stresemann. »Erfüllungspolitik«.

1924

Dawes-Plan. Business not politics. Versuchte langfristige Regelung der Reparations-leistungen, Zustimmung des Reichstags hierzu.
Hitler organisiert nach Haftentlassung Neugründung der NSDAP.
Pendelausschläge bei Reichstagswahlen: Im *Frühjahr* Gewinne der Kommunisten sowie der Nationalen und Völkischen; im *Winter* erneute Stärkung der Parteien der Mitte.
Außenpolitische Befriedungspolitik Stresemanns erweckt neuerlich agitatorische Kraft Hitlers, beginnender Wirtschaftsaufschwung dämpft aber politische Erfolgs-aussichten der NSDAP.

1925

Als Nachfolger Friedrich Eberts wird Generalfeldmarschall von Hindenburg zum Reichspräsidenten gewählt (amtiert bis 1934).
Erfolge der Entspannungspolitik Stresemanns: Räumung des Ruhrgebiets beginnt.
Polen weist 20 000 »Optanten« aus ehem. deutschen Gebieten mit harten Maßnah-men aus (bis 1925: Eine halbe Million Ausweisungen).
Locarno-Verträge: Regionale Sicherheitsabkommen statt bloßer Sicherheit auf Grund Diktat-Frieden von Versailles.
Eintritt des Deutschen Reiches in den Völkerbund für 1926 geplant.
Wachsender Zwiespalt in Deutschland: Deutschnationale stimmen gegen Ratifizie-rung der Locarno-Verträge, verlassen Reichsregierung.
Die Goldenen Zwanzigerjahre. Amerikanismus in Deutschland. Folgenschwere Schuldenverflechtung Deutschlands mit den USA.

1927

Sozialistischer Aufruhr in Wien. Brand des Justizpalastes. Ausgangslage für bürgerkriegsähnliche Zustände der Dreißigerjahre. Hervortreten paramilitärischer Verbände in der österreichischen Innenpolitik.

1929

Gescheitertes Volksbegehren der »Nationalen Einheitsfront« gegen Young-Plan, der den undurchführbaren Dawes-Plan ersetzen soll.
Wachsendes Kassendefizit des Reiches.
Zusammenbruch der Hausse-Spekulationen an Effektenbörsen in USA. Beginn der »Weltwirtschaftskrise 1929«. Ausgehend von den USA, verbreiten sich in Europa (insbesonders Deutschland und Österreich) Bankenzusammenbrüche, Bankrotte, Wirtschaftsstagnation, Massenentlassungen und Arbeitslosigkeit. Die von Hitler nach den Goldenen Zwanziger Jahren erwartete Wende vollzieht sich mit wachsender Geschwindigkeit.

1930

Heinrich Brüning (Zentrum, Christliche Gewerkschaften) Reichskanzler einer Regierungskoalition der politischen Mitte, ohne SPD.
Räumung des Rheinlands nach 12jähriger Besetzung.
Notverordnung des Reichspräsidenten von Hindenburg »zur Sicherung von Wirtschaft und Finanzen«.
SPD-Reichstagsfraktion bereitet zusammen mit KPD und NSDAP der Regierung Brüning gezielte Abstimmungsniederlage im Reichstag und erzwingt Auflösung des Reichstags sowie Neuwahl.
Erwarteter Wahlsieg der SPD bleibt aus. Statt dessen enormer Wahlsieg der NSDAP (107 statt bisher 12 Mandate) und Aufschwung der KPD. Hitler realisiert Wende in Deutschland und Europa.
Brünings Reichsregierung, abgestützt durch verfassungsmäßiges Notverordnungsrecht des Reichspräsidenten, versucht Sanierung durch Sparmaßnahmen, treibt aber so Massen in NSDAP und KPD.
Sieg der SDAP in Österreich bei Nationalratswahl dank Absplitterung einer Wahlpartei des Heimatschutzes von Christlichsozialen. Weiterhin »bürgerliche Mehrheit« im Nationalrat. SDAP als mandatsstärkste Partei, gestützt auf außerparlamentarische Opposition ihrer Richtungsgewerkschaften in schärfster Gegenstellung zum »Regime«.

Reichsregierung veröffentlicht Plan einer deutsch-österreichischen Zollunion. Scharfe Zurückweisung des Planes durch Westmächte und Kleine Entente (ČSR, Rumänien, Jugoslawien). Haager Schiedsgericht soll entscheiden, ob geplante Zollunion bisherigen Verbotsbestimmungen aus Verträgen zwecks Verhinderung des »Anschlusses« widerspricht.

Zusammenbruch der Bodenkreditanstalt in Wien zieht schwerste Gefährdung der »Credit-Anstalt« nach sich. Wirtschaftliche Abhängigkeit des Landes (zumal von Frankreich und England) wird erneut sichtbar, schwächt Position der Bundesregierung. Einschneidende Sparmaßnahmen. Beginn der Massenarbeitslosigkeit in Österreich.

Heimwehrputsch in der Steiermark scheitert.

Österreichs Verzicht auf geplante Zollunion vor Entscheid des Haager Gerichtshofs.

Plan des französischen Staatsmannes André Tardieu zur Rekonstruktion der 1918 zugrunde gegangenen wirtschaftlichen Einheit im Donauraum scheitert zumal am scharfen Widerspruch der ČSR, die Gefahr eines Wiedererstarkens der Funktion Wiens fürchtet.

Rasche Verschärfung der Wirtschafts- und Finanzkrise in Deutschland.

Schließung von Banken und Sparkassen, Anwachsen der Konkurse sowie der Zahl der Arbeitslosen, notwendige Preisüberwachung durch Reichskommissar Carl Goerdeler, Krise der Landwirtschaft bringen NSDAP sowie KPD erneuten Auftrieb.

Fast 6 Millionen Arbeitslose zu Jahresschluß.

Zusammenbruch des Reparationssystems von Versailles.

1932

Wiederwahl Paul von Hindenburgs zum Reichspräsidenten, diesmal gegen die Stimmen von Nationalen, Völkischen sowie Nationalsozialisten. In der Stichwahl: 19,4 Millionen für Hindenburg, 13,4 Millionen für Hitler, 3,7 Millionen für Thälmann.

Reichskanzler setzt Verbot der SA sowie der SS durch.

Reichspräsident von Hindenburg entzieht Brüning seine Unterstützung und leitet damit den raschen Wechsel in der Position des Reichskanzlers bis zur Machtergreifung Hitlers ein.

In Österreich bildet Engelbert Dollfuß seine erste Regierung. Die scharfe politische Auseinandersetzung im österreichischen Nationalrat wegen der Ratifizierung des »Lausanner Protokolls« (Verlängerung und Aufstockung der Anleihe von 1922) bringt den Bundeskanzler in die unversöhnliche Konfrontation mit der SDAP sowie nationalen und nationalsozialistischen Kreisen im Land (neuerliche Bestätigung des Anschlußverbots als Voraussetzung für die Kreditgewährung).

Serie der Wahlen im Reich geht weiter: Juli: NSDAP erringt 230 von 608 Mandaten, November: NSDAP büßt 34 Mandate ein, dagegen Gewinn der KP.

Das Transitorium der Kanzlerschaften Franz von Papens (Nationale Konzentration mit Duldung durch Hitler) sowie Kurt von Schleichers.

1933

Herr von Papen und Hitler treffen sich im Haus des Bankiers von Schroeder in Köln.

Plan zum Sturz der Regierung Schleicher.

Neuerliche materielle Aufrüstung der NSDAP nach der Wahlschlappe vom vergangenen Herbst.

Sieg der NSDAP bei der über Gebühr herausgestrichenen Landtagswahl im Lande Lippe.

Von Hindenburg beruft seinen Böhmischen Gefreiten zum Reichskanzler.

Brand des Reichstagsgebäudes in Berlin; Verbot der Linkspresse; Verhaftung von politischen Funktionären (sog. Schutzhaft).

Letzte Reichstagswahl im Parteienstaat: Griff Hitlers nach der absoluten Mehrheit im Reichstag scheitert. 56 % des Wählervolkes geben Hitler nicht die Stimme (nur 288 von 647 Mandaten).

Selbstausschaltung des Nationalrates in Österreich, ausgelöst durch taktisches Manöver der SDAP, die den Ersten Nationalratspräsidenten Doktor Renner zum Rücktritt veranlaßt.

Bundeskanzler Dollfuß entschließt sich, angesichts der raschen Ausweitung des Nationalsozialismus in Österreich, der Taktik der NSDAP: Demokratie, der Weg in den Führerstaat, keine Chance zu geben.

»Tag von Potsdam«, 1933: Spektakuläres Bündnis des Feldmarschalls und des Gefreiten des Weltkriegs in der Garnisonskirche.

Ermächtigungsgesetz für die Regierung Hitler zur »Behebung der Not von Volk und Reich«. Eindrucksvolle Absage der SPD (als einzige Fraktion des Reichstags) an Hitler.

Beginn der Selbstauflösungen sowie Verbote politischer Parteien in Deutschland; Einparteiensystem der NSDAP.

Verbot der NSDAP in Österreich. Aufruf Dollfuß zum Eintritt in die überparteiliche Vaterländische Front.

Reste der SPD-Fraktion im deutschen Reichstag unterstützten sogenannte Friedensresolution, praktisch: Außenpolitisches Programm der Regierung Hitler.

Gewerkschaften im Reich gehen Kollision mit Hitler aus dem Weg, werden dennoch aufgelöst.

Erste Reichstagswahl nach Ende des Parteienstaates: 92 % für die Einheitsliste der NSDAP.

Reichstag nur mehr Dekorum und Auditorium des Hitler.

1934

»Gleichschaltung« (Chiffre für äußerste Konzentration aller Macht in Deutschland auf die Person der Führers und Reichskanzlers) erreicht mit Aufhebung der Volksvertretungen in den Ländern des Reiches bedeutsamen Höhepunkt.

In Österreich Aufstand des (illegalen) Republikanischen Schutzbundes der SDAP sowie von Teilen der legalen SDAP gegen die Regierung Dollfuß. Kämpfe in Wien und einzelnen Bundesländern. Nachher Verbot der SDAP und ihrer Organisationen.

In Marburg verliest Franz von Papen (noch immer Vizekanzler unter Hitler) eine von Edgar Jung verfaßte Kritik an dem sich ausbreitenden System des Hitlerismus aus konservativer Sicht.

»Röhm-Putsch«. Liquidierung zahlreicher bisheriger oder eventueller Gegner Hitlers in Partei, Staat und SA. Entmachtung der SA, Beginn des SS-Staates in Deutschland.

Aufstand der (illegalen) nationalsozialistischen Bewegung gegen die österr. Regierung Dollfuß. Der Bundeskanzler fällt im Bundeskanzleramt. Verlustreiche Kämpfe in den Ländern. Kurt von Schuschnigg wird vom Bundespräsidenten zum Bundeskanzler ernannt. Fortsetzung des Dollfußkurses.

Reichspräsident von Hindenburg stirbt. Hitler fortan Staatsoberhaupt und zugleich Regierungschef im Deutschen Reich. Vereidigung der Reichswehr auf die Person Hitler.

84 % des Wählervolkes stimmen für die neue Ordnung.

1935

Wiedereinführung der Allgemeinen Wehrpflicht im Deutschen Reich. »Stresa-Front« (England, Frankreich, Italien) gegen derlei einseitige Aufkündigungen internationaler Verträge (hier: Beschränkung der Rüstung des Reiches durch Versailler Diktat), unterstützt zugleich die staatliche Unabhängigkeit Österreichs.

Französisch-sowjetischer Beistandspakt.

Englisch-deutsches Flottenabkommen ermöglicht Aufrüstung der deutschen Marine, geht über Versailles und Stresa hinweg.

Angriff Italiens gegen den letzten unabhängigen Staat in Afrika: Äthiopien.

Vom Völkerbund verhängte Sanktionen gegen Italien wegen Angriff auf Äthiopien beweisen die bereits eingetretene materielle und ideelle Schwächung des Völkerbunds.

1936

Hitler kündigt Locarno-Abkommen und stellt volle Souveränität des Reiches in den entmilitarisierten Gebieten des Rheinlands her.

Reichstagswahl: 99 % für Hitler.

Einführung der Allgemeinen Wehrpflicht in Österreich.
»Juli-Abkommen« Österreichs mit dem Reich zur Entspannung im Konflikt mit
Hitler.
Auflösung der Heimwehr und verwandter paramilitärischer Verbände in Österreich
durch Maßnahmen der Bundesregierung.
Aufstand in Spanien gegen das Volksfrontregime. Vorbereitender Stellvertreterkrieg
zwischen den Gegnern des nächsten Weltkriegs auf spanischem Boden.

1937

Verlängerung des Ermächtigungsgesetzes auf vier Jahre.

1938

Hitler beseitigt die durch Generaloberst von Seeckt verfestigte Eigenständigkeit der
bewaffneten Macht in Deutschland. Entlassung des Reichskriegsministers von
Blomberg sowie des Oberbefehlshabers des Heeres, Generaloberst von Fritsch, unter entwürdigenden Umständen.
Joachim von Ribbentrop wird Reichsaußenminister (RAM).
Österreichs Bundeskanzler Kurt von Schuschnigg bei Hitler auf dessen Berghof
in Berchtesgaden. Berchtesgadener Abkommen. Auswirkungen: Generalamnestie
für verurteilte illegale Nationalsozialisten, Aufnahme von Gewährsleuten der Na-
tionalsozialisten in die Bundesregierung.
Beginn der »Volkserhebung« in den österreichischen Bundesländern.
Bundeskanzler von Schuschnigg ruft zur Volksbefragung zugunsten der Unabhän-
gigkeit Österreichs im Sinne der Maiverfassung 1934 auf.
Ultimative Forderungen aus Berlin, Volksbefragung sofort abzusetzen und Arthur
Seyß-Inquart zum Bundeskanzler zu berufen. Bereitstellung deutscher Truppen
zum Einmarsch in Österreich. Rücktritt von Schuschnigg.
»Blumensieg« der Wehrmacht in Österreich.
Regierung Seyß-Inquart beschließt Anschluß Österreichs an das Reich auf Grund
der Mai-Verfassung 1934. Reichsgesetz rezipiert dieses Gesetz.
Annexion oder Okkupation Österreichs?
Polen nutzt die Lage und zwingt seinerseits Litauen eine Grenze zum Vorteil Polens
auf.
Besuch Hitlers in Rom.
In der ČSR fordert die Sudetendeutsche Partei unter Konrad Henlein Selbstverwal-
tung in den mehrheitlich von Sudetendeutschen bewohnten Gebieten der ČSR.
Aus London wird Lord Runciman zum Studium der sudetendeutschen Frage in die
ČSR entsendet. Dieser empfiehlt: Abtretung der fraglichen Gebiete an das Reich.
England und Frankreich raten der ČSR, wegen angeblicher Truppenkonzentratio-
nen im Reich nicht mobil zu machen. Teilmobilmachung in der ČSR in England als
»very foolish« bezeichnet.

Hitler veranlaßt Henlein, die sudetendeutsche Frage in der ČSR auf die Spitze zu treiben und den Kompromiß zu vermeiden.

Chamberlains Flug nach München und Besuch bei Hitler auf dem Berghof.

Hitler muß Bereitschaft Englands, ČSR zur Abtretung der fraglichen Gebiete zu überreden, erkennen.

Französischer Ministerpräsident Daladier beklagt die unvermeidbare Schwächung der ČSR, treuster Verbündeter Frankreichs im Osten, tritt aber dem Vorhaben Chamberlains bei.

Wachsender Widerstand in militärischen und zivilen Kreisen Deutschlands gegen die mögliche Heraufbeschwörung eines Krieges durch Hitler. Dieser verabschiedet den Chef des Generalstabes des Heeres Ludwig von Beck, der mit seinem »Memorandum« den Kriegsplänen Hitlers besonders scharf entgegentrat.

»Reichsparteitag-Großdeutschland« im Zeichen der Sudetenkrise.

Hitlers Rede im Berliner Sportpalast mit scharfen und drohenden Ausfällen gegen die ČSR; Abtretung des Sudetenlandes an das Reich soll letzte Revisionsforderung des Hitler sein.

England ersucht Mussolini um Vermittlung bei Hitler.

Konferenz in München: Hitler, Mussolini, Chamberlain und Daladier.

ČSR hat die fraglichen Gebiete bis zum 10. Oktober zu räumen.

»Blumensieg« der Wehrmacht im Sudetenland.

Hitler unterschreibt notgedrungen Chamberlains Papier betreffend eine Nichtangriffserklärung beider Staaten. Peace in our time.

Polen besetzt in der ČSR das Olsagebiet, Ungarn rückt in die Slowakei ein.

Reichskristallnacht in Deutschland: Schwerste Terrormaßnahmen gegen Juden als Gegenterror wegen der Ermordung eines deutschen Diplomaten durch einen jüdischen Emigranten. Sühneabgabe der Juden in Milliardenhöhe.

Polen und die Sowjetunion erneuern ihren Nichtangriffspakt.

1939

Konflikt mit Slowaken in der ČSR wegen deren Autonomieforderungen an Prag. Hitler nimmt diesen Konflikt als Anlaß für die »Liquidierung der Rest-Tschechei«. Panikstimmung in Prag.

Unabhängigkeitserklärung der Slowakei. Drohendes Vorrücken Ungarns in der Karpatho-Ukraine.

ČSR-Präsident erbittet Besuch in Berlin, wo er Hitler ersucht, das Schicksal der ČSR in dessen Hand legen zu dürfen.

Schaffung des Reichsprotektorates Böhmen und Mähren. Hitlers Vorgabe, er wolle keine Tschechen unter sich, sein Anspruch auf sudetendeutsches Gebiet sei sein letzter Gebietsanspruch gewesen, widerlegt.

Besetzung des (litauischen) Memellands durch Deutsche Wehrmacht.

Wachsender Druck Hitlers auf Polen: Rückgabe von Danzig an das Reich, exterritoriale Eisenbahn- und Autobahnverbindungen durch den polnischen Korridor in

Westpreußen; nachher Garantie der deutsch-polnischen Grenze. Chamberlain gibt Garantieerklärung für Polen ab: England wird Polen bei dessen Abwehr einer Aggression Hitlers nicht allein lassen.

Großangelegte Rede des US-Präsidenten Roosevelt gegen drohende Ausbreitungen des Hitlerismus. Sowjetunion bietet England und Frankreich Dreibund an. Polens Weigerung, Roter Armee im Konfliktsfall mit Deutschland Durchmarschrechte zu gewähren, blockiert Moskaus Verhandlungen mit den Westmächten.

Gleichzeitig Sondierungen wegen einer Annäherung Berlin-Moskau.

Militärpakt zwischen dem Reich und Italien (Stahlpakt oder auch: Achse Berlin-Rom).

Stalin erkennt, daß ein Arrangement mit Hitler für ihn ergiebiger sein könnte als ein Pakt mit den Westmächten.

RAM von Ribbentrop wird von Stalin nach Moskau eingeladen. Deutsch-sowjetischer Nichtangriffspakt. Zusatzvertrag (geheim) zur »Vierten Teilung« Polens sowie Befriedigung sowjetischer Ansprüche im Raum der Ostsee.

Japan protestiert in Berlin gegen das in Moskau geschlossene Abkommen, da dieses dem Antikominternpakt zuwiderläuft.

Englisch-polnischer Beistandspakt.

Hitler fordert von England freie Hand bei unmittelbaren Verhandlungen mit Polen über deutsche Gebietsansprüche.

England schaltet sich jedoch in jede Phase des wachsenden Konflikts zwischen Berlin und Warschau ein und gerät mit in Kriegsgefahr.

Anders Mussolini: Italien sei nicht bereit, ohne Lieferung großer Mengen Rüstungsmaterials mit militärischen Handlungen hervorzutreten.

Hitler widerruft das schon anbefohlene Heraustreten des deutschen Heeres zum Angriff auf Polen in letzter Minute.

Hitler und von Ribbentrop unterschätzen eminente Gefahr eines Dazwischentretens Englands im Falle des Konflikts mit Polen.

Ausbleiben eines zu Gebietsveränderungen legitimierten polnischen Vertreters in Berlin. Für Hitler Konfliktsfall.

Letzte Unterredung von Ribbentrops mit englischem Botschafter in Berlin. Polen macht mobil.

Hitler gibt im Reichstag den Beginn der Kampfhandlungen in Polen bekannt. England und Frankreich erklären dem Reich den Krieg.

Polenfeldzug 1939.

Von Ribbentrop urgiert Einsatz Roter Armee gegen Polen. Vollständige Besetzung Polens durch deutsche Wehrmacht und Rote Armee. Zusatzprotokoll von Moskau bestimmt Demarkationslinie zwischen deutscher und polnischer Besatzungszone in Polen. Hitler richtet in Polen Generalgouvernement ein.

Sowjetischer Angriff auf Finnland. Völkerbund in Genf erklärt UdSSR als Agressor und schließt sie aus. Westmächte erwägen militärische Hilfe an Finnland. Finnland fügt sich, da allein gelassen, sowjetischen Forderungen.

Hitler entschließt sich, Gefahr einer Besetzung Norwegens durch Truppen der Westmächte zuvorzukommen.

Deutscher Angriff auf Dänemark und Norwegen läuft an.

Dänemark verzichtet auf militärischen Widerstand, sozialdemokratische Regierung des Landes bleibt im Amt, dänischer König drückt insgeheim Bewunderung für Schlagfertigkeit der deutschen Wehrmacht aus.

Norwegen nach kurzen aber heftigen Kämpfen unter deutscher Kontrolle. Vidkun Quisling, Führer der »Nasjonal Samling«, übernimmt Zusammenarbeit mit dem Hitler.

Deutscher Angriff auf Frankreich. Deutsche Armeen umgehen Maginotlinie in Holland und Belgien, stoßen zum Atlantik, versäumen aber mögliche Vernichtung des englischen Expeditionsheeres in Flandern.

Mussolini erklärt Frankreich den Krieg.

Marschall Pétain, Retter Frankreichs im Jahre der militärischen Krise von 1916 (Verdun), wird Ministerpräsident. Franco vermittelt Waffenstillstandsverhandlungen. De Gaulle entflieht dieser Situation, um von England aus Widerstand der Franzosen zu organisieren.

England setzt Seekrieg nach dem Prinzip to kopenhague fort. Was heißt: Vernichtung der Flotten seiner Verbündeten, damit Schiffe nicht in Feindeshand fallen. (So vor Kopenhagen im Krieg gegen Napoleon) Diesmal: Völkerrechtswidriger Überfall auf französische Flotteneinheiten vor Oran.

Pétain bricht Beziehungen zu London ab. Roosevelt bemüht sich um Aufrechterhaltung der Beziehungen zu Pétain.

Hitlers Unternehmen »Seelöwe« gegen England mißlingt, Royal Air Force erweist sich Görings Luftwaffe überlegen.

Franco lehnt Teilnahme am Krieg an der Seite Hitlers ab. Damit scheitert anfänglicher Plan Hitlers, auf Gibraltar zu stoßen und nach Eroberung dieser englischen Festung des Mittelmeers für englische Schiffe unzugänglich zu machen.

Wechselvolle Kämpfe in den afrikanischen Kolonien Italiens. Entsendung deutschen Afrikakorps nach Libyen.

Besuch des SU-Außenkommissars Molotow in Berlin. Hitler versteift sich gegen Kontroll- und Gebietsansprüche der Sowjetunion in Rumänien, Bulgarien und in Finnland.

Hitlers strategische Pläne wenden sich endgültig gegen Osten.

Die Regierung Jugoslawiens kann nicht umhin, in Wien dem Dreimächtepakt Deutschland-Italien-Japan beizutreten.

Militärputsch in Belgrad zum Sturz dieser Regierung.

Hitler befiehlt sofortigen Angriff auf Jugoslawien, gleichgültig ob dieses pakttreu bleibt oder nicht.

Historische Schwenkung der Sowjetunion: Abkehr von Hitler durch Freundschafts- und Nichtangriffspakt mit dem im Krieg mit Deutschland befindlichen Jugoslawien.
Balkanfeldzug der Wehrmacht gegen Jugoslawien und Griechenland binnen weniger Wochen mit Blitzsieg beendet.
Vervollständigung der Bereitstellung der Wehrmacht zum Angriff auf die Sowjetunion.
22. Juni 1941, 03 Uhr 15, Beginn des Angriffs auf die Sowjetunion.
Rote Armee in grenznahen Gebieten überrannt, große Teile abgeschnitten oder in Richtung Leningrad, Moskau und Kiew zurückgedrängt.
Stoß des deutschen Heeres auf Moskau von Hitler überraschend abgedreht; dafür Eroberung der Ukraine.
Oktober 1941: Wiederaufnahme des Stoßes auf Moskau. Siege in den Kesselschlachten von Brjansk und Vjazma scheinen nahen Zusammenbruch der sowjetischen Widerstandsfähigkeit anzudeuten.
Neue Bereitstellung der Roten Armee an der Front vor Moskau. Vorderste Spitzen des deutschen Heeres kommen bis auf 15 Kilometer an den Kreml heran. Sowjetische Gegenangriffe drängen in der Winterschlacht 1941/42 deutsche Angriffe auf Moskau endgültig ab.
Hitler enthebt den Oberkommandanten des Heeres und übernimmt selbst auch dieses Kommando.
Massenausrottung von Juden in eroberten Ostgebieten.

1942

»Wannsee-Konferenz« in Berlin vom 20. Jänner trifft Vorkehrungen zur Ausführung der von Hitler bereits mehrmals angedrohten Liquidierung des Judentums in Europa.
Heeresgruppe Süd geht im Raum Charkow zum Angriff auf die Sowjets über.
Stoß auf den Don bei Voronež; »Ausräumung« des Donbogens in südlicher Richtung; Stoß der 6. deutschen Armee auf Stalingrad an der Wolga sowie der Heeresgruppe A in den Kaukasus.
Schwere Abwehrschlachten an anderen Teilen der Ostfront.
Partisanenkrieg, zumal in Rußland, führt zu mörderischer Ausweitung der Kriegshandlungen. Geiselnahmen und Geiselermordung, Terror und Gegenterror zwischen Jägern und Gejagten.
19. November 1942, 04 Uhr 00: Rote Armee durchbricht Stellungen der rumänischen Armeen am Don und schließt binnen weniger Tage 6. deutsche Armee sowie andere deutsche Truppen in Stalingrad ein.

Kapitulation von Resten der 6. deutschen Armee in Stalingrad.

Zusammenbruch der Front am Don. Rumänien, Ungarn und andere kleinere Verbündete des Hitler scheiden als brauchbare Bundesgenossen aus.

Letzte deutsche Sommeroffensive an der Ostfront bei Kursk. Nach deren Scheitern geht militärische Initiative endgültig an Rote Armee über.

Beginn der Räumung weiter Gebiete im Osten.

Landung der Westalliierten auf Sizilien.

Mussolini ersucht vergebens den Faschistischen Großrat um fortgesetztes Vertrauen. Zur Übergabe des Oberbefehls an den König verhalten, setzt ihn dieser auch als Ministerpräsidenten ab und läßt ihn arretieren.

Abfall Italiens von der Achse.

Ghettoaufstand der Warschauer Juden. Das Ghetto wird dem Erdboden gleichgemacht, die Einwohner getötet.

Rote Armee erreicht zu Jahresbeginn wieder Ribbentrop-Molotow-Grenze von 1939 in Ostpolen.

Rote Armee in Ostgalizien, Bessarabien sowie auf der Krim.

Verstärkte Waffenlieferung der USA an die Sowjetunion.

Versammlung deutscher Armeen in Nordfrankreich angesichts bevorstehender Invasion der Alliierten. Dadurch sowie zufolge der Zweiten Front in Italien Schwächung der deutschen Ostfront.

Verschärfung der Verfolgungen aus rassischen, politischen und weltanschaulichen Gründen im Reich.

Landung amerikanischer, englischer, kanadischer sowie französischer Truppen in der Normandie in Frankreich.

Zusammenbruch der deutschen Front im Mittelabschnitt der Ostfront.

Aufstand der polnischen Heimatarmee in Warschau. Von West- und Ostalliierten im Stich gelassen, kapitulieren die Polen nach zweimonatigem Kampf.

Finnland schließt Waffenstillstand mit Sowjetunion und erklärt Deutschland den Krieg. In weiterer Folge bis zum Herbst:

Umsturz in Rumänien. KP erzwingt nach Einstellung des Kampfes gegen Rote Armee Fortsetzung der Kriegführung auf Seiten der Sowjets.

Rote Armee besetzt Bulgarien und bringt das Land unter kommunistische Kontrolle. Bulgarische Truppen an der Seite der Roten Armee.

Griechenland von deutschen Truppen geräumt. KP-Putsch scheitert. Land unter englischer Kontrolle.

Rote Armee findet Anschluß an jugoslawische Partisanenarmeen Titos, Rückeroberung Belgrads und Aufrichtung des kommunistischen Regimes im Land.

Ungarischer Reichsverweser Horthy scheitert beim Versuch einer Kontaktnahme

mit den Alliierten und wird von SS arretiert. Zweiteilung des Landes: Mit Hitler verbündete Regierung in Westungarn, im sowjetisch besetzten Debreczin Gegenregierung unter sowjetischer Kontrolle.
Westalliierte besetzen Rom. Errichtung einer Italienischen Sozialen Republik unter Mussolini in Norditalien.
Einzug De Gaulles in Paris. Massenmorde kommunistischer Partisanen an tatsächlichen oder angeblichen Kollaborateuren in Frankreich.
Der 20. Juli 1944 im Reich. Attentat auf Hitler scheitert. Damit auch letzter militärisch abgestützter Widerstand in Deutschland.
Hitlers verfehlter Gegenstoß im Westen, Ardennenoffensive, scheitert an der Maas.
Verschleiß letzter, an der Ostfront fehlender operativer Reserven.
Konflikt Hitlers mit dem als Generalstabschef des Heeres zurückgeholten Generalobersten Guderian. Guderian geht.

1945

Vernichtung der deutschen Heeresgruppe Mitte in Westpolen zwischen Weichsel und Oder. Einbruch der Roten Armee in Ost- und Westpreußen sowie Schlesien.
Massenflucht von Millionen Deutscher aus dem von der Roten Armee bedrohten Osten.
Beginnende Vormachtstellung der Sowjetunion in Europa.
Konzentrischer Vorstoß aller Alliierten in das Reich.
Die Rote Armee erobert Wien. Einsetzung des Doktor Renner als Staatskanzler eines unabhängigen Österreich.
16. April: Stoß der Roten Armee auf Berlin. Endkampf in der Reichshauptstadt.
25. April: Zusammentreffen der Roten Armee und der US-Army im Raum von Torgau an der Elbe.
Scheitern der von Hitler befohlenen Entsatzversuche im Raum Berlin. Hitler gibt auf, errichtet sein politisches Testament (Bekräftigung der Rassenschutzvorschriften) und heiratet Eva Braun.
30. April 1945, 15 Uhr 05: Selbstmord Hitlers.
Von Hitler zuletzt noch eingesetzter »Reichspräsident« Großadmiral Dönitz amtiert in Flensburg.
Gesamtkapitulation der Deutschen Wehrmacht im Hauptquartier Eisenhowers in Reims (Frankreich) am 7. Mai 1945, 02 Uhr 41.
Wiederholung dieser Kapitulation als Schaugepränge im sowjetisch besetzten Berlin am 9. Mai 1945. Beide Male die bedingungslose Kapitulation nach dem Vorhaben des verstorbenen US-Präsidenten Roosevelt.
Ende der Kampfhandlungen am 9. Mai 1945, 00 Uhr 01.
17. Juli bis 2. August 1945 »Potsdamer Konferenz«. Deutschland unter alliierter Kontrolle hört auf, eigener Staat zu sein. Ende des Deutschen Reichs.
Sowjetunion nimmt auf »Drängen« der USA teil am Endkampf gegen Japan, der von den USA durch den Abwurf der beiden ersten Atombomben auf japanische Großstädte militärisch und moralisch entschieden wird.

Beginnende Vormacht Moskaus in China.

Vernichtung des Militarismus und der Kriegstreiberei der Deutschen sowie der Japaner soll Voraussetzung für eine Gemeinschaft der friedliebenden anderen Völker werden.

Völkerbund tritt ein letztes Mal zusammen, beschließt seine Auflösung sowie die Übertragung seiner Aufgaben an die »Vereinten Nationen«.

1946

Erste Vollversammlung der »Vereinten Nationen« in Lake Success auf Long Island in den USA.

Winston Churchill, seit Sommer 1945 nicht mehr englischer Premierminister, nimmt die von Goebbels stammende Bezeichnung »Eiserner Vorhang« auf, um damit die unkontrollierbaren Zustände im sowjetisch kontrollierten Osteuropa sinnfälliger zu machen.

Sowjetimperialismus im Vordringen sowohl in Asien als auch in Afrika. Kommunistische Parteien und von Moskau ausgerüstete Befreiungsarmeen setzen das System der Angriffs- und Eroberungskriege fort.

Heißer Krieg in Südostasien. Unablässige Serie von Kriegen innerhalb der nächsten Generation nach dem Ende des Hitler.

447